中国大历史

宋辽金夏元史

邓之诚 ㊟

北京理工大学出版社
BEIJING INSTITUTE OF TECHNOLOGY PRESS

目　录

宋辽金夏元史

宋辽金元之社会

宋辽金夏元史

宋世系

自太祖赵匡胤代周西历九六〇年，至帝昺灭于元西历一二七九年，凡十八主，共三百二十年。

太祖，姓赵，名匡胤，涿郡人。仕周。世宗时拜检校太傅、殿前都点检；恭帝即位，改归德军节度、检校太尉。七年春，北汉结契丹入边。命太祖出师御之，次陈桥驿。夜五鼓，诸校露刃列于庭，曰："诸军无主，愿策太尉为天子。"未及对，有以黄衣加身者，众皆罗拜。拥还，遂受周禅，国号曰宋。建元建隆三年、乾德五年、开宝八年，在位凡十六年。

太宗，初名匡义，赐改光义，太祖之弟。继立，改元太平兴国八年、雍熙四年、端拱二年、淳化五年、至道三年，在位凡二十二年。

真宗，名恒，太宗第三子。嗣立，改元咸平六年、景德四年、大中祥符九年、天禧五年、乾兴一年，在位凡二十五年。

仁宗，名祯，真宗第六子。嗣立，改元天圣九年、明道二年、景祐四年、宝元二年、康定一年、庆历八年、皇祐五年、至和二年、嘉祐八年，在位凡四十一年。

英宗，名曙，濮安懿王允让太宗孙之第十三子。仁宗养之于内。嘉祐七年，立为皇子。仁宗崩，遗诏立为帝。即位，改元治平四年，在位凡四年。

神宗，名顼，英宗长子。嗣立，改元熙宁十年、元丰八年，在位凡十八年。

哲宗，名煦，神宗第六子。嗣立，改元元祐八年、绍圣四年、元符三年，在位凡十五年。

徽宗，名佶，神宗第十一子。继立，改元建中靖国一年、崇宁五年、大观四年、政和七年、重和一年、宣和七年。金兵围汴急，乃禅位于钦宗，尊为教主道君太上皇帝，在位凡二十五年。及金人破汴，胁帝北行，金主封为昏德公，卒于五国城。

钦宗，名桓，徽宗长子。嗣立，改元靖康一年，在位凡一年。随徽宗北去，金主封为重昏侯，金主亮时殂。

（以上凡九帝，共一百六十七年自西历九六〇年，至西历一一二六年，史称为北宋。）

高宗，名构，徽宗第九子，封康王。徽、钦北去，即帝位于应天府河南商丘县。旋因金人之逼，避走江南，建都于临安浙江杭县。改元建炎四年、绍兴三十二年，传位于孝宗，称太上皇，在位凡三十六年。

孝宗，名昚，太祖七世孙，高宗诏选太祖之后。绍兴二年，选帝育于禁中。三十年，立为皇子。继立，改元隆兴二年、乾道九年、淳熙十六年。传位于光宗，上尊号曰至尊寿皇圣帝，在位凡二十七年。

光宗，名惇，孝宗第三子。乾道七年，立为皇太子。嗣立，改元绍熙五年，传位于宁宗，上尊号曰圣安寿仁太上皇帝，在位凡五年。

宁宗，名扩，光宗第二子。嗣立，改元庆元六年、嘉泰四年、开禧三年、嘉定十七年，在位凡三十年。

理宗，名昀，太祖十世孙。初宁宗无子，择太祖后二人，养之宫中，一曰贵和，一曰贵诚。寻立贵和为皇子，改赐名竑。宁宗崩，史弥远矫诏，立贵诚为帝，改名昀。即位，改元宝庆三年、绍定六年、端平三年、嘉熙四年、淳祐十二年、宝祐六年、开庆一年、景定五年，在位凡四十年。

度宗，名禥，太祖十一世孙，父荣王与芮，理宗母弟。理宗无子，宝祐元年，立为皇太子，受遗诏继立，改元咸淳十年，在位凡十年。

恭帝，名㬎，度宗子。继立，改元德祐一年。德祐二年正月，元兵南侵，至临安皋亭山，以势穷乃出降。在位凡一年，朝元主于上都，封瀛国公。

端宗，名昰，度宗庶子，恭帝兄，封吉王。德祐二年五月，陈宜中等立之于福州，改元景炎二年。元兵袭之，奔粤，殂于硇州广东吴川县南海中，在位凡二年。

帝昺，度宗庶子，端宗之弟。继立，改元祥兴二年。避元兵迁于厓山广东赤溪县东有二山，对峙如门，亦谓之厓门山，元将张弘范袭至，陆秀夫知事已去，乃负帝投海死，在位凡二年，宋亡。

（以上凡九帝，共一百五十三年自西历一一二七年，至西历一二七九年，史称为南宋。）

附宋世系表

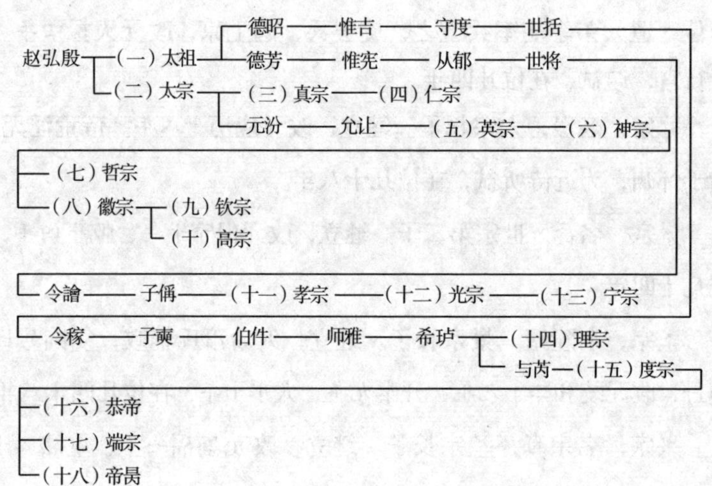

辽世系

自太祖阿保机称帝西历九一六年至天祚帝降于金西历一一二五年，凡九主，共二百十年。

太祖，姓耶律氏，名亿，字阿保机，小字啜里只，契丹迭剌部，霞濑益石烈乡，耶律弥里人事迹详前。于后梁太祖贞明二年称帝，国号曰契丹，建元神册六年、天赞四年、天显一年，在帝位凡十一年。

太宗，名德光，太祖第二子。嗣立，仍用天显年号由二年至十一年，凡十年。后晋天福二年西历九三七年，改国号曰辽，改元会同十年、大同一年，在位凡二十一年。

世宗，名阮，太祖长子托允出镇勃海扶余城，号曰人皇王之子，太宗爱之如子。从伐晋，太宗崩于栾城，遂即位于柩前。太后闻帝即位，遣太弟李胡率兵拒之，旋罢兵，趋上京，改元天禄四年。祭于行宫，遇弑，在位凡四年。

穆宗，名璟，太宗长子。继立，改元应历十八年。帝荒淫无道，猎于怀州，为近侍所弑，在位凡十八年。

景宗，名贤，世宗第二子。继立，改元保宁十年、乾亨四年，在位凡十四年。

圣宗，名隆绪，景宗长子。继立，太后萧氏辅政，复国号曰大契丹，改元统和二十九年、开泰九年、太平十年，在位凡四十八年。

兴宗，名宗真，圣宗长子。继立，改元景福一年、重熙二十三年，在位凡二十四年。

道宗，名洪基，兴宗长子。继立，改元清宁十年、咸雍十年、太康十年、大安十年、寿隆六年，复改国号曰辽，凡在位四十六年。

天祚帝，名延禧，道宗之孙。道宗崩，奉遗诏即帝位，改元乾统十年、天庆十年、保大四年。金兵克上京，帝走云中，复走夹山，内蒙五原县西北；燕京破，又出奔四部山西阴山附近；金兵袭之，复奔走西夏；帝为谋恢复，至武州，为金兵所败，谋奔党项，被金将完颜娄室等所获。时宋徽宗宣和七年，金太宗天会三年也。至金，封为海滨王，以疾终，在位凡二十四年。辽亡。

附辽世系表

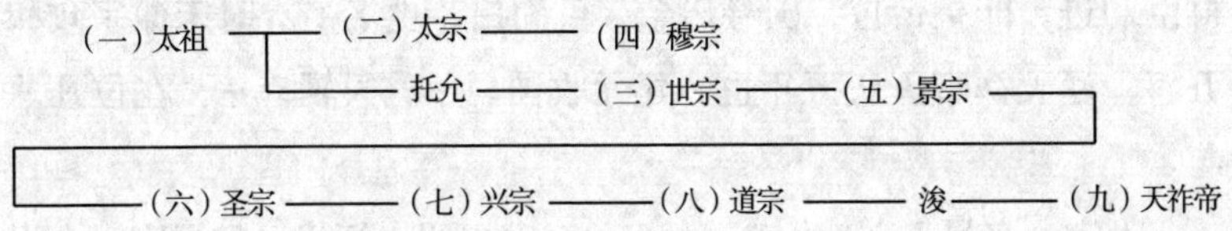

金世系

自太祖阿骨打称帝西历一一一五年至哀宗死于蔡州西历一二三四年，凡九主，共一百二十年。

太祖，姓完颜氏，名阿骨打，世为生女真节度使。至太祖袭立，叛辽，取辽东北诸州。辽将萧嗣先又大败于混同江，势遂不可制。群臣劝进，即皇帝位，国号曰金。色尚白，更名旻。时宋徽宗政和五年，辽天祚帝天庆五年也。建元收国二年、天辅六年，在位凡八年。

太宗，名晟本名吴乞买，太祖弟。太祖四出征伐，常居守。太祖卒，百官请正位，遂即皇帝位。改元天会十二年，在位凡十二年。

熙宗，名亶本名合剌，太祖孙。继立，仍用天会年号由十三年至十五年，凡三年，改元天眷三年、皇统八年，为废帝所弑，在位凡十四年。

废帝，名亮本名迭古乃，辽王宗幹次子。弑熙宗而自立，改元天德四年、贞元三年、正隆五年。帝自将兵伐宋，师于瓜州，完颜元宜等变，帝遇害时宋高宗绍兴三十年，在位凡十二年。

世宗，名雍本名乌禄，太祖孙，睿宗宗尧子，任东京留守，封曹国公。废帝出师，金人立之于辽阳，改元大定二十九年，在位凡二十九年。

章宗，名璟本名麻达葛，显宗允恭子。大定二十六年，立为皇太孙。世宗崩，继立，改元明昌六年、承安五年、泰和八年，在位凡十九年。

卫绍王，名永济本名兴胜，更名允济，世宗第七子。章宗无子而疏忌宗室，以王柔弱鲜智能，遂使为嗣。章宗卒，继立，改元大安三年、崇庆一年、至宁一年。呼沙呼作乱，以兵入宫，自称监国都元帅，逼帝出宫，载至故邸而禁锢之。寻使宦者杀王而迎立宣宗，在位凡五年。

宣宗，名珣本名吾睹补，显宗长子，进封昇王。卫绍王被杀，呼沙呼迎帝于彰德而立之，改元贞祐四年、兴定五年、元光二年。以蒙古日逼，国蹙兵弱，乃迁都于汴，在位凡十一年。

哀宗，名守绪又名宁甲速，宣宗第三子。继立，改元正大八年、开兴一年、天兴三年。蒙古兵围汴，帝走蔡州。宋与蒙古合兵围之，帝知事急，传位于宗室承麟。冀突围而出，未几城破。帝自经，承麟亦为乱兵所杀，时宋理宗端平元年也。在位凡十一年，金亡。

附金世系表

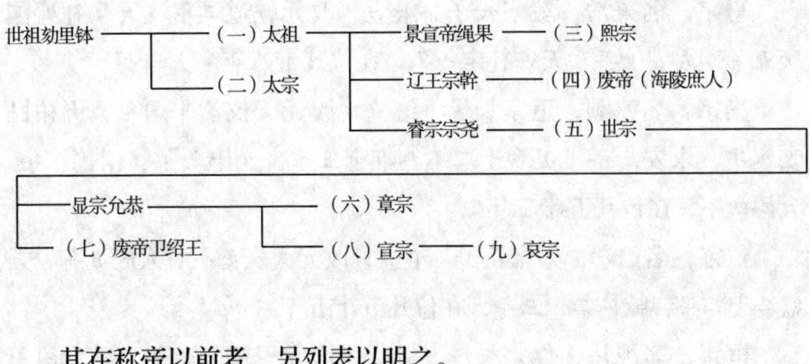

其在称帝以前者，另列表以明之。

（一）始祖函普——（二）德帝乌鲁——（三）安帝跋海——（四）献祖绥可——（五）昭祖石鲁——（六）景祖乌古迺——（七）世祖劾里钵——（十）太祖阿骨打

（八）肃宗颇剌淑

（九）穆宗盈歌

夏世系

自景宗元昊称帝西历一〇三八年，至末帝降于蒙古西历一二二七年，凡十主，共一百九十年。

景宗，本姓拓跋，曾赐姓李氏，名元昊。其先自唐末，即据有银夏绥宥静诸州。元昊继立，称显道二年、开运、广运二年、大庆二年。旋称帝，国号曰夏，时宋仁宗宝元元年，辽兴宗重熙七年也。改元天授礼法延祚十一年，在帝位凡十一年。

毅宗，名谅祚，景宗长子也。继立，改元延嗣宁国一年、天祐垂圣三年、福圣承道四年、䄇都六年、拱化六年，在位凡二十年。

惠宗，名秉常，毅宗长子。继立，改元乾道二年、天赐礼盛国庆五年、大安十年、天安礼定一年，在位凡十八年。

崇宗，名乾顺，惠宗长子。继立，改元天仪治平四年、天祐民安八年、永安三年、贞观十三年、雍宁五年、元德七年、正德八年、大德四年，在位凡五十二年。

仁宗，名仁孝，崇宗长子。继立，改元大庆五年、人庆五年、天盛二十二年、乾祐二十三年，在位凡五十五年。

桓宗，名纯祐，仁宗长子。继立，改元天庆十二年，后为镇夷王安全所废，在位凡十二年。

襄宗，名安全，崇宗之孙，越王仁友之子。废桓宗而自立，改元应天四年、皇建一年，在位凡五年。

神宗，名遵顼。始以宗室策试进士及第，位至大都督。继立，改元光定十二年，传位于子德旺，自称太上皇，在位凡十二年。

献宗，名德旺，神宗子。继立，改元乾定四年。闻蒙古兵至，以忧悸卒，在位凡四年。

末帝，名晛，神宗之孙，清平郡王之子，国人立以为主。蒙古太祖攻之，力屈乃降，时宋理宗宝庆三年，金哀宗正大四年也。在位凡一年，夏亡。

附夏世系表

（一）景宗 —（二）毅宗 —（三）惠宗 —（四）崇宗 ┬（五）仁宗 —（六）桓宗
├ 越王仁友 —（七）襄宗
└ 某 — 彦宗 —（八）神宗 ┬（九）献帝
└ 清平郡王 —（十）末帝

其在称帝以前者，另列表以明之。

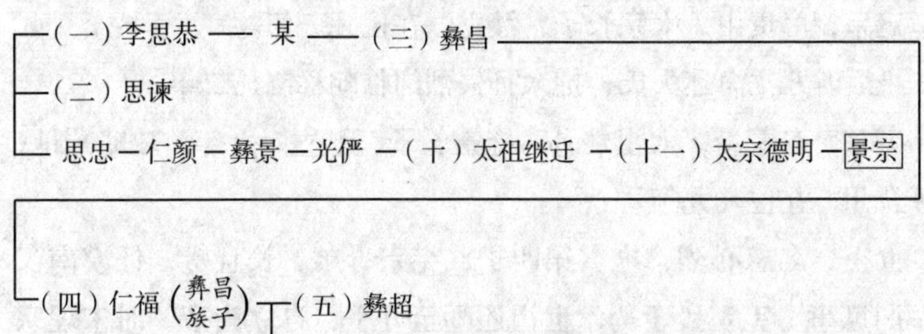

元世系

自太祖铁木真称帝西历一二〇六年至顺帝北走西历一三六八年，凡十五主，共一百六十三年。

太祖，名铁木真，姓奇渥温氏，蒙古部人。征服诸部，即帝位于斡难河之源，上尊号曰成吉思可汗，时宋宁宗开禧二年，金章宗泰和六年也。在位凡二十二年四太子拖雷监国一年。

太宗，名窝阔台，太祖第三子，继立。六年，灭金，在位凡十三年。

皇后乃马真氏临朝称制凡四年。

定宗，名贵由，太宗长子，继立，在位凡三年。

皇后斡兀立海迷失氏，抱太孙失烈门临朝称制凡二年。

宪宗，名蒙哥，太祖之孙，拖雷长子，继立。九年，攻略蜀地，殁于合州，在位凡九年。

世祖，名忽必烈，拖雷第四子，宪宗母弟。长且贤，任漠南汉地军国庶事。宪宗殁于蜀，世祖还师至开平，自立为帝，时宋理宗景定元年西历一二六〇年。建元中统四年、至元三十一年。至元年宋度宗咸淳七年，改国号曰元，取易大哉乾元之义。十六年灭宋，统一中国，在位凡三十五年。

成宗，名铁穆耳，世祖之孙，太子真金之第三子。继立，改元元贞二年、大德十一年，在位凡十三年。

武宗，名海山，真金第二子，答剌麻八剌之长子。继立，改元至大四年，在位凡四年。

仁宗，名爱育黎拔力八达，武宗之弟。继立，改元皇庆二年、延祐七年，在位凡九年。

英宗，名硕德八剌，仁宗嫡子。继立，改元至治三年。为知枢密院事铁失等所弑，在位凡三年。

泰定帝，名也孙铁木耳，晋王甘麻剌之长子。袭封镇北边，英宗遇弑，诸王等奉皇帝玺，迎帝于镇，即帝位，改元泰定四年，在位凡四年。以自立故，文宗不为立庙上谥，止称为泰定帝。

天顺帝，名阿速吉八，泰定帝子。上都丞相倒剌沙立之为帝，改元天顺。时文宗立于大都，乃遣兵攻之，战败逃亡，在位凡月余。

明宗，名和世㻋，武宗长子。泰定帝崩，文宗立。二年，以帝居长固让，帝遂即位和宁之北。还京师，于途次暴崩，在位凡八月。

文宗，名图帖睦尔，武宗之次子，明宗之弟。即帝位，改元天历二年。让位明宗，明宗立帝为皇太子。及明宗崩，复位，改元至顺三年，在位凡五年。

宁宗，名懿璘质班，明宗次子。继立，旋崩，在位凡月余。

顺帝，名妥懽帖睦尔，明宗之长子，居广西。宁宗崩，迎归京师，即帝位，改元元统二年、至元六年、至正二十七年，在位凡三十五年。明兵陷都城，帝北走，元亡。

附元世系表

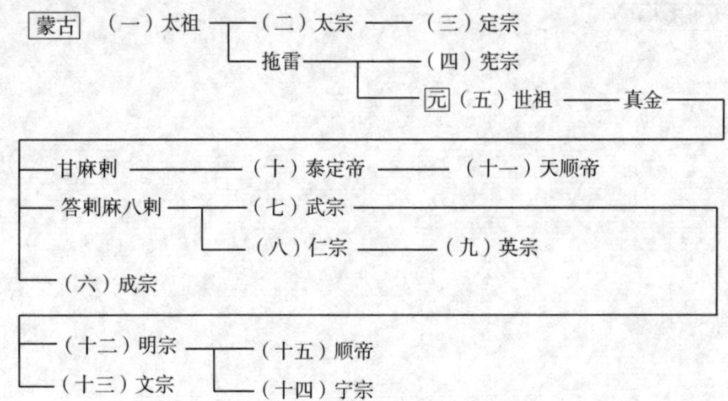

其先世，依《元朝秘史》（卷一）另列表以明之：

巴塔赤罕 —— 塔马察 —— 豁里察儿篾儿干 —— 阿兀站孛罗温 ——

撒里合察兀 —— 也客你敦 —— 挦锁赤 —— 合儿出 —— 孛儿只吉歹篾儿干 ——

脱罗豁勒真伯颜 ——

- 都蛙锁豁儿
- 朵奔篾儿干
  - 别勒古讷台
  - 不古讷台
  - 不忽合塔吉
  - 不合秃撒勒只
  - 孛端察儿（元史本纪孛端叉儿）—— 把林失亦剌秃合必赤 —— 篾年土敦 ——

—— 合赤曲鲁克 —— 海都
- 伯升豁儿多黑申 —— 屯必乃薛禅 —— 合不勒合罕 ——
- 察剌孩领忽 —— 想昆必勒格 —— 俺巴孩
- 抄真豁儿帖该

—— 把儿坛把阿秃儿 —— 也速该把阿秃儿 ——

—— 太祖铁木真

（一）宋之统一

太祖代周，诸国并峙，次第用兵，先灭荆南、南平、后蜀、南汉、南唐。太宗继之，又灭北汉。吴越先来归，除燕云十六州外，复归一统。

乾德元年西历九六三年，二月……慕容延钊入荆南，高继冲请归朝，得州三，县十七。（《宋史》卷一《太祖纪一》。）

乾德元年，三月……慕容延钊破三江口，下岳州，克复朗州，湖南平。得州十四，监一，县六十六。（《宋史》卷一《太祖纪一》）

按：马希萼时，朗州将王逵、周行逢据州以叛，推辰州刺史刘言为主。南唐破潭州后，未几仍为王逵等所得，尽有马氏故地。王逵自为武安节度使，周行逢自为武安行军司马，三雄并峙。逵与行逢比而杀言，逵亦为其下所杀，行逢代为武平节度使。宋初，行逢卒，子保权继立。部将张文表为乱，据潭州。保权求援于宋，宋遣慕容延钊、李处耘，假道荆南以讨之。未至，保权已克潭州，杀文表。荆南主继冲，闻宋师至，出迎，钊等遂袭取之。荆南亡，更进趋潭州。保权与宋师战，大败被擒，武平遂亡。

乾德三年西历九六五年，正月……王全斌取利州，蜀王孟昶降。得州四十五，县一百九十八。（《宋史》卷二《太祖

纪二》)

按：蜀帝昶，奢纵无度。知枢密院事王昭远，大言欲建奇勋，以蜡书约北汉伐宋。太祖闻之，于乾德二年十一月，以王全斌为西川行营前军兵马都部署，崔彦进副之，将步骑三万，出凤州道；刘光义为西川行营前军兵马都部署，曹彬副之，出归州道；以伐蜀。王昭远出战被擒。师至魏城，昶降，后蜀遂亡。昶至京师，封秦国公。

开宝四年西历九七一年，二月……潘美克广州，俘刘𬬮，广南平。得州六十，县二百十四。(《宋史》卷二《太祖纪二》)

按：南汉帝𬬮在位，残酷奢侈，屡侵宋。太祖开宝三年八月，命潭州防御使潘美为贵州道兵马行营都部署，朗州团练使尹崇珂副之，遣使发十州兵，会贺州，以伐南汉。美等克广州，俘𬬮，南汉遂亡。𬬮至京师，封为恩赦侯。

开宝八年西历九七五年，十一月……曹彬夜败江南军于城下……克升州，俘其国主煜，江南平。凡得州十九，军三，县一百八十。(《宋史》卷三《太祖纪三》)

按：宋平南汉，南唐李煜闻之，自贬国号曰江南国主，遣使朝宋。南唐宿将林宏肇为宋太祖所忌，纵反间，言其将降，煜竟鸩杀之。守备益弛，太祖欲伐之，以师出无名，先征之入朝，不至。开宝七年，命曹彬为西南路行营马步军战棹都部署，潘美为都监，曹翰为先锋都指挥使。将兵十万，出荆南以伐之，兼使吴越王俶出师为犄角。彬等由荆南浮江而下，自采石渡江围金陵，俶亦取江南常州。金陵破，煜降，南唐遂亡。煜至京师，封为违命侯。

太平兴国三年西历九七八年，四月……陈洪进献漳泉二州，凡得县十四。（《宋史》卷四《太宗纪一》）

按：闽越为唐所灭，牙将留从效据漳泉。从效卒，子绍镃继立，为统军陈洪进所废。推副使张汉思为留后，自为副使，既复幽汉思而代之。宋平南唐，吴越王入朝，洪进遣子入贡。太平兴国二年八月，洪进入朝。三年四月，献地，诏以为武宁节度使、同平章事。

太平兴国三年五月……钱俶献其两浙诸州，凡得州十三，军一，县八十六。（《宋史》卷四《太宗纪一》）

按：吴越王钱俶，自太祖时已称藩。俶入朝，太祖遇之以礼，赐赉甚厚。留两年遣还，至是举国归朝，封为淮海王，吴越遂亡。

太平兴国四年西历九七九年，二月……帝发京师。四月……幸太原城，诏谕北汉主刘继元使降。五月……继元降，北汉平，凡得州十，县四十。（《宋史》卷四《太宗纪一》）

按：宋太祖灭后蜀后，转伐北汉。时北汉刘继元新立，求救于辽。辽兵入侵晋、绛二州，太祖自将攻之，不克而还。是年，太宗自将伐北汉，次太原，招降继元，封为彭城郡公，北汉遂亡。

（二）宋之疆域

唐室既衰，五季迭兴……宇县分裂，莫之能一。宋太祖受周禅，初有州百一十一，县六百三十八……建隆四年，取荆南，得州府三，县一十七……平湖南，得州一十五，监一，县六十六……乾德三年，平蜀，得州府四十六，县一百九十八……开宝四年，平广南，得州六十，县二百一十四……八年，平江南，得州一十九，军三，县一百八……计其末年，凡有州二百九十七，县一千八十六……太宗太平兴国三年，陈洪进献地，得州二，县十四……钱俶入朝，得州十三，军一，县八十六……四年，平太原，得州十，军一，县四十……五年，李继捧来朝，得州四，县八雍熙元年，以四州授继捧，自后不复领职方。至是天下既一，疆理几复汉、唐之旧，其未入职方氏者，唯燕云十六州而已。至道三年西历九九七年，分天下为十五路先是淳化四年，法唐制，分天下为十道，曰河南，曰河东，曰河北，曰关西，曰剑南，曰淮南，曰峡西，曰江南东西，曰浙东西，曰广南，天圣仁宗年号析为十八，元丰神宗年号又析为二十三：曰京东东西，曰京西南北，曰河北东西，曰永兴，曰秦凤，曰河东，曰淮南东西，曰两浙，曰江南东西，曰荆湖南北，曰成都，曰梓利夔，曰福建，曰广南东西，东南际海，西尽巴僰，北极三关，东西六千四百八十五里，南北万一千六百二十里。崇宁徽宗四年西历一一〇五年，复置京畿路。……宣和四年西历一一二二年又置燕山府及云中府路，天下分路二十六，京府四，府三十，州二百五十四，监六十三，县一千二百三十四，可谓极盛矣。……自崇宁以来，益、梓、夔、黔、广西、荆湖南北，迭相视效，大斥土宇……凡所建州、军、关、城、寨、堡，纷然莫可胜纪。(《宋史》卷八五《地理志序》)

高宗苍黄渡江，驻跸吴会，中原、陕右，尽入于金。东画长淮，西割商秦之半，以散关为界，其所存者，两浙、两淮、江东西、湖南北、西蜀、福建、广东、广西十五路而已合京西，共为十六路。(《宋史》卷八五《地理志序》)

宋疆域简表

北宋										南宋		
太宗时			仁宗时		神宗时		徽宗时					
道名	四界	统府州军监	道名	统府州军监	道名	统府州军监	道名	统府州军监		道名	统府州军监	备考
京东路	东至海，西抵汴，南极淮泗，北薄于河	开封府。宋州、兖州、徐州、曹州、青州、郓州、密州、齐州、济州、沂州、登州、莱州、淄州、濮州、单州、潍州。广济军、清平军、淮阳军、宣化军。莱芜监、利国监。凡统府一，州十六，军四，监二	京东路	应天府（宋州升）。兖州、徐州、曹州、青州、郓州、密州、齐州、济州、沂州、登州、莱州、淄州、濮州、单州、潍州。广济军、清平军、淮阳军、宣化军。莱芜监、利国监。凡统府一，州十五，军四，监二	京东东路	齐州、青州、密州、沂州、登州、莱州、淄州、潍州。淮阳军。凡统州八，军一	京东东路	济南府（齐州升）。青州、密州、沂州、登州、莱州、淄州、潍州。淮阳军。凡统府一，州七，军一				全路没于金
					京东西路	应天府。兖州、徐州、曹州、郓州、济州、濮州、单州。广济军。莱芜监、利国监。凡统府一，州七，军一，监二	京东西路	应天府、袭庆府（兖州升）、兴仁府（曹州升）、东平府（郓州升）。徐州、济州、濮州、单州、拱州。广济军。莱芜监、利国监。凡统府四，州五，军一，监二				全路没于金

北宋									南宋		
太宗时			仁宗时		神宗时		徽宗时		道名	统府州军监	备考
道名	四界	统府州军监	道名	统府州军监	道名	统府州军监	道名	统府州军监			
京西路	东暨汝颍，西距崤函，南逾汉沔，北抵河津	河南府。滑州、郑州、汝州、陈州、许州、蔡州、颍州、孟州、唐州、邓州、襄州、均州、房州、金州、随州、郢州。信阳军、光化军。凡统府一，州十六，军二	京畿路	开封府。曹州、陈州、许州、郑州、滑州。凡统府一、州五	开封	开封府。凡统县十六	京畿路	开封府。置四辅郡，颍昌府为南辅，郑州为西辅，澶州为北辅，拱州为东辅，其后旋罢旋复，开封府界，依旧为京畿			全路没于金
			京西路	河南府。汝州、蔡州、颍州、孟州、唐州、邓州、襄州、均州、房州、金州、随州、郢州。信阳军、光化军。凡统府一，州十二，军二	京西北路	河南府、颍昌府（许州升）。滑州、郑州、汝州、陈州、蔡州、颍州、孟州。信阳军。凡统府二，州七，军一					

北宋									南宋		
太宗时			仁宗时		神宗时		徽宗时				
道名	四界	统府州军监	道名	统府州军监	道名	统府州军监	道名	统府州军监	道名	统府州军监	备考
							京西北路	河南府、颍昌府、淮宁府（陈州升）、顺昌府（颍州升）。滑州、郑州、汝州、蔡州、孟州。信阳军。凡统府四，州五，军一			
					京西南路	唐州、邓州、襄州、均州、房州、金州、随州、郢州。光化军。凡统州八，军一	京西南路	襄阳府（襄州升）。唐州、邓州、均州、房州、金州、随州、郢州。光化军。凡统府一，州七，军一	京西路	襄阳府。均州、房州、随州、郢州。光化军、枣阳军。凡统府一，州四，军二	金州并入利州路。唐、邓二州没于金

北宋										南宋		
太宗时			仁宗时		神宗时		徽宗时					
道名	四界	统府州军监	道名	统府州军监	道名	统府州军监	道名	统府州军监	道名	统府州军监	备考	
河北路	东滨海，西薄太行，南临河，北据三关	大名府。镇州、瀛州、贝州、博州、德州、沧州、棣州、深州、洺州、邢州、冀州、赵州、定州、莫州、相州、怀州、卫州、澶州、磁州、祁州、滨州、雄州、霸州、保州。德清军、保顺军、定远军、破虏军、平戎军、静戎军、威虏军、乾宁军、顺安军、宁边军、天威军、承天军、静安军、通利军。凡统府一，州二十四，军十四	高阳关路	瀛州、贝州、沧州、冀州、莫州、雄州、霸州。永静军（定远改）、保定军（平戎改）、信安军（破虏改）、乾宁军。凡统州七，军四	河北东路	大名府。瀛州、贝州、沧州、冀州、莫州、雄州、霸州、博州、棣州、德州、滨州、澶州。德清军、保顺军、永静军、保定军、信安军、乾宁军。凡统府一，州十二，军六	河北东路	大名府、开德府（澶州升）、河间府（瀛州升）。沧州、冀州、莫州、雄州、博州、棣州、霸州、德州、恩州（贝州改）、清州（乾宁军升）、滨州。德清军、保顺军、永静军、信安军、保定军。凡统府三，州十一，军五			全路没于金	
			大名府路	大名府。博州、棣州、怀州、卫州、德州、澶州、滨州。安利军（通利改）、保顺军、德清军。凡统府一，州七，军三								

北宋										南宋		
太宗时			仁宗时		神宗时		徽宗时					
道名	四界	统府州军监	道名	统府州军监	道名	统府州军监	道名	统府州军监		道名	统府州军监	备考
			真定府路	真定府（镇州）。洺州、邢州、相州、赵州、磁州、天威军。凡统府一，州五，军一	河北西路	真定府。怀州、卫州、洺州、邢州、相州、赵州、磁州、定州、深州、祁州、保州。天成军、安利军、广信军、安肃军、永宁军、顺安军。凡统府一，州十一，军六	河北西路	真定府、中山府（定州升）、信德府（邢州升）、庆源府（赵州升）。洺州、相州、磁州、怀州、卫州、深州、祁州、保州、浚州（安利军升）。天威军、安肃军、永宁军、广信军、顺安军、北平军。凡统府四，州九，军六				全路没于金
			定州路	定州、深州、祁州、保州。广信军（威勇改）、安肃军（静戎改）、永宁军（宁边改）、顺安军。凡统州四，军四								

北宋									南宋		
太宗时			仁宗时		神宗时		徽宗时				
道名	四界	统府州军监	道名	统府州军监	道名	统府州军监	道名	统府州军监	道名	统府州军监	备考
河东路	东际常山,西逾河,南距底柱,北塞雁门	并州、代州、忻州、汾州、辽州、泽州、潞州、晋州、绛州、慈州、隰州、石州、岚州、宪州、丰州、麟州、府州。平定军、火山军、定羌军、宁化军、岢岚军、威胜军。永利监、大通监。凡统州十七,军六,监二	河东路	太原府(并州升)。代州、忻州、汾州、辽州、泽州、潞州、晋州、绛州、隰州、慈州、石州、岚州、宪州、麟州、府州。平定军、火山军、定羌军、宁化军、岢岚军、威胜军。永利监、大通监。凡统府一,州十五,军六,监二	河东路	太原府。代州、忻州、汾州、辽州、泽州、潞州、晋州、绛州、隰州、石州、岚州、宪州、麟州、府州。平定军、火山军、保德军(定羌改)、宁化军、岢岚军、威胜军。永利监、大通监。凡统府一,州十四,军六,监二	河东路	太原府、隆德府(潞州升)、平阳府(晋州升)。代州、忻州、汾州、辽州、泽州、绛州、慈州、隰州、石州、岚州、宪州、丰州、麟州、府州。平定军、火山军、保德军、宁化军、岢岚军、威胜军、晋宁军、庆祚军。永利监、大通监。凡统府三,州十四,军八,监二			全路没于金

北宋									南宋		
太宗时			仁宗时		神宗时		徽宗时				
道名	四界	统府州军监	道名	统府州军监	道名	统府州军监	道名	统府州军监	道名	统府州军监	备考
陕西路	东尽殽函，西包汧陇，南连商洛，北控萧关	京兆府、河中府、凤翔府。华州、同州、解州、虢州、陕州、商州、乾州、耀州、丹州、延州、鄜州、坊州、邠州、宁州、泾州、原州、庆州、环州、渭州、陇州、仪州、凤州、阶州、成州、秦州。保安军、镇戎军。开宝监、沙苑监。凡统府三，州五，军二，监二	陕西路	京兆府、河中府、凤翔府。华州、同州、解州、虢州、陕州、商州、乾州、耀州、丹州、延州、汧州、坊州、邠州、宁州、泾州、原州、庆州、环州、渭州、陇州、仪州、凤州、阶州、成州、秦州。保安军、镇戎军、永兴军、庆成军、德顺军。开宝监、沙苑监。凡统府三，州二十五，军五，监二	永兴路	京兆府、河中府。华州、同州、解州、虢州、陕州、商州、耀州、丹州、延州、鄜州、坊州、邠州、宁州、庆州、环州。保安军、庆成军。沙苑监。凡统府二，州十五，军二，监一	永兴路	京兆府、河中府、延安府（延州升）、庆阳府（庆州升）。华州、同州、陕州、解州、虢州、商州、醴州、耀州、丹州、鄜州、坊州、邠州、宁州、环州、银州。保安军、庆成军、清平军、绥德军、定边军。凡统府四，州十五，军五			全路没于金
					秦凤路	凤翔府。泾州、原州、渭州、凤州、陇州、阶州、成州、秦州、熙州、河州、兰州、岷州。镇戎军、德顺军。凡统府一，州十二，军二	秦凤路	凤翔府。泾州、原州、渭州、凤州、陇州、阶州、成州、秦州、熙州、河州、兰州、岷州、巩州（通远军升）、西安州、会州、洮州、廓州、乐州、西宁州。镇戎军、德顺军、积石军、震武军、怀德军。凡统府一，州十九，军五			成、阶、凤、岷四州，尚为宋有，并入利州路

北宋										南宋		
太宗时			仁宗时		神宗时		徽宗时					
道名	四界	统府州军监	道名	统府州军监	道名	统府州军监	道名	统府州军监	道名	统府州军	备考
淮南路	东至海，西距汉，南濒江，北据淮	扬州、楚州、濠州、寿州、光州、黄州、蕲州、舒州、庐州、和州、滁州、海州、泗州、亳州、宿州、泰州、通州。建安军、涟水军、高邮军、无为军。海陵监、利丰监。凡统州十七，军四，监二	淮南路	扬州、楚州、濠州。寿州、光州、黄州、蕲州、舒州、庐州、和州、滁州、海州、泗州、亳州、宿州、泰州、通州、真州（建安军升）。涟水军、高邮军、无为军。海陵监、利丰监。凡统州十八，军三，监二	淮南东路	扬州、楚州、滁州、海州、泗州、亳州、宿州、泰州、通州、真州。高邮军。海陵监、利丰监。凡统州十，军一，监二	淮南东路	扬州、楚州、滁州。海州、泗州、亳州、宿州、泰州、通州、真州。高邮军、涟水军。海陵监、利丰监。凡统州十，军二，监二	淮东路	扬州、楚州、滁州、泰州、通州、真州、安东州（涟水军升）、高邮军、招信军、淮安军、清河军。凡领州七，军四	海、泗二州没于金
					淮南西路	寿州、庐州、蕲州、和州、舒州、濠州、光州、黄州。无为军。凡统州八，军一	淮南西路	寿春府（寿州升）。庐州、蕲州、和州、舒州、濠州、光州、黄州。无为军、六安军。凡统府一，州七，军二	淮西路	安庆府（舒州升）、寿春府。庐州、蕲州、和州、濠州、光州、黄州。无为军、六安军、怀远军。凡统府二，州六，军三	

北宋									南宋		
太宗时			仁宗时		神宗时		徽宗时				
道名	四界	统府州军监	道名	统府州军监	道名	统府州军监	道名	统府州军	道名	统府州军监	备考
江南路	东限闽海，西界夏口，南抵大庾，北际大江	升州、太平州、宣州、歙州、池州、饶州、信州、抚州、江州、洪州、袁州、筠州、吉州、虔州。广德军、南康军、兴国军、临江军、南安军、建昌军。凡统州十四，军六	江南路	江宁府（升州升）。宣州、歙州、池州、饶州、信州、抚州、江州、洪州、袁州、筠州、吉州、虔州、太平州。广德军、南康军、兴国军、临江军、南安军、建昌军。凡统府一，州十三，军六	江南东路	江宁府。太平州、宣州、歙州、池州、饶州、信州、江州。广德军、南康军。凡统府一，州七，军二	江南东路	江宁府。太平州、宣州、徽州（歙州改）、池州、饶州、信州、江州。广德军、南康军。凡统府一，州七，军二	江南东路	建康府（江宁改）、宁国府（宣州升）。太平州、徽州、池州、饶州、信州。广德军、南康军。凡统府二，州五，军二	
					江南西路	洪州、虔州、吉州、袁州、抚州、筠州。兴国军、南安军、临江军、建昌军。凡统州六，军四	江南西路	洪州、虔州、吉州、抚州、袁州、筠州。兴国军、南安军、临江军、建昌军。凡统州六，军四	江南西路	隆兴府（洪州升）。赣州（虔州改）、江州、吉州、袁州、抚州、筠州。兴国军、南安军、临江军、建昌军。凡统府一，州六，军四	

北宋										南宋		
太宗时			仁宗时		神宗时		徽宗时					
道名	四界	统府州军监	道名	统府州军监	道名	统府州军监	道名	统府州军监	道名	统府州军监	备考
荆湖南路	东据衡岳，西接蛮僚，南阻五岭，北界洞庭	潭州、衡州、道州、永州、邵州、郴州、全州。桂阳监。凡统州七，监一	荆湖南路	潭州、衡州、道州、永州、邵州、郴州、全州。桂阳监。凡统州七，监一	荆湖南路	潭州、衡州、道州、永州、邵州、郴州、全州。桂阳监。凡统州七，监一	荆湖南路	潭州、衡州、道州、永州、邵州、郴州、全州。武冈军。桂阳监。凡统州七，军一，监一	荆湖南路	宝庆府(邵州升)。潭州、衡州、道州、永州、郴州、全州。武冈军、茶陵军、桂阳军(桂阳监改)。凡统府一，州六，军三	
荆湖北路	东尽鄂渚，西控巴峡，南抵洞庭，北限荆山	江陵府。鄂州、岳州、复州、安州、朗州、沣州、峡州、归州、辰州。汉阳军、荆门军。凡统府一，州九，军二	荆湖北路	江陵府。鄂州、岳州、安州、复州、鼎州(朗州改)、沣州、峡州、归州、辰州。汉阳军、荆门军。凡统府一，州九，军二	荆湖北路	江陵府。鄂州、岳州、安州、复州、鼎州、沣州、峡州、归州、辰州、沅州、诚州。汉阳军、荆门军。凡统府一，州十一，军二	荆湖北路	江陵府、德安府(安州升)。鄂州、岳州、复州、鼎州、沣州、峡州、归州、辰州、靖州(诚州改)、沅州。汉阳军、荆门军。凡统府二，州十，军二	荆湖北路	江陵府、德安府、常德府(鼎州升)。鄂州、岳州、复州、沣州、峡州、归州、辰州、沅州、靖州。汉阳军、荆门军、寿昌军。凡统府三，州九，军三	

北宋										南宋		
太宗时			仁宗时		神宗时		徽宗时					
道名	四界	统府州军监	道名	统府州军监	道名	统府州军监	道名	统府州军监	道名	统府州军监	备考
两浙路	东至海，南接岭岛，西控震泽，北枕大江	杭州、睦州、湖州、秀州、苏州、常州、润州、越州、婺州、衢州、处州、温州、艰台州、明州。江阴军、顺化军；凡统州十四，军二	两浙路	杭州、睦州、湖州、秀州、苏州、常州、润州、越州、婺州、衢州、处州、温州、台州、明州。江阴军。凡统州十四，军一	两浙路	杭州、睦州、湖州、秀州、苏州、常州、润州、越州、婺州、衢州、处州、温州、台州、明州。凡统州十四。“《宋史·地理志》，两浙路，熙宁七年，分为两路，寻合为一，九年复分，十年复合”	两浙路	平江府（苏州升）、镇江府（润州升）。杭州、湖州、严州（睦州改）、秀州、常州、越州、婺州、衢州、处州、温州、台州、明州。凡统府二，州十二	浙西路	临安府（杭州升）、平江府、镇江府、嘉兴府（秀州升）、建德府（严州升）。安吉州（湖州改）、常州。江阴军、南兴军。凡统府五，州二，军二	高宗绍兴三十二年，复分两浙为东西路
									浙东路	绍兴府（越州升）、庆元府（明州升）、瑞安府（温州升）。婺州、衢州、处州、台州。凡统府三，州四	

北宋										南宋		
太宗时			仁宗时		神宗时		徽宗时					
道名	四界	统府州军监	道名	统府州军监	道名	统府州军监	道名	统府州军监	道名	统府州军监	备考
福建路	东南际海，西北据岭	福州、建州、泉州、漳州、汀州、南剑州。兴化军、邵武军。凡统州六，军二	福建路	福州、建州、泉州、漳州、汀州、南剑州。兴化军、邵武军。凡统州六，军二	福建路	福州、建州、泉州、漳州、汀州、南剑州。兴化军、邵武军。凡统州六，军二	福建路	福州、建州、泉州、漳州、汀州、南剑州。兴化军、邵武军。凡统州六，军二	福建路	福安府（福州升）、建宁府（建州升）。泉州、漳州、汀州、南剑州、兴安州（兴化军升）。邵武军。凡统府二，州五，军二	
两川路	东距峡江，西控生番，南环泸水，北阻岷江	成都府。蜀州、彭州、汉州、绵州、梓州、遂州、荣州、简州、资州、陵州、普州、果州、合州、渠州、昌州、泸州、戎州、眉州、嘉州、邛州、雅州、黎州、茂州、维州。永康军、怀安军、广安军。富顺监。凡统府一，州二十四，军三，监一	西川路	成都府。蜀州、彭州、汉州、绵州、梓州、遂州、荣州、简州、资州、陵州、普州、果州、合州、渠州、昌州、泸州、戎州、眉州、嘉州、邛州、雅州、黎州、茂州、威州（维州改）。永康军、怀安军、广安军。富顺监。凡统府一，州二十四，军三，监一	成都府路	成都府。蜀州、彭州、绵州、汉州、简州、嘉州、邛州、雅州、黎州、茂州、眉州、威州。永康军、威戎军、通化军。陵井监（陵州废）。凡统府一，州十二，军三，监一	成都府路	成都府。蜀州、彭州、绵州、汉州、简州、嘉州、邛州、雅州、黎州、茂州、眉州、威州。永康军、石泉军。仙井监（陵井监改）。凡统府一，州十二军二，监一	成都府路	成都府、崇庆府（蜀州升）、嘉定府（嘉州升）。彭州、绵州、汉州、简州、眉州、邛州、雅州、黎州、茂州、威州、隆州（仙井监改）。永康军、石泉军。凡统府三，州十一，军二	

北宋									南宋		
太宗时			仁宗时		神宗时		徽宗时				
道名	四界	统府州军监	道名	统府州军监	道名	统府州军监	道名	统府州军监	道名	统府州军监	备考
					梓州路	梓州、遂州、果州、资州、普州、昌州、戎州、泸州、合州、荣州、渠州。怀安军、广安军。清井监。凡统州十一，军二，监一	潼川府路	潼川府（梓州升）、遂宁府（遂州升）。果州、资州、普州、昌州、叙州（戎州改）、泸州、合州、荣州、渠州。怀安军、广安军、长宁军（清井监改）。富顺监。凡统府二，州九，军三，监一	潼川府路	潼川府、遂宁府、顺庆府（果州升）。资州、普州、昌州、叙州、江安州（泸州改）、合州、荣州、渠州。怀安军、广安军、长宁军。富顺监。凡统府三，州八，军三，监一	

北宋									南宋		
太宗时			仁宗时		神宗时		徽宗时				
道名	四界	统府州军监	道名	统府州军监	道名	统府州军监	道名	统府州军监	道名	统府州军监	备考
峡西路	东接三峡，西抵阴平，南扼群僚，北连大散	兴元府。洋州、兴州、利州、阆州、剑州、文州、龙州、巴州、集州、蓬州、壁州、渝州、夔州、忠州、万州、开州、达州、涪州、施州、黔州。云安军、梁山军。大宁监。凡统府一，州二十，军二，监一	峡西路	兴元府。洋州、兴州、利州、阆州、剑州、文州、龙州、巴州、集州、蓬州、壁州、渝州、夔州、忠州、万州、开州、达州、涪州、施州、黔州。云安军、梁山军。大宁监。凡统府一，州二十，军二，监一	利州路	兴元府。洋州、兴州、利州、阆州、剑州、文州、龙州、巴州、蓬州。凡统府一，州九	利州路	兴元府。洋州、兴州、利州、阆州、剑州、文州、政州（龙州改）、巴州、蓬州。凡统府一，州九	利州路	兴元府、隆庆府（剑州升）、同庆府（成州升）。沔州（兴州改）、利州、洋州、阆州、文州、龙州（政州复）、巴州、蓬州、金州、阶州、西和州（旧岷州）、凤州。大安军、天水军。凡统府三，州十二，军二	开禧二年，吴曦叛，以关外阶成和凤四州附于金。明年曦诛，遂复故境
					夔州路	恭州（渝州改）、夔州、忠州、万州、开州、达州、涪州、施州、黔州。云安军、梁山军、南平军。大宁监。凡统州九，军三，监一	夔州路	恭州、夔州、忠州、万州、开州、达州、涪州、施州、黔州、珍州、思州。云安军、梁山军、南平军。大宁监。凡统州十一，军三，监一	夔州路	重庆府（恭州升）、绍庆府（黔州升）、咸淳府（忠州升）。夔州、万州、开州、达州、涪州	

北宋									南宋		
太宗时			仁宗时		神宗时		徽宗时				
道名	四界	统府州军监	道名	统府州军监	道名	统府州军监	道名	统府州军监	道名	统府州军监	备考
										施州、思州、播州。云安军、梁山军、南平军。大宁监。凡统府三，州八，军三，监一	
广南东路	东南据大海，西北距五岭	广州、连州、韶州、南雄州、英州、桢州、循州、梅州、潮州、端州、康州、新州、春州、恩州、封州、贺州。凡统州十六	广南东路	广州、连州、韶州、南雄州、英州、循州、惠州（桢州改）、梅州、潮州、端州、康州、新州、春州、南恩州（旧恩州）、封州、贺州。凡统州十六	广南东路	广州、连州、韶州、南雄州、英州、循州、惠州、梅州、潮州、端州、康州、新州、南恩州、封州、贺州。凡统州十五	广南东路	肇庆府（端州升）。广州、连州、韶州、南雄州、英州、循州、惠州、梅州、潮州、康州、新州、南恩州、封州。凡统府一，州十三	广南东路	肇庆府、德庆府（康州升）、英德府（英州升）。广州、连州、韶州、南雄州、循州、惠州、梅州、潮州、新州、南恩州、封州。凡统府三，州十一	

北宋									南宋		
太宗时			仁宗时		神宗时		徽宗时				
道名	四界	统府州军监	道名	统府州军监	道名	统府州军监	道名	统府州军监	道名	统府州军监	备考
广南西路	东北距岭，南控交阯，西抚蛮獠	桂州、昭州、梧州、龚州、藤州、白州、容州、郁林州、浔州、贵州、横州、邕州、宾州、象州、柳州、融州、宜州、高州、化州、雷州、廉州、钦州、琼州、儋州、万安州、崖州。 凡统州二十六	广南西路	桂州、昭州、梧州、龚州、藤州、白州 容州、郁林州、浔州、贵州、横州、邕州 宾州、象州、柳州、融州、宜州、高州 化州、雷州、廉州、钦州、琼州、儋州 万安州、崖州。 凡统州二十六	广南西路	桂州、昭州、梧州、龚州、藤州、白州 容州、郁林州、浔州、贵州、横州、邕州 宾州、象州、柳州、融州、宜州、高州 化州、雷州、廉州、钦州、琼州。 昌化军（儋州降）、万安军（万安州降）、朱崖军（崖州降）。 凡统州二十三，军三	广南西路	桂州、昭州、梧州、龚州、藤州、白州、容州、郁林州、浔州、贵州、横州、邕州、宾州、象州，柳州、融州、宜州、高州、化州、雷州、廉州、钦州、琼州、平州、观州、贺州。 昌化军、万安军、朱崖军。 凡统州二十六，军三	广南西路	静江府（桂州升）、庆远府（宜州升）。 昭州、梧州、藤州、容州、郁林州、浔州、贵州、横州、邕州、宾州、象州、柳州、融州、高州、化州、雷州、廉州、钦州、琼州、贺州。 南宁军（昌化改）、吉阳军（朱崖改）、万安军。 凡统府二，州二十，军二	

北宋										南宋		
太宗时			仁宗时		神宗时		徽宗时					
道名	四界	统府州军监	道名	统府州军监	道名	统府州军监	道名	统府州军监	道名	统府州军监	备考
							燕山府路	燕山府（唐幽州）。 涿州、檀州、平州、易州、营州、顺州、蓟州、景州、经州（玉田县改）。 凡统府一，州九			
							云中府路	云中府（唐云州）。 武州、应州、朔州、蔚州、奉圣州（唐新州）、归化州（旧毅州）、儒州、妫州。 凡统府一，州八			
附记	本表以《宋史》为据，而参以《通考》《续通考》，及顾祖禹《读史方舆纪要》、陈芳绩《历代地理沿革表》诸书。 上表所列，北宋有府三十八，州二百五十四，军五十九；南宋有府三十七，州一百二十四，军三十七，其旋增旋废各州，及羁縻诸州，概未阑入。 宋初因周制，以大梁为东京开封府，洛阳为西京河南府，真宗建宋州为南京应天府，仁宗又建大名府为北京，谓之四京。高宗南渡，以临安府为行都，后遂定都焉										

是时舆地登于职方者，东尽明、越，西抵岷、嶓，南斥琼、崖，北至淮、汉。补短截长，分路十六：曰浙西，曰浙东，曰江东，曰江西，曰淮东，曰淮西，曰湖南，曰湖北，曰京西，曰成都，曰潼川，曰利州，曰夔州，曰福建，曰广东，曰广西。凡府、州、军、监一百九十，县七百有三，而武都、河池、兴元、襄阳、鄂州、庐州、楚州、扬州，皆为重镇。（顾祖禹《读史方舆纪要》卷八）

（三）宋之制度

(1) 官　制

(甲) 中央官

中央官制简表

沿革 官别	宋初	元丰以后	政和以后		南宋		备考
三师三公	太师 太傅 太保 太尉 司徒 司空	太师 太傅 太保 太尉 司徒 司空	三公三孤	太师 太傅 太保 少师 少傅 少保	三公三孤	太师 太傅 太保 少师 少傅 少保	《宋史·职官志》，三师三公，为宰相、亲王、使相加官，其特拜者，不预政事。大观元年，蔡京为太尉，二年为太师。政和二年九月，诏："以太师、太傅、太保，古三公之官，今为三师，古无此称，合依三代为三公，为真相之任。司徒、司空，周六卿之官，太尉，秦主兵之任，皆非三公，并宜罢之。仍考周制，立三孤，少师、少傅、少保，亦称三少，为相之任。"至是，京始以三公任真相。三公自国初以来，未尝备官。独宣和末，三公至十八人，三少不计也

沿革 官别		宋初	元丰以后	政和以后	南宋	备考
						自绍熙后，三公未尝备官。其后韩侂胄、史弥远、贾似道专政，皆至太师焉
宰执	宰相	同中书平章事 参知政事（副相）	门下侍中 中书令 尚书令 尚书左仆射 尚书右仆射 （不除人） 门下侍郎 中书侍郎 尚书左丞 尚书右丞	左辅 右弼 （不除人） 太宰（左仆射改） 少宰（右仆射改） 门下侍郎 中书侍郎 尚书左丞 尚书右丞	左丞相 右丞相 参知政事	徐度《却扫编》，国朝中书宰相，参知政事，多不过五员，两相则三参，三相则两参
	枢密院	使（或称知院事） 副使（或称同知院事）	知院事 同知院事 签书院事	知院事 同知院事 签书院事 同签书院事	使 副使 知院事 同知院事 签书院事 同签书院事	《宋史·职官志》，国初，官无定制，有使则置副，有知院则置同知院，资浅则用直学士签书院事。元丰五年，乃定置知院、同知院二人，副、使悉罢。元祐初，复置签书院事。绍兴七年，诏："可依故事置枢密使，以宰相张浚兼之。"至开禧，以宰臣兼使，遂为永制。使与知院，同知、副使，亦或并除，其签书、同签书，并为端明殿学士，恩数特依执政，或以武臣为之，亦异典也

官别		宋初	元丰以后	政和以后	南宋	备考
三省	门下省	侍中（不常除人） 侍郎	侍郎 左散骑常侍（不除人） 左谏议大夫一人 左司谏一人 左正言一人	侍郎 左散骑常侍（不除人） 左谏议大夫一人 左司谏一人 左正言一人	侍郎 左散骑常侍（不除人） 左谏议大夫一人 左司谏一人 左正言一人	《宋史·职官志》，侍中，国朝以秩高罕除。自建隆至熙宁，真拜侍中才五人，虽有用他官兼领，而实不任其事。官制行，以左仆射兼门下侍郎，行侍中职，别置侍郎以佐之。南渡后，置左、右丞相，省侍中不置。（按：左散骑常侍、左谏议大夫、左司谏、左正言，唐末五代时，均为谏院官，宋神宗改定官制，隶于门下省。）
	中书省	令（不真除） 侍郎	侍郎 右散骑常侍（不除人） 右谏议大夫一人 右司谏一人 右正言一人	侍郎 右散骑常侍（不除人） 右谏议大夫一人 右司谏一人 右正言一人		《宋史·职官志》，令，国朝未尝真拜，以他官兼领者，不预政事，然止曹佾一人，余皆赠官。官制行，以右仆射兼中书侍郎，行令之职，别置侍郎以佐之。中兴后，置左、右丞相，省令不置。 又南渡后，复置参知政事，省中书侍郎不置。（按：右散骑常侍、右谏议大夫、右司谏、右正言，唐末五代时，均为谏院官，宋神宗改定官制，隶于中书省。）

官别＼沿革	宋初	元丰以后	政和以后	南宋	备考
尚书省	令（不除人） 左仆射 右仆射 左丞 右丞	令（不除人） 左仆射 右仆射 （任正相） 左丞 右丞 （任副相）	令（不除人） 太宰 少宰 （任正相） 左丞 右丞 （任副相）		《宋史·职官志》，自官制行，不置侍中中书令，以左仆射兼门下侍郎，右仆射兼中书侍郎，行侍中中书令职事。政和中，诏改左仆射为太宰，右仆射为少宰。南渡后，置左右丞相，省仆射不置
三司使	使一人 副使三人				《宋史·职官志》，元丰官制行，罢三司使，并归户部
学士院	翰林学士	翰林学士 翰林侍读学士 翰林侍讲学士			
谏院	知谏院六人				《宋史·职官志》，国初虽置谏院，知院官凡六人，以司谏、正言充职；而他官领者，谓之知谏院。正言、司谏亦有领他职而不预谏诤者。官制行，始皆正名

官别 \ 沿革		宋初	元丰以后	政和以后	南宋	备考
六部	吏部	知审官院二人判部事二人	尚书一人（长）侍郎一人（贰）	尚书一人侍郎一人	尚书一人侍郎一人	《宋史·职官志》，宋初，三省六曹二十四司，类以他官主判；元丰官制成，以阶寄禄，而省台寺监之官，各还所职矣
	户部	判部事一人	尚书一人（长）侍郎二人（贰）	尚书一人侍郎二人	尚书一人侍郎二人	
	礼部	判礼议院一人判部事一人	尚书一人（长）侍郎一人（贰）	尚书一人侍郎一人	尚书（不常置）侍郎一人	
	兵部	判部事一人	尚书一人（长）侍郎一人（贰）	尚书一人侍郎一人	尚书一人侍郎一人（长贰互置）	

官别 \ 沿革		宋初	元丰以后	政和以后	南宋	备考
六部	刑部	知审刑院一人 判部事一人	尚书一人（长） 侍郎二人（贰）	尚书一人 侍郎二人	尚书一人 侍郎二人（长贰互置）	
	工部	判部事一人	尚书一人（长） 侍郎一人（贰）	尚书一人 侍郎一人	尚书一人 侍郎一人	
御史台		大夫（不除正员） 中丞	大夫（不除人） 中丞一人（长）	中丞一人	中丞一人	
九寺	太常寺	判寺事 判太常礼院	卿一人（长） 少卿一人（贰）	卿一人 少卿一人	卿一人 少卿一人	

官别＼沿革		宋初	元丰以后	政和以后	南宋	备考
九寺	宗正寺	知大宗正事一人 判寺事二人	知大宗正事一人 卿一人（长） 少卿一人（贰）	知大宗正事一人 卿一人 少卿一人	知大宗正事一人 卿（不长置） 少卿一人	
	光禄寺	判寺事一人	卿一人（长） 少卿一人（贰）	卿一人 少卿一人		《宋史·职官志》，中兴后废，并入礼部
	卫尉寺	判寺事一人	卿一人（长） 少卿一人（贰）	卿一人 少卿一人		《宋史·职官志》，中兴后，卫尉寺废，并入工部
	太仆寺	群牧使一人 判寺事一人	卿一人（长） 少卿一人（贰）	卿一人 少卿一人		《宋史·职官志》，中兴后，废太仆寺，并入兵部
	大理寺	判寺事一人	卿一人（长） 少卿二人（贰）	卿一人 少卿二人	卿一人 少卿二人	

官别＼沿革		宋初	元丰以后	政和以后	南宋	备考
九寺	鸿胪寺	判寺事一人	卿一人（长） 少卿一人（贰）	卿一人 少卿一人		《宋史·职官志》，中兴后，废鸿胪不置，并入礼部
	司农寺	判寺事一人	卿一人（长） 少卿一人（贰）	卿一人 少卿一人	卿一人 少卿一人	
	太府寺	判寺事一人	卿一人（长） 少卿一人（贰）	卿一人 少卿一人	卿一人 少卿一人	
五监	国子监	判监事二人	祭酒一人（长） 司业一人（贰）	祭酒一人 司业一人	祭酒一人 司业一人	
	少府监	判监事一人	监一人（长） 少监一人（贰）	监一人 少监一人	监一人 少监一人	
	将作监	判监事一人	监一人（长） 少监一人（贰）	监一人 少监一人	监一人 少监一人	

官别＼沿革		宋初	元丰以后	政和以后	南宋	备考
五监	军器监	领于三司	监一人（长） 少监一人（贰）	监一人 少监一人		《宋史·职官志》，南渡置御前军器所。建炎三年，诏军器监并归工部。绍兴三年，复置丞一员。十一年，诏复置长、贰各一员。隆兴初，诏置造军器，已有军器所隶工部，本监惟置丞一员
	都水监	判监事一人	使者一人	使者一人		《宋史·职官志》，绍兴十年，诏都水事归于工部，不复置官

宋初官制，虽承袭于唐，特徒存其名，而任非其官。

宋承唐制，抑又甚焉。三师三公不常置，宰相不专任，三省长官、尚书、门下，并列于外，又别置中书禁中，是为政事堂，与枢密对掌大政。天下财赋，内庭诸司，中外管库，悉隶三司。中书省但掌册文、覆奏、考帐；门下省主乘舆八宝，朝会版位，流外考较，诸司附奏挟名而已。台、省、寺、监，官无定员，无专职，悉皆出入，分莅庶务。故三省、六曹、二十四司，类以他官主判，虽有正官，非别敕，不治本司事，事之所寄，十亡二三。故中书令、侍中、尚书令不预朝政，侍郎、给事不领省职，谏议无言责，起居不记注；中书常阙舍人，门下罕除常侍，司谏、正言非特旨供职，亦不

任谏诤。至于仆射、尚书、丞、郎、员外，居其官不知其职者，十常八九。(《宋史》卷一六一《职官志序》)

其官人受授之别，则有官、有职、有差遣。官以寓禄秩、叙位著，职以待文学之选，而别为差遣，以治内外之事。其次又有阶、有勋、有爵，故仕人以登台阁、升禁从为显宦，而不以官之迟速为荣滞；以差遣要剧为贵途，而不以阶、勋、爵邑有无为轻重。时人语曰："宁登瀛，不为卿；宁抱椠，不为监。"(《宋史》卷一六一《职官志序》)

至其初设官之意，则在集权中央，又为防专擅之弊，不惜颠倒而错综之，而实权所寄，则以中书主政，枢密主兵，三司理财。

宰相：

宋承唐制，以同平章事为真相之任，无常员；有二人，则分日知印。以丞、郎以上至三师为之。其上相为昭文馆大学士，监修国史，其次为集贤殿大学士。或置三相，则昭文、集贤二学士，并监修国史，各除。(《宋史》卷一六一《职官志一》)

唐初，始合中书、门下之职，故有同中书门下三品、同中书门下平章事。其后又置政事堂，盖以中书出诏令，门下掌封驳，日有争论，纷纭不决，故使两省先于政事堂，议定然后奏闻。开元中，张说奏改政事堂为中书门下。自是相承……莫之能改。……向日所谓中书者，乃中书门下政事堂也。(《通考》卷五〇《职官考四》)

枢密使:

掌军国机务、兵防、边备、戎马之政令,出纳密命以佐邦治。凡侍卫诸班直、内外禁招募、阅试、迁补、屯戍、赏罚之事,皆掌之。……宋初,循唐、五代之制,置枢密院,与中书对持文武二柄,号为二府。(《宋史》卷一六二《职官志二》)

唐末,诸司使皆内臣领之,枢密使始与宰相分权矣。降及五代,改用士人。枢密使皆天子腹心之臣……其权重于宰相。太祖受命,以宰相专主文事,参知政事佐之;枢密使专掌武事,副使佐之。(《通考》卷五〇《职官考四》)

三司使:

国初沿五代之制,置使以总国计,应四方贡赋之入,朝廷不预,一归三司。通管盐铁、度支、户部,号曰"计省",位亚执政,目为"计相"。(《宋史》卷一六二《职官志二》)

唐自天宝以后,天下多事,户口凋耗,租税日削,法既变而用不给,故兴利者进而征敛,名额繁矣。方镇握重兵,皆留财赋自赡,其上供殊鲜。五代疆境逼蹙,藩镇益强,率令部曲主场、院,其属三司者,补大吏以临之,输额之外,亦私有焉。(《宋史》卷一七九《食货志下一》)

太祖周知其弊,及受命,务恢远略,修建法程,示之以渐。建隆中,牧守来朝,犹不贡奉以助军实。乾德三年,始诏诸州,支度经费外,凡金帛悉送阙下,毋或占留。时藩郡有阙,稍命文臣权知所在场务,或遣京朝官廷臣监临。于是外权始削,而利归公上,条禁文薄,渐为精密。(《宋史》卷一七九《食货志下一》)

淳化元年诏曰:"周设司会一职,以一岁为准;汉制上计之法，以三年为期。所以详知国用之盈虚，大行群吏之诛赏，斯乃旧典，其可废乎？三司自今每岁具见管金银、钱帛、军储等簿以闻。”四年，改三司为总计司，左右大计分掌十道财赋，令京东、西、南、北，各以五十州为率，每州军岁计金、银、钱、刍缯帛粟等费，逐路关报总计司，总计司置簿，左右计使通计置裁，给余州亦如之。未几复为三部。宋聚兵京师，外州无留财，天下支用，悉出三司。(《宋史》卷一七九《食货志下一》)

宋朝艺祖开基，惩五季之乱，藩臣擅有财赋，不归王府，自乾德以后，僭伪略平，始置诸道转运使，以总利权。……其转运使之名，国初但曰勾当某路水陆计度转运事，官高者则曰某路计度转运使。太平兴国初，皆曰使，两省以上，则为都转运使，又置副使，与诸路判官焉……真宗每用兵，或令都部署兼转运使；王师征讨，则有随军转运使，事毕即停。至道中诏曰：“天下物宜，民间利病，惟转运使得以周知。令更互赴阙，延见询问焉。”(《通考》卷六一《职官考五》)

宋财政职官简表

	名称	职掌	备考
中央	三司使	见前	《宋史·职官志》，太平兴国八年，分置三使。淳化四年，复置使一员，总领三部。又分天下为十道，在京东曰左计，京西曰右计，置使二员分掌。俄又置总计使，判左、右计事，左、右计使判十道事。五年，罢十道左右计使，复置三部使。咸平六年，罢三部使，复置三司一员

	名称	职掌	备考
地方	都转运使 转运使 副使 判官		《宋史·职官志》，掌经度一路财赋，而察其登耗，有以足上供及郡县之费。每岁行所部，检察储积，稽考帐籍。凡吏蠹民瘼，悉条以上达，及专举刺史官吏之事
临时	随军转运使		《宋史·职官志》，有军旅之事，则供馈钱粮，或令本官随军移运，或别置随军转运使一员

但自真、仁之际，已起改革之议，至神宗始见诸实行。

自真宗、仁宗以来，议者多以正名为请。咸平中，杨亿首言："文昌会府，有名无实，宜复其旧。"既而言者相继，乞复二十四司之制。至和中，吴育亦言："尚书省，天下之大有司，而废为闲所，当渐复之。"然朝论异同，未遑厘正。(《宋史》卷一六一《职官志序》)

神宗即位，慨然欲更其制。熙宁末，始命馆阁，校《唐六典》。元丰三年，以摹本赐群臣，乃置局中书，命翰林学士张璪等详定。八月下诏，肇新官制，省、台、寺、监领空名者，一切罢去，而易之以阶。五年，省、台、寺、监法成。六年，尚书新省成，帝亲临幸，召六曹长贰以下，询以职事，因诫敕焉所置之官，见前表。(《宋史》卷一六一《职官志序》)

徽宗时，蔡京辅政，复加变更，与元丰之制，又多不同。

大抵自元祐以后，渐更元丰之制：二府不分班奏事，枢密加置签书；户部则不令右曹专典常平，而总于其长；起居郎、舍人，则通记起居，而不分言、动；馆职则增置校勘黄本。凡此皆与元丰稍异也。其后蔡京当国，率意自用。然动以继志为言……又更两省之长，为左辅、右弼，易端揆之称，为太宰、少宰。是时员既滥冗，名且紊杂。……宣和末，王黼用事，方且追咎元祐纷更，乃请设局以修《官制格目》为正名，亦何补矣。(《宋史》卷一六一《职官志序》)

南宋改革官制，其特异者，则去三省长官虚称，而置丞相。

建炎中兴，参酌润色，因吕颐浩之请，左、右仆射并同中书门下平章事，两省侍郎改为参知政事，三省之政合乎一。乾道八年，又改左、右仆射为左、右丞相，删去三省长官虚称，道揆之名遂定。……惟枢密本兵，与中书对掌机务，号东、西二府，命宰相兼知院事。建炎四年，实用庆历故典。其后兵兴则兼枢密使，兵罢则免。至开禧初，始以宰臣兼枢密为永制。当多事时，诸部或长贰不并置，或并郎曹使相兼之，惟吏部、户部，不省不并。兵休稍稍增置。(《宋史》卷一六一《职官志序》)

北宋之末，宰相上，复有贵官。

唐初，始定制以三省为宰相之司存，以三省长官为宰相之职任。然省分为三，各有所掌，而其官亦复不一，相职既尊，无所不统。……于是始有同中书门下三品、同平章事、参知机务、参预政事之名焉……所谓同平章事者，唐初虽以称宰相，乃以处资浅之人，在参知政事之下。中世以后，则独为真宰相之官。……自唐开元以来，郭子仪、李光弼相继，以平章事为节度使，谓之使相。而宰相之职侪于他官自此始。自宋元祐以后，文潞公彦博、吕申公公著相继，以平章军国重事序宰臣上。而宰相之上复有贵官自此始。(《通考》卷四九《职官考三》)

平章军国重事，元祐中置，以文彦博太师、吕公著守司空，相继为之，序宰臣上。所以处老臣硕德，特命以宠之也。故或称平章军国重事，或称同平章军国事。五日或两日一朝，非朝日不至都堂。其后蔡京、王黼，以太师总三省事，三日一朝，赴都堂治事。开禧元年，韩侂胄拜平章，讨论典礼，乃以平章军国事为名。盖省重事则所预者广，去同字则所任者专。边事起，乃命一日一朝，省印亦归其第，宰相不复知印。其后贾似道专权，窃位日久，尊宠日隆，位皆在丞相上。(《宋史》卷一六一《职官志一》)

翰林学士知制诰，唐时已极重之，至宋特定资权，尤为清要显美之官。

按：唐之所谓翰林学士，只取文学之人，随其官之崇卑，入院者，皆为学士。延觐之际，则各随其元官立班，而所谓学士，未尝有一定之品秩也。故其尊贵亲遇者……参议政事，或一迁而为宰相。而其孤远新进者，或起自初阶，或元无出身，至试令草麻制，甚者或试以诗、赋，如试进士之法，其人皆呼学士。自唐至五代皆然。至宋则始定制，资浅者为直院，暂行者为权直。于是真为翰林学士者，职始显贵，可以比肩台长，举武政路矣。(《通考》卷五四《职官考八》)

翰林学士院……凡他官入院，未除学士，谓之直院学士……他官暂行院中文书，谓之权直。自国初至元丰，官制行，百司事失其实，多所厘正，独学士院承唐旧典不改。（《宋史》卷一六二《职官志二》）

元丰官制，废翰林侍读、侍讲学士不置，但以为兼官。然必侍从以上，乃得兼之，其秩卑资浅，则为说书。（《宋史》卷一六二《职官志二》）

学士侍从有学术者，为侍讲侍读，其秩卑资浅而可备讲说者，则为说书。（《宋史》卷一六二《职官志二》）

翰苑经筵，在近代为至清要显美之官……元丰官制既行，而讲读始去翰林之名，自为经筵之官矣。（《通考》卷五四《职官考八》）

馆阁学士，所选皆英俊，号为储才之地。一经此职，遂为名流，故宋代最重馆职。

国初，以史馆历代多属秘书，唐太宗始移史馆于门下，令宰相监修，玄宗复移之中书、昭文馆门下省有弘文馆，唐太宗所置，宋改为昭文馆、集贤院中书省有集贤殿书院，唐玄宗所置，皆贮图籍，多大臣兼领为三馆，皆寓崇文院。（《宋史》卷一六二《职官志二》）

其上相为昭文馆大学士，监修国史；其次为集贤殿大学士，或置三相。则昭文、集贤二学士，并监修国史，各除。唐以来，三大馆皆宰臣兼，故仍其制。（《宋史》卷一六一《职官志一》）

太宗端拱元年，诏就崇文院中堂，建秘阁，择三馆真本书籍万余卷，及内出古画墨迹藏其中，以右司谏直史馆宋泌为直秘阁。直馆、直院，则谓之馆职，以他官兼者，谓之贴职。元丰以前，凡状元制科一任还，即试诗赋各一而入，否则用大臣荐而试，谓之入馆。官制行，废崇文院为秘书监，建秘阁于中，自监少至正字，列为职事官。罢直馆、直院之名，独以直秘阁为贴职，皆不试而除，盖特以为恩数而已。(《宋史》卷一六二《职官志二》)

国朝儒馆仍唐制，有四：曰昭文馆，曰史馆，曰集贤院，曰秘阁。率以上相领昭文大学士，其次监修国史，其次领集贤。若只两相，则首厅兼国史。唯秘阁最低，故但以两制判之。四局各置直官，均谓之馆职，皆称学士。其下则为校理、检讨、校勘。地望清切，非名流不得处。……自熙宁以来，或颇用赏劳。元丰官制行，不置昭文、集贤，以史馆入著作局，而直秘阁只为贴职。至崇宁、政、宣，以处大臣子弟姻戚，其滥及于钱谷文俗吏，士大夫不复贵重。(洪迈《容斋四笔》卷一)

宋朝殿学士，有观文殿大学士、学士，资政殿大学士、学士，端明殿学士。殿学士资望极峻，无吏守，无典掌，惟出入侍从备顾问而已。观文殿大学士，非曾为宰相不除。观文殿学士、资政殿大学士及学士，并以宠辅臣之去位者。端明殿学士，惟学士久次者始除。(《通考》卷五四《职官考八》)

总阁学士、直学士，宋朝庶官之外，别加职名，所以厉行义文学之士。高以备顾问，其次与论议、典校雠。得之为荣，选择尤精。(《宋史》卷一六二《职官志二》)

国朝馆阁之选，皆天下英俊，然必试而后命。一经此职，遂为名流。其高者曰集贤殿修撰、史馆修撰、直龙图阁、直昭文馆、史馆、集贤院、秘阁。次曰集贤、秘阁校理。官卑者曰馆阁校勘、史馆检讨，均谓之馆职。记注官缺，必于此取之，非经修注，未有直除知制诰者。官至员外郎则任之，中外皆称为学士。及元丰官制行，凡带职者，皆迁一官而罢之，而置秘书省官，大抵与职事官等。（洪迈《容斋随笔》卷一六）

旧贴职止于直秘阁、直龙图阁、右文殿修撰三等神宗罢集贤院。徽宗政和六年，以集贤院无此名，其见任集贤院修撰，并改为右文殿修撰。政和六年九月，手诏：天下人才富盛，趋事赴功者众，不足以待多士，可增置直徽猷阁、直显谟阁、直宝文阁、直天章阁、秘阁修撰、集英殿修撰凡九等。中兴以后，又增敷文、焕章、华文、宝谟、宝章五等矣。等级既多，迁转亦易，非旧比也。（王林《燕翼诒谋录》卷四）

（乙）地方官

宋初，革五季之患，召诸镇节度，会于京师，赐第以留之，分命朝臣，出守列郡，号权知军州事，军谓兵，州谓民政焉。（《宋史》卷一六七《职官志七》）

太祖始削外权，命文臣往莅之，由是内外所授官，多非本职，惟以差遣为资历。（《宋史》卷一五八《选举志四》。）

外官则有“亲民”“厘务”二等。（《宋史》卷一六一《职官志序》）

外官则惩五代藩镇专恣，颇用文臣知州，复设通判以贰之。阶官未行之先，州县守令多带中朝职事官。（《宋史》卷一六一《职官志序》）

府、州、军、监……其后文武官参为知州军事，二品以上，及带中书枢密院宣徽使职事，称判某府、州、军、监。诸府置知府事一人，州、军、监亦如之。掌总理郡政，宣布条教，导民以善而纠其奸慝，岁时劝课农桑，旌别孝悌，其赋役、钱谷、狱讼之事，兵民之政皆总焉。……察郡吏德义材能而保任之,若疲软不任事,或奸贪冒法,则按劾以闻。……若河南、应天、大名府，则兼留守司公事。太原府、延安府、庆州、渭州、熙州、秦州，则兼经略安抚使、马步军都总管。定州、真定府、瀛州、大名府、京兆府，则兼安抚使、马步军都总管。泸州、潭州、广州、桂州、雄州，则兼安抚使、兵马钤辖。颍昌府、青州、郓州、许州、邓州，则兼安抚使、兵马巡检。其余大藩府或沿边州郡，或当一道冲要者，并兼兵马钤辖、巡检，或带沿边安抚、提辖兵甲、沿边溪洞都巡检。余州、军，则别其地望之高下，与职务之繁简而置之。分曹以理之，而总其纲要，凡属县之事皆统焉。(《宋史》卷一六七《职官志七》)

通判，宋初，惩五代藩镇之弊，乾德初，下湖南，始置诸州通判，命刑部郎中贾玭等充。建隆四年，诏知府公事，并须长史、通判签议连书，方许行下。时大郡置二员，余置一员。州不及万户不置，武臣知州，小郡亦特置焉。其广南小州，有试秩通判兼知州者，职掌倅贰郡政，凡兵民、钱谷、户口、赋役、狱讼听断之事，可否裁决，与守臣通签书施行。所部官有善否，及职事修废，得刺举以闻。(《宋史》卷一六七《职官志七》)

县令，建隆元年，令天下诸县，除赤畿外，有望紧上中下，掌总治民政。(《宋史》卷一六七《职官志七》)

建隆三年，始以朝臣为知县，其间复参用京官或幕职为之。(《通考》卷六三职《官考一七》)

按：宋初地方官，为两级制度，即以州统县是也。其特异之点，则有节度州、刺史州之别，复分“亲民”“厘务”二等，且不设正官，而以差遣形式，以京朝官外补。又诸州设通判，以为佐贰，县令亦由吏部殿最，意在集权中央，以杜专擅之弊。其后设置诸使，兼按察之事，始有监司之官，成为三层等级。

转运使：

初主一路财权，太宗后，各事无所不总，南宋谓之漕司。

宋朝艺祖开基，惩五季之乱，藩臣擅有财赋，不归王府，自乾德以后，僭伪略平，始置诸道转运使，以总利权。……其转运使之名，国初但曰勾当某路水陆计度转运事，官高者则曰某路计度转运使。太平兴国初，皆曰使，两省以上，则为都转运使……至道中，诏曰：“天下物宜，民间利病，惟转运使得以周知。令更互赴阙，延见询问焉。”庆历中，皆带按察之任《宋史·仁宗纪》，庆历三年五月，诏诸路转运使，并兼按察使，岁具官吏能否以闻，六年罢之。（《通考》卷六一《职官考一五》）

都转运使，转运使……掌经度一路财赋……岁行所部，检察储积，稽考帐籍，凡吏蠹民瘼，悉条以上达，及专举刺官吏之事。（《宋史》卷一六七《职官志七》）

提点刑狱公事：

初为转运使属官，真宗时析出，南宋谓之宪司。

宋太宗淳化二年，以司门员外郎董循等一十一人，分充诸路转运司提点刑狱，四年省。景德四年，真宗谓王旦曰："朕虑四方刑狱官吏，未尽得人……今军民事务，虽有转运使，且地远无由知。先帝选朝臣为诸路提点刑狱，今可复置，仍以使臣副之。"于是置诸路提点刑狱公事，以朝臣充……熙宁十年，复置提点京畿刑狱。……元丰因之，总郡国之庶狱，核其情实而覆以法；督治奸盗，申理冤滥，则隶提刑司；岁察所部廉能而保任之，若疲软或冒法，则随其职事劾奏。(《通考》卷六一《职官考一五》)

提点刑狱公事，掌察所部之狱讼，而平其曲直，所至审问囚徒，详覆案牍，凡禁系淹延而不决，盗窃逋窜而不获，皆劾以闻，及举刺官吏之事。(《宋史》卷一六七《职官志七》)

提举常平、茶盐公事：

提举常平、盐茶二司，高宗时合并，谓之仓司。

提举常平司，掌常平、义仓、免役、市易、坊场、河渡、水利之法，视岁之丰歉，而为之敛散，以惠农民。凡役钱，产有厚薄，则输有多寡；及给吏禄，亦视其执役之重轻难易，以为之等。商有滞货，则官为敛之，复售于民，以平物价。皆总其政令，仍专举刺官吏之事。熙宁初，先遣官提举河北、陕西路常平。未几，诸路悉置提举官。(《宋史》卷一六七《职官志七》)

提举茶盐司，掌摘山煮海之利，以佐国用。皆有钞法，视其岁额之登损，以诏赏罚。凡给之不如期，鬻之不如式，与州县之不加恤者，皆劾以闻。政和改元，诏江、淮、荆、浙六路，共置一员。既而诸路皆置。(《宋史》卷一六七《职

官志七》）

中兴后，通置提举常平茶盐司……绍兴十五年……诏诸路提举茶盐官，改充提举常平茶盐公事。……是年冬，诏提举官，依旧法为盐司，与转运判官叙官，岁举升改，官员有不职，则按以闻。（《宋史》卷一六七《职官志七》）

经略安抚使：

南宋谓之帅司。

经略安抚使一人，以直秘阁以上充，掌一路兵民之事。皆帅其属而听其狱讼，颁其禁令，定其赏罚，稽其钱谷、甲械出纳之名籍，而行以法。若事难专决，则具可否具奏。……帅臣任河东、陕西、岭南路，职在绥御戎夷，则为经略安抚使兼都总管，以统制军旅。（《宋史》卷一六七《职官志七》）

宋朝不常置。咸平五年，始以右仆射张齐贤为邠宁环庆泾原路经略使，判汾州诸路军马，并受节度，又以邓州观察使钱若水为并代经略使，判并州，自后不除人。宝元中，夏人入寇，始命陕西沿边大将，皆兼经略。皇祐间，侬智高扰边，诏知广桂州并带经略安抚使。自后西南二边，常带经略，所以重帅权而服羌夷也。（《通考》卷六二《职官考一六》）

此外宣抚、制置，不常置。宋本唐制设节度使、大都督，唯徒有其名；南宋都督绾军符，始有实权。

节度使，宋初无所掌，其事务悉归本州知州通判兼总之，亦无定员。恩数与执政同。初除锁院降麻，其礼尤异，以待宗室近属、外戚、国婿年劳久次者。若外任除殿帅，始授此官，亦止于一员;或有功勋显著，任帅守于外，及前宰执拜者，尤不轻授。又遵唐制，以节度使兼中书令、或侍中、或中书门下平章事，皆谓之使相，以待勋贤故老，及宰相久次罢政者，随其旧职，或检校官，加节度使，出判大藩，通谓之使相。元丰以新制，始改为开府仪同三司。……中兴诸州，升改节政镇，凡十有二。是时诸将勋名，有兼两镇、三镇者，实为希阔之典。其后相承,宰执从官,及后妃之族,拜者不一。(《宋史》卷一六六《职官志六》)

大都督及长史，掌司牧、尹注：亲王为节度，则大都督领之，庶姓为节度，则长史领之，阙则置知府事一人，通判一人，司马不厘务。旧制，凡都督州，建官如上。南渡后，以见任宰相充都督，次有同都督，有督视军马，多执政为之，虽名称略同，然掌总诸路军马，督护诸将，非旧制比也。(《宋史》卷一六七《职官志七》)

(2) 兵 制

五代以来，禁军骄横，藩镇跋扈，宋惩其弊，故所定兵制，集权中央，天子直辖禁军，且使分屯于外。

太祖、太宗，平一海内，惩累朝藩镇跋扈，尽收天下劲兵，列营京畿，以备藩卫。其分营于外者曰就粮。就粮者，本京师兵，而便廪食于外，故听其家往。其边防要郡，须兵屯守，即遣自京师。诸镇之兵，亦皆戍更。真宗、仁宗、英宗嗣守，其法益以完密。于时天下山泽之利，悉入县官，以资廪赐。将帅之臣，入奉朝请，以备指踪。犷悍之民，收隶尺籍，以给守卫。兵无常帅，帅无常师。内外相维，上下相制，等级相轧。虽有暴戾恣睢，无所厝于其间。（《通考》卷一五二《兵考四》）

其兵之种类有四。

制兵之额有四，曰禁兵，曰厢兵，曰乡兵，曰藩兵，分隶殿前侍卫总管司，而籍藏枢密院。凡召募、廪给、训练、屯戍、拣选补之政，皆枢密院掌之。（《通考》卷一五二《兵考四》）

（甲）禁　兵

禁兵者，天子之卫兵也，殿前、侍卫二司总之。其最亲近扈从者，号诸班直，其次总于御前忠佐军头司，皇城骐骥院。皆以守京师，备征伐。其在外者，非屯驻、屯泊，则就粮军也。太祖鉴前代之失，萃精锐于京师。（《宋史》卷一八七《兵志一》）

殿前司，都指挥使、副都指挥使、都虞候，各一人。掌殿前诸班直，及步骑诸指挥之名籍，凡统制、训练、蕃卫、戍守、迁补、赏罚，皆总其政令。（《宋史》卷一六六《职官志六》）

侍卫亲军马军，都指挥使、副都指挥使、都虞候各一人。掌马军诸指挥之名籍，凡统制、训练、番卫、戍守、迁补、赏罚，皆总其政令。（《宋史》卷一六六《职官志六》）

侍卫亲军步军，都指挥使、副都指挥使、都虞候各一人。

掌步军诸指挥之名籍，凡统制、训练、番卫、戍守、迁补、赏罚，皆总其政令。(《宋史》卷一六六《职官志六》)

石林叶氏曰……始唐制有十二卫兵，后又有六军。十二卫兵为南衙，汉之南军也；六军为北衙，汉之北军也。末年，常以大臣一人总之……都指挥使，本方镇军校之名。自梁起宣武军，乃以其镇兵。因仍旧号，置在京马步军都指挥使而自将之。盖于唐六军诸卫之外，别为私兵。至后唐明宗，遂改为侍卫亲军，以康义诚为马步军都指挥使，秦王从荣以河南尹为大元帅，典六军，此侍卫司所从始也。(《通考》卷五八《职官考一二》)

(乙)厢　兵

厢兵者，诸州之镇兵也。内总于侍卫司。一军之额，有分隶数州者，或一州之管，兼屯数州者，在京诸司之额五，隶宣徽院，以分给畜牧缮修之役，而诸州则各以其事属焉。建隆初，选诸州募兵之壮勇者，部送京师，以备禁卫，余留本城，虽无戍更，然罕教阅，类多给役而已。(《宋史》卷一八九《兵志三》)

(丙)乡　兵

乡兵者，选自户籍，或土民应募，在所团结训练，以为防守之兵也。周广顺中，点秦州税户，充保毅军，宋因之。自建隆四年，分命使臣，往关西道，令调发乡兵赴庆州。咸平四年，令陕西系税人户，家出一丁，号曰保毅，官给粮赐，使之分番戍守。五年，陕西缘边丁壮充保毅者，至六万八千七百七十五人。……天禧间……河北强壮，恐夺其农时，则以十月至正月旬休日，召集而教阅之。……当是时，河北、河东有神锐、忠勇、强壮，河北有忠顺、强人，陕西有保毅强人、寨户强人、弓手，河东、陕西有弓箭手，河北东、陕西有义勇，麟州有义兵，川陕有土丁、壮丁，荆湖南北有弩手、土丁，广南东西有枪手、土丁，邕州有溪洞壮丁、土丁，广南东西有壮丁。(《宋史》卷一九〇《兵志四》)

（丁）藩　兵

藩兵者，塞下内属诸部落，团结以为藩篱之兵也。(《通考》卷一五六《兵考八》)

又有藩兵，其法始于国初，具籍塞下，团结以为藩篱之兵；其后分队伍，给旗帜，缮营堡，备器械，一律以乡兵之制。(《宋史》卷一八七《兵志序》)

乡兵、藩兵，非所在皆有，而厢兵亦罕教阅，给役而已，是可称为兵者，只有禁兵耳。其招募及训练方法，亦皆有规定。

召募之制，起于府卫之废。唐末士卒，疲于征役，多亡命者，梁祖令诸军悉黥面为字，以识军号，是为长征之兵。方其募时，先度人材，次阅走跃，试瞻视，然后黥面，赐以缗钱衣履而隶诸籍。国初因之，或募土人，就所在团立，或取营伍子弟，听从本军，或募饥民，以补本城，或以有罪配隶给役。取之虽非一涂，而伉健者迁禁卫，短弱者为厢部，制以队伍，束以法令。……初太祖拣军中强勇者，号兵样，分送诸道，令如样招募。后更为木梃，差以尺寸高下，谓之等长杖，委长吏、都监，度人材取之。当部送阙者，军头司覆验，引对便坐，

分隶诸军。(《宋史》卷一九三《兵志七》)

拣选之制，建隆初，令诸州召募军士部送阙下，至则军头司覆验等第，引对便坐而分隶诸军焉。其自厢军而升禁兵，禁兵而升上军，上军而升班直者，皆临轩亲阅，非材勇绝伦，不以应募，余皆自下选补。(《宋史》卷一九四《兵志八》)

先是太祖惩藩镇之弊，分遣禁旅，戍守边城，立更戍法，使往来道路，以习勤苦，均劳逸。故将不得专其兵，兵不至于骄惰。(《宋史》卷一八八《兵志二》)

惟相沿日久，教阅废弛，遂有"数日增，而其不可一战也，亦愈甚"之弊。故王荆公变法，乃以民兵代募兵，而民兵遂盛于一时。

咸平以后，承平既久，武备渐宽。仁宗之世，西兵招刺太多，将骄士惰，徒耗国用，忧世之士，屡以为言，竟莫之改。神宗奋然更制，于是联比其民，以为保甲，部分诸路，以隶将兵**保甲将兵，详后王安石变法**，虽不能尽拯其弊，而亦足以作一时之气。时其所任者王安石也。(《宋史》卷一八七《兵志序》)

元祐复古，废保甲，罢教阅，于是民兵亦衰。

自元丰而后，民兵日盛，募兵日衰，其募兵阙额，则收其廪给，以为民兵教阅之费。元祐以降，民兵亦衰。崇宁、大观以来，蔡京用事，兵弊日滋，至于受逃亡，收配隶，犹恐不足。政和之后，久废搜补，军士死亡之余，老疾者徒费廪给，少健者又多冗占，阶级既坏，纪律遂亡。童贯握兵，势倾内外，凡遇阵败，耻于人言，第申逃窜。河北将兵，十无二三，往往多住招阙额，以其封桩为上供之用。陕右诸路，兵亦无几，种师道将兵入援，止得万五千人。故靖康之变，虽画一之诏，哀痛激切，而事已无及矣。(《宋史》卷一八七《兵志一》)

高宗南渡建国，适在扰攘之秋，虽立御前五军之名，而实权仍操之诸帅之手，及罢三宣抚司，诸军直隶于朝廷，旧制始复。

高宗南渡，始建御营司，未几复并御营，归枢密院。绍兴四年，改御前五军为神武军，御营为神武军副，并隶枢密院。五年，上以祖宗故事，兵皆隶三衙殿前司及侍卫亲军马、步司，乃废神武中军，隶殿前司，于是殿司兵柄始一。(《宋史》卷一八七《兵志一》)

诸屯驻大军，则皆诸将之部曲，高宗开元帅府，诸将兵悉隶焉。建炎后，诸大将兵寖盛，因时制变，屯无常所。如刘光世军或在镇江、池州、太平，韩世忠军或屯江州、江阴，岳飞一军或屯宜兴、蒋山，王彦八字军，随张浚入蜀，吴玠兵多屯凤州、大散关、和尚原，是时合内外大军十九万四千余，川、陕不与焉。及杨沂中将中军总宿卫，江东刘光世右军、淮东韩世忠后军、湖北岳飞左军、湖南王燮前军后归张俊，刘光世军降齐，以吴玠军升补四军，共十九万一千六百，亦未尝有屯。绍兴十一年，范同以诸将握兵难制，献谋秦桧，且以柘皋之捷言于上，召张俊、韩世忠、岳飞入觐，张俊首纳所部兵。分命三大帅副校，各统所部，自为一军，更衔曰统制御前军马。罢宣抚司韩、张、岳均带宣抚使职，号为三宣抚司，

遇出师取旨，兵皆隶枢密院，屯驻仍旧。(《宋史》卷一八七《兵志一》)

旧制，出师征讨，诸将不相统一，则拔一人为都统制以总之，未为官称也。建炎初，置御营司，擢王渊为都统制，名官自此始。……绍兴十一年，三大将张、韩、岳兵罢，诸军皆冠以“御前”二字，擢其偏裨为御前统领官，以统制御前军马入衔，秩高者为御前诸军都统制，且令仍旧驻扎，以屯驻州名，冠军额之上。(《宋史》卷一六七《职官志七》)

南宋依江、淮为守，故扩水军。

至于水军之制，则有加于前者，南渡以后，江、淮皆为边境故也。建炎初，李纲请于沿江、淮、河帅府，置水兵二军，要郡别置水兵一军，次要郡别置中军，招善舟楫者充立军，号曰凌波、楼船军。其战舰则有海鳅、水哨马、双车、得胜、十棹、大飞、旗捷、防沙、平底、水飞马之名。隆兴以后，至于宝祐、景定间，江、淮沿流，堡隘相望，守御益繁，民劳益甚。迨咸淳末，广东籍蜑丁，闽海拘舶船民船，公私俱弊矣。(《宋史》卷一八七《兵志一》)

(3) 刑　法

宋之法律，一仍唐旧，至于事势扞格，则事改革，而以敕行之。

宋法制，因唐律、令、格、式而随时损益，则有《编敕》，一司、一路、一州、一县，又别有《敕》。建隆初，诏判大理寺窦仪等，上《编敕》四卷，凡一百有六条，诏与新定《刑统》三十卷，并颁天下，参酌轻重为详，世称平允。(《宋史》卷一九九《刑法志一》)

凡断狱本于律，律所不该，以敕、令、格、式定之。凡律之名十有二：曰名例，曰禁卫，曰职制，曰户婚，曰厩库，曰擅兴，曰盗贼，曰斗讼，曰诈伪，曰杂律，曰捕亡，曰断狱。……其一司、一路，海行所不该者，折而为专法。(《宋史》卷一六三《职官志三》)

厥后敕条递有增加，亦屡经修改，至神宗时，乃变更其目。

神宗以律不足以周事情，凡律所不载者，一断以敕，乃更其目曰敕、令、格、式，而律恒存乎敕之外。熙宁初，置局修敕……元丰中始成书，二千有六卷，复下二府参订，然后颁行。(《宋史》卷一九九《刑法志一》)

法令之书，其别有四，敕、令、格、式是也。神宗圣训曰："禁于未然之谓敕，禁于已然之谓令，设于此以待彼之至谓之格，设于此使彼效之谓之式。"凡入笞、杖、徒、流、死，自例以下至断狱十有二门，丽刑名轻重者皆为敕；自品官以下至断狱三十五门，约束禁止者皆为令；命官庶人之等，倍全分厘之给，有等级高下者皆为格；表奏、帐籍、关牒、符檄之类，有体制模楷者皆为式。元丰编敕用此，后来虽数有修定，然大体悉循用之。(洪迈《容斋三笔》卷一六)

自此迄于南渡，均遵行此种制度。但经绍兴、乾道、淳熙、庆元、淳祐，凡修改五次，其余一司一路一州一县之敕，时有损益，不可胜记。

太祖受禅，始定折杖之制。凡“流”刑四：加役流，脊杖二十，配役三年；流三千里，脊杖二十；二千五百里，脊杖十八；二千里，脊杖十七，并配役一年。凡“徒”刑五：徒三年脊杖二十，徒二年半脊杖十八,二年脊杖十七,一年半脊杖十五,一年脊杖十三。凡“杖”刑五：杖一百臀杖二十,九十臀杖十八,八十臀杖十七,七十臀杖十五,六十臀杖十三。凡“笞”刑五：笞五十臀杖十下，四十、三十臀杖八下，二十臀杖七下。(《宋史》卷一九九《刑法志一》)

宋制有加杖、配役、刺配，与唐不同。

流配旧制，止于远徙，不刺。而晋天福中，始创刺面之法，遂为戢奸重典，宋因其法。(《通考》卷一六八《刑考七》)

凡应配役者傅军籍，用重典者黥其面。会赦则有司上其罪状，轻者纵之，重者终身不释。(《宋史》卷二〇一《刑法志三》)

太宗以国初诸方割据，沿五代之制，罪人率配隶西北边，多亡投塞外，诱羌为寇。乃诏：“当徒者，勿复隶……缘边诸郡。”时江、广已平，乃皆流南方。先是犯死罪获贷者，多配隶登州沙门岛，及通州海岛，皆有屯兵使者领护。(《宋史》卷二〇一《刑法志三》)

宋人承五代，为刺配之法，既杖其脊，又配其人，而且刺其面，是一人之身，一事之犯，而兼受三刑也。……聚罪废无聊之人，于牢城之中，使之合群以构怨……其亡去为盗，挺起为乱，又何怪哉？宋江以三十六人，横行河朔，迄不能制之，是皆刺配之徒，在在而有以为之耳目也。（丘濬《大学衍义补》卷一〇五）

又矫专杀之弊，凡诸州刑狱，皆须上奏，经详断，始命论决。

建隆三年，令诸州奏大辟案，须刑部详覆。寻如旧制：大理寺详断而后覆于刑部。凡诸州狱，则录事参军，与司法掾参断之。……又惧刑部大理寺用法之失，别置审刑院谳之。（《宋史》卷一九九《刑法志一》）

判刑部李昌龄言："旧制大理定刑，送部详覆，官入法状，主判官下断语，乃具奏。……淳化初……帝又虑大理、刑部吏舞文巧诋，置审刑院于禁中……凡狱上奏，先达审刑院印讫，付大理寺、刑部断覆以闻。乃下审刑院详议申覆裁决讫，以付中书省。当即下之，其未允者，宰相覆以闻，始命论决。（《宋史》卷一九九《刑法志一》）

国朝旧制，刑部、审刑院、大理寺主断内外所上刑狱，与凡法律之事，又有纠察在京刑狱司，以参稽审覆。官制既行，审刑院、纠察司皆省，而归其职于刑部。四方之狱，非奏谳者，则提点刑狱主焉。（《通考》卷一六七《刑考六》）

(4) 学　校

（甲）京师学

国子学：

初国子监，因周旧制，颇增学舍，以应荫子孙隶学受业。开宝八年，国子监上言："生徒旧数七十人，奉诏分习《五经》，然系籍者，或久不至，而在京进士、诸科，常赴讲席肄业，请以补监生之阙。诏从之。景德间，许文武升朝官嫡亲附国学取解，而远乡久寓京师，其文艺可称，有本乡命官保任，监官验之，亦听附学充贡。(《宋史》卷一五七《选举志三》)

太学：

太学生，以八品以下子弟，若庶人之俊异者为之。(《宋史》卷一五七《选举志三》)

四门学：

自入品至庶人子弟充学生。(《宋史》卷一五七《选举志三》)

宗学：

元丰六年，宗室令铄乞建宗学，诏从之。既而中辍，建中靖国元年复置其后废置无常。(《宋史》卷一六五《职官志五》)

武学：

庆历三年，诏置武学于武成王庙……八月，罢武学……熙宁五年,枢密院言:“乞复置武学。”诏于武成王庙置学。(《宋史》卷一六五《职官志五》)

律学：

熙宁六年，始即国子监设学……凡命官、举人，皆得入学……习断按则试按一道……习律令则试大义五道……各以所学,月一公试,三私试。(《宋史》卷一五七《选举志三》)

算学：

崇宁三年，始建学，以二百一十人为额，许命官及庶人为之。其业以《九章》《周髀》及假设疑数为算问，仍兼《海岛》《孙子》《五曹》、张丘建、夏侯算法，并历算、三式、天文书为本科。本科外，人占一小经，愿占大经者听。(《宋史》卷一五七《选举志三》)

书学：

书学生习篆、隶、草三体,明《说文》《字说》《尔雅》《大雅》《方言》，兼通《论语》《孟子》义，愿占大经者听创于神宗时。(《宋史》卷一五七《选举志三》)

画学：

画学之业，曰佛道，曰人物，曰山水，曰鸟兽，曰花竹，曰屋木……仍分士流、杂流，别其斋以居之。士流兼习一大经，或一小经，杂流则诵小经或读律创于神宗时。(《宋史》

卷一五七《选举志三》)

医学:

医学,初隶太常寺,神宗时,始置提举判局官,及教授一人,学生三百人。设三科以教之,曰方脉科、针科、疡科。(《宋史》卷一五七《选举志三》)

大观四年,以算学生归之太史局,并书学生入翰林书艺局,画学生入翰林图画局,医学生入太医局。(《宋史》卷一五七《选举志三》)

诸学之中,以国子、太学为最重,然时人方注意于科举,视同传舍,故宋初尚未甚盛。

庆历四年……天章阁侍讲王洙言:“国子监每科场诏下,许品官子弟投保试艺,给牒充广文、太学、律学三馆学生,多致千余就试。试已则生徒散归,讲官倚席,但为游寓之所,殊无肄习之法。居常听讲者一二十人尔。”乃限在学满五百日,旧已尝充贡者止百日。本授官会其实,京朝官保任,始预秋试,每十人与解。凡入学授业,月旦即亲书到历。如遇私故或疾告、归宁皆给假,违程及期月不来参者去其籍。后谏官余靖极言非便,遂罢听读日限。(《宋史》卷一五七《选举志三》)

至神宗时,锐意兴学,太学经扩充整厘,规模始备。

熙宁四年,侍御史邓绾言:“国家治平百余年,虽有国子监,仅容释奠斋庖,而生员无所容。至于太学,未尝营建,止假锡庆院廊庑数十间，生员才三百人。请以锡庆院为太学……”乃诏尽以锡庆院及朝集院西庑，建讲书堂四。诸生斋舍、官掌事者直庐略具,而太学栋宇始仅足用。(《通考》卷四二《学校考三》)

自主判官外，增置直讲为十员，率二员共讲一经，令中书遴选，或主判官奏举。生员厘为三等：始入学为外舍，初不限员，后定额七百人；外舍升内舍，员二百；内舍升上舍，员百。各执一经,从所讲官受学,月考试其业,优等上之中书。其正、录、学谕以上舍生为之，经各二员;学行卓异者，主判、直讲,复荐之中书,奏除官。(《宋史》卷一五七《选举志三》)

王安石变法，欲以“学校养士”，代“科举取士”，故增广太学生员之额，创设三舍升试之法。

元丰二年，颁《学令》：太学置八十斋，斋容三十人。外舍生二千人，内舍生三百人，上舍生百人，总二千四百。月一私试，岁一公试，补内舍生；间岁一舍试，补上舍生。封弥、誊录如贡举法。而上舍试,则学官不与考校。公试外舍生,入第一、第二等，参以所书行艺与籍者，升内舍;内舍试入优、平二等，参以行艺，升上舍。上舍分三等：俱优为上，一优一平为中,俱平若一优一否为下。上等命以官,中等免礼部试,下等免解。学正增为五人,学录增为十人,学录参以学生为之。(《通考》卷四二《学校考三》)

岁赐缗钱，至二万五千，又取州县田租屋课息钱之类，增为学费。(《宋史》卷一五七《选举志三》)

凡私试，孟月经义，仲月论，季月策。凡公试，初场经义，

次场策论。(《宋史》卷一五七《选举志三》)

旧法，自外舍升内舍，虽有校试，必公试合格，乃许升补。盖私试皆学官自考，而公试则降敕差官。(《宋史》卷一五七《选举志三》)

徽宗时，曾一罢科举，而专以学校取士，是以人数激增。

崇宁元年，宰臣请天下州县并置学，州置教授二员，县亦置小学。县学生选考，升诸州学，州学生每三年贡太学。至则附试，别立号考。分三等：入上等补上舍，入中等补下等上舍，入下等补内舍，余居外舍。诸州军解额，各以三分之一充贡士。(《宋史》卷一五七《选举志三》)

崇宁元年，徽宗创立辟雍，增生徒共三千八百人，内上舍生二百人，内舍生六百人，教养于太学；外舍生三千人，教养于辟雍。废太学自讼斋，太学之不率教者，移之辟雍。以祭酒总治两学，辟雍别置司业、丞各一人，博士十人，正、录各五人，分为百斋，讲堂凡四所。其后王黼反蔡京之政，奏废之。而辟雍之士，太学无所容矣。(王栐《燕翼诒谋录》卷五)

南渡之后，太学仍用三舍之法，待遇益隆，惟受政治与科举影响，日益颓坏。

建炎初，即行在置国子监，立博士二员，以随幸之士三十六人为监生。……绍兴十三年，兵事稍宁，始建太学……养士七百人：上舍生三十员，内舍生百员，外舍生五百七十员。……充弟子员。每岁春秋两试之，旋命一岁一补，于是多士云集，至分场试之。俄又诏三年一试，增至千员，中选者，皆给绫纸赞词以宠之，每科场四取其一。自外舍有月校，而公试入等曰内舍；自内舍有月校，而舍试入等曰上舍；凡升上舍者，皆直赴廷对。（《宋史》卷一五七《选举志三》）

光宗绍熙三年……吏部尚书赵汝愚等合奏曰……炎祚中兴，始建太学于行都，行贡举于诸郡。然奔竞之风胜，忠信之俗微，亦惟荣辱升沉，皆不由乎学校；至于德行道艺，惟取决于糊名。苟为雕篆之文，无复进修之志，视庠序如传舍，目师儒如路人，季考月书，尽成文具。（《通考》卷四二《学校考三》）

（乙）地方学

宋时书院颇盛，而四大书院最著。

宋太宗皇帝太平兴国二年，知江州周述言：庐山白鹿洞，学徒常数千百人，乞赐《九经》肄习。诏国子监给本，仍传送之。先时南唐升元中，白鹿洞建学馆，以本道为洞主，掌其教授。（《通考》卷四六《学校考七》）

又赐石鼓书院敕额。书院唐元和间，衡州李宽所建，国初赐额。（《通考》卷四六《学校考七》）

真宗大中祥符二年，应天府民曹诚即楚邱戚同文旧居，造舍百五十间，聚书数千卷，博延生徒，讲习甚盛。府奏其事，诏赐额曰应天府书院。（《通考》卷四六《学校考七》）

八年，赐潭州岳麓书院额。始开宝中，郡守朱洞首度基创宇，以待四方学者。（《通考》卷四六《学校考七》）

宋兴之初，天下四书院，建置之本末如此。此外则又有西京嵩阳书院，赐额于至道二年；江宁府茅山书院，赐田于天圣二年。嵩阳、茅山，后来无闻，独四书院之名著。是时未有州县之学，先有乡党之学。……乡党之学，贤士大夫留意斯文者所建也，故前规后随，皆务兴起。后来所至书院尤多，而其田土之锡，教养之规，往往过于州县学，盖皆欲仿四书院云。(《通考》卷四六《学校考七》)

官设州县学，至仁宗时大兴，神宗定试程，哲宗并推行三舍法，规模始可观。

仁宗……即位初，赐兖州学田，已而命藩辅皆得立学。(《宋史》卷一五七《选举志三》)

庆历四年诏曰……其令州若县皆立学……由是州郡奉诏兴学，而士有所劝矣。(《宋史》卷一五七《选举志三》)

神宗尤垂意儒学，自京师至郡县，既皆有学，岁时月各有试。(《宋史》卷一五七《选举志三》)

景祐四年，诏藩镇始立学，他州勿听。庆历四年，诏诸路州军监，各令立学，学者二百人以上，许更置县学。自是州郡，无不有学。(《宋史》卷一六七《职官志七》)

元符哲宗二年，初令诸州行三舍法，考选、升补，悉如太学。州许补上舍一人，内舍二人，岁贡之。其上舍附太学外舍，试中补内舍生，三试不升舍，遣还其州。其内舍免试，至则补外舍为生。(《宋史》卷一五七《选举志三》)

徽宗时，欲以学校取士，故于地方学校，特定员额。

崇宁徽宗三年，始定诸路增养县学弟子员，大县五十人，中县四十人，小县二十人。凡州县学生，曾经公私试者复其身，内舍免户役，上舍仍免借，借如官户法。（《宋史》卷一五七《选举志三》）

管理州府学政官，则有教授。其选差初由监司官，后乃命之朝廷，以示尊重。

始置教授，以经术行义，训导诸生，掌其课试之事，而纠正不如规者。委运司及长吏于幕职州县内荐，或本处举人有德义者充。熙宁六年，诏诸路学官，委中书、门下选差，至是始命于朝廷。元丰元年，州府学官共五十三员，诸路惟大郡有之。军监未尽置。元祐元年，诏齐、庐、宿、常等州，各置教授一员。自是列郡各置教官。建炎三年，教授并罢。绍兴三年，复置四十二州。十二年，诏无教授官州军，令吏部申尚书省选差。二十六年，诏并不许兼他职，令提举司常切遵守。若试教官，则始于元丰；添差教授，则始于政和。（《宋史》卷一六七《职官志七》）

提举学事司，掌一路州县学政，岁巡所部，以察师儒之优劣，生员之勤惰，而专举刺之事。崇宁二年置，宣和三年罢。（《宋史》卷一六七《职官志七》）

熙宁八年秋，诏诸州学官，先赴学士院，试大义五道，取优通者选差。（《通考》卷四六《学校考七》）

(5) 科　举

(甲) 贡　举

初礼部放举，设“进士”《九经》《五经》《开元礼》《三史》《三礼》《三传》、“学究”“明经”“明法”等科，皆秋取解，冬集礼部，春考试，合格及第者，列名放榜于尚书省。(《宋史》卷一五五《选举志一》)

诸科考试之艺业，均有规定，但历朝渐加改易，略有不同。下所述，则最初之制也。

凡“进士”，试诗、赋、论各一首，策五道，帖《论语》十帖，对《春秋》或《礼记》墨义十条。凡《九经》帖书一百二十帖，对墨义六十条。凡《五经》帖书八十帖，对墨义五十条。凡《三礼》对墨义九十条。凡《三传》一百一十条。凡《开元礼》，凡《三史》，各对三百条。凡“学究”，《毛诗》对墨义五十条，《论语》十条，《尔雅》《孝经》共十条，《周易》《尚书》各二十五条。凡“明法”，对律令四十条，兼经并同《毛诗》之制。各间经引，试通六为合格，仍抽卷问，律本科则否。(《宋史》卷一五五《选举志一》)

士经州考中格，而上送之礼部，谓之发解。再经礼部考试中格，方为及第。

诸州判官试进士，录事参军试诸科，不通经义，则别选官考校而判官监之。试纸长官印署面给之。试中格者，第其甲乙，具所试经义朱书通否，监官、试官署名其下。进士文卷，诸科义卷、帖由，并随解牒上之礼部。……凡诸州长吏举送，必先稽其版籍，察其行为；乡里所推，每十人相保，内有缺行，则连坐不得举。(《宋史》卷一五五《选举志一》)

凡见任官应进士举，谓之锁厅试。所属官司，先以名闻，得旨而后解。(《通考》卷三〇《选举考三》)

远方寒士，预乡荐，欲试礼部，假丐不可得，则宁寄举不试，良为可念。谨按开宝二年，十月丁亥，诏西川、山南、荆湖等道所荐举人，并给来往公券，令枢密院定例施行。盖自初起程以至还乡费，皆给于公家。（王林《燕翼诒谋录》卷一）

开宝六年，是岁诏贡士之下第者，特免将来请解，许直诣贡部。(《通考》卷三〇《选举考三》)

殿试之法，始于太祖。凡举子中礼帏试，复试于内殿，始为及第。此又唐以后科举制度一种变革。

进士之举，至本朝尤盛，而沿革不同。开宝六年，因徐士廉伐鼓诉讼，帝御讲武殿覆试，覆试自此始。（王辟之《渑水燕谈录》卷七）

开宝六年，下第人徐士廉，挝登闻鼓，言久困场屋。乃诏入策进士、终场经学，并试殿庭。三月庚午，御讲武殿，覆试新进士。（王林《燕翼诒谋录》卷一）

按：殿前试始于唐武后，然唐制以考功郎中任取士之责，后不过下行其事以取士誉，非于考功已试之后再试之也。开元以后，始以礼部侍郎知贡举，送中书门下详覆，然惟元和间钱徽为侍郎知贡举，宰相段文昌言其取士不公，覆试多不中选，徽坐免官。长庆以后，则礼部所取士，先详覆而后放榜，则虽有详覆之名，而实未曾再试矣。五代以来，所请详覆者，间有升黜人。宋太祖乾德六年，命中书覆试，则以帝疑陶穀之子，不能文而中选，故覆之，亦未尝别为之升黜也。至开宝六年，李昉知举，放进士后，下第人徐士廉等，打鼓论榜，上遂于讲武殿命题重试。御试自此试始。……亦未尝有省试、殿试之分也。至八年，覆试礼部贡院合格举人王式等，于讲武殿内出试题，得进士三十六人，而以王嗣宗为首；王式者，礼部所定合格第一人，则居其四。盖自是年御试，始别为升降，始有省试、殿试之分，省元、状元之别云。(《通考》卷三〇《选举考三》)

旧制，殿试皆有黜落，临时取旨，或三人取一，或二人取一，或三人取二，故有累经省试取中，屡摈弃于殿试者。故张元以积忿降元昊，大为中国之患……于是群臣建议，归咎于殿试黜落。嘉祐仁宗二年，三月辛巳，诏进士与殿试者，皆不黜落。迄今不改。(王栐《燕翼诒谋录》卷五)

科举年限，初无定制，后乃定为三年。

太平兴国三年……是冬，诸州举人并集，会将亲征北汉，罢之。自是间一年或二年，乃贡举。……英宗即位，议者以间岁贡士法不便。乃诏礼部，三岁一贡举。(《宋史》卷一五五《选举志一》)

英宗治平三年，诏曰："先帝以士久不贡，怠于学，而豪杰者不时举，故下间岁之令。而自更法以来，其弊寖长。里选之牒仍故，而郡国之取减半；计偕之籍屡上，而道涂之劳良苦，朕甚闵焉。其令礼部，三岁一贡举，天下解额，于未行间岁之法已前，四分取三为率，明经诸科，不得过进士之数。”恩典不增，而贡举期缓，士得休息，官以不烦矣。（《通考》卷三一《选举考四》）

宋虽设诸科取士，而进士为最盛，若明经等科，殊不为人所重。盖以当时崇尚文学，而帖书、墨义，视为记诵之学故也。

宋之科目，有进士，有诸科……而进士得人为盛。……自唐以来，所谓明经，不过帖书、墨义，观其记诵而已。故贱其科，而不通者其罚特重。（《宋史》卷一五五《选举志一》）

乾德元年，诏曰：“一经皓首，十上干名，前史之明文、昔贤之苦节，悬科取士，固当优容。按旧制，九经一举，不第而止，非所以启迪仕进之路也。自今一依诸科举人，许令再应。”（《通考》卷三〇《选举考三》）

试场所问本经义疏，不过记出处而已，如吕申公试卷，问：“子谓‘子产有君子之道四焉’，所谓四者，何也？”答曰：“对‘其行己也恭，其事上也敬，其养民也惠，其使人也义’，谨对”……虽已封弥，而兼采誉望犹在，观其字画，可以占其为人，而士之应举者，知勉于小学，亦所以诱人为善也。（王栐《燕翼诒谋录》卷二）

礼部贡院试进士日，设香案于阶前，主司与举人对拜，此唐故事也。所坐设位，供张甚盛，有司具茶汤饮浆。至试经生，则悉彻帐幕毡席之类，亦无茶汤，渴则饮砚水，人人皆黔其吻。非故欲困之，乃防毡幕及供应人私传所试经义。

盖尝有败者，故事为之防。欧文忠有诗："焚香礼进士，彻幕待经生。"以为礼数重轻如此，其实自有谓也。（沈括《梦溪笔谈》卷一）

朝廷亦重视进士，所定考第之制，遂益详密。

太平兴国八年，试进士，始分三甲。(《通考》卷三〇《选举考三》)

景德真宗四年，命有司详定《考校进士程式》，送礼部贡院，颁之诸州。……又定《亲试进士条制》。……其考第之制凡五等：学识优长、词理精纯为第一；才思该通、文理周率为第二；文理俱通为第三；文理中平为第四；文理疏浅为第五。然后临轩唱第，上二等曰及第，三等曰出身，四等、五等曰同出身。(《宋史》卷一五五《选举志一》)

尊崇进士之典，尤加优隆。

太平兴国八年……进士始分三甲，自是锡宴，就琼林苑。……雍熙二年，廷试初唱名及第。(《宋史》卷一五五《选举志一》)

赐贡士宴，名曰闻喜宴。(《宋史》卷一一四《礼志一七》)

故事，进士闻喜燕，例赐诗以为宠。自何丞相文缜榜后，遂不复赐，易诏书以示训戒。（叶梦得《石林避暑录话》卷下）

范镇，蜀郡忠文公，字景仁……公少举进士……及贡院奏名，皆第一。故事殿廷唱第，过三人，则为奏名之首者，

必抗声自陈以祈恩……景仁独不然。（朱熹《三朝名臣言行录》卷五）

国初进士，尚仍唐旧制，每岁多不过二三十人。太平兴国二年，太宗皇帝以郡县阙官颇多，放进士几五百人，比旧二十倍。正月己巳，宴新进士吕蒙正等于开宝寺，赐御制诗二首。故事唱第之后，醵钱于曲江为闻喜之饮。近代于名园佛庙，于是官为供帐，岁以为常。先是进士参选，方解褐衣绿。是岁锡宴后五日癸酉，诏赐新进士并诸科人，绿袍、靴、笏。自后以唱第日赐之，惟赐袍、笏，不复赐靴。（王林《燕翼诒谋录》卷一）

旧制，进士首选同唱第，人皆自备钱为鞍马费，而京师游手之民，亦自以鞍马候于禁门外，虽号廷魁，与众无以异也。大中祥符八年，二月戊申，诏进士第一人，金吾司差七人，导从两节前引，始与同列特异矣。（王林《燕翼诒谋录》卷二）

蔡文忠公……祥符中，擢进士，为天下第一。真宗临轩日，大悦之……特诏给金吾卫七人清道。时以为荣。寻诏："自今第一人及第，给金吾七人当直，许出两引喝。"（王辟之《渑水燕谈录》卷六）

旧进士，工于诗赋有声场屋者，往往一时皆莫与之敌。如王沂公、郑毅夫数人，取解、省试、殿试，皆为第一，谓之三元。（叶梦得《石林避暑录话》卷上）

诸科经试及第，始赐出身。然亦有例外得之者，则为恩赐，谓之特奏名。

开宝三年，诏礼部阅贡士及十五举尝终场者，得一百六人，

赐本科出身。特奏名恩例,盖自此始。(《宋史》卷一五五《选举志一》)

太平兴国二年……覆试诸科，得二百人，并赐及第。又阅贡籍，得十举以上，至十五举进士、诸科一百八十余人，并赐出身;《九经》七人不中格，亦怜其老，特赐同《三传》出身。凡五百余人。(《宋史》卷一五五《选举志一》)

太平兴国五年……有赵昌国者，求应百篇举注：谓一日作诗百篇，不设此科，求应者即试之，上出杂题二十字……各令赋五篇，篇八句。逮日旰，仅成数十首，率无可观。上以此科久废，特赐及第，以劝来者。仍诏有司，今后应百篇举，约此题为式。(《通考》卷三〇《选举考三》)

雍熙中，著作佐郎乐史，特赐进士及第，诏附于兴国五年第一等之下。赐第附榜始于此。(王辟之《渑水燕谈录》卷七)

宋初场规尚宽，后为防弊，乃有弥封、誊录等法。

国初，进士科场尚宽，礼闱与州郡不异。景德二年，七月甲戌，礼部贡院言，举人除书案外……不得怀挟书策，犯者扶出，殿一举。(王林《燕翼诒谋录》卷二)

大中祥符元年，试礼部进士，内出《清明象天赋》等题，仍录题解摹印以示之。至景祐元年，始诏御药院，御试日，进士题目，具经史所出，摹印给之。(洪迈《容斋随笔》卷三)

张邓公士逊，以监察御史为诸科考试官，以举子有当避亲者，求免去，主司不从，真宗嘉之。自后试官亲戚，悉牒送别头考校，至今著为令。(王辟之《渑水燕谈录》卷七)

雍熙四年，先是上阅试举人，累日方毕，宰相屡请……

如唐故事，乃诏岁命春官知举……淳化三年……苏易简知贡举……既受诏，径赴贡院以避请求，后遂为例。(《通考》卷三〇《选举考三》)

淳化三年……苏易简知举殿试，始令糊名考校。(《通考》卷三〇《选举考三》)

景德八年，始置誊录院，令封印官封试卷，付之集书吏录本，监以内侍二人。(《宋史》卷一五五《选举志一》)

取士至仁宗，始有糊名考校之律，虽号至公，然尚未绝其弊。其后袁州人李夷宾上言，请别加誊录。因著为令，而后识认字画之弊始绝。(吴曾《能改斋漫录》卷一)

所纳卷子，径发下弥封，所封卷头……于每卷上打号头，三场共一号。(吴自牧《梦粱录》卷二)

景德四年……又定《亲试进士条制》。凡策士，即殿两庑张帝，列几席，标姓名其上。先一日表其次序，揭示阙外，翌日，拜阙下，乃入就席。试卷内臣收之，付编排官，去其卷首乡贯状别，以字号第之；付封弥官，誊写校勘，用御书院印，付考官定等毕，复封弥送覆考官，再定等。编排官阅其同异，未同者再考之；如复不同，即以相附近者为定。始取乡贯状字号合之，即第其姓名、差次，并试卷以闻。(《宋史》卷一五五《选举志一》)

应举之艺，多违实用，范仲淹建议更张，特格于旧例不能行。

范仲淹参知政事，意欲复古劝学，数言兴学校，本行实。诏近臣议，于是宋祁等奏："教不本于学校，士不察于乡里，则不能核名实。有司束以声病，学者专于记诵，则不足尽人材。……莫若使士皆土著，而教之于学校，然后州县察其履行，则学者修饬矣。”乃诏州县立学，士须在学三百日，乃听预秋试，旧尝充试者，百日而止。……三场：先策，次论，次诗赋，通考为去取，而罢帖经、墨义，士通经术，愿对大义者试十道。仲淹既去，而执政意皆异。是冬，诏罢入学日限。言初令不便者甚众，以为诗赋声病易考，而策论汗漫难知……天子下其议，有司请如旧法。(《宋史》卷一五五《选举志一》)

至王安石变法，改革科举制度，始罢诸科而独存进士；又立明法，以待不能业进士者，且废诗赋、帖经、墨义，而改试诸经大义。

王安石对曰：“今人材乏少，且其学术不一，异论纷然，不能一道德故也。一道德则修学校，欲修学校，则贡举法不可不变。……今以少壮时，正当讲求天下正理，乃闭门学作诗赋，及其入官，世事皆所不习，此科法败坏，人材致不如古。”(《宋史》卷一五五《选举志一》)

自京师至郡县，既皆有学。岁时月各有试，程其艺能，以差次升舍，其最优者为上舍，免发解及礼部试，而待赐之第。遂专以此取士。……始命诸州置学官，率给田十顷赡士。初置小学教授。(《宋史》卷一五七《选举志三》)

王安石谓：“古之取士，俱本于学，请兴建学校以复古。其明经诸科，欲行废罢，取明经人数，增进士额。”……中书门下又言：“古之取士，皆本学校，道德一于上，习俗成于下，其人才皆足以有为于世。今欲追复古制，则患于无渐。宜先除去声病偶对之文，使学者得专意经术，以俟朝廷兴建学校，然后讲求三代所以教育选举之法，施于天下，则庶几可以复古矣。”于是改法，罢诗赋、帖经、墨义，士各占治《易》《诗》《书》《周礼》《礼记》一经，兼《论语》《孟子》。每试四场，初大经，次兼经大义，凡十道，次论一首，次策三道……中书撰大义式颁行。试义者，须通经有文采，乃为中格，不但如明经墨义、粗解章句而已。……又立新科明法，试律令、《刑统》大义、断按，所以待诸科之不能业进士者。(《宋史》卷一五五《选举志一》)

初安石训释《诗》《书》《周礼》既成，颁之学官，天下号曰新义。晚居金陵，又作《字说》……其流入于佛老，一时学者，无敢不传习。主司纯用以取士，士莫得自名一说，先儒传注，一切废不用，黜《春秋》之书，不使列于学官，至戏目为断烂朝报。(《宋史》卷三二七《王安石传》)

公王安石改科举，暮年乃觉其失曰：本欲变学究为秀才，不谓变秀才为学究。盖举子专诵王氏章句而不解义，正如学究诵注疏尔。(朱熹《三朝名臣言行录》卷六)

此后党派竞起，兴废不恒，而经试大义，则相沿未改。至徽宗时，曾罢科举，专以学校取士。然其弊也，有不平之讥，故科举终不可废。

崇宁徽宗三年，诏曰：“神考议以三舍取士，而罢州郡科举，其法行于畿甸……然州郡犹以科举取士，不专于学校。其诏天下，将来科场取士，悉由学校升贡，其州郡发解，及试礼部法并罢。”(《通考》卷三一《选举考四》)

四年，诏：“将来大比，更参用科举取士”……时州县悉行三舍法，当官者子弟，得免试入学，而士之在学者，积岁月累试，乃得应格……不得如在籍者，三舍、解试，兼与而两得，其贫且老者，尤甚病之。时人议其法曰:“利贵不利贱，利少不利老,利富不利贫。”故诏书及此。(《通考》卷三一《选举考四》)

南渡以后，仍重进士科，而试经义，试诗赋，则分为两科。其制始于元祐四年，实因南人擅长词藻，北士素好研经，故两立之，以为调剂。

参知政事欧阳修上言:“……盖言事之人，但见每次科场，东南进士得多，而西北进士得少，故欲改法，使多取西北进士尔。殊不知天下至广，四方风俗异宜，而人性各有利钝。东南之俗好文，故进士多而经学少；西北之人尚质，故进士少而经学多。……今以进士、经学合而较之,则其数均。”(《通考》卷三一《选举考四》)

元祐四年，乃立经义、诗赋两科均兼试经义、诗赋……专经者用经义定取舍，兼诗赋者以诗赋为去留，其名次高下，则于策论参之。(《宋史》卷一五五《选举志一》)

高宗建炎二年，定诗赋、经义取士，第一场诗赋各一首，习经者本经义三道，《语》《孟》义各一道；第二场并论一道；第三场并策三道。殿试策如之。(《宋史》卷一五六《选举志二》)

自经、赋分科，声律日盛。帝尝曰:“向为士不读史，遂用诗赋。今则不读经，不出数年，经学废矣。”绍兴二十七年，诏复行兼经,如十三年之制。(《宋史》卷一五六《选举志二》)

三十一年，礼部侍郎金安节言:“熙宁、元丰以来，经义诗赋，废兴离合，随时更革，初无定制。近合科以来，通经者苦赋体雕刻，习赋者病经旨渊微，心有弗精，智难兼济。……论既并场，策问太寡，议论器识，无以尽人。士守传注，史学尽废，此后进往往得志，而老生宿儒多困也。请复立两科，永为成宪。”从之。(《宋史》卷一五六《选举志二》)

按：熙宁四年，始罢词赋，专用经义取士，凡十五年；至元祐元年，复词赋，与经义并行；至绍圣元年，复罢词赋，专用经义，凡三十五年；至建炎二年，又兼用经、赋。盖熙宁、绍圣，则专用经而废赋，元祐、建炎，则虽复赋而未尝不兼经……至建炎、绍兴之间，则朝廷以经义取士者，且五六十年，其间兼用诗赋才十余年耳。然共场而试，则经拙而赋工；分科而试，则经少而赋多。流传既久，后来所至场屋，率是赋居其三之二，盖有自来矣。(《通考》卷三二《选举考五》)

综之，宋时科学，虽承于唐，而多所改革。至殿试及第，即行除官，亦为后来相袭不变之制。

宋初承唐制，贡举虽广，而莫重于进士制科。(《宋史》卷一五五《选举志序》)

开宝六年，李昉知贡举……会有诉昉用情取舍者，上乃……御讲武殿，各赐纸札，别试诗赋。……得进士二十六人……皆赐及第……自兹殿试遂为常制。(《通考》卷三〇《选举考三》)

宋自中兴以后，每科进士及第，动以四五百人计，盖倍于唐有余矣。又唐士之及第者，未能便解褐入仕，尚有试吏部一关。韩文公三试于吏部无成，则十年犹布衣，且有出身二十年不获禄者。而宋则一登第之后，即为入仕之期。(《通考》

卷二九《选举考二》)

此外武举之试，起于仁宗朝，至南宋孝宗，垂意武事，其制始隆。

唐设武举，以选将帅。五代以来，皆以军卒为将，此制久废。天圣仁宗七年，以西边用兵，将帅乏人，复置武举。至皇祐元年，边事寖息，遂废此科。治平英宗元年，九月丁卯复置，迄于今不废。(王栐《燕翼诒谋录》卷五)

天圣八年，亲试武举十二人，先阅其骑射，而试之以策为去留，弓马为高下。(《宋史》卷一五七《选举志三》)

孝宗乾道五年，廷试始依文举给黄牒，同正奏名三十三人。榜首赐武举及第，余并赐武举出身。(《通考》卷三四《选举考七》)

(乙)制　举

即特科也。

制举无常科，所以待天下之才杰，天子每亲策之。然宋之得才，多由进士，而以是科应诏者少。惟召试馆职，及后来博学宏词而得忠鲠文学之士。或起之山林，或取之朝著，召之州县，多至大用焉。(《宋史》卷一五六《选举志二》)

历朝特设科目，其目之可记者如下：

太祖始置贤良方正，能直言极谏；经学优深，可为师法；

详闲吏理，达于教化；凡三科，不限前资见任职官，黄衣草泽，悉许应诏对策三千言，词理俱优则中选。(《宋史》卷一五六《选举志二》)

仁宗初天圣七年，诏曰："朕开数路，以详延天下之士，而制举独久不设，意者吾豪杰或以故见遗也，其复置此科。"于是增其名曰：贤良方正能直言极谏科，博通坟典明于教化科，才识兼茂明于体用科，详明吏理可使从政科，识洞韬略运筹帷幄科，军谋宏远材任边寄科，凡六，以待京朝之被举，及起应选者。又制书判拔萃科，以待选人。又制高蹈邱园科，沉沦草泽科，茂材异等科，以待布衣之被举者。其法先上艺业于有司，有司较之，然后试秘阁，中格，然后天子亲策之。(《宋史》卷一五六《选举志二》)

治平三年，命宰执举馆职各五人。(《宋史》卷一五六《选举志二》)

哲宗……诏罢制科。既而三省言："今进士纯用经术。如诏诰、章表、箴铭、赋颂、赦敕、檄书、露布、诫谕，其文皆朝廷官守日用不可阙，且无以兼收文学博异之士。"遂改置宏词科，岁许进士及第者诣礼部请试，如见守官则受代乃请。(《宋史》卷一五六《选举志二》)

大观四年，诏："宏词科，格法未详，不足以致文学之士，改立词学兼茂科，岁附贡士院试取，毋过三人。"(《宋史》卷一五六《选举志二》)

高宗立博学宏词科绍兴三年，凡十二题，制、诰、诏、表、露布、檄、箴、铭、记、赞、颂、序，内杂出六题，分为三场，每场体制，一古一今。遇科场年，应命官……公卿子弟之秀者，皆得试。先投所业三卷，学士院考之，拔其尤者召试，定为三等。上等转一官，选人改秩，无出身人赐进士及第，并免诏试除馆职。中等减三年磨勘，与堂除，无出身人赐进士出身；下等减二年磨勘，无出身人赐进士出身，并许召试馆职。(《宋史》卷一五六《选举志二》)

开宝八年，诏诸州察民有孝弟力田、奇才异行，或文武材干，年二十至五十可任使者，其送阙下。(《宋史》卷一五六《选举志》二)

鲁平曰：宋初以来，至真宗方设制科，陈越、王曙为之首。其后夏竦等数人，皆以制科登第，既而中废。今上即位，天圣六年始复置。其后每开科场则置之。有官者举贤良方正，无官者举茂材异等，余四科多不应。皆自投牒献所著文论，差官考校。中者召诣阁下，试论六首；及中选则于殿廷试策一道，五千字以上。其中选者，不过一二人，然数年之后，即为美官。(司马光《涑水记闻》卷三)

故事制科，必先用从官二人，举上其所为文五十篇，考于学士院。中选而后召试，得召者不过三之一。(叶梦得《石林避暑录话》卷下)

（四）宋初之政治

（1）削夺藩镇兵权

石守信，开封浚仪人……建隆二年，移镇郓州，兼侍卫亲军马步军都指挥使……乾德初，帝因晚朝，与守信等饮酒。酒酣，帝曰："我非尔曹不及此，然吾为天子，殊不若为节度使之乐，吾终夕未尝安枕而卧。"守信等顿首曰："今天命已定，谁复敢有异心，陛下何为出此言耶？"帝曰："人孰不欲富贵，一旦有以黄袍加汝之身，虽欲不为，其可得乎？"守信等谢曰："臣愚不及此，惟陛下哀矜之。"帝曰："人生驹过隙耳，不如多积金帛、田宅，以遗子孙，歌儿舞女，以终天年。君臣之间，无所猜嫌，不亦善乎。"守信谢曰："陛下念及此，所谓生死而肉骨也。"明日，皆称病，乞解兵权。帝从之，皆以散官就第，赏赉甚厚。(《宋史》卷二五〇《石守信传》)

太祖初受天命……普赵普曰："……唐季以来，战争不息，家国不安者，无他，节镇太重，君弱臣强而已。今欲治之，惟稍夺其权，制其钱谷，收其精兵，则天下安矣。"语未卒，帝曰："卿勿复言，吾已悉矣。"顷之，上因晚朝，与故人石守信、王审琦饮酒……明日，皆称疾请解军政。许之，尽以散官就第……于是更置易制者使主亲军；其后又置转运使、通判，使主诸道钱谷；收天下精兵，以备宿卫，而诸功臣亦以善终。

（邵伯温《河南邵氏闻见前录》卷一）

建隆以来，释藩镇兵权……以塞浊乱之源。(《宋史》卷三《太祖纪一赞》)

(2) 优礼士大夫

(甲)制禄之厚

《宋史·职官志》载俸禄之制，京朝官宰相、枢密使月三百千，春、冬服各绫二十匹，绢三十匹，绵百两；参知政事、枢密副使月二百千，绫十匹，绢三十匹，绵五十两，其下以是为差；节度使月四百千，节度观察、留后三百千，观察二百千，绫绢随品分给，其下亦以是为差。凡俸钱并支一分见钱，二分折支，此“正俸”也。其禄粟，则宰相枢密使月一百石；三公、三少一百五十石；权三司使七十石，其下以是为差；节度使一百五十石，观察防御使一百石，其下以是为差；凡一石给六斗米麦各半。熙宁中，又诏县令录事等官，三石者增至四石，两石者增至三石，此亦正俸也。俸钱、禄米之外，又有“职钱”。御史大夫、六曹尚书六十千；翰林学士五十千，其下以是为差。元丰官制行，俸钱稍有增减，其在京官司供给之数，皆并为职钱。如大夫为郎官者，既请大夫俸，又给郎官职钱，视国初之数已优。至崇宁间，蔡京当国，复增供给食料等钱。如京仆射俸外，又请司空俸，视元丰禄制，更倍增矣。俸钱、职钱之外，又有“元随、傔人衣粮”注：在京任宰相枢密使，在外任使相至刺史，皆有随身，余止傔人，宰相、枢密使各七十人；参知政事至尚书左右丞各五十人；节度使百人；留后及观察使五十人，其下以是为差。衣粮之外，又有“傔人餐钱”注：中书枢密及正刺史以上，傔人皆有衣粮，余止给餐钱，朝官自二十千至五千凡七等；京官自十五千至三千凡八等；诸司使副等官九等。此外又有“茶酒厨料”之给，“薪蒿炭盐”诸物之给，“饲马刍粟”之给，“米面羊口”之给。其官于外者，别有“公用钱”，自节度使兼使相以下，二万贯至七千贯凡四等；节度使自万贯至三千贯凡四等。观察防团以下，以是为差。公用钱之外，又有“职田”之制，两京、大藩府四十顷；次藩镇三十五顷；防团以下，各按品级为差。选人、使臣无职田者，“别有茶汤钱”。……此宋一代制禄之大略也。其待士大夫可谓厚矣。……然给赐过优，究于国计易耗，恩逮于百官者惟恐其不足，财取于万民者不留其有余。（赵翼《廿二史劄记》卷二五《宋制禄之厚》）

（乙）退职之恩礼

宋制，设祠禄之官，以佚老优贤。先时员数绝少，熙宁以后，乃增置焉。在京宫观，旧制以宰相、执政充使，或丞、郎、学士以上充副使，两省或五品以上为判官，内侍官或诸司使、副注：政和改武臣官制，以使为大夫，以副使为郎为都监，又有提举、提点、主管。其戚里、近属及前宰执留京师者，多除宫观，以示优礼。（《宋史》卷一七〇《职官志一〇》）

宋制，设祠禄之官，以佚老优贤。自真宗置玉清昭应宫使，以王旦为之。后旦以病致，仕乃命以太尉领玉清昭应宫使，给宰相半俸，祠禄自此始也。在京有玉清昭应宫、景灵宫、会灵观、祥源观等，以宰相执政充使。丞郎学士充副使，庶僚充判官、都监、提举、提点等，各食其禄。（赵翼《廿二

史劄记》卷二五《宋祠禄之制》）

国朝凡登从班，无在外闲居者，有罪则落职，归班亦奉朝请，或黜守偏州。甚者分司安置，不然则告老挂冠。熙宁间，始置在外宫观，本王荆公意以处异论者，而荆公首以观使闲居钟山者八年。（王明清《挥麈前录》卷二）

（丙）荫子之滥

荫子……未有如宋代之滥者。文臣自太师及开府仪同三司，可荫子若孙，及期亲大功以下亲，并异姓亲及门客；太子太师至保和殿大学士，荫至异姓亲，无门客；中大夫至中散大夫，荫至小功以下亲，无异姓亲。武臣亦以是为差。凡遇南郊大礼及诞圣节，俱有荫补。宰相执政，荫本宗、异姓及门客、医人各一人；太子太师至谏议大夫，荫本宗一人；寺长贰监以下，至左右司谏，荫子或孙一人。余以是为差。此外又有致仕荫补。曾任宰执及现任三少使相者，荫三人，曾任三少及侍御史者，荫一人。余以是为差。此外又有遗表荫补。曾任宰相及现任三少使相，荫五人；曾任执政官至大中大夫以上，荫一人；诸卫上将军四人；观察使三人。余以是为差。由斯以观，一人入仕，则子孙亲族，俱可得官。大者并可及于门客、医士，可谓滥矣俱见《职官志》！然此犹属定例，非出于特恩也。天圣中，诏五代时三品以上告身存者，子孙听用荫。则并及于前代矣！明道中，录故宰臣及员外郎以上致仕者子孙授官有差。则并及于故臣矣！甚至新天子即位，监司郡守遣亲属入贺，亦得授官见《司马旦传》。则更出于常荫之外矣。曹彬卒，官其亲族、门客、亲校二十余人。李继隆卒，官其子，又录其门下二十余人。雷有终卒，官其子八人。此以功臣加荫者也。李沆卒，录其子宗简为大理评事，婿苏昂、兄之子朱涛，并同进士出身。王旦卒，录其子、弟、侄、外孙、门客常从授官者数十人，诸子服除，又各进一官。向敏中卒，子婿并迁官，又官亲校数人。王钦若卒，录其亲属及所亲信二十余人。此以优眷加荫者也。郭遵战殁，官其四子，并女之为尼者，亦赐紫袍。任福战殁，官其子及从子凡六人。石珪战殁，官其三子。徐禧战殁，官其家十二人。此又以死事而优恤者也。范仲淹疏请："乾元节恩泽，须在职满三年者，始得荫子。"则仲淹未奏以前，甫莅任即得荫矣！阎日新疏言："群臣子弟，以荫得官，往往未离童龀，即受俸，望自今二十以上始给。"龚茂贞亦疏言："庆寿礼行，若自一命以上覃转，不知月添给俸几何？"是甫荫即给俸矣！朱胜非疏，述宣和中谏官之论曰："尚从竹马之行，已造荷囊之列。"则甫荫得服章服矣。熙宁初，诏齐、密等十八州及庆、渭等四州，并从中书选授，毋以恩例奏补。则他州通判，皆可以荫官奏补矣！金安节疏言："致仕遗表恩泽，不准奏异姓亲，使得高赀为市。"则恩荫并听其鬻卖矣！（赵翼《廿二史劄记》卷二五《宋恩荫之滥》）

（3）台谏之横

宋初，为防制大臣专擅，特假台谏以重权，台省并重。台臣随时随事得弹劾执政，许以风闻，不加罚谴，终成一代台省相争之局。

御史台，掌纠察官邪，肃正纲纪，大事则廷辨，小事则奏弹，其属有三院：一曰台院，侍御史隶焉；二曰殿院，殿中侍御史隶焉；三曰察院，监察御史隶焉……咸平四年，以御史二人充左右巡使，分纠不如法者。文官右巡主之，武官左巡主之，分其职掌，纠其违失，常参班簿禄料假告皆主之。(《宋史》卷一六四《职官志四》)

历观秦汉，以及五代，谏争而死，盖数百人。而自建隆以来，未尝罪一言者，纵有薄责，旋即超升。许以风闻，而无官长，风采所系，不问尊卑，言及乘舆，则天子改容，事关廊庙，则宰相待罪。故仁宗之世，议者讥宰相但奉行台谏风旨而已。(《苏轼文集）卷一〇《上神宗皇帝书》)

宋制京朝官轮对而外，许以专章白事，是亦为臣下交哄之由。

建隆三年二月甲午，御札曰……今后每遇内殿起居，依旧例次第差官转对……如有事干要切，即许非时上章，不必须候轮次。(岳珂《愧郯录》卷五)

宋人结习，务为高名，好持苛论，于是台谏遂为掀动政潮之地。而朋党之势以成，以废后及濮议之争为烈。新法继之，成一哄之局。始则君子与君子相争，继则君子自命，而以小人目人，其流毒遂不可问。

仁宗郭皇后……天圣二年，立为皇后。初帝宠张美人，欲以为后，章献太后难之。后既立而颇见疏。其后尚美人、杨美人俱幸，数与后忿争。一日，尚氏于上前有侵后语，后不胜忿，批其颊，上自起救之，误批上颈，上大怒。入内都知阁文应因与上谋废后，且劝帝以爪痕示执政。上以示吕夷简，且告之故。夷简亦以前罢相怨后，乃曰："古亦有之。后遂废……于是中丞孔道辅、谏官御史范仲淹、段少连等十人，伏阁言后无过，不可废。道辅等俱被黜责。(《宋史》卷二四二《仁宗郭皇后传》)

会郭皇后废，率谏官、御史，伏阁争之不能得。明日……诏出知睦州。岁余……召还……权知开封府事。吕夷简执政，进用者多出其门。仲淹上《百官图》，指其次第曰：如此为序迁，如此为不次，如此则公，如此则私。……凡超格者，不宜全委之宰相。夷简不悦。……仲淹乃为四论以献，大抵讥切时政。且曰："汉成帝信张禹，不疑舅家，故有新莽之祸。臣恐今日亦有张禹，坏陛下家法。"夷简怒诉曰："仲淹离间陛下君臣，所引用皆朋党也。"仲淹对益切，由是罢知饶州。(《宋史》卷三一四《范仲淹传》)

殿中侍御史韩渎，希宰相旨，请书仲淹朋党，揭之朝堂。于是秘书丞余靖上言曰："仲淹以一言忤宰相，遽加贬窜……请追改前命。"太子中允尹洙自讼与仲淹师友，且尝荐己，愿从降黜。馆阁校勘欧阳修以高若讷在谏官，坐视而不言，移书责之。由是三人者偕坐贬。明年，夷简亦罢。(《宋史》卷三一四《范仲淹传》)

初范仲淹之贬饶州也，修与尹洙、余靖皆以直仲淹见逐，目之曰党人。自是朋党之论起，修乃为《朋党论》以进。(《宋史》卷三一九《欧阳修传》)

拱辰……拜御史中丞。夏竦除枢密使，拱辰言："竦经略西师，无功称而归。今置诸二府，何以厉世？"因对极论之。帝未省遽起，拱辰前引裾，乃纳其说，竦遂罢。(《宋史》卷

三一八《王拱辰传》）

范仲淹以言事去国，余靖论救之，尹洙请与同贬，欧阳修移书责司谏高若讷，由是三人者皆坐谴。襄作《四贤一不肖》诗……夏竦罢枢密使，韩琦、范仲淹在位，襄言："陛下罢竦而用琦、仲淹，士大夫贺于朝，庶民歌于路……且退一邪进一贤……海内有不泰乎！"（《宋史》卷三二〇《蔡襄传》）

吕夷简罢相，夏竦既除枢密使，复夺之以衍代。章得象、晏殊、贾昌朝、范仲淹、富弼及韩琦同时执政，欧阳修、余靖、王素、蔡襄并为谏官，介喜曰："此盛事也，歌颂吾职，其可已乎？"作《庆历圣德》诗……盖斥竦也。（《宋史》卷四三二《石介传》）

时杜衍、范仲淹为政，多所更张，拱辰之党不便。舜钦苏、益柔王皆仲淹所荐，而舜钦衍婿也，故因是倾之。（《宋史》卷三一八《王拱辰传》）

舜钦娶宰相杜衍女，衍时与仲淹、富弼在政府，多引用一时闻人，欲更张庶事。御史中丞王拱辰等不便其所为。会进奏院祠神，舜钦与右班殿直刘巽，辄用鬻故纸公钱，召妓乐，间多会宾客。拱辰廉得之，讽其属鱼周询等劾奏，因欲动摇衍。事下开封府劾治，于是舜钦与巽，俱坐自盗除名，同时会者皆知名士，因缘得罪，逐出四方者十余人。世以为过薄，而拱辰等方自喜曰："吾一举网尽矣。"（《宋史》卷四四二《苏舜钦传》）

时范仲淹、富弼，欲更理天下事，与用事者不合，仲淹、弼既出宣抚，言者附会，益攻二人之短。帝欲罢仲淹、弼政事，衍独左右之……以尚书左丞，出知兖州。（《宋史》卷三一〇《杜衍传》）

假借言职，互相攻讦报复，继废后之争而起者，又有濮议之争。

治平二年四月，诏议崇奉濮安懿王典礼。(《宋史》卷一三《英宗纪》)

光料必有追隆本生事，即奏言："汉宣帝为孝昭后，终不追尊卫太子、史皇孙；光武上继元帝，亦不追尊巨鹿、南顿君；此万世法也。"后诏两制集议濮王典礼，学士王珪等相视莫敢先，光独奋笔书曰："为人后者为之子，不得顾私亲。王宜准封赠期亲尊属故事，称为皇伯，高官大国，极其尊荣。"议成，珪即命吏，其以手稿为案。既上，与大臣意殊，御史六人争之力，皆斥去。光乞留之，不可，遂请与俱贬。(《宋史》卷三三六《司马光传》)

濮王追崇典礼，珪与侍从、礼官合议，宜称皇伯，三夫人改封大国，执政不以为然。其后三夫人之称，卒如初议。(《宋史》卷三一二《王珪传》)

光与珪主议如是，而欧阳修殊非之。

帝将追崇濮王，命有司议，皆谓当称皇伯，改封大国。修引《丧服记》，以为："'为人后者，为其父母服。'降三年为期，而不没父母之名，以见服可降而名不可没也。若本生之亲，改称皇伯，历考前世，皆无典据。进封大国，则又礼无加爵之道。"(《宋史》卷三一九《欧阳修传》)

议久不决，太后竟出手书，从欧阳修所议。

故中书之职,不与众同。太后出手书,许帝称亲,尊王为皇,王夫人为后。帝不敢当。(《宋史》卷三一九《欧阳修传》)

但修议虽为太后所许,而攻驳者纷起。

于是御史吕诲等,诋修主此议,争论不已,皆被逐。惟蒋之奇之说合修意,修荐为御史,众目为奸邪。(《宋史》卷三一九《欧阳修传》)

濮议起,侍从请称王为皇伯,中书不以为然,诲引义固争。……七上章不听;乞解台职亦不听。遂劾宰相韩琦不忠五罪曰:"昭陵之土未干,遽欲追崇濮王,使陛下厚所生而薄所继,隆小宗而绝大宗。言者论辨累月,琦犹遂非,不为改正,中外愤郁,万口一词。愿黜居外藩,以慰士论。"又与御史范纯仁、吕大防,共劾政阳修"首开邪议,以枉道说人主,以近利负先帝,陷陛下于过举",皆不报。已而诏濮王称亲,诲等知言不用,即上还告敕,居家待罪,且言与辅臣势不两立。帝以问执政,修曰:"御史以为理难并立,若臣等有罪,当留御史。"帝犹豫久之,命出御史。(《宋史》卷三二一《吕诲传》)

纯仁……迁侍御史。时方议濮王典礼,宰相韩琦、参知政事欧阳修等议尊崇之。翰林学士王珪等议,宜如先朝追赠期亲尊属故事。纯仁言:"陛下受命仁宗而为之子,与前代定策入继之主异,宜如王珪等议。"继与御史吕诲等更论奏,不听。纯仁还所授告敕,家居待罪。既而皇太后手书,尊王为皇,夫人为后。纯仁复言……请出不已,遂通判安州。(《宋史》卷三一四《范纯仁传》)

治平三年正月……皇太后下书中书门下:"封濮安懿王,

宜如前代故事，至夫人王氏、韩氏、任氏，皇帝可称亲。尊濮安懿王为皇，夫人为后。”……黜御史吕诲、范纯仁、吕大防，二月……黜谏官傅尧俞、御史赵鼎、赵瞻。（《宋史》卷一三《英宗纪》）

按废后与濮议，与时政无关，而朝臣意气用事，攻讦不已，固可见结习之深。而一代朋党之祸，实由此始。

（五）王安石之变法

(1) 变法之起因

宋初设制，为防前代之失，集权于中央。然矫枉过正，流弊渐生，降及中叶，尤以军财两政，为最紊乱，其情况分叙于下：

(甲) 属于军政者

兵额递见增加，据《宋史卷一八七·兵志》，列举以明之。兵额虽多，而不训练，故多而不精，外患愈烈。

兵额简表

开宝（太祖）	三七八·○○○人
至道（太宗）	六六六·○○○人
天禧（真宗）	九一二·○○○人
庆历（仁宗）	一·二五九·○○○人
治平（英宗）	一·一六二·○○○人

嘉祐仁宗七年，宰相韩琦言："祖宗以兵定天下，凡有征戍则募置，事已则并，故兵日精而用不广。今二边辽与夏虽号通好，而西北屯边之兵，常若待敌之至，故竭天下之力，而不能给。不于此时先虑而豫备之，一旦边陲用兵，水旱相继，

> 卒起而图之，不可及矣。”（《宋史》卷一八七《兵志一》）

为惩兵骄之害，乃募及灾民，则寻常募置之难可知。

> 皇祐仁宗中，河北水灾，农民流入京东三十余万，安抚使富弼募以为兵，拔其尤壮者，得九指挥，教以武技。虽廪以厢兵，而得禁兵之用，且无骄横难制之患。（《宋史》卷一八九《兵志三》）

平时养兵费已巨，每出戍，又各有赏赐，国力所以不支，而姑息已久，兵所以不可用。

> 每上军遣戍，皆本司整比军头司引对便殿，给以装钱，代还亦入见，犒以饮食，拣拔精锐升补之。或退其疲老者，凡大祀有赏给，每岁寒食、端午、冬至各有特支，戍边每季又加给银鞋。环庆缘边艰于爨给者，又有薪水钱，其役兵劳苦者，或季给钱，或川广而代还者，别给装钱。川广递补卒，或给时服钱屦，凡出外率有口粮。（《通考》卷一五二《兵考四》）

（乙）属于财政者

国家财政收支概况，亦据《宋史·卷一七九食货志》，列表以明之。

收支简表

时代	岁入	岁出	比较	
			盈余	不足
太宗至道末	二二·二四五·八〇〇缗		余大半	
真宗天禧末	一五〇·八五〇·一〇〇缗	一二六·七七五·二〇〇缗	二四·〇七四·九〇〇缗	
仁宗皇祐元年	一二六·二五一·九六四缗	一二六·二五一·九六四缗	无	无
英宗治平二年	一一六·一三八·四〇五缗	一三一·八六四·四五二缗（内有非常支出一一·五二一·二七八缗）		一五·七二六·〇四七缗

据上表，知在天禧以前，尚有盈余，皇祐元年，收支相抵，至治平二年，竟有巨额亏耗。其变迁情形，详于下列论述。

初吴、蜀、江南、荆湖、南粤皆号富强，相继降附。太祖、太宗因其蓄藏，守以恭俭简易。天下生齿尚寡，而养兵未甚蕃，任官未甚冗，佛老之徒未甚炽；外无金缯之遗，百姓亦各安其生，不为巧伪放侈，故上下给足，府库羡溢。承平既久，户口岁增，兵籍益广，吏员益众。佛老、外国，耗蠹中土，县官之费，数倍于昔，百姓亦稍纵侈，而上下始困于财矣。仁宗承之，经费寖广。……自祥符天书一出，斋醮糜费甚众，京城之内，一夕数处……京师营造，多内侍传旨呼索，费无

艺极。(《宋史》卷一七九《食货志下一》)

是宋之财政所以竭蹶者，因外耗于“募兵”与“馈遗”，而内耗于“祀祠”与“冗禄”也。

会元昊请臣，朝廷亦已厌兵，屈意抚纳，岁赐缯茶增至二十五万；而契丹邀割地，复增岁遗至五十万，自是岁费，弥有所加。西兵既罢，而调用无所减……初真宗时……宗室、吏员，受禄者九千七百八十五。宝元以后……宗室蕃衍，吏员岁增……宗室、吏员受禄者万五千四百四十三，禄廪奉赐，从而增广。及景德中，祀南郊，内外赏赉金、帛、缗钱总六百一万。至是飨明堂，增至一千二百余万，故用度不得不屈。(《宋史》卷一七九《食货志下一》)

国用不足则增税，官司承旨，亦以聚敛为能。

宋聚兵京师，外州无留财，天下支用，悉出三司，故其费寖多。……真宗嗣位……是时条禁愈密，较课以租额前界，递年相参。景德初，榷务连岁增羡，三司即取多收者为额。(《宋史》卷一七九《食货志下一》)

其时农民生活困苦，可于司马光所言窥见之。

司马光……抗疏曰：“……水旱、霜雹、蝗蜮间为之灾，幸而收成，公私之债，交争互夺。谷未离场，帛未下机，已非已有，所食者糠籺而不足，所衣者绨褐而不完。直以世服田亩，不知舍此之外，有何可生之路耳。”(《宋史》卷一七三《食

货志上一》)

言理财者，已訾及中枢制度不良，遂开后来变法之基。

至和仁宗中，谏官范镇上疏曰:“陛下每遇水旱之灾，必露立仰天，痛自刻责，而吏不称职，陛下忧勤于上，人民愁叹于下。今岁无麦，朝廷为放税免役，乃发仓廪拯贷，存恤之恩，不为不至。然人民流难，父母妻子不相保者，平居无事时，不少宽其力役，轻其租赋；岁大熟，民不得终岁之饱；及有小歉，虽加重放，已不及事。此无他，重敛之政在前也。国家自陕西用兵以来，赋役烦重。及近年转运使复于常赋外进羡钱，以助南郊，其余无名敛率，不可胜计。”又言:“古者冢宰制国用，今中书主民，枢密主兵，三司主财，各不相知。故财已匮而枢密院益兵不已，民已困而三司取财不已。中书视民之困，而不知使枢密院减兵，三司宽财者，制国用之职，不在中书也。愿使中书、枢密，通知兵民财利大计，与三司量其出入，制为国用，则天下民力，庶几少宽。”(《宋史》卷一七九《食货志下一》)

民穷财困，已至此境，非改弦更张，不足以挽救，王安石变法之议，乃乘时而起。

于是上万言书，以为:“今天下之财力，日以困穷，风俗日以衰坏，患在不知法度……因天下之力，以生天下之财，取天下之财，以供天下之费，自古治世，未尝以财不足为公患也,患在治财无其道尔。……愿监苟且因循之弊,明诏大臣，

为之以渐,期合于当世之变。”(《宋史》卷三二七《王安石传》)

(2) 变法之实行

神宗嗣位，尤先理财。熙宁初，命翰林学士司马光等，置局看详，裁减国用制度，仍取庆历二年数比今支费不同者，开析以闻。后数日，光等对言:“国用不足，在用度太奢，赏赐不节，宗室繁多，官职冗滥，军旅不精。必须陛下与两府大臣及三司官吏，深思救弊之术，虚以岁月，庶几有效，非愚臣一朝一夕，所能裁减。”帝遂罢裁减局，但下三司共析。王安石执政，议置三司条例司，讲修钱谷之法。(《宋史》卷一七九《食货志下一》)

上问:“然则卿所施设，以何为先？”安石曰:“变风俗，立法度，正方今之所急也。”上以为然。于是设制置三司条例司，令判知枢密院事陈升之同领之。安石令其党吕惠卿预其事。……诸役相继并兴，号为新法，遣提举官四十余辈，颁行天下。(《宋史》卷三二七《王安石传》)

三司条例司为改革总汇，其首先规定者，即为预算。

时天下承平，帝……每以财用为忧不给。日与大臣讲求其故，命官考三司簿籍，商量经久废置之宜，凡一岁用度，及郊祀大费，皆编著定式。……所裁省冗费十之四。(《宋史》卷一七九《食货志下一》)

此后各项新政，次第举行，兹按其性质，叙之如下：

（甲）民政上之设施

有“青苗”与“免役”两法，其设施之意义，与反对者之言论，并撮录之，以观其得失。

青苗法：

常平仓法，以丰岁谷贱伤农，故增价收粜，使蓄积之家无由抑塞农夫，须令贱粜。凶岁谷贵伤民，故减价出籴，使蓄积之家无由邀勒贫民，须令贵籴。物价常平，公私两利也。安石以常平法为不善，更将籴本作青苗钱，散与人户，令出息二分，置提举官以督之。（王偁《东都事略》卷七九《王安石传》）

河北转运司干当公事王广廉……奏，乞度僧牒数千道为本钱，于陕西转运司私行青苗法，春散秋敛，与安石意合。至是请施行之河北，于是安石决意行之，而常平、广惠仓之法，遂变而为青苗矣。（《宋史》卷一七六《食货志上四》）

青苗法之设，为使兼并之家，不能乘人之急以邀利，但实行之后，反对者纷起指摘。

舜俞……上疏自劾曰：“民间出举财物，取息重止一倍，约偿缗钱，而谷粟、布缕、鱼盐、薪蔌、耰锄、釜锜之属，得杂取之。朝廷募民贷取有司，约中熟为价，而必偿缗钱，欲如私家杂偿他物不可得，故愚民多至卖田宅，质妻孥。有识者老，戒其乡党子弟，未尝不以贳贷为苦。祖宗著令，以财物相出，举任从书契，官不为理。其保全元元之意深远如此。

今诱之以便利，督之以威刑，方之旧法异矣。诏谓振民乏绝，而抑兼并，然使十户为甲，浮浪无根者，毋得给俵，则乏绝者已不蒙其惠。此法终行，愈为兼并地尔，何以言之？天下之有常平，非能人人计口受饷，但权谷价贵贱之柄，使积贮者，不得深藏以邀利尔。今散为青苗，惟恐不尽，万一饥馑荐至，必有乘时贵粜者，未知将何法以制之？官制既放钱取息，富室藏镪，坐待邻里逋欠之时，田宅妻孥，随欲而得，是岂不为兼并利哉。虽分为夏秋二科，而秋放之月与夏敛之期等，夏放之月与秋敛之期等，不过展转计息，以给为纳，使吾民终身以及世世，每岁两输息钱，无有穷已。是别为一赋以敝海内，非王道之举也。(《宋史》卷三三一《陈舜俞传》)

辙曰："以钱贷民，使出息二分，本非为利。然出纳之际，吏缘为奸，虽有法不能禁；钱入民手，虽良民不免非理费用；及其纳钱，虽富民不免违限。如此则鞭笞必用，州县多事矣。唐刘晏掌国计，未尝有所假贷。有尤之者，晏曰：'使民侥幸得钱，非国之福；使吏倚法督责，非民之便。吾虽未尝假贷，而四方丰凶贵贱，知之未尝逾时。有贱必籴，有贵必粜，以此四方无甚贵贱之病，安用贷为？晏之言，汉常平法耳，公诚能行之，晏之功可立俟也。"(《宋史》卷一七六《食货志上四》)

今言青苗之害者，不过谓使者骚动州县，为今日之患耳。而臣之所忧，乃在十年之外，非今日也。夫民之贫富，由勤惰不同，惰者常乏，故必资于人。今出钱贷民，而敛其息，富者不愿取，使者以多散为功，一切抑配。恐其逋负，必令贫富相保，贫者无可偿，则散而之四方；富者不能去，必责使代偿数家之负。春算秋计，展转日滋，贫者既尽，富者亦贫。十年之外，百姓无复存者矣。又尽散常平钱谷，专行青苗，它日若思复之，将何所取？富室既尽，常平废，加之以师旅，因之以饥馑，民之羸者，必委死沟壑，壮者必聚而为盗贼，此事之必至者也。(《宋史》卷三三六《司马光传》)

琦韩复上疏曰……今放青苗钱，凡春贷十千，半年之内，便令纳利二千，秋再放十千，至岁终又令纳利二千，则是贷万钱者，不问远近,岁令出息四千。……制置司言,比《周礼》取息已不为多,是欺罔圣听。(《宋史》卷一七六《食货志上四》)

时初行青苗法，琦上疏论其害，以为国之颁号令，立法制，必信其言而使民受实惠。陛下遣使给散青苗，乃令乡村自第一等而下，皆立借钱贯百,三等以上，更许增数。坊郭户有物业抵当者，依青苗例支借。且乡村上三等，并坊郭有物力，乃从来兼并之家也，今皆得借钱。每借一千，令纳一千三百，则是官放息钱，岂抑兼并济困乏之意哉？(王偁《东都事略》卷六九《韩琦传》)

光曰："青苗出息，平民为之，尚能使蚕食下户，至饥寒流离，况县官法度之威乎？"慧卿曰："青苗法，愿取则与之，不愿不强也。"光曰："愚民知取债之利，不知还债之害，非独县官不强,富民亦不强也。"(王偁《东都事略》卷八七上《司马光传》)

当是时，争青苗钱者甚众，翰林学士范镇言："陛下初诏云，公家无所利其入，今提举司以户等给钱，皆令出三分之息，物议纷纭，皆云自古未有天子开课场者。民虽至愚，不可不畏。"……台谏官吕公著、孙觉、李常、张戬、程颢等，皆以论青苗罢黜。知亳州富弼、知青州欧阳修，继韩琦论青苗之害，且持之不行，亦坐移镇。(《宋史》卷一七六《食货

志上四》）

按：反对青苗法者，所持之理由，概括之则为：（一）官放钱取息。（二）取息二分过重。（三）州县以多借出为功，不免勒借。（四）富人不愿借，贫人不易还，且借钱到手，最易浪费，追索之时，州县因之多事。（五）出入之际，吏缘为奸，法不能禁。然当时民间借贷，普通且逾一倍，则二分取息，实为最轻者。其县吏张皇，则奉行不善，非法之不善也。

免役法：

宋之役法，名目繁多，最为秕政。

役法役出于民，州县皆有常数。宋因前代之制，以“衙前”主官物，以“里正”“户长”“乡书手”课督赋税，以“耆长”“弓手”“壮丁”逐捕盗贼，以“承符”“人力”“手力”“散从”官给使令；县曹司至押、录，州曹司至孔目官，下至杂职、虞候、拣、掐等人，各以乡户等第定差。京百司补吏，须不碍役乃听。……京西转运使程能，请定诸州户为九等著于籍，上四等量轻重给役，余五等免之，后有贫富，随时升降。诏加裁定。淳化五年，始令诸县以第一等户为里正，第二等户为户长，勿冒名以给役。自余众役，多调厢军。……然役有轻重劳佚之不齐，人有贫富强弱之不一，承平日久，奸伪滋生。命官、形势，占田无限，皆得复役衙前，将吏得免里正、户长；而应役之户，困于繁数，伪为券售田于形势之家，假佃户之名以避徭役。……自里正、乡户，为衙前主典府库，或辇运官物，往往破产。……民避役者，或窜名浮图籍，号为出家……韩琦上疏曰："州县生民之苦，无重于里正衙前。有孀母改嫁，亲族分居；或弃田与人，以免上等；或非命求死，以就单丁。规图百端，苟免沟壑之患。每乡被差疏密，与赀力高下不均。……富者休息有余，贫者败亡相继……请罢里正衙前。"（《宋史》卷一七七《食货志上五》）

三司使韩绛言："闻京东民有父子二丁将为衙前役者，其父告其子曰'吾当求死，使汝曹免于冻馁'，遂自缢而死。又闻江南有嫁其祖母及其母，析居以避役者，又有鬻田减其户等者。田归官户不役之家，而役并于同等见存之户。"（《宋史》卷一七七《食货志上五》）

熙宁元年，知谏院吴充言："今乡役之中，衙前为重。民间规避重役，土地不敢多耕而避户等，骨肉不敢义聚而惮人丁。故近年上户寖少，中下户寖多，役使频仍，生资不给……不得已而为盗贼。"（《宋史》卷一七七《食货志上五》）

帝阅内藏库奏，有衙前越千里输金七钱，库吏邀乞，逾年不得还者。帝重伤之。（《宋史》卷一七七《食货志上五》）

宋代役夫之名，有衙前、散从。衙前今之内班门子也，散从今之外班皂隶也。（杨慎《艺林伐山》卷一三）

按：力役，即唐之庸也，庸钱既将入两税，即不应有所谓力役者。自唐中叶以后，仍按"人户等第"出力役，是又重加一层担负，宋沿用之。致有上述之苛酷结果，故荆公改签役而为雇役，以洗其弊。新旧之争，旧人秉政，并免役而推翻之，所以不能服变法者之心。

天下土俗不同，役轻重不一，民贫富不等，从所便为法。

凡当役人户，以等第出钱，名免役钱。其……未成丁、单丁、女户、寺观、品官之家，旧无色役而出钱者，名助役钱。凡敷钱，先视州若县应用雇直多少，随户等均取雇直；既已用足，又率其数增取二分，以备水旱欠阁，虽增毋得过二分，谓之免役宽剩钱。（《宋史》卷一七七《食货志上五》）

免役之法，据家资高下，各令出钱雇人充役，下至单丁、女户本来无役者，亦一概输钱，谓之助役钱。（《宋史》卷三二七《王安石传》）

免役法实行，其反对最力者，则为刘挚、杨绘。

监察御史刘挚，谓："昨者团结保甲，民方惊扰，又作法使人均出缗钱，非时升降户等，期会急迫，人情惶骇。"因陈新法十害，其要曰："上户常少，中下户常多，故旧法上户之役，类皆数而重，下户之役，率常简而轻；今不问上下户，概视物力以差出钱，故上户以为幸，而下户苦之。岁有丰凶，而役人有定数，助钱岁不可阙，则是赋税有时减阁，而助钱更无蠲损也。役人必用乡户，为其有常产则自重，今既招雇，恐止得浮浪奸伪之人，则帑庾、场务、纲运，不惟不能典干，窃恐不胜其盗用，而冒法者众；至于弓手、耆壮、承符、散从、手力、胥史之类，恐遇寇则有纵逸，因事辄为骚扰也。"（《宋史》卷一七七《食货志上五》）

杨绘……疏辨之曰……助役之利一，而难行有五。请先言其利：假如民田有一家而百顷者，亦有户才三顷者，其等乃俱在第一，以百顷而较三顷，则已三十倍矣，而受役月日，均齐无异；况如官户则除耆长外皆应无役，今例使均出雇钱，

> 则百顷所输，必三十倍于三顷者，而又永无决射之讼，此其利也。然难行之说亦有五：民惟种田而责其输钱，钱非田之所出，一也。近边州军，就募者非土著，奸细难防，二也。逐处田税，多少不同，三也。耆长雇人，则盗贼难止，四也。衙前雇人，则失陷官物，五也。乞先议防此五害，然后著为定制。(《宋史》卷一七七《食货志上五》)

于是同判司农寺曾布，摭杨绘、刘挚所言而加以反诘，其理由至为充足，大为变法者张目。

> 其略曰：畿内上等户，尽罢昔日衙前之役，故今所输钱，比旧受役时，其费十减四五；中等人户，旧充弓手、手力、承符、户长之类，今使上等及坊郭、寺观、单丁、官户皆出钱以助之，故其费十减六七；下等人户，尽除前日冗役，而专充壮丁，且不输一钱，故其费十减八九。大抵上户所减之费少，下户所减之费多。言者谓优上户而虐下户，得聚敛之谤，臣所未喻也。提举司以诸县等第不实，故首立品量升降之法……今品量增减，亦未为非；又况方晓谕民户，苟有未便，皆与厘正，则凡所增减，实未尝行。言者则以谓品量立等者，盖欲多敛雇钱，升补上等，以足配钱之数。……此臣所未喻也。凡州县之役，无不可募人之理。今投名衙前半天下，未尝不典主仓库、场务、纲运，而承符、手力之类，旧法皆许雇人，行之久矣；惟耆长、壮丁，以今所措置，最为轻役，故但轮差乡户，不复募人。言者则以谓衙前雇人，则失陷官物；耆长雇人，则盗贼难止；又以谓近边奸细之人应募，则焚烧仓库，或守把城门，则恐潜通外境，此臣所未喻也。免役或输见钱，或

纳斛斗，皆从民便，为法至此，亦已周矣。言者则谓直使输钱，则丝绵粟麦必贱；若用他物准直为钱，则又退拣乞索，且为民害如此，则当如何而可？此臣所未喻也。昔之徭役，皆百姓所为，虽凶荒饥馑，未尝罢役；今役钱必欲稍有余羡，乃所以为凶年蠲减之备，其余又专以兴田利、增吏禄。言者则以谓助钱非如税赋有倚阁减放之期，臣不知昔之衙前、弓手、承符、手力之类，亦尝倚阁减放否？此臣所未喻也。两浙一路，户一百四十余万，所输缗钱七十万尔；而畿内户十六万，率缗钱亦十六万。是两浙所输，才半畿内，然畿内用以募役，所余亦自无几。言者则以谓吏缘法意，广收大计，如两浙欲以羡钱徼幸，司农欲以出剩为功，此臣所未喻也。（《宋史》卷一七七《食货志上五》）

（乙）财政上之设施

有“方田均税”“农田水利”“均输”“市易”诸法。

方田均税法：

神宗患田赋不均，熙宁五年，重修定方田法，诏司农以《均税条约并式》，颁之天下。以东西南北各千步，当四十一顷，六十六亩，一百六十步为“一方”；岁以九月，县委令佐，分地计量，随陂原平泽而定其地，因赤淤黑垆而辨其色；方量毕，以地及色，参定肥瘠，而分五等，以定税则；至明年三月毕，揭以示民，一季无讼，即书户帖连庄帐付之，以为地符。“均税”之法，县各以其租额税数为限，旧尝收蹙奇零，如米不及十合而收为升，绢不满十分而收为寸之类，今不得用其数均摊增展，致溢旧额，凡越额增数皆禁。若瘠卤不毛，及众所食利山林、陂塘、沟路、坟墓，皆不立税。凡田方之角，立土为峰，植其野之所宜木以封表之。有方帐，有庄帐，有甲帖，有户帖；其分烟析产，典卖割移，官给契，县置簿，皆以今所方之田为正。(《宋史》卷一七四《食货志上二》)

其利益如何，由蔡京等所称道者可以概见之。

自开阡陌，使民得以田私相贸易，富者恃其有余，厚立价以规利，贫者迫于不足，薄移税以速售，而天下之赋调不平久矣。神宗讲究方田利害，作法而推行之，方为之帐而步亩高下丈尺不可隐；户给之帖而升合尺寸无所遗；以卖买则民不能容其巧；以推收则吏不能措其奸。今文籍具在，可举而行。(《宋史》卷一七四《食货志上二》)

淳熙九年，著作郎袁枢振两淮还，奏："民占田不知其数，二税既免，止输谷帛之课。力不能垦，则废为荒地；他人请佃，以疆界为词，官无稽考。是以野不加辟，户不加多，而郡县之计益窘。望诏州县画疆立券，占田多而输课少者，随亩增之；其余闲田，给与佃人，庶几流民有可耕之地，而田莱不至多荒。"(《宋史》卷一七三《食货志上一》)

绍熙元年……熹朱熹访问讲求纤悉备至，乃奏言经界最为民间莫大之利。(《宋史》卷一七三《食货志上一》)

按：正理经界，平均担负，实为清厘要政。迨及南宋百年之后，贤者犹思继轨，或其初令佐奉行不善，豪强不免阻挠，致贻人口实。元祐诸人，因噎废食，致一律罢免，实为可惜。

农田水利法：

神宗熙宁元年，遣使察农田水利，程颢等八人充使。……中书言："诸州县古迹陂塘，异时皆畜水溉田，民利数倍。近岁多所湮废。"诏诸路监司访寻州县，可兴复水利，如能设法劝诱兴修塘堰圩堤，功利有实，当议旌宠。（《通考》卷六《田赋考六》）

于是司农寺请立法，先行之开封，视可行，颁于天下。民种桑柘，毋得增赋。安肃、广信、顺安军、保州，令民即其地植桑榆，或所宜木，因可限阂戎马。官计其活茂多寡，得差减在户租数；活不及数者罚，责之补种。兴修水利田，起熙宁三年，至九年，府界及诸路，凡一万七百九十三处，为田三十六万一千一百七十八顷有奇。神宗元丰元年，诏开废田水利，民力不能给役者，贷以常平钱谷，京西南路流民，买耕牛者免征。五年，都水使者范三渊奏："自大名抵乾宁，跨十五州，河徙地凡七千顷，乞募人耕种。"从之。（《宋史》卷一七三《食货志上一》）

按：农田水利法实行，已著效于一时矣。

市易法：

先是有魏继宗者，自称草泽，上言："京师百货无常，价贵贱相倾。富能夺，贫能与，乃可以为天下。今富人大姓，乘民之亟，牟利数倍，财既偏聚，国用亦屈。请假榷货务钱，置常平市易司，择通财之官任其责，求良贾为之转易。使审知市物之价，贱则增价市之，贵则损价鬻之，因收余息，以给公上。"于是中书奏在京置市易务官。凡货之可市，及滞于民而不售者，平其价市之，愿以易官物者听。若欲市于官，则度其抵而贷之钱，责期使偿，半岁输息十一，及岁倍之。凡诸司配率，并仰给焉。以吕嘉问为提举，赐内库钱百万缗，京东路钱八十七万缗为本。三司请立市易条，有“兼并之家，较固取利，有害新法本务，觉察，三司按治”之文，帝削去之。(《宋史》卷一八六《食货志下八》)

市易之法，听人赊贷县官财货，以田宅或金帛为抵当，出息十分之二，过期不输息外，每月更加罚钱百分之二。(《宋史》卷三二七《王安石传》)

按：市易法取息甚低，章制甚严，所不利者，豪强兼并之家，所利者在贫民，亦非不可行之法也。

均输法：

均输之法，所以通天下之货，制为轻重敛散之术，使输者既便，而有无得以懋迁焉。熙宁二年，制置三司条例司言：“天下财用无余，典领之官，拘于弊法，内外不相知，盈虚不相补。诸路上供，岁有常数。丰年便道，可以多致而不能赢；年俭物贵，难于供亿而不敢不足。远方有倍蓰之输，中都有半价之鬻，徒使富商大贾，乘公私之急，以擅轻重敛散之权。今发运使实总六路赋入，其职以制置茶、盐、矾、酒税为事，军储国用，多所仰给。宜假以钱货，资其用度，周知六路财赋之有无，而移用之。凡籴买税敛上供之物，皆得徙贵就贱，用近易远。今预知中都帑藏年支见在之定数，所当供办者，得以从便变易蓄买以待上令。稍收轻重敛散之权，归之公上，而制其有无，以便转输，省劳费，去重敛，宽农民。庶几国

用可足,民财不匮。”诏本司具条例以闻。(《宋史》卷一八六《食货志下八》)

均输法者,以发运之职,改为均输,假以钱货,凡上供之物,皆得徙贵就贱,用近易远,预知在京仓库所当办者,得以便宜蓄买。(《宋史》卷三二七《王安石传》)

按：均输法，于物价调节，最有关系，且为刘晏成法，论者亦攻之不已，以为扰民，其意不在法而在人可知。其攻击最力者，为苏轼兄弟，借口亏税，转为商贾张目。其词虽辩，而非就诸法本身立论，宜其不足以服主新法者之心也。

轼上书论其不便曰……昔汉武帝以财力匮竭，用贾人桑弘羊之说，买贱卖贵，谓之均输。于时商贾不行，盗贼滋炽，几至于乱。……不意今日此论复兴。立法之初，其费已厚，纵使薄有所获……则指为劳绩……亏商税而取均输之利……臣窃以为过矣。(《宋史》卷三三八《苏轼传》)

侍御史刘琦、侍御史里行钱觊等言：“向小人假以货泉，任其变易，纵有所入，不免夺商贾之利。”……条例司检详文字苏辙言：“昔汉武外事四夷，内兴宫室，财用匮竭，力不能支，用贾人桑弘羊之说，买贱卖贵，谓之均输。虽曰民不加赋，而国用饶足，然法术不正，吏缘为奸，掊克日深，民受其病。……今此论复兴，众口纷然，皆谓其患必甚于汉。何者？方今聚敛之臣，材智方略，未见有桑弘羊比；而朝廷破坏规矩，解纵绳墨，使得驰骋自有，惟利是嗜，其害必有不可胜言者矣。”……权开封府推官苏轼亦言：“均输徙贵就贱，用近易远。然广置官属，多出缗钱，豪商大贾，皆疑而不敢动，以为虽不明言贩卖，既已许之变易，变易既行，而不与商贾争利，未之闻也。夫商贾之事，曲折难行，其买也先期而予钱，其卖也后期而取直，多方相济，委曲相通，倍称之息，由此而得。今先设官置吏，簿书廪禄，为费已厚，非良不售，非贿不行。是官买之价，比民必贵，及其卖也，弊复如前，商贾之利，何缘而得？朝廷不知虑此，乃捐五百万缗钱予之。此钱一出，恐不可复。纵使其间薄有所获，而征商之额，所损必多矣。（《宋史》卷一八六《食货志下八》）

（丙）军政上之设施

有“置将”“保甲”“保马”“军器监”诸法。

置将法：

将兵者，熙宁之更制也。先是太祖惩藩镇之弊，分遣禁旅，戍守边城，立更戍法……淳化、至道以来，持循益谨……更戍交错，旁午道路。议者以为徒使兵不知将，将不知兵，缓急恐不可恃。神宗即位，乃部分诸路将兵，总隶禁旅，使兵知其将，将练其士，平居知有训厉，而无番戍之劳，有事而后遣焉，庶不为无用矣。熙宁七年，始诏总开封府畿、京东西、河北路兵，分置将副，由河北始。（《宋史》卷一八八《兵志二》）

熙丰置将简表

<table>
<tr><th rowspan="2">官别</th><th colspan="2">路名及军名</th><th rowspan="2">员数</th><th rowspan="2">次第</th></tr>
<tr><th>地别</th><th>路别</th></tr>
<tr><td rowspan="9">将</td><td rowspan="4">京畿及河北</td><td>河北</td><td>十七将</td><td>第一至第十七</td></tr>
<tr><td>府畿</td><td>七将</td><td>第十八至第二十四</td></tr>
<tr><td>京东</td><td>九将</td><td>第二十五至第三十三</td></tr>
<tr><td>京西</td><td>四将</td><td>第三十四至第三十七</td></tr>
<tr><td rowspan="5">关陇</td><td>鄜延</td><td>九将</td><td>第一至第九</td></tr>
<tr><td>泾原</td><td>十一将</td><td>第十至第二十</td></tr>
<tr><td>环庆</td><td>八将</td><td>第二十一至第二十八</td></tr>
<tr><td>秦凤</td><td>五将</td><td>第二十九至第三十三</td></tr>
<tr><td>熙河</td><td>九将</td><td>第三十四至第四十二</td></tr>
<tr><td rowspan="11">将</td><td rowspan="11">东南</td><td>淮南东</td><td>一将</td><td>第一</td></tr>
<tr><td>淮南西</td><td>一将</td><td>第二</td></tr>
<tr><td>两浙西</td><td>一将</td><td>第三</td></tr>
<tr><td>两浙东</td><td>一将</td><td>第四</td></tr>
<tr><td>江南东</td><td>一将</td><td>第五</td></tr>
<tr><td>江南西</td><td>一将</td><td>第六</td></tr>
<tr><td>荆湖北</td><td>一将</td><td>第七</td></tr>
<tr><td>荆湖南</td><td>二将</td><td>第八与第九</td></tr>
<tr><td>福建</td><td>一将</td><td>第十</td></tr>
<tr><td>广南东</td><td>一将</td><td>第十一</td></tr>
<tr><td>广南西</td><td>二将</td><td>第十二与第十三</td></tr>
</table>

官别	路名及军名		员数	次第
	地别	路别		
指挥	马军		十三指挥	
	忠果		十指挥	
	土兵		二指挥	
附记	一 共置将九十二员 。 一 凡诸路将，各置副一人 。 一 以路将兵数，东南兵三千人以下，指挥各五人，其余史无明文，待考			

保甲法：

熙宁初，王安石变募兵而行保甲……民十家为一保，选主户有干力者一人为保长。五十家为一大保，选一人为大保长。十大保为一都保，选为众所服者，为都保正，又以一人为之副。应主客户两丁以上，选一人为保丁。附保两丁以上，有余丁而壮勇者亦附之。内家资最厚、财勇过人者，亦充保丁，兵器非禁者听习。每一大保，夜轮五人儆盗。……既行之畿甸，遂推之五路，以达于天下。时则以捕盗贼相保任，而未肄以武事也。四年，始诏畿内保丁肄习武事。岁农隙，所隶官期日于要便乡村，都试骑步射，并以射中亲疏远近为等。(《宋史》卷一九二《兵志六》)

保甲之法，籍乡村之民，二丁取一，十家为保，保丁皆授以弓弩，教之战阵。(《宋史》卷三二七《王安石传》)

按：保甲法为民兵计划，期以渐革募兵之弊，若以府兵法例之，亦不能发见若何窒碍与其不应行也。

保马法：

保甲养马者，自熙宁五年始。……诏开封府界诸县保甲，愿牧马者听，仍以陕西所市马选给之。六年，曾布等承诏，上其条约：凡五路义勇保甲愿养马者，户一匹；物力高；愿养二匹者听，皆以监牧见马给之，或官与其直，令自市，毋或强与。……在府界者，免体量草二百五十束，加给以钱布。在五路者，岁免折变缘纳钱。三等以上十户为一保；四等以下十户为一社，以待病毙，逋偿者。保户马毙，保户独偿之；社户马毙，社户半偿之。岁一阅其肥瘠，禁苛留者。凡十四条，先从府界颁焉。五路委监司、经略司、州县更度之。于是保甲养马行于诸路矣。（《宋史》卷一九八《兵志十二》）

保马之法，凡五路义保，愿养马者，户一匹，以监牧见马给之，或官与其直，使自市。岁一阅其肥瘠，死病者补偿。（《宋史》卷三二七《王安石传》）

按：保马法为马政计划，惟蓄马与牧马迥别，马之死及病，为不可避免之事，颇为养马者之累，遂为反对者所借口。

军器监法：

帝欲利戎器，而患有司苟简。王雱上疏曰："……方今外御边患，内虞盗贼，而天下岁课弓弩、甲胄，入充武库者以千万数，乃无一坚好精利，实可为备者。臣尝观诸州作院，兵匠乏少，至拘市人以备役，所作之器，但形质而已。武库之吏，计其多寡之数而藏之，未尝责其实用，故所积虽多，大抵敝恶。……莫若更制法度，敛数州之作，聚为一处，若今钱监之比，择知工事之臣，使专其职；且募天下良工，散为匠师，而朝廷内置工官，以总制其事，察其精窳而赏罚之，则人人务胜，不加责而皆精矣”……熙宁六年，始置“军器监”，总内外军器之政。……先是军器领于三司，至是罢之，一总于监。凡产材州置都作院。凡知军器监利害者，听诣监陈述，于是吏民献器械法式者甚众。(《宋史》卷一九七《兵志十一》)

此为军器改良计画，亦为整军经武不可少之措施也，当时多痛诋保甲法者，兹撮辩论之点如下。

帝谓府兵与租庸调法相须，安石则曰：“今义勇、土军，上番供役，既有廪给，则无贫富皆可以入卫出戍，虽无租庸调法，亦自可为。第义勇皆良民，当以礼义奖养。今皆倒置者，以涅其手背也，教阅而縻费也，使之运粮也。三者皆人所不乐，若更驱之就敌，使被杀戮，尤人所惮也。”冯京曰：“义勇亦有以挽强得试推恩者。”安石曰：“挽强而力有不足，则绝于进取，是朝廷有推恩之滥。初非劝奖使人趋武用也。今欲措置义勇，皆当反此……臣愿择乡间豪杰以为将校，稍加奖拔，则人自悦服。矧今募兵为宿卫，及有积官至刺史以上者。移此与彼，固无不可……诚能审择近臣皆有政事之材，则异时可使分将此等军矣。今募兵出于无赖之人，尚可为军、厢主，则近臣以上，岂不及此辈”……帝以为然。时有欲以义勇代正兵者，曾公亮以为置义勇、弓手，渐可以省正兵。安石曰：“诚然，第今江、淮置新弓手，适足以伤农。”……帝又言节财用，安石对以减兵最急。帝曰：“比庆历数已甚减矣。”……安石则曰："精训练募兵，而鼓舞三路之民习兵，则兵可省。臣屡言河北旧为武人割据，内抗朝廷，外敌四邻……今河北户口蕃息，又举天下财物奉之，常若不足以当一面之敌，其施设乃不如武人割据时。则三路事有当讲画者，在专用其民而已。"帝又言："边兵不足以守，徒费衣廪。然固边圉，又不可悉减。"安石曰："今更减兵，即诚无以恃急缓；不减则费财困国无已时。臣以为倘不能理兵稍复古制，则中国无富强之理。"……陈升之欲令义勇以渐戍近州。安石曰："陛下若欲去数百年募兵之敝，则宜果断详立法制，令本末备具。不然无补也。"……帝曰："募兵专于战守故可恃；至民兵则兵农之业相半，可恃以战守乎？"安石曰："唐以前未有黥兵，然亦可以战守。臣以谓募兵与民兵无异，顾所用将帅如何尔。……有将帅，则不患民兵不为用矣。"……时开封鞠保户，有质衣而买弓箭者，帝恐其贫乏，难于出备。安石曰："民贫宜有之，抑民使置弓箭，则法所弗去也。往者冬阅，及巡检番上，惟就用在官弓矢，不知百姓何故，至于质农也。……夫出钱之多，不足以止盗，而保甲之能止盗，其效已见，则虽令民出少钱以置器械，未有损也。"……帝谓安石曰："曾孝宽言，民有斩指诉保甲者。"安石曰："……大抵保甲法，上自执政大臣，中则两制，下则盗贼及停藏之人，皆所不欲。然臣召乡人问之，皆以为便，则虽有斩指以避丁者，不皆然也。况保甲非特除盗，固可渐习为兵。既人皆能射，又为旗鼓变其耳目，且约以免税上番，代巡检兵；又自正、长而上，能捕贼者奖之以官，则人竞劝。然后使与大兵相参，则可以销募兵骄志，且省财费，此宗社长久之计。"……帝遂变三路义勇如府畿保甲法。……或曰："保甲不可代正军上番否？"安石曰："俟其另熟，然后上番。……臣观……今为募兵者，大抵皆偷惰顽猾不能自振之人。为农者皆朴力一心听令之人,则缓急莫如民兵可用。”冯京曰:“太祖征伐天下,岂用农兵？”安石曰:“太祖时接五代，百姓困极，豪杰多以从军为利。今百姓安业乐生，而军中不复有向时拔起为公侯者，即豪杰不复在军，而应募者，大抵皆偷惰不能自振之人尔。”……“今厢军既少，禁兵亦不多，臣愿早训练民兵。民兵成则募兵当减矣。”又为上言……“今保甲阅艺八等，劝奖至优，人竞私习，不必上番，然后就学。臣愚愿以数年，其艺非特胜义勇，必当胜正兵。正兵技艺，取应官法而已，非若保甲人人有劝心也。”(《宋史》卷一九二《兵志六》)

（六）党争之误国

（1）新旧党之分张

初安石入相，举朝皆非之。

神宗曰:“卿去，谁可属国者?王安石何如?”琦曰:“安石为翰林学士则有余,处辅弼之地则不可。”上不答。(《宋史》卷三一二《韩琦传》)

帝欲用安石，曾公亮因荐之，介言其难大任。帝曰:“文学不可任耶?吏事不可任耶?术不可任耶?”对曰:“安石好学而泥古,故论议迂阔,若使为政,必多所变更。”退谓公亮曰:“安石果用，天下必困扰。”(《宋史》卷三一六《唐介传》)

神宗问:“王安石可相否?”对曰:“安石文行甚高，处侍从献纳之职可矣。宰相自有其度，安石狷狭少容。”(《宋史》卷三四一《孙固传》)

诲曰:“安石虽有时名,然好执偏见,轻信奸回,喜人佞己。听其言则美,施于用则疏;置诸宰辅,天下必受其祸。”(《宋史》卷三二一《吕诲传》)

安石未执政，已中举朝之忌，后来一切施设，不论是非，动遭抨击，不与为伍。安石自不得不引用新进者，以为己助。

陈升之……王安石用事，患正论盈庭，引升之自助。升之……竭力为之用，安石德之，故使先己为相。(《宋史》卷三一二《陈升之传》)

吕惠卿……熙宁初，安石为政，惠卿方编校集贤书藉，安石言于帝曰：“惠卿之贤，岂特今人，虽前世儒者，未易比也”……及设制置三司条例司，以为检详文字，事无大小必谋之，凡所建请章奏皆其笔。……惠卿为之谋主，而安石力行之。(《宋史》卷四七一《吕惠卿传》)

章惇……熙宁初，王安石秉政，悦其才，用为编修三司条例官，加集贤校理、中书检正。……擢知制诰、直学士院、判军器监。(《宋史》卷四七一《章惇传》)

曾布……与吕惠卿共创青苗、助役、保甲、农田之法，一时故臣及朝士多争之。布疏言：“陛下……思大有为于天下，而大臣玩令倡之于上，小臣横议和之于下。人人窥伺间隙，巧言丑诋以哗众罔上。……诚推赤心以待遇君子而厉其气，奋威断以屏斥小人而消其萌，使四方晓然皆知主不可抗，法不可侮，则何为而不可，何欲而不成哉？”布欲坚神宗意，使专任安石以威胁众，使毋敢言政。(《宋史》卷四七一《曾布传》)

安石为实行政见，凡诋毁新政者皆斥逐之，而新旧党派之争愈烈。

吕公著……亦以请罢新法，出颍州刺史。刘述、刘琦、钱颉、孙昌龄、王子韶、程颢、张戬、陈襄、陈荐、谢景温、杨绘、刘挚，谏官范纯仁、李常、孙觉、胡宗愈，皆不得其言，相继去。……知制诰宋敏求、李大临、苏颂封还词头，御史林旦、薛昌朝、范育……皆罢逐。翰林学士范镇，三疏言青苗，夺职致仕。……欧阳修乞致仕……乃听之。富弼以格青苗，解使相……文彦博言市易与下争利……出彦博守魏。……富弼、韩琦……司马光……悉排斥不遗力。(《宋史》卷三二七《王安石传》)

新党得政，旧派借端攻击，其争愈甚。会新党内哄，安石不安于位，乃辞职以去。

熙宁七年春，天下久旱，饥民流离。帝忧形于色，对朝嗟叹，欲尽罢法度之不善者。……自近臣以至后族，无不言其害。……监安上门郑侠上疏，绘所见流民扶老携幼困苦之状，为图以献曰："旱由安石所致。去安石天必雨。"侠又坐窜岭南。慈圣、宣仁二太后流涕谓帝曰："安石乱天下。"帝亦疑之，遂罢为观文殿大学士、知江陵府……吕惠卿服阕，安石朝夕汲引之，至是白为参知政事，又乞召韩绛代己。二人守其成谟不少失，时号绛为传法沙门，惠卿为护法善神。(《宋史》卷三二七《王安石传》)

安石求去，惠卿使其党变姓名，日投匦上书留之。安石力荐惠卿为参知政事，惠卿惧安石去，新法必摇，作书遍遗监司、郡守，使陈利害。又从容白帝下诏，言终不以吏违法之故，为之废法。故安石之政，守之益坚。……已而安石弟安国，恶惠卿奸谄，面辱之。于是乘势并陷，三人皆获罪。安石以安国之故，始有隙。惠卿既叛安石，凡可以害王氏者无不为。韩绛为相不能制，请复用安石。(《宋史》卷四七一《吕

惠卿传》)

惠卿实欲自得政，忌安石复来，因郑侠狱陷其弟安国……绛觉其意，密白帝，请召之。熙宁八年二月，复拜相，安石承命，即倍道来。(《宋史》卷三二七《王安石传》)

初吕惠卿迎合安石，建立新法，安石故力援引，骤至执政。惠卿既得志，有射羿之意，忌安石复用，遂欲逆闭其途，凡可以害安石者，无所不用其志。一时朝士见惠卿得君，谓可倾安石以媚惠卿，遂更朋附之。(陈邦瞻《宋史纪事本末》卷三七)

雱……取邓绾所列惠卿事，杂他书下制狱，安石不知也。省吏告惠卿，于是惠卿以状闻，且讼安石……又发安石私书曰“无使上知”者。帝以示安石，安石谢无有，归以问雱，雱言其情，安石咎之。雱愤，恚疽发背死。……上颇厌安石……安石之再相也，屡谢病求去，及子雱死，尤悲伤不堪，力请解幾务。上益厌之，罢为镇南军节度使，同平章事，判江宁府。(《宋史》卷三二七《王安石传》)

(2) 新旧党之倾轧

(甲) 元祐之政

神宗崩，哲宗继位，时年十岁。太皇太后高氏宣仁太后临朝，同听政，已而以司马光为相。光素诋新法，既执政，用旧人，复旧制，安石新法，一切俱罢矣。

元丰八年七月……诏罢保甲法。……十一月，罢方田。……

十二月，罢市易法。……罢保马法。哲宗元祐元年三月……诏修定役书……八月，诏复常平旧法，罢青苗钱。（陈邦瞻《宋史纪事本末》卷四三）

宣仁后临朝，用司马光、吕公著，欲革弊事，而旧相蔡确、韩缜，枢密使章惇，皆在位窥伺得失，辙皆论去之。吕惠卿……自知不免，乞宫观以避贬窜。辙具疏其奸，以散官安置建州。（《宋史》卷三三九《苏辙传》）

光等措置过急，不免报复，即旧人亦有非难之者。

宣仁后垂帘，司马光为政，将尽改熙宁、元丰法度。纯仁谓光："去其太甚者可也。差役一事，尤当熟讲而缓行，不然滋为民病。愿公虚心以延众论，不必谋自己出；谋自己出，则谄谀得乘间迎合矣"……光不从，持之益坚。纯仁曰："是使人不得言尔。若欲媚公以为容悦，何如少年合安石，以速富贵哉。"……纯仁虑朋党将炽，与文彦博、吕公著辨于帘前，未解。纯仁曰："……昔先臣与韩琦、富弼同庆历柄任，各举所知。当时飞语，指为朋党，三人相继补外。造谤者公相庆曰：'一网打尽。'此事未远，愿陛下戒之。"……知汉阳军吴处厚，傅致蔡确安州《车盖亭诗》以为谤宣仁后，上之。谏官欲置于典宪，执政右其说，惟纯仁与左丞王存以为不可。争之……及确新州命下，纯仁于宣仁后帘前言："圣朝宜务宽厚，不可以语言文字之间，暧昧不明之过，诛窜大臣。今举动宜与将来为法，此事甚不可开端也"……纯仁面谏朋党难辨，恐误及善人。遂上疏曰："朋党之起，盖因趣向异同，同我者谓之正人，异我者疑为邪党。既恶其异我，则逆耳之言难至；既

喜其同我，则迎合之佞日亲。以至真伪莫知，贤愚倒置，国家之患，率由此也。”(《宋史》卷三一四《范纯仁传》)

光曰:“先帝之法，其善者虽百世不可变也。若安石、惠卿所建为害天下者，改之当如救焚拯溺”……遂罢保甲团教，不复置保马;废市易法，所储物皆鬻之，不取息，除民所欠钱;京东铁钱及茶盐之法，皆复其旧。或谓光曰:“熙、丰旧臣，多憸巧小人,他日有以父子义间上,则祸作矣。”光正色曰:“天若祚宗社，必无此事。”(《宋史》卷三三六《司马光传》)

司马光为相,知免役之害,不知其利,欲复差役,差官置局,轼与其选。轼曰:“差役、免役，各有利害。免役之害，掊敛民财……差役之害，民常在官，不得专力于农，而贪吏猾胥，得缘为奸。此二害，轻重盖略等矣。”光曰:“于君何如?”轼曰:“法相因则事易成，事有渐则民不惊。……自尔以来，民不知兵，兵不知农，农出谷帛以养兵，兵出性命以卫农，天下便之。虽圣人复起,不能易也。今免役之法,实大类此……”光不以为然。(《宋史》卷三三八《苏轼传》)

旧人意气相争，不久遂有“蜀”“洛”“朔”党之分立。

哲宗即位，宣仁后垂帘同听政，群贤毕集于朝，专以忠厚不扰为治，和戎偃武，爱民重谷，庶几嘉祐之风矣。虽然，贤者不免以类相从，故当时有洛党、川党、朔党之语。洛党者，以程正叔侍讲为领袖，朱光庭、贾易等为羽翼；川党者，以苏子瞻为领袖，吕陶等为羽翼；朔党者，以刘挚、梁焘、王岩叟、刘安世为领袖，羽翼尤众。诸党相攻击不已。正叔多用古礼，子瞻谓其不近人情如王介甫，深疾之，或加玩侮。

故朱光庭、贾易不平，皆以谤讪诬子瞻，执政两平之。是时既退元丰大臣于散地，皆衔怨刺骨，阴伺间隙，而诸贤者不悟，自分党相毁。至绍圣初，章惇为相，同以为元祐党，尽窜岭海之外，可哀也。吕微仲秦人，戆直无党，范醇夫蜀人，师温公不立党，亦不免窜逐以死，尤可哀也。（邵伯温《河南邵氏闻见前录》卷一三）

同党相争，而调停新旧之说起。

自元祐初，一新庶政，至是五年矣。人心已定，惟元丰旧党，分布中外，多起邪说，以摇撼在位。吕大防、刘挚患之，欲稍引用，以平夙怨，谓之调停。（《宋史》卷三三九《苏辙传》）

（乙）绍圣之政

哲宗年幼，诸臣言事，纷纭不已，但取决于太后。帝有言，或无对者，帝积不能平。元祐八年，太后崩，哲宗亲政，复行新法，政局复变。

畏首背大防，称述熙宁、元丰政事，与王安石学术，哲宗信之，遂荐章惇、吕惠卿可大任。……惇入相……引以自助。（《宋史》卷三五五《杨畏传》）

哲宗亲政，有复熙宁、元丰之意，首起惇为尚书左仆射兼门下侍郎，于是专以绍述为国是，凡元祐所革，一切复之。引蔡卞、林希、黄履、来之邵、张商英、周秩、翟思、上官均居要地，任言责，协谋朋奸，报复仇怨，小大之臣，无一得免，死者祸及其孥。甚至诋宣仁后，谓元祐之初，老奸擅

国。又请发司马光、吕公著冢，斫其棺。哲宗不听。(《宋史》卷四七一《章惇传》)

布赞惇绍述甚力……惇遂兴大狱，陷正人，流贬锢废，略无虚日。(《宋史》卷四七一《曾布传》)

中书舍人蹇序辰上疏，言："朝廷前日正司马光等奸恶，明其罪罚以告中外。惟变乱典型，改废法度，讪讟宗庙，睥睨两宫，观事考言，实状章著。其章疏案牍，散在有司，若不汇集而藏之，藏久必至沦弃。愿悉讨奸臣所言所行，选官编类，人为一帙，置之二府，以示天下后世之大戒。"章惇、蔡卞，请即命序辰及直学士院徐铎编类。凡司马光等一时施行文书，擿拾附著，纤悉不遗，凡一百四十三帙上之。由是缙绅之士，无得脱祸者矣。(陈邦瞻《宋史纪事本末》卷四六)

又奏元祐初置诉理所，将熙丰以来断过刑名，辄行奏雪，讪谤先朝，归怨君父，其元看详官刘挚、孙觉、胡宗愈、傅尧俞等，乞加罪，悉皆坐谪。(王偁《东都事略》卷九七《安惇传》)

踵蹇序辰初议，阅诉理书牍，被祸者七八百人，天下怨疾，为二蔡二惇之谣。(《宋史》卷四七一《安惇传》)

(丙)建中崇宁之政

初章惇为相，布草制，极其称美，冀惇引为同省执政，惇忌之，止荐居枢府，故稍不相能。……又奏："人主操柄不可倒持，今自丞弼以至言者，知畏宰相，不知畏陛下。臣如不言，孰敢言者？"其意盖欲倾惇而未能。会哲宗崩，皇太后向氏召宰执问谁可立，惇有异议，布叱惇使从皇太后命。

徽宗立，惇得罪罢，遣中使召蔡京，鏁院拜韩忠彦左仆射。……拜布右仆射……忠彦虽居上，然柔懦，事多决于布，布犹不能容。时议以元祐、绍圣，均为有失，欲以大公至正，消释朋党。明年，乃改元建中靖国，邪正杂用。（《宋史》卷四七一《曾布传》）

向太后权同听政，起用陈瓘、邹浩等，而贬蔡卞、蔡京等，又追复文彦博等三十三人官。太后听政仅七月，而徽宗亲政，言绍述者复起。

近时学士大夫，相领竞进，以善求事为精神，以能讦人为风采，以忠厚为重迟，以静退为卑弱。相师成风，莫之或止，正而救之，实在今日。……元祐之际，悉肆纷更。绍圣以来，又皆称颂。夫善续前人者，不必因所为，否者赓之，善者扬焉。元祐纷更，是知赓之而不知扬之之罪也；绍圣称颂，是知扬之而不知赓之之过也。愿咨谋人贤，询考政事，惟其当之为责。大中之期，亦在今日也。（《宋史》卷三四三《陆佃传》）

陆佃既为尝试之词，时曾布为相，乃进绍述之说，改元崇宁，旧人尽斥逐矣。

京亦出知江宁，颇怏怏，迁延不之官。御史陈次升、龚夬、陈师锡交论其恶，夺职提举洞霄宫，居杭州。……韩忠彦与曾布交恶，谋引京自助，复用为学士承旨。徽宗有意修熙丰政事，……遂决意用京。（《宋史》卷四七二《蔡京传》）

时韩忠彦、曾布为相，洵武因对言："陛下乃先帝子，今相忠彦乃琦之子。先帝行新法以利民，琦尝论其非，今忠彦为相，更先帝之法，是忠彦能继父志，陛下为不能也。必欲继志述事，非用蔡京不可。”京出居外镇，帝未有意复用也，洵武为帝言：“陛下方绍述先志，群臣无助者。”乃作爱莫助之图以献。其图如《史记年表》，列旁行七重，别者左右，左曰元丰，右曰元祐，自宰相、执政、侍从、台谏、郎官、馆阁、学校各为一重。左序助绍述者，执政中惟温益一人，余不过三四……右序举朝辅相、公卿、百执事咸在，以百数。帝出示曾布，而揭去左方一姓名。布请之，帝曰：“蔡京也，洵武谓非相此人不可，以与卿不同，故去之。”(《宋史》卷三二九《邓洵武传》)

忠彦罢，京拜尚书左丞，俄代曾布为右仆射。制下之日，赐坐延和殿，命之曰：“神宗创法立制，先帝继之，两遭变更，国是未定。朕欲上述父兄之志，卿何以教之？”京顿首谢，愿尽死。(《宋史》卷四七二《蔡京传》)

曾布初挤蔡京，继排韩忠彦，引京自助，京欲独当国，终逐布去。

京与布异。会布拟陈佑甫为户部侍郎，京奏曰：“爵禄者，陛下之爵禄，奈何使宰相私其亲？”布婿陈迪，佑甫子也。布忿然争辨，久之声色稍厉。温益叱布曰：“曾布，上前安得失礼。”徽宗不悦而罢。御史遂攻之，罢为观文殿大学士，知润州。(《宋史》卷四七一《曾布传》)

蔡京独专大政，一意排斥旧党，党锢之祸遂成。

崇宁元年八月……诏司马光等二十一人子弟，毋得官京师。……九月……诏中书，籍元符三年臣僚章疏姓名，为正上、正中、正下三等，邪上、邪中、邪下三等。治臣僚议复元祐皇后及谋废元符皇后者罪，降韩忠彦、曾布官……窜曾肇以下十七人。籍元祐及元符末，宰相文彦博等，侍从苏轼等，余官秦观等，内臣张士良等，武臣王献可等，凡百有二十人，御书刻石端礼门。以元符末上书人钟世美以下四十一人为正等，悉加旌擢；范柔中以下五百余人为邪等，降责有差。……十月……诏责降官观人，不得同一州居住。(《宋史》卷一九《徽宗纪一》)

时元祐群臣，贬窜死徙略尽。京犹未惬意，命等其罪状，首以司马光，目曰奸党，刻石文德殿门，又自书为大碑，遍班郡国。初元符末，以日食求言，言者多及熙宁、绍圣之政，则又籍范柔中以下为邪等，凡名在两籍者三百九人，皆锢其子孙不得官京师。(《宋史》卷四七二《蔡京传》)

崇宁二年九月，诏宗室不得与元祐奸党子孙为婚姻。……诏上书邪等人知县以上资序，并与外祠选人，不得改官及为县令。……十一月，以元祐学术政事聚徒传授者，委监司举察，必罚无赦。……三年六月……诏重定元祐、元符党人及上书邪等者，合为一籍，通三百九人，刻石朝堂，余并出籍，自今毋得复弹奏。(《宋史》卷一九《徽宗纪一》)

(3) 宣和之衰败

新旧党相争之结果，佥壬悉夤缘登用。靖康初，陈东伏阙上书，论："今日之事，蔡京坏乱于前，梁师成阴谋于后，李彦结怨于西北，朱勔结怨于东南，王黼、童贯又结怨于辽金，创开边衅。宜诛六贼，传首四方，以谢天下。"钦宗虽并予窜戮，竟无救于北宋之亡。

(甲)蔡　京

时承平既久，帑庾盈溢，京倡为丰、亨、豫、大之说，视官爵财物如粪土，累朝所储扫地矣。……崇宁五年正月……帝以言者毁党碑，凡其所建置一切罢之。京免为开府仪同三司……大观元年，复拜左仆射。……拜太尉……拜太师。三年，台谏交论其恶，遂致仕。……政和二年，召还京师，复辅政……又更定官名，以仆射为太、少宰，自称公相，总治三省。……省吏不复立额，至五品阶以百数，有身兼十余俸者。……京每为帝言，今泉币所积赢五千万，和足以广乐，富足以备礼，于是铸九鼎，建明堂，修方泽，立道观，作《大晟乐》，制定命宝。任孟昌龄为都水使者，凿大伾三山，创天成、圣功二桥，大兴工役，无虑四十万。两河之民，愁困不聊生……又欲广宫室，求上宠媚，召童贯辈五人，风以禁中逼侧之状。贯俱听命，各视力所致，争以侈丽高广相夸尚，而延福宫景龙江之役起，浸淫及于艮岳矣。……然公论益不与，帝亦厌薄之。宣和二年，令致仕。六年，以朱勔为地，再起领三省。京至是四当国，目昏眊不能事事，悉决于季子絛。……宰臣白时中、李邦彦，惟奉行文书而已，既不能堪，兄攸亦发其事，上怒……京亦致仕。……京殊无去意。帝呼童贯使诣京，令

上章谢事……京不得已，以章授贯……三表请去，乃降制从之。(《宋史》卷四七二《蔡京传》)

攸……京长子也。……其后与京权势日相轧，浮薄者复间之，父子各立门户，遂为仇敌。……帝留意道家者说，攸独倡为异闻，谓有珠星璧月、跨凤乘龙、天书云篆之符，与方士林灵素之徒，争证神变事。于是神霄玉清之祠遍天下。(《宋史》卷四七二《蔡攸传》)

政和七年正月，召道士林灵素于温州，筑通真宫以处之。皇帝崇尚道教，号教主道君皇帝。二月，改天下天宁观为神霄玉清万寿宫。无观者以寺充。仍设长生大帝君，青华大帝君像，建宝箓宫。(王偁《东都事略》卷一一《徽宗纪二》)

灵素……曰："天有九霄，而神霄为最高，其治曰府。神霄玉清王者，上帝之长子，主南方，号长生大帝君，陛下是也……帝心独喜其事……建上清宝箓宫，密连禁省。天下皆建神霄万寿宫。……令吏民诣宫受神霄秘录，朝士之嗜进者，亦靡然趋之。每设大斋，辄费缗钱数万，谓之千道会。……其徒美衣玉食，几二万人。(《宋史》卷四六二《林灵素传》)

（乙）王　黼

黼……迁符宝郎、左司谏。张商英在相位，寖失帝意，遣使以玉环赐蔡京于杭；黼觇知之，数条奏京所行政事，并击商英。京复相，德其助己，除……御史中丞……宣和元年，拜特进、少宰。……蔡京致仕，黼阳顺人心，悉反其所为……四方翕然称贤相。……请置应奉局，自兼提领，中外名钱，皆许擅用，竭天下财力以供费。官吏承望风旨，凡四方水土珍异之物，悉苛取于民，进帝所者，不能什一，余皆入其家。……童贯平腊归，黼言于帝曰:“方腊之起，由茶盐法也”……贯谋起蔡京以间黼，黼惧。是时朝廷已纳赵良嗣之计，结女真共图燕……以兵属贯，命以保民观衅为上策。黼复折简通诚于贯曰:“太师若北行，愿尽死力。”时帝方以睦寇故，悔其事，及黼一言，遂复治兵。黼于三省置经抚房，专治边事，不关之枢密。括天下丁夫，计口出算，得钱六千二百万缗，竟买空城五六而奏凯。率百僚称贺……帝始悟其交结状。……寻命致仕。(《宋史》卷四七〇《王黼传》)

(丙)童 贯

徽宗立，置明金局于杭，贯以供奉官主之，始与蔡京游。京进，贯力也，京既相，赞策取青唐，因言贯尝十使陕右，审五路事宜，与诸将之能否为最悉，力荐之。合兵十万……师竟出，复四州。……未几为熙河兰湟、秦凤路经略安抚制置使。累迁武康军节度使。讨溪哥藏，征复积石军、洮州，加检校司空。颇恃功骄恣，选置将吏，皆捷取中旨，不复关朝廷，寖咈京意。除开府仪同三司，京曰:“使相岂应授宦官？”不奉诏。……庙谟兵柄皆属焉。……不三岁，领枢密院事。……时人称蔡京为公相，因称贯为媪相。将秦、晋锐师，深入河陇……大将刘法……遇伏而死。法，西州名将，既死，诸军恟惧。贯隐其败，以捷闻……关右既困，夏人亦不能支，乃因辽人进誓表纳款。……政和元年，副郑久中使于辽，得燕人马植……遂造平燕之谋……方腊虽平，而北伐之役遂起。(《宋史》卷四六八《童贯传》)

（丁）朱 勔

徽宗颇垂意花石，京讽勔语其父，密取浙中珍异以进。初致黄杨三本，帝嘉之。后岁岁增加，然岁率不过再三贡，贡物裁五七品。至政和中始极盛，舳舻相衔于淮、汴，号“花石纲”，置应奉局于苏，指取内帑如囊中物，每取以数十百万计。延福宫、艮岳成，奇卉异植，充牣其中。勔擢至防御使，东南部刺史、郡守，多出其门。……竭县官经常以为奉。所贡物豪夺渔取于民，毛发不少偿。士民家一石一木，稍堪玩，即领健卒直入其家，用黄封表识，未即取，使护视之，微不谨，即被以大不恭罪。及发行，必彻屋抉墙以出。人不幸有一物小异，共指为不祥，惟恐芟夷之不速。民预是役者，中家悉破产，或鬻卖子女以供其须。斸山辇石，程督峭惨，虽在江湖不测之渊，百计取之，必出乃止。……流毒州郡者二十年。方腊起，以诛勔为名。童贯出师，承上旨，尽罢去花木进奉。（《宋史》卷四七〇《朱勔传》）

（戊）民 变

蔡京等同恶相继，在边衅未开之先，已激成民变。

宋江之起兵：

宣和三年二月……淮南盗宋江，犯淮阳军，又犯京东、河北，入楚海州。（王偁《东都事略》卷一一《徽宗纪二》）

宋江寇京东，蒙上书言：“江以三十六人，横行齐、魏，官军数万，无敢抗者，其才必过人。今青溪盗起，不若赦江，使讨方腊以自赎。”帝……命知东平府，未赴而卒。（《宋史》卷三五一《侯蒙传》）

叔夜……再知海州。宋江起河朔，转掠十郡，官军莫敢婴其锋。声言将至，叔夜使间者觇所向，贼径趋海濒，劫巨舟十余载卤获。于是募死士得千人，设伏近城，而出轻兵距海诱之战。先匿壮卒海旁，伺兵合，举火焚其舟。贼闻之，皆无斗志，伏兵乘之，擒其副贼，江乃降。(《宋史》卷三五三《张叔夜传》)

龚圣与作《宋江三十六赞》，并序曰:“宋江事见于街谈巷语，不足采著，虽有高如李嵩辈传写，士大夫亦不见黜。余年少时，壮其人欲存之画赞，以未见信书载事实，不敢轻为。及异时见《东都事略》中，载侍郎《侯蒙传》有书一篇，陈制贼之计云:‘宋江以三十六人横行河、朔、京东，官军数万，无敢抗者，其材必有过人，不若赦过招降，使讨方腊，以此自赎，或可平东南之乱。’余然后知江辈真有闻于时者。于是即三十六人人为一赞，而箴体在焉。盖其本拨矣，将使一归于正，义勇不相戾，此诗人忠厚之心也。余尝以江之所为，虽不得自齿，然其识性超卓，有过人者，立号既不僭侈，名称俨然，犹循轨辙，虽托之记载可也。古称柳盗跖为盗贼之圣，以其守壹至于极处。能出类而拔萃，若江者其殆庶几乎！虽然，彼跖与江，与之盗名而不辞，躬履盗迹而无讳者也，岂若世之乱臣贼子，畏影而自走，所为近在一身，而其祸未尝不流四海。呜呼！与其逢圣公之徒，孰若跖与江也?”呼保义宋江:不假称王，而呼保义，岂若狂卓，专犯忌讳。智多星吴学究:古人用智，义国安民，惜哉所予，酒色粗人。玉麒麟卢俊义:白玉麒麟，见之可爱，风尘太行，皮毛终坏。大刀关胜:大刀关胜，岂云长孙，云长义勇，汝其后昆。活阎罗阮小七:地下阎罗，追魂摄魄，今其活矣，名喝太伯。尺八腿刘唐：将军下短，贵称侯王，汝岂非夫，腿尺八长。没羽箭张清：箭以羽行，破敌无颇，七札难穿，如游斜何。浪子燕青：平康巷陌，岂知汝名，太行春色，有一丈青。病尉迟孙立：尉迟壮士，以病自名，端能去病，国功可成。浪里白跳张顺：雪浪如山，汝能白跳，愿随忠魂，来驾怒潮。船火儿张横：太行好汉，三十有六，无此火儿，其数不足。短命二郎阮小二：灌口少年，短命何益，易不监之，清源庙食。花和尚鲁智深：有飞飞儿，出家尤好，与尔同袍，佛也被恼。行者武松：汝优婆塞，五戒在身，酒色财气，更要杀人。铁鞭呼延绰：尉迟彦章，去来一身，长鞭铁铸，汝岂其人。混江龙李俊：垂龙混江，射之即济，武皇雄争，自惜神臂。九文龙史进：龙数肖九，汝有九文，盍从东皇，驾五色云。小李广花荣：中心慕汉，夺马而归，汝能慕广，何忧数奇。霹雳火秦明：霹雳有火，摧山破岳，天心无妄，汝孽自作。黑旋风李逵：风有大小，不辨雌雄，山谷之中，遇尔亦凶。小旋风柴进：风有大小，黑恶则惧，一噫之微，香满太虚。插翅虎雷横：飞而食肉，有此雄奇，生入玉关，岂伤令姿。神行太保戴宗：不疾而速，故神无方，汝行何之，敢离太行。急先锋索超：行军出师，其锋必先，汝勿锐进，天兵在前。立地太岁阮小五：东家之西，即西家东，汝虽特立，何有吾宫。青面兽杨志：圣人治世，四灵在郊，汝兽何名，走旷劳劳。赛关索杨雄：关索之雄，超之亦贤，能持义勇，自命何全。一直撞董平：昔樊将军，鸿门直撞，斗酒炙肩，其言甚壮。两头蛇解珍：左啮右噬，其毒可畏，逢阴德人，杖之亦毙。美髯公朱仝：长髯郁然，美哉丰姿，忍使尺宅，而见赤眉。没遮拦穆横：出没太行，茫无畔岸，虽没遮拦，难离火伴。拼命三郎石秀：石秀拼命，志在金宝，大似河鲀，腹果一饱。双尾蝎解宝：医师用蝎，其体贵全，反其常性，雷公汝嫌。铁天王晁盖：毗沙天人，证紫金躯，顽铁铸汝，亦出洪炉。金枪班徐宁：金不可辱，亦忌在秽，盍铸长殳，羽林是卫。扑天雕李应：鸷禽雄长，惟雕最狡，毋扑天飞，封狐在草。(周密《癸辛杂识续集》上)

方腊之起兵：

方腊者，睦州青溪人也。世居县堨村，托左道以惑众事魔食菜。初唐永徽中，睦州女子陈硕真反，自称文佳皇帝，故其地相传有天子基、万年楼，腊益得凭借以自信。县境梓桐、帮源诸峒，皆落山谷幽险处，民物繁夥，有漆楮、杉材之饶，富商巨贾多往来。时吴中困于朱勔花石之扰，比屋致怨，腊因民不忍，阴聚贫乏游手之徒，宣和二年十月，起为乱。自号圣公，建元永乐，置官吏将帅，以巾饰为别，自红巾而上，凡六等。……诱胁良民为兵。人安于太平，不识兵革，闻金鼓声，即敛手听命，不旬日聚众至数万，破杀将官蔡遵于息坑。十一月，陷青溪，十二月，陷睦、歙二州。南陷衢，杀郡守彭汝方；北掠新城、桐庐、富阳诸县，进逼杭州。郡守弃城走，州即陷……凡得官吏，必断脔支体，探其肺肠，或熬以青油，丛镝乱射，备尽楚毒，以偿怨心。警奏至京师，王黼匿不以闻，于是凶焰日炽。兰溪灵山贼朱言、吴邦，剡县仇道人，仙居吕师囊，方岩山陈十四，苏州石生，归安陆行儿，皆合党应之，东南大震。发运使陈亨伯，请调京畿兵，及鼎、沣枪牌手，兼程以来，使不至滋蔓。徽宗始大惊，亟遣童贯、谭稹为宣抚制置使，率禁旅及秦、晋蕃汉兵十五万以东……三年正月，腊将方七佛，引众六万攻秀州……大军至，合击贼……贼还据杭。二月，贯、稹前锋至青州堰，水陆并进，腊复焚官舍、府库、民居，乃宵遁。……尽复所失城。四月，生擒腊及妻邵、子亳二太子、伪相方肥等五十二人于梓桐石穴中，杀贼七万。四年三月，余党悉平。……腊之起，破六州，五十二县，戕平民二百万，所掠妇女自贼峒逃出，倮而缢于林中者，由汤岩、榴领八十五里间，九村山谷相望。王师自出至凯旋，四百五十日。(《宋史》卷四六八《童贯传》)

方腊谓其属曰：天下国家，本同一理。今有子弟耕织，终岁劳苦，少有粟帛，父兄悉取而糜荡之；稍不如意，则鞭笞酷虐，至死弗恤，于汝甘乎？……糜荡之余，又悉举而奉之仇雠。仇雠赖我之资，益以富实，反见侵侮，则使子弟应之。子弟力弗能支，则谴责无所不至。然岁奉仇雠之物，初不以侵侮废也……且声色、狗马、土木、祷祠、甲兵、花石糜费之外，岁赂西北二虏银绢以百万计，皆吾东南赤子膏血也。二虏得此，益轻中国，岁岁侵扰不已。朝廷奉之不敢废，宰相以为安边之长策也，独吾民终岁勤动，妻子冻馁，求一日饱食不可得。(方勺《青溪寇轨》)

（七）宋之边患

宋之兵力，远不逮汉唐，北敝于辽，西困于夏，国势为之消耗焉。

（1）辽之建国

(甲)辽之疆域

太祖以德呼勒部之众，代约尼氏起临潢，建皇都；东并渤海，得城邑之居百有三。太宗立晋，有……十六州……迨于五代，辟地东西三千里。约尼氏更八部……属县四十有一。每部设刺史，县置令。太宗以皇都为上京，升幽州为南京，改南京为东京，圣宗城中京，兴宗升云州为西京，于是五京备焉。又以征伐俘户建州，襟要之地多因旧居名之；加以私奴，置投下州。总京五，府六，州、军、城百五十有六，县二百有九，部族五十有二，属国六十。东至于海，西至金山，暨于流沙，北至胪朐河蒙古人民共和国之克鲁伦河，南至白沟河北新城县之拒马河，幅员万里。(《辽史》卷三七《地理志序》)

辽初国号契丹，不设都名，其所居曰西楼。西楼者，即上京也。国初设四楼，在木叶山者曰南楼，在龙化州者曰东楼，在唐州者曰北楼，与西楼而四。岁时游猎，皆出入其间。至太祖始建皇都，太宗即皇都为上京，更置东京、南京，为三京。圣宗置中京，兴宗置西京，而五京具焉。(《续通志》卷一一〇《都邑略》)

辽东西、燕、秦、汉、唐已置郡县，设官职矣。高丽、渤海因之。至辽，五京列峙，包括燕、代，悉为畿甸。二百余年，城郭相望，田野益辟。冠以节度，承以观察、防御、团练等使，分以刺史、县令，大略采用唐制。其间宗室、外戚、大臣之家，筑城赐额，谓之头下州军;惟节度使朝廷命之，后往往皆归王府。不能州者谓之军，不能县者谓之城，不能城者谓之堡。(《辽史》卷四八《百官志四》)

辽疆域简表

道名	辖域	备考
上京道	京府 上京临潢府（今内蒙古巴林附近）。 州 （节度） 祖、怀、庆、泰、长春、仪坤、龙化、饶。 （观察） 永。 （刺史） 乌、降圣。 （头下） 徽、成、懿、渭、壕、原、福、横、凤、遂、丰、顺、闾、松、山、豫、宁。 （边防） 静、镇、维、防、招	《辽史·地理志》，上京临潢府，本汉辽东郡西安平之地。神册三年城之，名曰皇都。天显十三年，更名上京，府曰临潢。 《辽史·地理志》，头下军州，皆诸王、外戚、大臣及诸部从征俘掠，或置生口，各团集建州县以居之。横帐诸王、国舅、公主，许创立州城，自余不得建城郭。朝廷赐州县额。其节度使朝廷命之，刺史以下，皆以本主部曲充焉。官位九品之下，及井邑商贾之家，征税各归头下；惟酒税课纳上京盐铁司

道名	辖域	备考
东京道	京府 东京辽阳府（今辽宁辽阳县）。 府 率宾、定理、铁利、安定、长岭、镇海、黄龙、开封。 州 （节度） 开、保、辰、兴、海、渌、显、乾、贵、德、沈、辽、通、双、尚、咸、信、宾、懿、苏、复、祥。 （观察） 益、宁、归、宁江。 （防御） 广、冀、衍。 （刺史） 穆、贺、宣、卢、铁、崇、耀、嫔、嘉、辽西、康、宗、海北、岩、集、棋、遂、韩、银、安远、威、清、雍、湖、渤、郢、铜、涑、吉、麓、荆、滕、连、肃、安、荣、率、荷、源、渤海	《辽史·地理志》，东京辽阳府，本朝鲜之地。唐为渤海大氏所有。太祖建国，攻渤海，拔忽汗城，俘其王，以为东丹王国。天显三年，升为南京。十三年，改南京为东京，府曰辽阳。《读史方舆纪要》，定理府、率宾府、铁利府、安定府、长岭府、镇海府，皆阿保机时所置。又有黄龙府，本渤海扶余府，契丹改曰黄龙。宋太平兴国七年（辽景宗乾亨四年），契丹主贤，以军将燕颇叛，改曰龙州。又有开封府，故涉貊地，渤海曰龙原府，阿保机时废。宋太平兴国七年，契丹主贤，始置开封府。 《辽史·百官志》，有开州镇国军节度使
中京道	京府 中京大定府（今热河平泉县东北）。 府 兴中。 州 （节度） 成、宜、锦、川、建、来。 （观察） 高、武安、利。 （刺史） 恩、惠、榆、泽、北安、潭、松江、安德、黔严、隰、迁、润	《辽史·地理志》，中京大定府，秦郡天下，是为辽西。统和二十五年，号曰中京，府曰大定。 《读史方舆纪要》，又兴中府，即故营州，契丹改曰霸州。宋庆历二年（辽兴宗重熙十一年），契丹主宗真始升为兴中府

道名	辖域	备考
南京道	京府 南京析津府（今北京）。 州 （节度） 平。 （刺 史） 顺、檀、涿、易、蓟、景、滦、营	《辽史·地理志》，南京析津府，本古冀州之地。隋为幽州总管。唐置大都督府。五代晋高祖以辽有援立之劳，割幽州等十六州以献。太宗升为南京，又曰燕京。 《金史·地理志》，辽太宗会同元年，升南京府曰幽都。圣宗开泰元年，更为析津府。 《辽史·百官志》，有幽州卢龙军节度使
西京道	京府 西京大同府（今山西大同县） 州 （节度） 丰、云内、奉圣、蔚、应、朔。 （刺 史） 弘、德、宁边、归化、可汗、儒、武、东胜。 （边防） 金肃。 （军） 天德、河清	《辽史·地理志》，西京大同府。唐武德四年，置北恒州。开元十八年，置云中州，乾元元年曰云州。晋高祖代唐，以契丹有援立功，割山前代北地为赂。大同来属，因建西京。重熙十三年，升为西京，府曰大同

道名	辖域	备考
附记	本表以《辽史·地理志》与《百官志》为根据，而参以《续通典》《续通志》《续通考》及《读史方舆纪要》诸书。 《读史方舆纪要》:《金史·张敩传》，契丹八路，盖契丹以五京为五路，而兴中府，及龙州、平州，共为八路云	

（乙）辽之制度

官制:

契丹旧俗，事简职专，官制朴实，不以名乱之……太祖神册六年，诏正班爵。至于太宗，兼制中国，官分南北，以国制治契丹，以汉制待汉人。国制简朴，汉制则沿名之风固存也。辽国官制，分北南院，北面治宫帐、部族、属国之政，南面治汉人州县、租赋、军马之事。因俗而治，得其宜矣。(《辽史》卷四五《百官志序》)

辽太祖受位要尼，用其旧俗，职守名称，与古迥异。迨世宗兼有燕、代，始增置官班，渐仿唐制。自兹而降，日以浸繁。辽俗东向而尚左，故御帐东向，谓之横帐。其官则分北面、南面，北面治契丹官帐、部族、属国之政，南面治汉人州县、军马、租赋之事。叶隆礼《契丹国志》，谓北面在牙帐之北，以主番事，南面在牙帐之南，以主汉事是也。然北面官又自有北南二院，自宰相、枢密、宣徽、林牙，下至郎君、护卫，皆分北南。其实所治皆北面之事，以其牙帐居大内帐殿之北，则谓之北院，居南则谓之南院耳。今观其制，北南枢密以下，略视六部，而以北南宰相总之，北府治兵，南府治民，各有专司，不相侵越。……宫帐部族，体统相承，属国边防，扼制有术。凡此北面之制，创自太祖……至世宗天禄之际，内设南面三省六部，台、院、寺、监、诸卫、东宫之属，外设节度、观察、防御、团练之任。始未尝不欲备前代之制，以润色乎大业。而位号张皇，掌寄纷杂，或暂置于一时，或偏设于一地，史家不得其详。往往一官而仅举一曾任其职者以实之。揆其所由，岂非北面官体制已备，南面第袭其名职，事简而权势轻，故不得与北面比也。(《续通志》卷一三二《职官略三》)

辽官制简表

地别	官别	机关		官称	职掌	备考
北面	中央官	大于越府		大于越	无职掌，班百僚之上，非有大功德者不授。辽国尊官，犹南面之有三公	
		宰相府	北宰相府	左宰相 右宰相 总知军国事 知国事	掌佐理军国之大政，皇族四帐，世预其选	《续通志·选举略》世及之制，自国初行之，终其代不易。皇族四帐，世选北宰相；国舅五帐，世选南宰相

<table>
<tr><th>地别</th><th>官别</th><th colspan="2">机关</th><th>官称</th><th>职掌</th><th>备考</th></tr>
<tr><td rowspan="10">北面</td><td rowspan="10">中央官</td><td>宰相府</td><td>南宰相府</td><td>左宰相
右宰相
总知军国事
知国事</td><td>掌佐理军国之大政，国舅世五帐，世预其选</td><td></td></tr>
<tr><td rowspan="2">枢密院</td><td>北枢密院</td><td>北院枢密使
知北院枢密使事
知枢密院事
北院枢密副使
知北院枢密副使事
同知北院枢密使事
签书北枢密院事</td><td>掌兵机、武铨、群牧之政，凡契丹军马皆属焉</td><td rowspan="2">《辽史·百官志序》，凡辽朝官，北枢密视兵部，南枢密视吏部，北南二王视户部，夷离毕视刑部，宣徽视工部，敌烈麻都视礼部</td></tr>
<tr><td>南枢密院</td><td>南院枢密使
知南院枢密使事
知南院枢密事
南院枢密副使
知南院枢密副使事
同知南院枢密使事
签书南枢密院事</td><td>掌文铨、部族、丁赋之政，凡契丹人民皆属焉</td></tr>
<tr><td rowspan="2">大王院</td><td>北大王院</td><td>北院大王
知北院大王事</td><td>分掌部族、军民之政</td><td></td></tr>
<tr><td>南大王院</td><td>南院大王
知南院大王事</td><td>分掌部族、军民之政</td><td></td></tr>
<tr><td rowspan="2">宣徽院</td><td>宣徽北院</td><td>北院宣徽使
知北院宣徽事
北院宣徽副使
同知北院宣徽事</td><td>掌北院御前祗应之事</td><td></td></tr>
<tr><td>宣徽南院</td><td>南院宣徽使
知南院宣徽事
南院宣徽副使
同知南院宣徽事</td><td>掌南院御前祗应之事</td><td></td></tr>
<tr><td colspan="2">夷离毕院</td><td>夷离毕
左夷离毕
右夷离毕
知左夷离毕事
知右夷离毕事</td><td>掌刑狱</td><td></td></tr>
</table>

地别	官别	机关	官称	职掌	备考
北面	中央官	敌烈麻都司	敌烈麻都 总知朝廷礼仪 总礼仪事	掌礼仪	
		大惕隐司	惕隐 知惕隐司事 惕隐司事	掌皇族之政教	《续通志·职官略》，辽之特哩衮，治宗族，即唐之宗正卿。惟不置属官，其制差异。然史称皇族帐官，皆统于大特哩衮司，即其属也。原按辽之皇族有二院四帐。肃祖及懿祖之后，共五房谓之二院。玄祖之后，曰孟父房、仲父房、季父房；太祖曰横帐，共三房一帐；谓之四帐。二院治之以北南二大王，四帐治之以大内特哩衮，而总以大特哩衮司统之。又置锡里司，以治军政，而诸王、公主院府，亦各设官，其法制详矣
		大林牙院	北面都林牙 北面林牙承旨 北面林牙 左林牙 右林牙	掌文翰之事	
	地方官	部族官 大部族	大王 节度使 详稳 石烈		《续通志·职官略》，部落曰部，氏族曰族。契丹故俗，分地而居，合族而处。自太祖析九帐三房之族，列二十部。圣宗之世，分置十有六，增置十有八，并旧为五十四；而大小分焉，大部族四，曰五院部、六院部、伊锡部、奚六部；小部族五十，设官皆同
		部族官 小部族	司徒司空 节度使 详稳 石烈		

地别	官别	机关		官称	职掌	备考
北面	地方官	军官	诸路兵马统署司	诸路兵马都统署 诸路兵马副统署		《辽史·百官志》，辽宫帐、部族京州属国，各自为军，体统相承，分数秩然，雄长二百余年，凡以此也
			诸军详稳司	详稳		
南面	中央官	三师		太师 太傅 太保	不常置	
		三少		少师 少傅 少保	不常置	
		三公		太尉 司徒 司空	不常置	
		枢密院		枢密使 知枢密使事 知枢密院事 枢密副使 同知枢密院事 知枢密院副使事	掌汉人兵马之政	《辽史·百官志》，太祖初有汉儿司。太宗入汴，因晋置枢密院，初兼尚书省
		三省	中书省	中书令 大丞相 左丞相 右丞相		《辽史·百官志》，初名政事省，太祖置官。世宗天禄四年，建政事省。兴宗重熙十三年，改中书省
			门下省	侍中 常侍		
			尚书省	尚书令 左仆射 右仆射		

地别	官别	机关		官称	职掌	备考
南面	中央官	六部	吏部	尚书 侍郎		
			户部	尚书 侍郎		
			礼部	尚书 侍郎		
			兵部	尚书 侍郎		
			刑部	尚书 侍郎		
			工部	尚书 侍郎		
		御史台		御史大夫 御史中丞 侍御		《辽史·百官志》，太宗会同元年置
		翰林院		翰林都林牙 南面林牙 翰林学士承旨 翰林学士	掌天子文翰之事	
		各寺	太常寺	卿 少卿		
			崇禄寺	卿 少卿		《辽史·百官志》，本光禄寺，避太宗讳改
			卫尉寺	卿 少卿		
			宗正寺			《辽史·百官志》，职在大惕隐司
			太仆寺	卿 少卿		
			大理寺	卿 少卿		
			鸿胪寺	卿 少卿		
			司农寺	卿 少卿		

地别	官别	机关		官称	职掌	备考
南面	中央官	诸监	秘书监	监 少监		
			司天监	监 少监		
			国子监	祭酒		
			太府监	监 少监		
			少府监	监 少监		
			将作监	监 少监		
			都水监	都 少监		
	地方官	京官	三京（东中南）宰相府	左相 右相 左平章政事 右平章政事		《辽史·百官志》，辽有五京，上京为皇都，凡朝官、京官皆有之。余四京，随宜设官，为制不一，大抵西京多边防官，南京中京多财赋官
			五京留守司	留守行府尹事 副留守 知留守事 同知留守事		
			五京都总管府	都总管知府事 同知府事		
		州官		节度使 观察使 团练使 防御使 刺史		
		县官		县令		

兵制：

辽之兵类，表列于下：

辽兵制简表

军名	额数	说明
御帐亲军	大帐皮室军 太宗置凡三十万骑 属珊军 地皇后置凡二十万骑 总计五十万骑	《辽史·兵卫志》，辽太祖宗室盛强，分迭刺部为二，宫卫内虚，经营四方，未遑鸠集。皇后述律氏居守之际，摘蕃汉精锐，为属珊军。太宗益选天下精甲，置诸爪牙，为皮室军。合骑五十万，国威壮矣
宫卫骑军	弘义宫　骑军六千 长宁宫　骑军五千 永兴宫　骑军五千 积庆宫　骑军八千 延昌宫　骑军二千 彰愍宫　骑军一万 崇德宫　骑军一万 兴圣宫　骑军五千 延庆宫　骑军一万 太和宫　骑军万五千 永昌宫　骑军一万 敦睦宫　骑军五千 文忠王府　骑军一万 总计　骑军万一千	《续通志·职官略》，行宫各官，为行在扈从之官；十二宫各官，各掌一宫军 民之政，如太祖弘义宫、太宗永兴宫、世宗积庆官、应天皇太后长宁宫、穆宗延昌宫、景宗彰愍宫、承天皇太后崇德宫、圣宗兴圣宫、兴宗延庆宫、道宗太和宫、天祚永昌宫、孝文皇太弟敦睦宫是也。《辽史·营卫志》，辽国之法，天子践位，置宫卫，分州县，析部族，设官府，籍户口，备兵马。崩则扈从后妃宫帐 以奉陵寝。有调发，则丁壮从戎事，老弱居守
大首领部族军	直隶属于契丹主	《辽史·兵卫志》，辽亲王大臣，体国如家，征伐之际，往往置私甲以从王事。大者千余骑，小者数百人，著籍皇府。国有戎政，量借三五千骑，常留余兵，为部族根本
部族军	众部族分隶南北府，守卫四边，北府凡二十八 部，南府凡一十六部	《辽史·营卫志》，太祖之兴，以迭刺部强炽，析为五院六院奚。六部以下，多因俘降而置。胜兵甲者，即著军籍，分隶诸路详稳统军招讨司

军名	额数	说明
五京乡丁	大约五京民丁可见者，一百一十万七千三百为乡兵	按：乡丁为辽国农民，不常征战
属国军		《辽史·百官志》，辽制，属国属部官，大者拟王封，小者准部使，命其酋长与契丹人区别而用。《辽史·兵卫志》，辽属国可纪者五十有九，朝贡无常。有事则遣使征兵，或下诏专征，不从者讨之。助军众寡，各从其便，无常额

辽之国家正式军队为部族军。

番居内地者，岁时田牧平莽间。边防纠户，生生之资，仰给畜牧……各安旧风，狃习劳事……家给人足，戎备整完。卒之虎视四方，强朝弱附……部族实为之爪牙云。(《辽史》卷三二《营卫志中》)

其征调制度如下：

辽国兵制，凡民年十五以上，五十以下，隶兵籍。每正军一名，马三匹，打草谷，守营铺，家丁各一人。人铁甲……皆自备。人马不给粮草，日遣打草谷，骑四出抄掠以供之。铸金鱼符，调发军马。……凡举兵，帝率蕃汉文武臣僚，以青牛白马祭告天地日神……乃诏诸道征兵。(《辽史》卷三四《兵卫志上》)

刑法：

其制刑之凡有四：曰死，曰流，曰徒，曰杖。“死”刑有绞、斩、凌迟之属，又有籍没之法。“流”刑量罪轻重，置之边城部族之地，远则投诸境外，又远则罚使绝域。“徒”刑，一曰终身，二曰五年，三曰一年半；终身者，决五百，其次递减百……“杖”刑自五十至三百。(《辽史》卷六一《刑法志上》)

凡杖五十以上者，以沙袋决之其制用熟皮合缝之，长六寸，广二寸，柄一尺许；又有木剑、大棒、铁骨朵之法……太祖初年……治诸弟逆党……亲王从逆不罄诸甸持，或投高崖杀之；淫乱不轨者，五车轘杀之；逆父母者视此；讪詈犯上者，以熟铁锥椿其口杀之。……又为枭磔、生瘗、射鬼箭、炮掷、支解之刑。(《辽史》卷六一《刑法志上》)

辽初刑法严重，后屡修订，始渐趋宽平。

太祖神册六年后梁末帝龙德元年，西历九二一年……诏大臣定治契丹及诸夷之法，汉人则断以律令。(《辽史》卷六一《刑法志上》)太宗时，治勃海人一依汉法，余无改焉。(《辽史》卷六一《刑法志上》)

先是契丹及汉人相殴致死，其法轻重不均……圣宗统和十二年宋太宗淳化五年，西历九九四年，诏契丹人犯十恶，亦断以律。(《辽史》卷六一《刑法志上》)

圣宗太平六年宋仁宗天圣四年，西历一〇二六年，下诏曰：“朕以国家有契丹、汉人，故以南北二院分治之，盖欲去贪枉，除烦扰也；若贵贱异法，则怨必生。夫小民犯罪，必不能动有司以达于朝，惟内族、外戚，多恃恩行贿，以图苟免，如是则法废矣。”(《辽史》卷六一《刑法志上》)

据此，知其初有意贵辽贱汉，经道宗修改，始归于平。

道宗咸雍六年宋神宗熙宁三年，西历一〇七〇年，帝以契丹、汉人，风俗不同，国法不可异施，于是命……更定条制。凡合于律令者具载之，其不合者别存之。(《辽史》卷六二《刑法志下》)

至天祚即位，用刑又涉严急。

由是投崖、炮掷、钉割、脔杀之刑复兴焉，或有分尸五京，甚者至取其心以献祖庙。(《辽史》卷六二《刑法志下》)

虽由天祚，救患无策，流为残忍，亦由祖宗有以启之也。(《辽史》卷六二《刑法志下》)

学校：

辽上京国子监，太祖置祭酒、司业、监丞、主簿等官。圣宗统和十三年宋太宗至道元年，西历九九五年九月，以南京太学生员寖多，特赐水硙庄一区。道宗清宁元年宋仁宗至和二年，西历一〇五五年，十二月，诏设学养士，颁五经传疏，置博士助教各一员。(《续通典》卷五三《礼九》)

按：此为太学。

辽黄龙府，兴中府，俱设府学。西京、上京、东京诸道，各立州学。(《续通典》卷五三《礼九》)

按：此为郡县学。

科举制：

辽之科举，专为汉人而设，殊不重视。

太祖龙兴朔漠之区，倥偬干戈，未有科目。数世后，承平日久，始有开辟。制限以三岁，有乡、府、省三试之设，乡中曰乡荐，府中曰府解，省中曰及第。……文分两科，曰诗赋，曰经义，魁各分焉。三岁一试进士，贡院以二寸纸书及第者姓名给之，号“喜帖”；明日举接而出，乐作，及门击鼓十二面，以法雷震。殿试临期取旨，又将第一人特赠一官，授奉直大夫翰林应奉文字；第二人，第三人，止授从事郎，余并授从事郎。圣宗时，止以词赋、法律取士，词赋为正科，法律为杂科。（叶隆礼《契丹国志》卷二三）

辽初官职，多由帐院所选，不设科举保荐之法。至景宗保宁八年**宋太宗太平兴国元年，西历九七六年**，诏复南京礼部贡院。圣宗统和以后，用唐宋之制取士。六年**宋太宗端拱元年，西历九八八年**，诏开贡举一人及第。……十二年，诏郡邑贡明经、茂才异等。自是以后，放进士及第者，每年有之，大约不过二三人，或间一二年举行。开泰中，始广进士之额。兴宗景福以后，增至六十余人……道宗寿隆后，进士及第，多至百余人。他如制科，则道宗咸雍六年，设贤良科……然终辽之世，仅三诏而已。（《续通志》卷一四一《选举略二》）

（丙）宋辽之和战

宋辽之战：

宋太祖时，专力平定中土，对于北方，则取守势。

太祖常注意于谋帅，命李汉超屯关西瓦桥关，马仁瑀守瀛州，韩令坤领常州，贺惟忠守易州，何继勋领棣州山东惠民县，以拒北敌。又以郭进控西山，武守琪戍晋州山西临汾县，李谦溥守隰州山西隰县，李继勋镇昭义，以御太原。……其族在京师者，抚之甚厚。郡中管榷之利，悉以与之。恣其贸易，免其所过征税，许其召募亡命以为爪牙。凡军中事，皆得便宜，每来朝，必召对命坐，厚为饮食锡赉以遣之。由是边臣富资，能养死士，使为间谍，洞知敌情；及其入侵，设伏掩击，多致克捷。二十年间，无西北之忧。（《宋史》卷二七三《李进卿列传论》）

开宝八年辽景宗保宁七年，西历九七五年，三月……契丹遣使克沙骨慎思以书来讲和。……七月……遣阁门使郝崇信，太常丞吕端使契丹。（《宋史》卷三《太祖纪三》）

太宗既平北汉，欲乘机恢复燕云，始与辽连兵。

太原平时，上将有事幽蓟。诸将以为晋阳之役，师罢饷匮，刘继元降，赏赉且未给，遽有平燕之议，不敢言。翰独奏曰："所当乘者势也，不可失者时也，取之易。"上谓然，定议北伐。（《宋史》卷二六〇《崔翰传》）

其第一次出兵之失败如下：

太平兴国四年辽景宗乾亨元年，西历九七九年，六月，以将伐幽、蓟，遣发京东、河北诸州军储，赴北面行营。帝复自将伐契丹。(《宋史》卷四《太宗纪一》)

七月，契丹……知顺州刘廷素来降。知蓟州刘守恩来降。帝督诸军及契丹大战于高梁河，败绩。(《宋史》卷四《太宗纪一》)

乾亨元年，宋侵燕，北院大王奚底、统军使萧讨古等败绩，南京被围。帝命休哥代奚底，将五院军往救。遇大敌于高梁河，与耶律斜轸分左右翼击败之。追杀三十余里，斩首万余级，休哥被三创。明旦，宋主遁去，休哥以创不能骑，轻车追至涿州，不及而还。(《辽史》卷八三《耶律休哥传》)

其第二次出兵之失败如下：

是年亨咸元年冬，上命韩匡嗣、耶律沙伐宋，以报围城之役。休哥率本部兵从匡嗣等战于满城。翌日将复战，宋人请降，匡嗣信之。休哥曰："彼众整而锐，必不肯屈，乃诱我耳，宜严兵以待。"匡嗣不听。休哥引兵凭高而视。须臾南兵大至，鼓噪疾驰。匡嗣仓卒不知所为，士卒弃旗鼓而走，遂败绩。休哥整兵进击，敌乃却。诏总南面戍兵为北院大王。车驾亲征，围瓦桥关。宋兵来救，守将张师突围出。帝亲督战……休哥率精骑渡水击败之，追至莫州。(《辽史》卷八三《耶律休哥传》)

太平兴国五年，十一月……以秦王廷美为东京留守……

帝伐契丹。发京师。……驻跸大名府,诸军及契丹大战于莫州,败绩。(《宋史》卷四《太宗纪一》)

雍熙三年辽圣宗统和四年，西历九八六年，诏彬将幽州行营前军马步水陆之师，与潘美等北伐，分路进讨。……先是贺令图等言于上曰:“契丹主少，母后专政圣宗立，太后萧氏摄政，宠幸用事，请乘其衅以取幽蓟。”遂遣彬与崔彦进、米信自雄州，田重进趣飞狐，潘美出雁门，约期齐举。……美之师先下寰、朔、云、应等州，重进又取飞狐、灵丘、蔚州，多得山后要害地，彬亦连下州县，势大振。……及彬次涿州旬日，食尽，因退师雄州以援饷馈。……时彬部下诸将，闻美及重进累建功，而已握重兵，不能有所攻取，谋议蜂起。彬不得已，乃复裹粮再往攻涿州。契丹大众当前，时方炎暑，军士乏困，粮且尽，彬退军，无复行伍，遂为所蹑而败。(《宋史》卷二五八《曹彬传》)

雍熙三年正月，命将北伐，分兵三路，诏彦进为幽州道行营马步军水陆副都部署，与曹彬、米信出雄州。大军失利，彦进坐违彬节制,别道回军,为敌所败。(《宋史》卷二五九《崔彦进传》)

雍熙三年，诏美及曹彬、崔彦进等北伐，美独拔寰、朔、云、应等州。……会辽兵奄至，战于陈家谷口，不利，骁将杨业死之。(《宋史》卷二五八《潘美传》)

统和四年，宋复来侵，其将范密、杨继业出云州；曹彬、米信出雄、易，取岐沟、涿州，陷固安置屯。时北南院、奚部兵未至，休哥力寡，不敢出战。夜以轻骑出两军间，杀其单弱以胁余众；昼则以精锐张其势，使彼劳于防御，以疲其力。又设伏林莽，绝其粮道。曹彬等以粮运不继，退保白沟。

月余复至。休哥以轻兵薄之，伺彼蓐食，击其离伍，单者出，且战且却。由是南军自救不暇，结方阵，堑地两边而行。军渴乏井，漉淖而饮，凡四日，始达于涿。闻太后军至，彬等冒雨而遁。太后益以锐卒追及之。彼力穷……余众悉溃，追至易州。(《辽史》卷八三《耶律休哥传》)

宋将曹彬、米信出雄、易，杨继业出代州。太后亲帅师救燕，以斜轸为山西路兵马都统。继业陷山西诸郡，各以兵守，自屯代州。斜轸至定安，遇贺令图军击破之，追至五台……至蔚州……令都监耶律题子夜伏兵险阨，俟敌至而发。城守者见救至突出。斜轸击其背，二军俱溃，追至飞狐……遂取蔚州。……斜轸闻继业出兵，令萧挞凛伏兵于路。明旦继业兵至，斜轸拥众为战势。继业麾帜而前，斜轸佯退。伏兵发，斜轸进攻，继业败走至狼牙村，全军皆溃。继业为流矢所中，被擒。……继业在宋，以骁勇闻，人号杨无敌，首建梗边之策。至狼牙村，心恶之，欲避不可得。既擒，三日死。(《辽史》卷八三《耶律斜轸传》)

杨业，并州太原人。……事刘崇……累迁至建雄军节度使……劝其主继元降……帝太宗以业老于边事，复迁代州，兼三交驻泊兵马都部署……迁云州观察使，仍判郑州、代州。……雍熙三年，大兵北征……泣谓潘美曰："此行必不利。……今诸君责业以避敌，业当先死于敌。"……业力战，自午至暮，果至陈家谷口。……身被数十创，士卒殆尽，业犹手刃数十百人。马重伤不能进，遂为契丹所擒，其子延玉亦没焉。……业……不食，三日死。朝廷录其子供奉官延朗延昭本名延朗，官保州防御使，徙高杨关副都部署。在边防二十余年，契丹惮之，目为杨六郎为崇仪副使，次子殿直延浦、延训并为

供奉官，延环、延贵、延彬并为殿直。(《宋史》卷二七二《杨业传》)

长子渊平随殁，次子延浦，三子延训官供奉，四子延环，初名延朗，五子延贵并官殿直，六子延昭，从征朔州功，加保州刺史。真宗时，与七子延彬，初名延嗣者，屡有功，并授团练使。延昭子宗保《宋史》，延昭子文广，为定州路副都总管，迁步军都虞候。辽人争代州地界，文广献阵图，并取幽燕策，未报而卒，赠同州观察使，官同州观察，世称杨家将。(徐大焯《烬余录》甲编)

宋辽之和：

自太宗以后，宋即不能进取，辽兵迭次南侵。至真宗始成澶渊之盟，定兄弟之称，奉岁币三十万以和。

真宗景德元年辽圣宗统和二十二年，西历一〇〇四年……契丹内寇，纵游骑掠深、祁间，小不利辄引去，徜徉无斗意。准曰："是狃我也。请练师命将，简骁锐，据要害以备之。"是冬，契丹果大入。急书一夕凡五至……明日，同列以闻，帝大骇以问准。准曰："陛下欲了此，不过五日尔。"因请帝幸澶州。同列惧欲退，准止之，令候驾起。帝难之，欲还内，准曰："陛下入，则臣不得见，大事去矣，请毋还而行。"帝乃议亲征，召群臣问方略。既而契丹围瀛州，直犯贝、魏，中外震骇。参知政事王钦若，江南人也，请幸金陵。陈尧叟，蜀人也，请幸成都。帝问准："准心知二人谋，乃阳若不知，曰谁为陛下画此策者，罪可诛也。今陛下……大驾亲征，贼自当遁去。奈何……欲幸楚、蜀远地，所在人心崩溃，贼乘势深入，天下可复保邪？”遂请帝幸澶州。及至南城，契丹兵方盛，众请驻跸以觇军势。……准力争之……帝遂渡河……相持十余日，其统军挞览出督战。时威虎军头张瓌守床子弩，弩撼机发，矢中挞览额，挞览死。(《宋史》卷二八一《寇准传》)

景德元年九月，契丹统军挞览引兵分掠威虏、顺安、北平，侵保州，攻定武，数为诸军所却，益东驻阳城淀，遂攻高阳，不得逞，转窥贝、冀、天雄，兵号二十万。真宗坐便殿问策安出。士安与寇准条所以御备状，又合议请真宗幸澶渊。士安言澶渊之行，当在仲冬；准谓当亟往不可缓。卒用士安议。初咸平六年，云州观察使王继忠战陷契丹。至是为契丹奏请议和。大臣莫敢如何，独士安以为可信，力赞真宗当羁縻不绝，渐许其成。真宗谓敌悍如此，恐不可保。士安曰：“臣尝得契丹降人，言其虽深入，屡挫不甚得志，其阴欲引去，而耻无名……此请殆不妄。继忠之奏，臣请任之。”真宗喜，手诏继忠，许其请和。……已而少间，追至澶渊，见于行在。时已聚兵数十万，契丹大震，犹乘众掠德清。至澶北鄙，为伏弩发，射挞览死，众溃遁去。会曹利用自契丹使还，具得要领，又与其使者姚东之俱来，讲和之议遂定。岁遗契丹银绢三十万。(《宋史》卷二八一《毕士安传》)

乃密奉书请盟。准不从，而使者来请益坚，帝将许之。准欲邀使称臣，且献幽州地。帝厌兵，欲羁縻不绝而已。有谮准幸兵以自取重者，准不得已许之。帝遣曹利用如军中，议岁币……以三十万成约而还。河北罢兵。(《宋史》卷二八一《寇准传》)

统和二十二年十一月……宋遣人遗王继忠弓矢，密请求和。诏继忠与使会，许和。……宋遣崇仪副使曹利用请和，即遣飞龙使韩杞持书报聘。十二月……宋复遣曹利用来，以无还地之意，遣监门卫大将军姚东之持书往报。宋遣李继昌请和，以太后为叔母，愿岁输银十万两，绢二十万匹。许之，即遣阁门使丁振持书报聘。诏诸军解严。是月班师。（《辽史》卷一四《圣宗纪五》）

自此以后，始免战争之祸，然后来仁宗增币，神宗割地，皆不可谓非屈辱也。

重熙十年宋仁宗庆历元年，西历一〇四一年，十二月，上闻宋设关河，治壕堑，恐为边患，与南北枢密吴国王萧孝穆、赵国王萧贯宁，谋取宋旧割关南十县地，遂遣萧英、刘六符使宋。（《辽史》卷一九《兴宗纪二》）

时天下无事，户口蕃息，上富于春秋，每言及周取十县，慨然有南伐之志。（《辽史》卷八七《萧孝穆传》）

是时帝欲一天下，谋取三关，集群臣议。惠曰："两国强弱，圣虑所悉。宋人西征有年，师老民疲，陛下亲率六军临之，其必胜矣。"萧孝穆曰："我先朝与宋和好，无罪伐之，其曲在我；况胜败未可逆料。愿陛下熟察。"帝从惠言，乃遣使索宋十城，会诸军于燕。惠与太弟帅师压宋境，宋人重失十城，增岁币请和。（《辽史》卷九三《萧惠传》）

庆历二年辽兴宗重熙十一年……契丹屯兵境上，遣其萧英、刘六符来求关南地。朝廷择报聘者，皆以其情叵测莫敢行，吕夷简因是荐弼。……先以为接伴。英等入境，中使迎劳之……弼开怀与语，英感悦，亦不复隐其情，遂密以其主所欲得者告白："可从从之，不然以一事塞之足矣。"弼具以闻。

帝惟许增岁币，仍以宗室女嫁其子。进弼枢密直学士……遂使为报聘。既至，六符来馆客。弼见契丹主问故，契丹主曰："南朝违约，塞雁门，增塘水，治城隍，籍民兵，将以何为？群臣请举兵而南，吾以谓不若遣使求地，求而不获，举兵未晚也。"弼曰："北朝忘章圣皇帝之大德乎？澶渊之役，苟从诸将言，北兵无得脱者。且北朝与中国通好，则人主专其利，而臣下无获；若用兵则利归臣下，而人主任其祸。故劝用兵者，皆为身谋耳；……今中国提封万里，精兵百万……北朝欲用兵，能保其必胜乎？就使其胜，所亡士马，群臣当之欤，抑人主当之欤？若通好不绝，岁币尽归人主，群臣何利焉？"契丹主大悟，首肯者久之。……契丹主谕弼使归曰："……其遂以誓书来。"……及至，契丹不复求婚，专欲增币，曰："南朝遗我之辞当曰献，否则曰纳。"弼争之……朝廷竟以纳字与之。（《宋史》卷三一三《富弼传》）

重熙十一年闰月……宋岁增银绢十万两匹，文书称贡，送至白沟。（《辽史》卷一九《兴宗纪二》）

神宗熙宁七年**辽道宗咸雍十年，西历一〇七四年**，三月，辽主以河东路沿边增修戍垒，起铺舍，侵入蔚、应、朔三州界内，使林牙萧禧来言，乞行毁撤，别立界。至禧归，帝面谕以"三州地界，俟遣官与北朝官，即境上议之"。遂遣太常少卿刘忱等如辽。辽遣枢密副使萧素，会忱于代州境上。……八年三月……刘忱等与萧素会于大黄平，三议不能决。虏初指蔚、朔、应三州分水岭土垄为界，及忱与之行视，无土垄，乃但云："以分水岭为界。"凡山皆有分水，虏意至时可以罔取也。相持久之……七月……辽使争议，疆事不决，帝问于王安石，安石劝帝曰："将欲取之，必姑与之。"于是诏分水岭为界，

萧禧乃去。至是遣天章阁待制韩缜，如河东割新疆与之。凡东西失地七百里，遂为异日兴兵之端。(陈邦瞻《宋史纪事本末》卷二一)

(2) 夏之兴起

(甲)夏之先世

李彝兴，夏州人也，本姓拓跋氏鲜卑种。唐贞观初，有拓跋赤辞者归唐，太宗赐姓李，置静边等州以处之。其后析居夏州者,号平夏部。唐末,拓跋思恭镇夏州,统银、夏、绥、宥、静五州地，讨黄巢有功，复赐李姓。思恭卒，弟思谏代为定难军节度使。思谏卒，思恭孙彝昌嗣。梁开平中，彝昌遇害，将士立其族子蕃部指挥仁福。仁福卒，子彝兴嗣。……彝兴，彝超之弟也……宋初加太尉。北汉刘钧结代北诸部，来寇麟州，彝兴遣部将李彝玉，会诸镇兵御之，钧众遂引去。……太祖乾德五年西历九六七年卒……追封夏王。子克睿立。……累加检校太尉。太宗太平兴国三年，西历九七八年卒……子继筠立。……太平兴国五年卒，弟继捧立。……以太平兴国七年，率族人入朝。自上世以来，未尝亲觐者，继捧至，太宗甚嘉之……继捧陈其诸父、昆弟多相怨，愿留京师。乃遣使夏州，护缌麻以上亲赴阙，授继捧彰德军节度使，并官其昆弟夏州蕃落指挥使克信等十二人有差……初继捧之入也，弟继迁出奔，及是数来为边患。有言继迁悉知朝廷事，盖继捧泄之。乃出为崇信军节度使……屡发兵讨继迁不克，用宰相赵普计，欲委继捧以边事，令图之。因召赴阙，赐姓赵氏，

更名保忠……充定难军节度使。(《宋史》卷四八五《夏国传上》)

保忠至镇，即言继迁悔过归款，太宗以继迁为银州刺史。然继迁实无降心，复为寇，保忠来乞师，太宗遣翟守素讨之。继迁惶惧，奉表归顺，以为银州观察使，赐姓名赵保吉。又以其弟继忠为绥州团练使，赐姓名曰赵保宁。……保忠为保吉所诱，阴与之合，来寇灵州。太宗命李继隆讨之。……及王师压境，保忠反为保吉所图……开门迎王师，继隆擒、保忠以献……太宗……削保吉所赐姓名，复为李继迁。……遣使赍诏谕旨，欲授以鄜州节度使，继迁不奉诏。……陕西转运使郑文宝……建议禁乌白池青盐以困继迁，而戎人益以叛。俄弛其禁……太宗崩，继迁乃遣使修贡，求领藩任，真宗许之。复赐以姓名，拜定难军节度使，敕诸将勿加兵，以其子德明为行军司马。(王偁[①]《东都事略》卷一二七《西夏一》)

真宗咸平五年西历一〇〇二年，三月，继迁大集蕃部，攻陷灵州，以为西平府。六年春，遂都于灵州，诏遣张崇贵、王涉议和，割河西银夏等五州与之。(《宋史》卷四八五《夏国传上》)

吐蕃……唐末……其国亦自衰弱，族种分散，大者数千家，小者百十家，无复统一矣。自仪甘肃华亭县、渭甘肃平凉县、泾甘肃泾县、原甘肃固原县、环甘肃环县、庆甘肃安化县及镇戎甘肃镇原县、秦州甘肃天水县暨于灵、夏，皆有之，各有首领，内属者谓之熟户，余谓之生户。凉州虽为所隔，然其地自置牧守，或请命于中朝。……咸平四年，知镇戎军李继

① 今考证作者为王称。

和言，西凉府六谷都首领潘罗支，愿戮力讨继迁……乃以为盐州防御使，灵州西面都巡检使。……六年……罗支又遣蕃官……言感朝廷恩信，愤继迁倔强，已集骑兵六万，乞会王师，收复灵州。……其年十一月，继迁攻西蕃，遂入西凉府，知州丁惟清陷没。罗支伪降，未几集六谷诸豪及者龙族合击继迁，继迁大败，中流矢遁死。(《宋史》卷四九二《吐蕃传》)

真宗景德元年西历一〇〇四年正月二日，继迁卒……子德明立。……三年，复遣牙将……奉誓表……进……西平王……辽亦遣使，册德明为大夏国王……德明自归顺以来，每岁旦圣节冬至，皆遣牙校来献不绝……德明卒……子曩霄立时宋仁宗明道元年，西历一〇三二年。(《宋史》卷四八五《夏国传上》)

(乙)夏之强盛

元昊袭位，励精图治，势始强大。

曩霄，本名元昊……性雄毅，多大略，善绘画，能创制物。……晓浮图学，通蕃汉文字……既袭封，明号令，以兵法勒诸部。始衣白窄衫，毡冠红里，冠顶后垂红结绶，自号嵬名吾祖。(《宋史》卷四八五《夏国传上》)

疆域：

夏之境土，方二万余里，其设官之制，多与宋同。……河之内外州郡，凡二十有二。河南之州九：曰灵，曰洪，曰宥，曰银，曰夏，曰石，曰盐，曰南威，曰会。河西之州九：曰兴，曰定，曰怀，曰永，曰凉，曰甘，曰肃，曰瓜，曰沙。熙、秦河外之州四：曰西宁，曰乐，曰廓，曰积石。其地饶五谷，尤宜稻麦。甘、凉之间，则以诸河为溉，兴、灵则有古渠，曰唐凉，曰汉源，皆支引黄河。故灌溉之利，岁无旱涝之虞。(《宋史》卷四八六《夏国传下》)

官制：

其官分文武班，曰中书，曰枢密，曰三司，曰御史台，曰开封府，曰翊卫司，曰官计司，曰受纳司，曰农田司，曰群牧司，曰飞龙院，曰磨勘司，曰文思院，曰蕃学，曰汉学。自中书令、宰相、枢使、大夫、侍中、太尉已下，皆分命蕃汉人为之。文资则幞头、靴、笏、紫衣、绯衣；武职则冠金帖起云镂冠、银帖间金镂冠、黑漆冠，衣紫旋襕，金涂银束带，垂蹀躞，佩解结锥，短刀弓矢，韅马乘鲵皮鞍，垂红缨，打跨钹拂。便服则紫皂地,绣盘球子花,旋襕束带。民庶青绿，以别贵贱。(《宋史》卷四八五《夏国传上》)

兵制：

其民一家号一帐，男年登十五为丁，率二丁取正军一人。每负担一人为一抄。负担者，随军杂役也。四丁为两抄，余号空丁。愿隶正军者，得射他丁为负担，无则许射正军之疲弱者为之。故壮者皆习战斗,而得正军为多。凡正军给长生马、驼各一。团练使以上,帐一、弓一、箭五百、马一、橐驼五,旗、鼓、枪、剑、棍棓、粆袋、披毡、浑脱、背索、锹䦆、斤斧、箭牌、铁爪篱各一。刺史以下无帐，无旗鼓，人各橐驼一、箭三百、幕梁一。兵三人同一幕梁。幕梁织毛为幕而以木架。有炮手二百人，号泼喜，陡立旋风炮于橐驼鞍，纵石如拳。得汉人勇者为前军,号撞令郎。若脆怯无他伎者,迁河外耕作,或以守肃州。有左右厢十二监军司:曰左厢神勇,曰石州祥祐,曰宥州嘉宁,曰韦州静塞,曰西寿保泰,曰卓啰和南,曰右厢朝顺,曰甘州甘肃,曰瓜州西平,曰黑水镇燕,曰白马强镇,曰黑山威福。诸军兵总计五十余万。别有擒生十万。与灵之兵精练者又二万五千。别副以兵七万为资赡,号御围内六班,分三番以宿卫。每有事于西,则自东点集而西;于东则自西点集而东;中路则东西皆集。用兵多立虚寨,设伏兵包敌,以铁骑为前军,乘善马重甲,刺斫不入,用钩索绞联,虽死马上不坠。遇战则先出铁骑突阵,阵乱则冲击之,步兵挟骑以进。(《宋史》卷四八六《夏国传下》)

文化:

元昊自制蕃书,命野利仁荣演绎之,成十二卷,字形体方整,类八分……教国人纪事用蕃书,而译《孝经》《尔雅》《四言杂字》为蕃语。(《宋史》卷四八五《夏国传上》)

其立国规模既具,又败吐蕃、回纥,疆土大辟,国势日强,边备周密,遂不可侮。

阻河依贺兰山为固。……自河北至午腊蒻山七万人以备契丹;河南洪州、白豹、安盐州、罗洛、天都、惟精山等五万人以备环、庆、镇戎、原州;左厢宥州路五万人以备鄜、延、麟、府;右厢甘州路三万人以备西蕃、回纥;贺兰驻五万,灵州五万人,兴州兴庆府七万人为镇守,总五十余万。……发兵以银牌,召部长面受约束。(《宋史》卷四八五《夏国传上》)

（丙）宋、夏之和战

宋宝元元年西历一〇三八年，元昊表遣使诣五台山供佛宝，欲窥河东道路。与诸豪歃血，约先攻鄜延，欲自靖德、塞门寨、赤城路三道并入。遂筑坛受册，即皇帝位……国称大夏，年号天授……诏削夺官爵互市，揭榜于边，募人能擒元昊，若斩首献者，即为定难军节度使。（《宋史》卷四八五《夏国传上》）

两国既开衅，宋以夏竦、范雍往御之。

赵元昊反，拜奉宁军节度使、知永兴军，听便宜行事。徙忠武军节度使、知泾州。还，判永兴军，兼陕西经略安抚、招讨……竦……及任以西事，颇依违顾避，又数请解兵柄。改判河中府，徙蔡州。（《宋史》卷二八三《夏竦传》）

元昊反，拜振武军节度使、知延州……元昊先遣人通款于雍，雍信之，不设备。一日，引兵数万，破金明寨，乘胜至城下。……雍召刘平于庆州，平帅师来援……与贼夜战三川口，大败……雍闭门坚守，会夜大雪，贼解去，城得不陷。（《宋史》卷二八八《范雍传》）

范雍败，以夏守赟代之，亦以无功，改遣韩、范。

刘平……败，守赟……自请将兵击贼。换……陕西马步军都总管，兼经略、安抚、缘边招讨使，命勾当御药院张德明、黎用信，掌御剑以随之。然守赟性庸怯，寡方略，不

为士卒所服。(《宋史》卷二九〇《夏守赟传》)

元昊反，琦适自蜀归，论西师形势甚悉，即命为陕西安抚使。……副夏竦为经略安抚、招讨使。诏遣使督出兵，琦亦欲先发以制贼，而合府固争，元昊遂寇镇戎。琦画攻守二策……执政者难之。琦言:“元昊虽倾国入寇，众不过四五万人,吾逐路重兵自为守,势分力弱,遇敌辄不支。若并出一道,鼓行而前,乘贼骄惰,破之必矣。乃诏鄜、延、泾原同出征。……琦悉兵付大将任福，令自怀远城趋德胜寨，出贼后，如未可战，即据险置伏要其归。……福竟为贼诱，没于好水川**甘肃隆德县东**。……琦……夺一官,知秦州。(《宋史》卷三一二《韩琦传》)

元昊反……会夏竦为陕西经略安抚、招讨使,进仲淹……以副之。……延州诸寨多失守，仲淹自请行……兼知延州。先是诏分边兵：总管领万人，钤辖领五千人，都监领三千人。寇至御之，则官卑者先出。仲淹曰:“将不择人，以官为先后，取败之道也。”于是大阅州兵，得万八千人，分为六，各将三千人，分部教之，量贼众寡，使更出御贼。时塞门、承平诸寨既废，用种世衡策，城青涧以据贼冲……明年正月，诏诸路入讨，仲淹曰:“正月塞外大寒，我师暴露，不如俟春深入，贼马瘦人饥，势易制也。况边备渐修，师出有纪，贼虽猖獗，固已慑其气矣。鄜、延密迩灵、夏，西羌必由之地也。第按兵不动，以观其衅，许臣稍以恩信招来之。不然情意阻绝,臣恐偃兵无期矣。若臣策不效,当举兵先取绥宥,据要害,屯兵营田为持久计……帝皆用其议。……元昊……与仲淹约和,仲淹为书戒喻之。会任福败于好水川,元昊答书语不逊,仲淹对来使焚之。大臣以为不当辄通书，又不当辄焚之……

降……知耀州。(《宋史》卷三一四《范仲淹传》)

韩、范既罢，代以陈执中，与夏竦共图边事。寻以元昊迭陷城寨，二人皆罢去。分陕西为路，以韩琦知秦州，王沿知渭州，范仲淹知庆州，庞籍知延州，各兼经略安抚招讨使，是为四路置帅。

会四路置帅，以琦兼秦凤经略招讨安抚使。庆历二年夏元昊天授礼法延祚五年，西历一〇四二年，与三帅皆换观察使，范仲淹、庞籍、王沿不肯拜，琦独受不辞。……琦与范仲淹，在兵间久，名重一时。(《宋史》卷三一二《韩琦传》)

庆之西北马铺寨，当后桥川口，在贼腹中。仲淹欲城之，度贼必争，密遣子纯祐与蕃将赵明，先据其地，引兵随之。……旬日而城成，即大顺城是也。……大顺既城，而白豹、金汤，皆不敢犯，环庆自此寇益少。……仲淹谢曰："泾原地重，第恐臣不足当此路。与韩琦同经略泾原，并驻泾州，琦兼秦凤，臣兼环庆。泾原有警，臣与韩琦合秦凤、环庆之兵，犄角而进；若秦凤、环庆有警，亦可率泾原之师为援。臣当与琦练兵选将，渐复横山，以断贼臂，不数年间，可期平定矣。愿诏庞籍兼领环庆，以成首尾之势。秦州委文彦博，庆州用滕宗谅总之。孙沔亦可办集。渭州一武臣足矣。"帝采用其言，复置陕西路安抚、经略、招讨使，以仲淹、韩琦、庞籍分领之。仲淹与琦，开府泾州……仲淹为将，号令明白，爱抚士卒，诸羌来者，推心接之不疑，故贼亦不敢辄犯其境。(《宋史》卷三一四《范仲淹传》)

宋与夏至是皆厌战，而和议以成。

元昊虽数胜，然死亡创痍者相半，人困于点集，财力不给，国中为十不如之谣以怨之。元昊乃归，塞门寨主高延德因乞和，知庆州范仲淹为书陈祸福以喻之。……知延州庞籍言夏境鼠食稼且旱，元昊思纳款，遂令知保安军刘拯，谕亲臣野利旺荣，言："公方特灵、夏兵，倘内附，当以西平茅土分册之。"知青涧城种世衡，又遣王嵩以枣及画龟为书……遗旺荣，谕以早归之意，欲元昊得之，疑旺荣。……元昊使……王嵩以其臣旺荣、其弟旺令嵬名环、卧誉诤三人书议和，然倔强不肯削僭号……犹称男邦泥定国兀卒，上书父大宋皇帝，更名曩霄，而不称臣。……诏遣邵良佐……往议，且许封册为夏国王……庆历四年夏天授礼法延祚七年，西历一〇四四年，始上誓表……凡岁赐银、绮、绢、茶二十五万五千。(《宋史》卷四八五《夏国传上》)

自此和议后，边境无事，至神宗时，战争再起，宋夏交敝，复归于和。

元昊以庆历八年西历一〇四八年正月殂……子谅祚立。……遣吴宗等来贺英宗即位……语不逊……遂诏谅祚惩约之。……谅祚迁延弗受，已而……大举攻大顺城，分兵围柔远寨，烧屈乞村，栅段木岭，州兵、熟户、蕃官赵明合击退之。遣西京左藏库副使……诘之。……乃献方物谢罪……神宗即位……种谔取绥州，因发兵夜掩嵬名山帐胁降之。谅祚乃诈为会议，诱知保安军杨定、都巡检侍其臻等杀之……谅祚殂……子秉常立时宋神宗熙宁二年，西历一〇六九年。(《宋史》卷四八五《夏国传上》)

谔……以父任，累官左藏库副使，延帅陆诜荐知青涧城。……诜劾谔擅兴，且不禀节制，欲捕治未果，而诜徙秦。言者交攻之，遂下吏……安置陈州。(《宋史》卷三三五《种谔传》)

既而夏人失绥州……请以安远、塞门二寨易绥州。……乃赐誓诏，而绥州待得二寨乃还。夏主受册而二寨不归，且欲先得绥州……知庆州李复圭，合蕃、汉兵才三千，逼遣……出战……遂大败。……而边怨大起矣。……夏人遂大举入环庆，攻大顺城。(《宋史》卷四八六《夏国传下》)

熙宁三年**夏秉常乾道二年**……夏人犯塞，绛请行边……乃以为陕西宣抚使。既又兼河东，几事不可待报者，听便宜施行，授以空名告敕，得自除吏。……开幕府于延安。绛素不习兵事，举措乖方，选蕃兵为七军，用知青涧城种谔策，欲取横山，令诸将听命于谔。(《宋史》卷三一五《韩绛传》)

韩绛宣抚陕西，用为鄜延钤辖。绛城啰兀，规横山，令谔将兵二万出无定川，命诸将皆受节度。(《宋史》卷三三五《种谔传》)

熙宁四年正月，种谔谋取横山，领兵先城啰兀，进筑永乐川、赏逋岭二寨。……筑抚宁故城，及分荒堆三泉、吐浑川、开光岭、葭芦川四寨，与河东路修筑，各相去四十余里。二月，夏人来攻……新筑诸堡悉陷……元丰四年**夏秉常大安六年，西历一〇八一年**……鄜延总管种谔乃疏秉常遇弑，国内乱，宜兴师问罪，此千载一时之会。帝然之。(《宋史》卷四八六《夏国传下》)

于是宋以李宪宦者出熙河，种谔出鄜延，高遵裕出环庆，刘昌祚出泾原，王中正宦者出河东，分道并进。又诏吐蕃董毡集兵会伐，李宪总熙秦七军。及董毡兵三万，败夏人于西市新城，复古兰州城，种谔克米脂，高遵裕复通远军，王中正克宥州，刘昌祚薄灵州城，大举讨夏。志在灭夏后，再对辽用兵，不意永乐之败，宋师气沮，仍归于和。

初夏人闻宋大举，梁太后问策于廷，诸将少者尽请战，一老将独曰："不须拒之，但坚壁清野，纵其深入，聚劲兵于灵、夏，而遣轻骑抄绝其馈运，大兵无食，可不战而困也。"梁后从之，宋师卒无功。……知延州沈括请城古乌延城，以包横山，使夏人不得绝沙漠。遂遣侍中徐禧、内侍押班李舜举往议。禧复请于银、夏、宥之界筑永乐城。……竟城之，赐名银川寨……夏人来攻……城遂陷。……自熙宁用兵以来……而灵州、永乐之役，官军、熟羌、义保死者六十万人，钱、粟、银、绢以万数者不可胜计，……而夏人亦困弊。夏西南都统昴星嵬名济，乃移书刘昌祚曰……使朝廷与夏国欢好如初，主民重见太平……遣使……贡，表曰："……自历世以来，贡奉朝廷，无所亏怠，至于近岁，尤甚欢和。不意憸人诬间朝廷，特起大兵，侵夺疆土城寨，因兹构怨，岁致交兵。今乞朝廷示以大义，特还所侵，倘垂开纳，别效忠勤。"乃赐诏曰："……王师徂征，盖讨有罪。今遣使造庭，辞礼恭顺，仍闻国政，悉复故常，益用嘉纳。已戒边吏毋辄出兵，尔亦其守先盟。"遂诏……夏之岁赐如旧。(《宋史》卷四八六《夏国传下》)

按：宋夏复和，秉常死，子乾顺立，年仅四岁，归永乐之俘。朝臣亦以神宗所得米脂、葭芦、浮图、安疆四寨，还于夏。而画界不定，侵寇仍不绝，于是知渭州章楶，请进城平夏以逼之，诸路同时进兵拓地，而夏介辽人乞和。哲宗元符二年夏乾顺永安元年，辽道宗寿隆五年，西历一〇九九年，和议再成，终北宋之世，不复用兵矣。

(3) 金之兴起

(甲) 金之部族与先世

金之先，出靺鞨氏。靺鞨本号勿吉。勿吉古肃慎地也。元魏时，勿吉有七部：曰粟末部，曰伯咄部，曰安车骨部，曰拂涅部，曰号室部，曰黑水部，曰白山部。隋称靺鞨，而七部并同。唐初有黑水靺鞨、粟末靺鞨，其五部无闻。粟末靺鞨始附高丽，姓大氏。李勣破高丽，粟末靺鞨保东牟出。后为渤海称王，传十余世。有文字、礼乐、官府、制度。……黑水靺鞨居肃慎地，东濒海，南接高丽……其后渤海盛强，黑水役属之……五代时，契丹尽取渤海地，而黑水靺鞨附属于契丹。其在南者，籍契丹，号熟女直；其在北者，不在契丹籍，号生女直。生女直地有混同江、长白山，混同江亦号黑龙江，所谓白山黑水是也。(《金史》卷一《世纪》)

始祖讳哈富亦曰函普，从高丽来，居完颜部布尔罕水之涯，部众信服之。生子德帝乌噜，德帝生子安帝巴哈，安帝生子献祖绥赫。献祖徙居海古勒水，耕垦树艺，始筑室，有栋宇之制，自此遂定居于安春水之侧。生子昭祖舒噜，昭祖始立条教，约束部众，及耀武于青岭白山，而势乃寖强。辽主官以特哩衮，生子景祖乌古鼐，景祖稍役属诸部，诸部多听命来归。辽主以为生女真节度使，称都太师。自是有官属，渐立纪纲，据其山川险要，以计谋不使辽兵入境。得知其道里，辽主尝欲刻印与之，使系籍，不从。以厚资易邻铁为甲胄，兵势大振。时鄂敏水富察部，特克绅特布水完颜部，图们水温特赫部，舍音水完颜部，相继来附。卒……子世祖和哩布，及肃宗颇拉淑、穆宗额噜温，世祖生康宗乌雅舒及太祖，自世祖、肃宗、穆宗、康宗相继为节度使，削平诸部。康宗卒，太祖嗣节度使位。(《续通志》卷四七《金太祖纪》)

(乙)辽天祚荒淫与女真之兴

道宗咸雍五年宋神宗熙宁二年，西历一〇六九年，加守太师。诏四方有军旅，许以便宜从事，势震中外，门下馈赂不绝。凡阿顺者蒙荐擢，忠直者被斥窜。太康元年熙宁八年，皇太子始预朝政，法度修明。乙辛不得逞，谋以事诬皇后。后既死，乙辛不自安，又欲害太子。……时皇太子以母后之故，忧见颜色。乙辛党欣跃相庆，谗谤沸腾，忠良之士，斥逐殆尽。乙辛因……谋构太子……帝疑……乃囚皇太子于上京，监卫者皆其党。寻遣……害太子。乙辛党大喜，聚饮数日。(《辽史》卷一一〇《耶律乙辛传》)

萧奉先，天祚后族也。……道宗朝，为内侍供奉，又为承旨，历吏部尚书。缘恩宫掖，专尚谄谀，朋结中人，互为党与。至天祚朝，球猎声色，日蛊其心。(叶隆礼《契丹国志》卷一九《萧奉先传》)

李处温……伯父俨……累官参知政事，封漆水郡王，雅与北枢密使萧奉先友旧。执政十余年，善逢迎取媚，天祚又宠任之。俨卒，奉先荐处温为相。处温因奉先有援己力，倾

心阿附，以固权位，而贪污尤甚，凡所接引，类多小人。（《辽史》卷一〇二《李处温传》）

辽主好畋猎淫酗，怠于政事，四方奏事，往往不见省。（《金史》卷二《太祖纪》）

辽之国势，以圣宗时为强盛；兴宗、明宗，尚可蒙业而安；至道宗远贤亲佞，辽政遂衰；天祚继以荒淫，国事益坏；而女真乃乘间崛起。

初，辽每岁遣使市名鹰海东青于海上，道出境内，使者贪纵，征索无艺，公私厌苦之。康宗尝以不遣阿疏为言显水纥石烈阿疏，毛睹禄阻兵为难，穆宗自将伐阿疏，阿疏乃自诉于辽，遂留不敢归，稍拒其使者。太祖嗣节度，亦遣蒲家奴往索阿疏，故常以此二者为言……至是复遣宗室习古乃、完颜银朮可往索阿疏。习古乃等还，具言辽主骄肆废弛之状。于是召官僚耆旧以伐辽告之，使备冲要，建城堡，修戎器，以听后命。辽统军司闻之……辽人始为备，命统军萧挞不野调诸军于宁江州。……太祖……谓诸将佐曰："辽人知我将举兵，集诸路军备我，我必先发制之，无为人制。"众皆曰："善。"……太祖进军宁江州……诸路兵皆会于来流水，得二千五百人。致辽之罪，申告于天地……至辽界……进军宁江州时辽天祚天庆四年，宋徽宗政和四年，西历一一一四年，诸军填堑攻城。……克其城……辽都统……副都统……将步骑十万，会于鸭子河北。太祖自将击之。……及河，辽兵方坏陵道，选壮士十辈击走之。大军继进，遂登岸。……与敌遇于出河店，会大风起，尘埃蔽天，乘风势击之，辽兵溃。……获……车马甲兵珍玩，不可胜计……辽人尝言，女直兵若满万，则不可敌，至是始满万云。……攻宾州拔之。……降。……祥州……克咸州。(《金史》卷二《太祖纪》)

天庆四年，十月，以守司空萧嗣先为东北路都统，静江军节度使萧挞不也为副……屯出河店。两军对垒，女直军潜渡混同江，掩击辽众。萧嗣先军溃……萧奉先惧其弟嗣先获罪，辄奏东征溃军，所至劫掠，若不肆赦，恐聚为患。上从之…二诸军相谓曰："战则有死而无功，退则有生而无罪。"故士无斗志，望风奔溃。……十二月，咸、宾、祥三州，及铁骊、兀惹皆叛入女直。……往援宾州……咸州并为女直所败。(《辽史》卷二七《天祚帝纪一》)

女真举兵，连战大捷，遂建号称帝，与辽对峙。

收国元年辽天祚天庆五年，宋徽宗政和五年，西历一一一五年正月壬申朔，群臣奉上尊号。是日即皇帝位。上曰："辽以宾铁为号，取其坚也。宾铁虽坚，终亦变坏，惟金不变不坏。金之色白，完颜部色尚白。"于是国号大金，改元收国。(《金史》卷二《太祖纪》)

辽知金不可骤讨，欲与金和，金恃强不允，天祚乃大举攻之。

天庆五年正月，下诏亲征，遣僧家奴持书约和，斥阿骨打名。阿骨打遣赛剌复书：若归叛人阿疏，迁黄龙府于别地，然后议之。(《辽史》卷二八《天祚帝纪二》)

八月……以围场使阿不为中军都统，耶律张家奴为都监，率番、汉兵十万，萧奉先充御营都统诸行营都部署，耶律章奴为副，以精兵二万为先锋。余分五部为正军，贵族子弟千人为硬军，扈从百司为护卫军，北出骆驼口；以都检点萧胡睹姑为都统，枢密直学士柴谊为副，将汉步骑三万，南出宁江州。自长春州分道而进，发数月粮，期必灭女直。(《辽史》卷二八《天祚帝纪二》)

天祚行军至中途，内乱忽起，仓猝而归，为金所蹑，遂致溃败。

耶律章奴反，奔上京，谋迎立魏国王淳。……章奴知魏国王不听，率麾下掠庆、晓、怀、祖等州，结渤海群盗，众至数万，趋广平淀，犯行宫。顺国女直阿鹘产，以三百骑，一战而胜……章奴诈为使者，欲奔女直，为逻者所获，缚送行在，腰斩于市。(《辽史》卷二八《天祚帝纪二》)

辽主以张奴叛，西还……诸将曰："今辽主既还，可乘怠追击之。"……上复曰："诚欲追敌，约赍以往，无事餫馈。若破敌，何求不得。"众皆奋跃，追及辽主于护步答冈。是役也……辽师败绩……获舆辇、帟幄、兵械、军资，他宝物、马、牛不可胜计。(《金史》卷二《太祖纪》)

天庆六年正月……裨将渤海高永昌僭号……五月……女直军攻下沈州，复陷东京，擒高永昌。东京州县……皆降女直。七年正月……女直军攻春州，东北面诸军，不战自溃，女古、皮室四部及渤海人皆降，复下泰州。(《辽史》卷二八《天祚帝纪二》)

天祚帝自大败归，欲图再举，乃置怨军。

天庆七年九月，上自燕至阴凉河，置怨军八营：募自宜州者，曰前宜、后宜，自锦州者，曰前锦、后锦，自乾，自显者，曰乾、曰显，又有乾显大营、岩州营，凡二万八千余人，屯卫州蒺藜山。(《辽史》卷二八《天祚帝纪二》)

金初因辽控制过严，欲脱羁绊，举兵以抗。既连胜辽兵，据有东北诸地，已非始愿所及，无复进取之心。辽遣求和，亦有允意，据《辽史·卷二八天祚帝纪》天庆八年所复书，其条款如下：

(1) 辽主册金主为皇帝。

(2) 辽主以兄礼事金主。

(3) 割让上京、中京、兴中府三路州县。

(4) 岁贡方物。

(5) 以亲王、公主、驸马、大臣子孙为质。

辽金款议，终因文字关系不能成立。

金复遣胡突衮来，免取质子，及上京、兴中府所属州郡，裁减岁币之数，"如能以兄事朕，册用汉仪，可以如约。"(《辽史》卷二八《天祚帝纪二》)

天祚付群臣等议。萧奉先大喜，以为自此无患，差静江军节度使萧习烈……备天子衮冕、玉册、金印、车辂、法驾之属，册立阿骨打为东怀国至圣至明皇帝。……至金国，杨朴以仪物不全用天子之制，又东怀国乃小邦怀其德之义，仍无册为兄之文……阿骨打大怒……遣萧习烈……回云："册文骂我，我都不晓。徽号、国号、玉辂、御宝，我都有之，须称我大金国皇帝兄即已，能从我，今秋可至军前；不然，

我提兵取上京矣！”天祚恶闻女真事，萧奉先揣其意，皆不以闻。（叶隆礼《契丹国志》卷一〇《天祚帝纪上》）

天庆九年宋徽宗宣和元年，西历一一一九年，七月金复遣乌林答赞谟来，责册文无兄事之语，不言大金而云东怀，乃小邦怀其德之义；及册文有渠材二字，语涉轻侮；若遥芬多戬等语，皆非善意，殊乖体式。如依前书所定，然后可从。（《辽史》卷二八《天祚帝纪二》）

和议迁延久不决，兵衅复开。

天辅四年辽天祚帝天庆十年，宋徽宗宣和二年三月，上谓群臣曰：“辽人屡败，遣使求成，惟饰虚辞以为缓师之计，当议进讨”……诏咸州路都统司……以余兵来会于浑河。……四月，上自将伐辽。……五月……趋上京……上亲临城，督将士诸军鼓噪而进。……克其外城，留守挞不野以城降。（《金史》卷二《太祖纪》）

（丙）辽之灭亡与西辽之建立

耶律余睹……国族之近者也。……其妻，天祚文妃之妹。文妃生晋王，最贤，国人皆属望。时萧奉先之妹，亦为天祚元妃，生秦王。奉先恐秦王不得立，深忌余睹，将潜图之。……讽人诬余睹……谋立晋王，尊天祚为太上皇。事觉……赐文妃死。余睹在军中闻之，惧不能自明被诛，即引兵千余，并骨肉军帐，叛归女直。……余睹既入女直，为其国前锋，引娄室孛革兵，攻陷州郡。（《辽史》卷一〇二《耶律余睹传》）

金太祖得耶律余睹，尽悉辽情，遂遣将南侵。

天辅五年辽天祚保大元年，宋徽宗宣和三年七月，诏咸州都统司曰："自余睹来，灼见辽国事宜，已决议亲征，其治军以俟师期。"寻以连雨，罢亲征。命吴勃极烈昱为都统，移赉勃极烈宗翰副之，帅师而西。……六年正月……取中京。(《金史》卷二《太祖纪》)

时天祚帝正猎于鸳鸯泺河北赤城县境，**金兵追袭之，不及而还。**

二月……知辽主猎鸳鸯泺……遂遣……都统杲，进兵袭之。三月，都统杲出青岭，宗翰出瓢岭，追辽主于鸳鸯泺。辽主奔西京。宗翰复追至白水泺，不及，获其货宝。(《金史》卷二《太祖纪》)

天祚西奔，南京大臣，拥立燕王淳为帝，于是辽分为二。

辽主天祚震惊，率骑兵五千奔云中，留宰相张琳、李处温与燕王耶律淳守燕。天祚至云中，遂取马三千匹，奔入夹山绥远五原县西北。淳守燕二十年，得人心。天祚既奔夹山，李处温与其弟处能及子奭，都兴萧斡挟怨军谋立淳，乃率燕京数万人劝进。淳即位，改怨军为常胜军，自号天锡皇帝，改元建福，降天祚为湘阴王。淳主燕，云、平、上、中京、辽西六路；而沙漠以北诸番部，天祚主之，犹称保大二年，辽国自此分矣。(宇文懋昭《大金国志》卷二《太祖纪下》)

保大二年，天祚入夹山，奚王回离保、林牙耶律大石等……

立淳。……改保大二年为建福元年……以回离保知北院枢密使事，军旅之事，悉委大石。……淳病死……遗命遥立秦王定天祚次子……德妃为皇太后，称制，改建福为德兴元年。(《辽史》卷三〇《天祚帝纪四》)

金初与宋有夹击之约，故金置燕京不取，但宋师进攻不利，辽得苟延，及金兵入关，燕京始陷。

天辅五年十二月……国主……遂分三道进兵，粘罕趋南暗口，挞懒驸马趋北牛口，国主亲趋居庸关，分三路入燕。……抵居庸关，辽人弃关走，……到燕，萧后闻居庸失守，夜率萧幹等出奔。……辽相左企弓、虞仲文等迎降……大石林牙。以萧后归辽主于夹山，天祚杀萧后，萧幹以奚渤海人入奚。(宇文懋昭《大金国志》卷二《太祖纪下》)

天祚收集散亡，图复燕云，与金兵遇，兵败被擒，辽遂以亡。

天祚既得林牙耶律大石兵，归又得阴山室韦谟葛失兵，自谓得天助，再谋出兵，复收燕云。大石林牙力谏……不从。大石遂杀乙薛及坡里括，置北南面官属，自立为王，率所部西去。上遂率诸军出夹山，下渔阳岭，取天德、东胜、宁边、云内等州，南下武州，遇金人战……复溃，直趋阴山。(《辽史》卷二九《天祚帝纪三》)

金师围青冢寨，天祚子雅里在军中。太保特母哥挟之出走，间道行至阴山。闻天祚失利，趋云内，雅里驰赴。时扈从者千余人，多于天祚。……天祚渡河奔夏，队帅耶律敌列等劫

雅里北走。至沙岭……群僚共立雅里为主。雅里遂即位，改元神历……致疾卒。(《辽史》卷三〇《天祚帝纪四》)

帝幸天德，过沙漠，闻金兵至……趋党项……至应州新城东六十里，为金将完颜罗索所获。……至金，降封海滨王。(李有棠《辽史纪事本末》卷三三)

辽亡之后，耶律大石建西辽于西域，复延八十四年，灭于乃蛮。

耶律大石……太祖八代孙也。……登……进士第，擢翰林……辽以翰林为林牙，故称大石林牙。……天祚播越，与诸大臣立秦晋王淳为帝。淳死，立其妻萧德妃为太后以守燕。及金兵至，萧德妃归天祚。天祚怒诛德妃而责大石……大石不自安……率铁骑二百宵遁。北行……西至可敦城，驻北庭都护府，会……七州……十八部王众，谕曰："……金以臣属，逼我国家……使我天祚皇帝，蒙尘于外……我今仗义而西，欲借力诸蕃，剪我仇敌，复我疆宇……"遂得精兵万余，置官吏，立排甲，具器仗。明年天保三年二月甲午……整旅而西。先遗书回鹘王毕勒哥曰："……今我将西至大食，假道尔国，其勿致疑。"毕勒哥得书，即迎至邸……愿质子孙为附庸，送至境外。所过，敌者胜之，降者安之。兵行万里，归者数国，获驼、马、牛、羊、财物，不可胜计。军势日盛，锐气日倍。至寻思干即撒马儿罕西域诸国，举兵十万，号忽儿珊，来拒战。……三军俱进，忽儿珊大败……驻军寻思干，凡九十日，回回国王来降，贡方物。又西至起儿漫在撒马儿罕与布哈拉之间。文武百官册立大石为帝，以甲辰岁宋徽宗宣和六年，金太宗天会二年，西历一一二四年二月五日即位……号葛儿罕《元史·太祖纪》，作菊儿汗，《曷斯麦里传》，作阔儿罕，华言普遍汗也。复上汉尊号曰天佑皇帝，改元延庆。……延庆三年，班师东归，马行二十日得善地，遂建都城，号虎思斡耳朵斡耳朵，蒙古语，宫殿也……在位二十年，庙号德宗。(《辽史》卷三〇《天祚帝纪四》)

子夷列年幼，遗命皇后权国。后名塔不烟，号感天皇后，称制，改元咸清，在位七年。(《辽史》卷三〇《天祚帝纪四》)

子夷列即位，改元绍兴。籍民十八岁以上，得八万四千五百户。在位十三年殁，庙号仁宗。(《辽史》卷三〇《天祚帝纪四》)

子幼，遗诏以妹普速完权国称制，改元崇福，号承天太后。后与驸马萧朵鲁不弟朴古只沙里通，出驸马为东平王，罗织杀之。驸马父斡里剌，以兵围其宫，射杀普速完及朴古只沙里。普速完在位十四年。(《辽史》卷三〇《天祚帝纪四》)

仁宗次子直鲁古即位，改元天禧，在位三十四年。时秋出猎，乃蛮王屈出律，以伏兵八千擒之而据其位。遂袭辽衣冠，尊直鲁古为太上皇……朝夕问起居，以侍终焉。直鲁古死宋宁宗嘉定六年，金卫绍王至宁元年，西历一二一三年，辽绝。(《辽史》卷三〇《天祚帝纪四》)

（八）北宋之灭亡

(1) 宋、金之和战

(甲) 海上之盟

赵良嗣，本燕人马植，世为辽国大族，仕至光禄卿。行污而内乱，不齿于人。政和初，童贯出使，道卢沟。植夜见其侍史，自言有灭燕之策，因得谒。童贯与语，大奇之，载与归,易姓名曰李良嗣。荐诸朝,即献策曰:“女真恨辽人切骨，而天祚荒淫失道。本朝若遣使自登、莱涉海，结好女真，与之相约攻辽，其国可图也。”……徽宗召见……嘉纳之，赐姓赵氏,以为秘书丞,图燕之议自此始。(《宋史》卷四七二《赵良嗣传》)

天辅元年……先是宋建隆以来，女真自其国之苏州，泛海至登州卖马，故道犹存。去夏有汉儿郭药师者，泛海来，具言女真攻辽事。宋遣马政，同药师讲买马旧好，由海道入苏州，至其国阿骨打所居阿芝州涞流河，问遣使之由。政对以贵朝在建隆时，讲好已久，今闻贵朝攻破辽国五十余城，欲复前好，共行吊伐。阿骨打……遣渤海人李善庆……赍国书,并北珠、生金……为贽。……天辅二年宋徽宗重和元年……至宋……宋相蔡京、童贯见之，……居十余日，遣赵有开、马政赍诏及礼物,与善庆等渡海聘之。(宇文懋昭《大金国志》

卷一《太祖纪上》）

宋使登州防御使马政以国书来，其略曰："日出之分，实生圣人。窃闻征辽，屡破勍敌。若克辽之后，五代时陷入契丹汉地，愿畀下邑。"……使散睹如宋报聘，书曰："所请之地，今当与宋夹攻，得者有之。"（《金史》卷二《太祖纪》）

天辅三年宋徽宗宣和元年正月……宋遣其使赵良嗣来。……良嗣之来使也，大概议夹攻辽，使金人取中京，宋朝取燕京，许之岁币。初许三十万，而卒与契丹旧数。良嗣曰："燕京一带，则并西京是也。"国主亦许之，遂以手札付良嗣，约以本国兵自平地、松林内蒙古克什克腾旗地趋古口，南朝兵自白沟夹攻……马政回使于金，国书略曰："……共图问罪之师。诚意不渝，义当如约。已差童贯勒兵相应，彼此兵不得过关，岁币依与契丹旧数，仍约毋听契丹讲和。"（宇文懋昭《大金国志》卷一《太祖纪上》）

（乙）夹击之始末

金兵攻破中京。……遂引兵至松亭关。已有与宋朝有各不过关之约，止引兵由其西而过。……天祚至云中……奔入夹山。……金兵追至云中……追天祚几及。（宇文懋昭《大金国志》卷二《太祖纪下》）

宣和四年金太祖天辅六年三月……辽人立燕王淳为帝。金人来约夹攻，命童贯为河北、河东路宣抚使，屯兵于边以应之，且招谕幽、燕。……五月……以蔡攸为河北、河东宣抚副使。以常德军节度使谭稹为太尉。童贯至雄州，令都统制种师道等分道进兵。辽人击败前军统制杨可世于兰沟甸。……杨可世与辽将萧幹战于白沟，败绩。辛兴宗败于范村。六月，种师道退保雄州，辽人追击至城下。帝闻兵败，惧甚，遂诏班师。以王黼为少师。是月，辽燕王淳死，萧干等立其妻萧氏。七月……王黼以耶律淳死，复命童贯、蔡攸治兵，以河阳三城节度使刘延庆为都统制。……九月……金人遣徒孤且乌歇等来议师期。……辽将郭药师等以涿、易二州来降。十月……刘延庆与郭药师等统兵出雄州。……师次涿州。郭药师与高世宣、杨可世等袭燕，萧干以兵入援，战于城中。药师等屡败，皆弃马缒城而出，死伤过半。以蔡攸为少傅、判燕山府，刘延庆自卢沟河烧营夜遁，众军遂溃，萧干追至涿水上乃还。(《宋史》卷二二《徽宗纪四》)

药师拥所部八千人，奉涿、易二州来归，诏以为恩州观察使。王师北讨，刘延庆与干军于卢沟。药师曰："干以全师抗我，燕城必虚，选劲骑袭之可得也。"延庆遣药师与诸将帅兵六千，夜半渡河，倍道而进。质明，甄五臣领五千骑夺迎春门以入，大军继至……药师遣人谕萧后使趣降，后密诏萧干还，战于三市，药师失马，几为所擒，遂以败还。(《宋史》卷四七二《郭药师传》)

延庆营于卢沟南，干分兵断饷道，擒护粮将王渊，得汉军二人，蔽其目留帐中，夜半伪相语曰："闻汉军十万压吾境，吾师三倍，敌之有余。当分左右翼，以精兵冲其中，左右翼为应，歼之无遗。"阴逸其一人归报。明旦，延庆见火起，以为敌至，烧营而奔，相蹂践死者百余里。自熙丰以来所储军实殆尽。退保雄州，燕人作赋及歌诮之。(《宋史》卷三五七《刘延庆传》)

宋兵两次图燕，皆遭挫败，迨燕京为金所下以归于宋，与原约

不符，已伏后来败盟之衅。

初，宋朝与金人约，但求石晋故地，初不思平、营、滦三州，乃刘仁恭以遗契丹，故不肯割。至是，赵良嗣、马扩见国主于奉圣州，主令其弟国相蒲结与计事。蒲结以往岁不遣报使，今岁遣兵失期为言云："今更不论元约，特与燕京六州，二十四县。"六州谓冀、景、檀、顺、涿、易也。良嗣……辨论数四，卒不从。（宇文懋昭《大金国志·太祖纪下》）

宋又遣良嗣索营、平、滦三州，金主不许，其词甚峻。

（1）若必欲取营、平、滦三州，并燕京而不与。

（2）燕京自我得之则当归我，燕租三百万，止取一百万。

（3）不然还我涿、易旧疆。

宋自知力不能抗，终以牵就成盟。

（1）岁输银绢各二十万两匹，又别输"燕京代税钱"一百万缗。

（2）遣使贺金主生辰及正旦。

（3）置榷场贸易。

约定，始实行交割燕京。

童贯、蔡攸入燕，先曰交割，后曰抚定。凡燕之金帛、子女、职官、民户为金人席卷而东。宋朝捐岁币数百万，所得者空城而已。（宇文懋昭《大金国志》卷二《太祖纪下》）

(2) 宋、金之战争

(甲)起衅原因

张觉亦作瑴……为辽兴军节度副使。镇民杀其节度使萧谛里，觉拊定乱者，州人推领州事。燕王淳死，觉知辽必亡，籍丁壮五万人，马千匹，练兵为备。……金人入燕，访觉情状于辽故臣康公弼……请使焉而观之。遂往见觉。觉曰："契丹八路皆陷，今独平州存，敢有异志？"……公弼道其语，粘罕信之，升平州为南京，加觉同中书门下平章事。企弓、公弼与曹勇义、虞仲文皆东迁。时燕民尽徙，流离道路。或诣觉诉："公弼、企弓等不能守燕，致吾民如是。能免我者，非公而谁？"觉召僚属议，皆曰："近闻天祚复振于松漠，金人所以急趋山西者，畏契丹议其后也。公能仗大义，迎故主，以图兴复，责企弓等之罪而杀之，纵燕人归燕，南朝宜无不纳。傥金人西来，内用营、平之兵，外借南朝之援，何所惧乎？"觉又访于翰林学士李石，亦以为然。乃杀企弓等四人，复称保大三年……石更名安弼，偕故三司使高党往燕山，说知燕山府王安中……安中深然之，具奏于朝……金人闻觉叛，遣阇母国王将三千骑来讨。觉帅兵迎拒之于营州，阇母以兵少，不交锋而退……觉遂妄以大捷闻，朝廷建平州为泰宁军，拜觉节度使……犒以银绢数万。诏命至，觉喜，远出迎。金人谍知举兵来，觉不得返……奔燕。……金人既平三州，始来索觉，王安中讳之。索愈急，乃斩一人貌类者去。金人曰："此非觉也。觉匿于王宣抚甲仗库，若不与我，我自以兵取之。"

安中不得已，引觉出……使行刑……既死，函首送之，燕之降将……自是解体。(《宋史》卷四七二《张觉传》)

按：此起衅之一因也。

天会二年宋徽宗宣和六年，西历一一二四年，三月……遣使往宋丐粮。先是良嗣使金时，许金人糗粮二十万斛。至是诣宣抚司来索所许。谭稹曰："二十万斛岂易致邪？兼宣抚司未尝有片纸只字许粮之文。"金使曰："去年四月间，赵良嗣已许矣。"稹曰："口许岂足凭邪？"终不之与。(宇文懋昭《大金国志》卷三《太宗纪一》)

按：此起衅之又一因也。

（乙）金兵南侵

先是金人既获天祚，连遣三使聘宋：初曰，报谢通好也；次曰，告庆得天祚也；又次曰，贺天宁节也。使传继来，河朔至京，供亿疲蔽。其实窥觇道路，使之不疑。……时粘罕已蓄南侵之谋，会义胜军三千畔奔之，具言中国虚实……由是刘彦宗、余睹、萧庆力劝粘罕，言南朝可图，仍不必众，因粮就兵可也。粘罕遂决意入侵。(宇文懋昭《大金国志》卷三《太宗纪一》)

天会三年宋徽宗宣和七年，西历一一二五年，十二月，斡离不、粘罕分道入侵宋。东路之军，斡离不主之，建枢密院于燕山，以刘彦宗主院事；西路之军，粘罕主之，建枢密院于云中，以时立爱主院事。……于是斡离不之军，自燕山侵河北，

粘罕之军侵河东。(宇文懋昭《大金国志》卷三《太宗纪一》)

西路军之情况。

宣和七年……粘罕南侵。贯在太原，遣马扩、辛兴宗往聘以尝金。金人以纳张觉为责，且遣使告兴兵……使者劝贯速割两河以谢，贯气褫不能应，谋遁归。太原守张孝纯诮之……贯奔入都。(《宋史》卷四六八《童贯传》)

童贯自太原遁归京师，中山奏金人斡离不、粘罕……陷忻、代等州，围太原。(《宋史》卷二二《徽宗纪四》)

东路军之情况。

斡离不军至燕……破檀蓟州。(宇文懋昭《大金国志》卷三《太宗纪一》)

初，王安中知燕山府，詹度与药师同知，药师自以节钺，欲居度上。度称御笔所书有序，药师不从。加以常胜军肆横，药师右之，度不能制，告于朝廷。虑其交恶，命度与河间蔡靖两易。靖至，坦怀待之，药师亦重靖，稍为抑损，安中但谄事之，朝廷亦曲徇其意，所请无不从。……专制一路，增募兵，号三十万，而不改左衽，朝论颇以为虑。亟拜太尉，召入朝，辞不至。帝令童贯行边，阴察其去就，不然则挟之偕来。贯至燕，药师迎……拜帐下……贯释然。……归为帝言，药师必能抗虏，蔡攸亦从中力主之。……谓其可倚，故内地不复防制。屡有告变，及得其通金国书，辄不省。……金兵已南下，破檀、蓟，至玉田。蔡靖遣药师、张令徽、刘舜仁帅师出御，其夕令徽遁归，靖与部使者诣药师……悉锁于家。斡离不及郊，药师率军官迎拜，遂从以南叛。……斡离不至庆源，闻天子内禅，欲回军，药师曰："南朝未必有备，不如姑行。"其后趍趄京城，诘索宫省，与邀取宝器服玩，皆药师导之也。（《宋史》卷四七二《郭药师传》）

药师既畔，金使诣宋国，具言拥兵来因，辞颇不顺。徽宗引咎归己，连下哀痛之诏……已而徽宗内禅……欲回。药师曰："南朝未必有备，不如姑行。"至信德府，不移时遂克。（宇文懋昭《大金国志》卷三《太宗纪一》）

先是内侍梁方平，领军在河北岸，铁骑奄至，仓卒奔溃。……方平既溃，何灌军亦望风奔散。宋师在河南者无一人，金人遂取小舟以济。（宇文懋昭《大金国志》卷四《太宗纪二》）

靖康元年金太宗天会四年，西历一一二六年正月……金人破相州，破浚州。威武军节度使梁方平师溃，河北、河东路制置副使何灌退保滑州。灌奔还，金人济河……犯京师。（《宋史》卷二三《钦宗纪》）

斡离不围宋京师。先是药师尝打球于牟驼冈，知天驷监有马二万匹，刍豆山积，至是导斡离不，使奄而取之。……寻攻通天、景阳门甚急，宋李纲督将士拒之。又攻陈桥、封丘、卫州门，纲登城督战，杀数千人乃退。何灌出战败绩，死之。未几马忠以京西兵，败金人于顺天门外，宋师稍振，游骑不敢旁出。（宇文懋昭《大金国志》卷四《太宗纪二》）

汴京被围，而朝臣主战主和者，尚分两派。

金将斡离不兵渡河，徽宗东幸，宰执议请上暂避敌锋。……

上顾宰执曰："策将安出？"纲进曰："今日之计，当整军马，固结民心，相与坚守，以待勤王之师。"上问谁可将者……纲曰："陛下不以臣庸懦，倘使治兵，愿以死报。"乃以纲为尚书右丞。……命纲为亲征行营使，以便宜从事。纲治守战之具，不数日而毕。(《宋史》卷三五八《李纲传上》)

李纲主固守，以待勤王之师，然后与金决战，而多数主和，不用纲策，遣使与金议款。

四方勤王之师，渐有至者，种师道、姚平仲亦以泾原、秦凤兵至。纲奏言："金人贪婪无厌，凶悖已甚，其势非用师不可。且敌兵号六万，而吾勤王师集城下者已二十余万，彼以孤军入重地……当以计取之……若扼河津，绝饷道，分兵复畿北诸邑，而以重兵临敌营，坚壁勿战……俟其食尽力疲……纵其北归，半渡而击之；此必胜之计也。"……约日举事。姚平仲勇而寡谋，急于要功，先期率步骑万人……以袭敌营，不克，惧诛亡去。(《宋史》卷三五八《李纲传上》)

姚平仲夜袭金营不克，金人借为口实，益倔强，宋乃罢纲以谢金人。人情愤激，大学生陈东伏阙上书，力请用纲以竟战功。

金使来，宰相李邦彦语之曰："用兵乃李纲、姚平仲，非朝廷意。"遂罢纲，以蔡懋代之。(《宋史》卷三五八《李纲传上》)

李邦彦议和，恶李纲主战，罢之。东率诸生伏宣德门上书曰："在廷之臣，奋勇不顾，以身任天下之重者，李纲也……其忌嫉贤能，动为身谋，不恤国计者，李邦彦、白时中、张邦昌、

赵野、王孝迪、蔡懋、李棁之徒，社稷之贼也。”（钱士升《南宋书》卷三〇《陈东传》）

太学诸生陈东等，及都民数万人伏阙上书，请复用李纲及种师道，且言李邦彦等疾纲，恐其成功，罢纲正堕金人之计。会邦彦入朝，众数其罪而骂。吴敏传宣，众不退，遂挝登闻鼓，山呼动地。殿帅王宗濋恐生变，奏上勉从之。遣耿南仲号于众曰：“已得旨宣纲矣。”内侍朱拱之宣纲后期，众脔而磔之，并杀内侍数十人。乃复纲右丞，充京城防御使。（《宋史》卷二三《钦宗纪》）

但勤王兵，遇敌辄败，终于不能不和，其所定约条如下：

（1）宋朝输金五百万两，银五千万两，表段百万匹，牛马万头。

（2）尊金主为伯父。

（3）割太原、中山、河间三镇。

（4）亲王宰相为质。

于是括借都城金银，及倡优家财，得金二十万两，银四百万两，且以肃王枢为质，斡离不始解围北还。

（丙）徽、钦被虏

粘罕之围太原也，悉破诸县，为锁城法，以困太原。锁城法者，于城外矢石不及之地，筑城环绕，分人防守。（宇文懋昭《大金国志》卷四《太宗纪二》）

太原由张孝纯固守，粘罕攻之不下，兵被牵掣，未得与围汴之役。及闻斡离不议和，饱载而去，亦遣使来索赂，宋却之，于是兵衅又开。

先是粘罕遣人来求赂，大臣以勤王兵大集，拘其使人，且约结余睹以图之。至是，粘罕怒，及攻太原不克，分兵趣京师，过南北关，权胜威军李植以城降。陷隆德府。(《宋史》卷二三《钦宗纪》)

宋谓金败盟，即诏三镇固守，且遣兵往援之。

诏曰："朕承道君皇帝付托之重，即位十有四日，金人之师，已及都城。大臣建言，捐金帛、割土地，可以纾祸。……而金人要盟，终弗可保。今肃王渡河，北去未还，粘罕深入，南克隆德，又所过残破……朕夙夜追咎，何痛如之？已诏元主和议李邦彦及奉使许地之人，悉行罢黜，又诏种师道、姚古、种师中往援三镇。……誓当固守……永保疆土。"(王偁《东都事略》卷一二《钦宗纪》)

宋复用离间之策，欲使金人内变，徒为金人兴兵口实。

粘罕……差萧仲恭、赵伦等赍书报复……时宋勤王之师踵至，大臣有轻敌意，猥曰："吾兵盛如此，当与金抗，且彼既领肃王过河，吾盍留其使，与之相当。"于是馆其使，逾月不遣。有都管赵伦者燕人，狡狯，惧不得归，乃诈以情告伴使邢倞曰："金国有余睹者，领契丹精锐甚众，贰于金人，愿归大国，可结之以图粘罕、斡离不。"倞遂以闻，宋大臣信之，即以诏书授伦，纳衣领中，仍赐伦等绢各千匹，白金千金。伦至粘罕所，首以其书献之。粘罕大怒，以伦书奏闻其主……

又麟府折可求来，献言夏国之北，有大辽天祚梁王与林牙萧太师……如能合击金人，立我宗社，则当修好如初。吴敏以为然，乃奏上，令致书梁王。由河东入麟府，为粘罕游兵所得。（宇文懋昭《大金国志》卷四《太宗纪二》）

以上两事彰露，金主乃遣粘罕、斡离不大举分道南侵，以不守信约为名。

天会四年宋钦宗靖康元年，西历一一二六年，八月，诏左副元宗翰即粘罕、右副元师宗望即斡离不伐宋。(《金史》卷三《太宗纪》)

于是粘罕发云中，斡离不发保州。

金人既退，大臣不复顾虑，武备益弛。好问言："金人得志，益轻中国，秋冬必倾国复来，御敌之备，当速讲求。今边事经画旬月，不见施设……此臣所深惧也。"及边警急，大臣不知所出，遣使讲解。金人佯许而攻略自如，诸将以和议故，皆闭壁不出。好问言："彼名和而实攻，朝廷不谋进兵遣将何也？请亟集沧、滑、邢、相之戍，以遏奔冲，而列勤王之师于畿邑，以卫京师。"疏上不省。金人陷真定，攻中山，上下震骇，廷臣疑相顾，犹以和议为辞。好问率台属，劾大臣畏懦误国。出好问知袁州。(《宋史》卷三六二《吕好问传》)

粘罕攻下太原，斡离不克真定，宋师皆溃。

金人陷太原，召拜刑部尚书，再出使，许以三镇赋入之数。云至真定……还言……金人必欲得三镇，不然则进兵取汴都。中外震骇，诏集百官议。(《宋史》卷三五七《王云传》)

宋师既溃，而庙堂和战主张，仍不一致，毫无战守之计。

金骑再来邀割三镇，恪集廷臣议，以为当与者十九，恪从之。使者既行，于是诸道勤王兵大集，辄谕止……皆反旆而去。(《宋史》卷三五二《唐恪传》)

金人再举乡京师，请割三镇……李纲等谓不可和，而南仲力沮之，为主和议，故战守之备皆罢。(《宋史》卷三五二《耿南仲传》)

王云使金帅斡离不军还，言金人怒割三镇缓，却礼币弗纳，曰：兼旬使不至，则再举兵。于是百官议从其请。㮚曰："……金人变诈罔测，安能保必信？割亦来，不割亦来。"宰相主割议，㮚论辨不已……㮚请建四道总管，使统兵入援，以胡直孺、王襄、赵野、张叔夜领之。……而唐恪、耿南仲、聂昌信和议，相与谋曰："方继好息民，而调发不已，使金人闻之奈何？"亟檄止之。㮚解政事。(《宋史》卷三五三《何㮚传》)

王云……言，金坚欲得地，不然进兵取汴京。……集百官议于延和殿，范宗尹等七十人请与之，桧等三十六人持不可。(《宋史》卷四七三《秦桧传》)

主战者遭挫，仍复进行和议，使聂昌赴粘罕军，耿南仲赴斡离不军，皆不得要领。

会金人再议和，割两河，须大臣报聘。诏耿南仲及昌往，昌……行次永安，与金将粘罕遇……往河东，至绛，绛人闭壁拒之。昌持诏抵城下，缒而登。州钤辖赵子清麾众害昌，抉其目而脔之。(《宋史》卷三五三《聂昌传》)

南仲偕金使王汭往卫州。乡兵欲杀汭，汭脱去，南仲独趣卫，卫人不纳。走相州。(《宋史》卷三五二《耿南仲传》)

因是和议不成，金兵遂渡河围汴。

粘罕留银朱守太原，斡离不留韶合、韩庆和守真定，各率其众南征。斡离不……由恩州王榆渡趋大名，由李固渡济河。……侵宋京师，屯刘家寺。……粘罕克平阳府，又克西京及河阳府。……克郑州，克怀州……围宋京师，屯青城。(宇文懋昭《大金国志》卷四《太宗纪二》)

京师守备空虚，终于不守。

时勤王兵不至，城中兵可用者，惟卫士三万，然亦十失五六。金人攻城急。……范琼以千人出战，渡河冰裂，没者五百余人，自是士气益挫。妖人郭京用六甲法，尽令守御人下城，大启宣化门，出攻金人，兵大败。京托言下城作法，引余兵遁去。金兵登城，众皆披靡。(《宋史》卷二三《钦宗纪》)

命何㮚及济王栩使金军，何㮚入言，金人邀上皇出郊，帝曰："上皇惊忧而疾必欲之出，朕当亲往。"(《宋史》卷二三《钦宗纪》

十二月，钦宗往青城与粘罕议和。索金一千万铤，银

二千万铤，缣帛如银之数。（宇文懋昭《大金国志》卷四《太宗纪二》）

金人遣使致书欲钦宗再幸其军……钦宗亦不欲出郊，而㮚独以谓必须出，钦宗信之。……幸金营……遂留不遣。（王偁《东都事略》卷一〇八《何㮚传》）

时金人根括津搬络绎道路。上遣使归云："朕拘留在此，候金银数足方可还。"于是再增侍从郎中二十四员，再行根括，又分遣搜掘戚里、宗室、内侍、僧道、伎术之家，凡八日，得金三十万八千两，银六百万两，衣段一百万，诏令权贮纳。时根括已申了绝……军前取过。教坊人及内侍蓝折等言："各有窖藏金银，乞搜出。"二酋怒甚。于是开封府复立赏限，大行根括，凡十八日，城内复得金七万，银一百十四万，并衣段四万纳军前。二酋以金银不足，杀提举官梅执礼等四人，余各杖数百。（陈邦瞻《宋史纪事本末》卷五七）

靖康元年，闰十一月三十日……金已许和……十二月初四日，金人遣使命检视府库，拘收文籍，欲尽竭所有以犒诸军。初五日，金使移文开封府，索良马一万匹……初六日……索军器……初九日……索金帛……又取奸臣家属凡二十家……二十三日，金人索监书藏经，如苏、黄文及《资治通鉴》之类，……二十四日，金人持书入城，督责金帛……检视府库藏积绢，……一千四百万匹，于内准充犒赏所须一千万匹……今来赏劳诸军，议定合用金一百万锭，银五百万锭……靖康二年，正月二十七日，金人索郊天仪物、法服、卤薄、冠冕、乘舆种种等物，及台省寺监官吏、通事舍人内官，数各有差，并取家属，又索犀象、宝玉、药石、彩色、帽幞、书籍之属……二十九日……开封府追捕内夫人倡优……又征求戚里权贵女使……又押内官二十五人及百工伎艺千人……三十日，金人索八宝九鼎车辂等，又索将作监官吏、尚书省吏人、秘书监文籍、国子监印板及阴阳传神待诏等……二月初二日，金人索后妃服、琉璃玉器，再要杂工匠、伶人、医官、内官等各家属……十七日，又追取宫嫔以下一千五百人，亲王二十五人，帝姬驸马四十九人……十八日，金人移文，索太学博通经术者三十人，如法以礼敦聘前来，师资之礼，不敢不厚。学中应募者三十人，大抵多闽人及两河人，官司各给三百千以治装。三十人忻然应聘……十九日，金人移文，索禅学通经口数僧行数十人……又索应千经板……二十二日，金人移文，宗室南班官等，须管二十五日解发尽绝，并不得隐落一人。……三月二十二日，金人移文，节次索金银表段，并犒军之物……但念楚国肇造……已议停止。……二十九日，五鼓，太上皇帝、主上北行。（丁特起《靖康纪闻》）

靖康二年高宗建炎元年，金太宗天会五年，西历一一二七年，二月……金人要上皇如青城。以内侍邓述所具诸王孙名，尽取入军中。金人逼上皇召皇后、皇太子入青城。（《宋史》卷二三《钦宗纪》）

粘罕遣二人持书，一诣太上皇，一诣钦宗，前曰："今日北国皇帝，已有施行事件，请车驾诣军前听候。"……钦宗至金营，粘罕坐而言曰："今北国皇帝不从汝请，别立异姓为主。"使人拥帝……至一室，以兵刃守之。天明，有人呼帝出曰："太上至矣。"帝视之，见戎衣数十人，引太上……而去。……皇族、后妃、诸王累累至军中，日夜不止。……粘罕坐帐中，使人拥二帝至阶下，宣诏曰："宜择立异姓以代宋后，仍令赵某父子前来燕京，令元帅府差人津遣前来。"是日，

以青袍易二帝衣服，以常妇之服易二后之服。(宇文懋昭《大金国志》卷五《太宗纪三》)

金人废赵氏，代以异姓，张邦昌因得立为楚帝。楚者指江以南言。盖金人自揣能力尚不足征服全中国，仅先据河北，而援立楚以治江南。后来以河南、山东与刘豫，立为齐帝，亦同此用意。

吴开、莫俦，自金营持文书来，令推异姓堪为人主者，从军前备礼册命。留守孙傅等不奉命，表请立赵氏。金人怒，复遣开、俦促之，劫傅等召百官杂议。众莫敢出声，相视久之，计无所出……适尚书员外郎宋齐愈至自外，众问金人意所主，齐愈书张邦昌三字示之，遂定议以邦昌治国事。……王时雍时为留守，再集百官诣秘书省，至即闭省门，以兵环之，俾范琼谕众以立邦昌，众意唯唯。有太学生难之，琼恐沮众，厉声折之，遣归学舍。时雍先署状，以率百官。御史中丞秦桧不书，抗言……金人怒，执桧。……金人奉册宝至，邦昌北向拜舞受册，即伪位，僭号大楚。(《宋史》卷四七五《张邦昌传》)

维天会五年，岁次丁未，三月辛亥朔，二十一日辛巳，皇帝若曰：先皇帝肇造区夏，务安元元，肆朕纂承，不敢荒怠，夙夜兢兢，思与万国，同格于治。粤惟有宋，实乃通邻，贡岁币以交欢，驰星轺而讲好，期于万世，永保无穷。盖我有大造于宋也。不图变誓渝盟，以怨报德，构端怙乱，反义为仇。谲绐成俗，贪婪不已，加以肆行淫虐，不恤黎元，号令滋章，纪纲紊弛。况所退非其罪，所进非其功，贿赂公行，豺狼塞路。天厌其德，民不聊生。而又姑务责人，罔知省己。

父既无道于前，子复无断于后。以故征师命将，伐罪吊民。幸赖天高听卑，神幽烛细，旌旗一举，都邑立摧。且眷命攸瞩，谓之大宝；苟历数改卜，未获偷安。故用黜废，以昭元鉴。今者国既乏主，民宜混同，然念厥初，诚非贪土，遂命帅府，与众推贤。佥曰太宰张邦昌，天毓疏通，神资睿哲，处位著忠良之誉，居家闻孝友之名；实天命之有归，乃人情之所徯，择其贤者，非子而谁？是用遣使诸官都部署、尚书左仆射权签枢密院事韩某等，持节备礼，以玺册命尔为皇帝，以援斯民，国号大楚，都于金陵。自黄河以外，除西夏新界，疆场仍旧。世辅王室，永作藩臣。贡礼时修，尔勿疲于述职；问音岁致，我无缓于忱诚。於戏！天生蒸民，不能自治，故立君以临之。君不能独理，故树官以教之。乃知民非后不治，后非贤不守。其于有位，可不慎与？予懋乃德，嘉乃丕绩，日慎一日，虽休勿休。钦哉！其听朕命。（宇文懋昭《大金国志》卷三二）

张邦昌既立，金人挟徽、钦二帝，及后妃帝姬宗室数千人北去。

天会六年宋高宗建炎二年，西历一一二八年，八月……以宋二庶人素服见太祖庙，遂入见于乾元殿。封其父徽宗昏德公，子钦宗重昏侯。（《金史》卷三《太宗纪》）

按：世传《南渡录》等书，言二帝迁徙无常处。徽宗卒于五国城，钦宗则当金主亮时，以骑兵蹙毙之。其事无左证，但据《宋史》《金史》及蔡絛《北狩行录》，则徽、钦当尚同居，宗室故官亦许相随，族类甚蕃云。

（九）南宋之建国

(1) 宋、金之战争

（甲）金人第一次南侵宋高宗建炎元年，金太宗天会五年

金人遂攻取河南山东，进窥陕西。

靖康元年正月，金人犯京师，军于城西北，遣使入城，邀亲王、宰臣议和。……帝……请行。……二月……斡离不……请更肃王。……八月，金帅粘罕复引兵深入……十月，王云从吏自金先还，言金人须帝再至乃议和。……十一月，诏帝使河北……至磁州，守臣宗泽请曰："肃王去不返，金兵已迫，复去何益？请留磁。"磁人以云将挟帝入金，遂杀云。时粘罕、斡离不已率兵渡河，相继围京师。从者以磁不可留，知相州汪伯彦……请帝还相州。闰月……初朝廷闻金兵渡河，欲拜帝为元帅。至是……至相，拜帝为河北兵马大元帅……十二月，帝开大元帅府，有兵万人，分为五军……率兵离相州。……次大名府。宗泽以二千人先诸军至，知信德府梁扬祖以三千人继至，张俊、苗傅、杨沂中、田师中皆在麾下，兵威稍振。……汪伯彦等皆信和议，惟宗泽请直趋澶渊……帝遂遣泽以万人进屯澶渊……自是泽不复预府中谋议。……建炎元年四月，粘罕退师，钦宗北迁。邦昌尊元祐皇后孟氏为宋太后，遣人至济州访帝……耿南仲率幕僚劝进……邦昌

遣……等持书诣帝，自言从权济事，及将归宝避位之意。……鄜延副总管刘光世自陕州来会……西道都统管王襄自襄阳来会。至应天府。……群臣劝进者益众……五月……即位于府治，改元建炎。……元祐皇后在东京，是日撤帘。（《宋史》卷二四《高宗纪一》）

吕好问谓邦昌曰："人情归公者，劫于金人之威耳，金人既去，能复有今日乎？康王居外久，众所归心，曷不推戴之？"又谓曰："为今计者，当迎元祐皇后，请康王早正大位，庶获保全。"监察御史马伸，亦请奉迎康王。邦昌从之。……乃册元祐皇后曰宋太后……请元祐皇后垂帘听政，以俟复辟。……邦昌以太宰退处。（《宋史》卷四七五《张邦昌传》）

高宗初立，以无可恃之兵，故李纲建议，借重民兵，资其捍御。故南渡之初，多假民兵以官位。

入对奏曰：今国势不逮靖康间远甚……非有规模而知先后缓急之序，则不能以成功。夫外御强敌，内销盗贼，修军政，变士风，裕邦财，宽民力，改弊法，省冗官……俟吾所以自治者政事已修，然后可以问罪金人……至于所当急而先者，则在于料理河北、河东。盖河北、河东者，国之屏蔽也。料理稍就，然后中原可保，而东南可安。今河东所失者，恒、代、太原、泽、潞、汾、晋，余郡犹存也。河北所失者，不过真定、怀、卫、浚四州而已，其余三十余郡皆为朝廷守。两路士民兵将……皆推豪杰以为首领，多者数万，少者亦不下万人。朝廷不因此时置司、遣使以大慰抚之，分兵以援其危急，臣恐粮尽力疲……金人因得抚而用之，皆精兵也。莫若于河北置招抚司，河东置经制司……有能全一州、复一郡者，以为节度、防御、团练使……非惟绝其从敌之心，又可资其御敌之力，使朝廷永无北顾之忧，最今日之先务也。(《宋史》卷三五八《李纲传上》)

高宗据相州形势之地，金人为尽绝赵氏，故必欲除之。

康王遣王师正奉表，密以书招诱契丹。汉人获其书奏之，太宗下诏伐康王。(《金史》卷七四《宗翰传》)

先是粘没喝等既北去，留万户银朮可屯太原，副统绍合屯真定，娄室围河中，蒙哥进据磁、相，渤海大挞不也围河间。帝命……忻州观察使张换……袭之。……娄室以重兵压河中……已而城陷。(陈邦瞻《宋史纪事本末》卷六二)

高宗畏金之逼，决意走避东南，李纲请幸关中，宗泽请还东京，以系中原人心。

又奏："臣尝言车驾巡幸之所，关中为上，襄阳次之，建康为下。陛下纵未能行上策，犹当且适襄、邓，示不忘故都，以系天下之心。不然中原非复我有……盖天下精兵健马，皆在西北，一旦委中原而弃之……金人将乘间以扰内地。……第恐一失中原，则东南不能必其无事，虽欲退保一隅，不易得也。"(《宋史》卷三五八《李纲传上》)

俄有诏：荆、襄、江、淮悉备巡幸。泽上疏言，开封物价市肆，渐同平时。……莫不愿陛下亟归京师，以慰人心。(《宋史》卷三六〇《宗泽传》)

但帝皆不听，竟南幸扬州。金人闻帝出走，分兵追袭，两河从此沦陷。

宗翰趋汴州，使娄室等自平阳道先趋河南……撒剌答破天井关……降河阳。娄室军至，既渡河，遂薄西京。……西京降。娄室取偃师，永安军、巩县降。撒剌答败宋兵于汜水。于是荥阳、荥泽、郑州、中牟相次皆降。(《金史》卷七二《娄室传》)

诏伐宋康王，宗辅发河北，宗弼即兀朮攻开德府，粮乏，转攻濮州。……遂克濮州，降旁近五县。攻开德府，宗弼以其军先登，奋击破之。(《金史》卷七七《宗弼传》)

建炎二年十一月……金人……陷德州，兵马都监赵叔皈死之。……金人陷淄州。……十二月……金人犯东平府，京西路制置使权邦彦弃城去；又犯济南府，守臣刘豫以城降。(《宋史》卷二五《高宗纪二》)

山东、东北各地，俱为金有，金复会兵攻大名。

天会六年建炎二年八月……粘罕既破澶、濮，会窝里嗢之众，同攻北京，继攻兖、郓。十二月，破袭庆府……天会七年建炎三年春，破徐州，守臣王复死之。……破淮阳、泗、楚等州。……由是粘罕亦渡黎阳以攻澶、濮。澶、濮既下，时杜充守东京，虑敌西来，决大河阻之。金不能西，乃东会窝里嗢，同下北京，继攻兖、郓。故至是由徐、泗以攻扬州。(宇文懋昭《大金国志》卷五《太宗纪三》)

金兵进迫扬州，高宗复渡江以避之。

金人陷天长军。内侍邝询报金兵至，帝被甲驰幸镇江府。是日，金兵过杨子桥，游骑至瓜州。(《宋史》卷二五《高宗纪二》)

金人攻扬州，帝仓卒渡江，渊与内侍康履从至镇江。……帝欲如镇江以援江北，群臣亦固请。渊独言："镇江止可捍一面，若金人自通川渡，先据姑苏，将若之何？不如钱塘有重江之险。"议遂决。命渊守姑苏。(《宋史》卷三六九《王渊传》)

金人焚扬州……去。(《宋史》卷二五《高宗纪二》)

粘罕既会师东上，复别遣娄室攻陕窥蜀。

使娄室取陕西，败宋将范致虚军，下同、华二州，克京兆府，获宋制置使傅亮，遂克凤翔。(《金史》卷七二《娄室传》)

建炎元年十二月，娄室攻陕西。二年正月，入长安、凤翔，关、陇大震。二月，义兵起，金人自巩东还。(《宋史》卷三六九《曲端传》)

按：金人还兵，河北河东州郡未下者，始尽为所克。

（乙）金人第二次南侵宋高宗建炎三年，金太宗天会七年

金人南越江淮以追高宗，西取陕西以窥蜀。

天会七年……兀术请于粘罕及窝里嗢，乞提兵侵淮，从

之。以女真万户聂耳、银朱、拔东，渤海万户大挞不也，汉军万户王伯隆，大起燕云、河朔民兵附之。冬，兀朮率众渡江，分路入攻。……遂分两道：一自滁和攻江东，一自蕲黄攻江西。破滁州，破寿春府，官吏以城降。破庐州，帅臣李会降。以檄抵濠州，权守张宗望降。破和州，守臣李铸降。……破吉州，守臣杨渊遁。破抚州，守臣王仲山降。破袁州，守臣王仲薿降。（宇文懋昭《大金国志》卷五《太宗纪三》）

金兵分渡江淮以南侵，江东西皆陷，建康亦不守，高宗由浙入海。

宗泽……卒，充代为留守，兼开封尹。……初宗泽要结豪杰，图迎二帝。泽卒，充短于抚御，人心疑沮，两河忠义之士，往往皆引去。（《宋史》卷四七五《杜充传》）

杜充将还建康，飞曰："中原地尺寸不可弃，今一举足，此地非我有，他日欲复取之，非数十万众不可。"充不听，遂与俱归。……时命充守建康，金人与李成合寇乌江，充闭门不出。……金人遂由马家渡渡江，充遣飞等迎战，王瓔先遁，诸将皆溃。（《宋史》卷三六五《岳飞传》）

高宗将幸西浙，命韩世忠屯太平，王瓔屯常州。以充为江、淮宣抚使，留建康，使尽护诸将。刘光世、韩世忠惮充严急，不乐属充。诏移光世江州，世忠常州。时江、浙倚充为重……金人……济……登岸。充亟命统制官陈淬……邀击于马家渡……王瓔……引兵遁，充军溃。金人陷建康，充渡江保真州。充尝痛绳诸将，诸将衔之，伺其败，众将甘心焉。充不敢归……完颜宗弼复遣人说充曰："若降，当封以中原，如张邦昌故事。"

充遂叛降金。(《宋史》卷四七五《杜充传》)

驾至平江，闻杜充败绩，上曰："事迫矣，若何？"颐浩遂进航海之策。(《宋史》卷三六二《吕颐浩传》)

高宗既南遁入海，兀术追至明州不及，始焚掠而北，平江尤遭蹂躏之惨。

宗弼自江宁取广德军路，追袭宋主于越州。至湖州取之。先使阿里、蒲卢浑趋杭州，具舟于钱塘江。宗弼至杭州，官守巨室皆逃去，遂攻杭州，取之。宋主闻杭州不守，遂自越奔明州。……阿里、蒲卢浑以精兵四千袭之。讹鲁补、木列速降越州。大臭破宋周汪军，阿里、蒲卢浑破宋兵三千，遂渡曹娥江。去明州二十五里，大破宋兵，追至其城下。城中出兵战，失利，宋主走入于海。宗弼中分麾下兵，会攻明州，克之。阿里、蒲卢浑泛海至昌国县，执宋明州守赵伯谔。伯谔言："宋主奔温州，将自温州趋福州矣。"遂行海，追三百余里不及，阿里、蒲卢浑乃还。(《金史》卷七七《宗弼传》)

韩世忠方守江上，虽不能扼兀术北归之途，听其从容北去，然中土士气从此振作矣。

宗弼军自杭州，遂取秀州。赤盏晖败宋军于平江，遂取平江。阿里率兵先趋镇江，宋韩世忠以舟师扼江口。宗弼舟小，契丹、汉军没者二百余人，遂自镇江溯流西上。世忠袭之。夺世忠大舟十艘，于是宗弼循南岸，世忠循北岸，且战且行。世忠艨艟大舰，数倍宗弼军，出宗弼军前后数里，击柝之声，自夜达旦。世忠以轻舟来挑战，一日数接。将至黄天荡，宗弼乃因老鹳河故道，开三十里通秦淮，一日一夜而成，宗弼乃得至江宁。挞懒使移剌古自天长趋江宁援宗弼，乌林答泰欲亦以兵来会，连败宋兵。宗弼发江宁，将渡江而北，宗弼军渡自东，移剌古渡自西，与世忠战于江渡。世忠分舟师绝江流上下，将左右掩击之。世忠舟皆张五緉，宗弼选善射者，乘轻舟以火箭射世忠舟上五緉，五緉著火箭皆自焚，烟焰满江，世忠不能军，追北七十里，舟军歼焉，世忠仅能自免。宗弼渡江北还。(《金史》卷七七《宗弼传》)

兀朮自广德破临安，帝如浙东。世忠以前军驻青龙镇，中军驻江湾，后军驻海口，俟敌归邀击之。……金兵至，则世忠军已先屯焦山寺。……兀朮遣使通问，约日大战，许之。战将十合，梁夫人亲执桴鼓，金兵终不得渡。……挞辣在潍州，遣孛堇太一趋淮东以援兀朮，世忠与二酋相持黄天荡者四十八日。太一孛堇军江北，兀朮军江南，世忠以海舰进泊金山下，预以铁绠贯大钩授骁健者。明旦敌舟噪而前，世忠分海舟为两道，出其背，每缒一绠，则曳一舟沉之。兀朮穷蹙……谓诸将曰："南军使船如使马，奈何？"募人献破海舟策。闽人王某者，教其舟中载土，平版铺之，穴船版以棹桨，风息则出江，有风则勿出。海舟无风不可动也。又有献谋者曰："凿大渠，接江口，则在世忠上流。"兀朮一夕潜凿渠三十里……次日风止，我军帆弱不能运，金人以小舟纵火，矢下如雨。……敌得绝江遁去。(《宋史》卷三六四《韩世忠传》)

一夜造火箭成，是日，引舟出江，其疾如飞。天霁无风，海舟皆不动，以火箭射海舟蒻蓬，世忠军焚溺而死者，不可胜数。(宇文懋昭《大金国志》卷六《太宗纪四》)

同时别部金兵进攻陕西，张浚经略数年，终能保蜀。

宗翰会宗辅即窝里嗢伐康王，命娄室、蒲察专事陕西，以婆卢火、绳果监战。绳果等遇敌于蒲城及同州，皆破之。娄室、蒲察克丹州，破临真，进克延安府，遂降绥德军及静边、怀远等城寨十六，复破青涧城。宋安抚使折可求，以麟、府、丰三州及堡寨九降于娄室。晋宁所部九寨皆降，而晋宁军久不下……城中无井，日取河水以为饮，乃决渠于东，泄其水，城中遂困。李位、石乙启郭门降……遂降安定堡、渭平寨及鄜、坊二州。于是娄室、婆卢火守延安。折可求屯绥德，蒲察还守蒲州。延安、鄜、坊州皆残破，人民存者无几，娄室置官府辑安之。别将斡论降建昌军。……娄室……遂与阿卢补、谋里也至三原……攻乾州……州降。遂进兵克邠州，军于京兆。陕西城邑已降定者，辄复叛，于是睿宗以右副元帅总陕西征伐。时娄室已有疾，睿宗与张浚战于富平，宗弼左翼军已却，娄室以右翼力战，军势复振，张浚军遂败。(《金史》卷七二《娄室传》)

宗弼渡江北还，遂从宗辅定陕西。与张浚战于富平。宗弼陷重围中，韩常……奋呼搏战，遂解围，与宗弼俱出。既败张浚军于富平，遂与阿卢补招降熙河泾原两路。及攻吴玠于和尚原，抵险不可进，乃退军。伏兵起，且战且走。行三十里，将至平地，宋军阵于山口，宗弼大败，将士多战没。(《金史》卷七七《宗弼传》)

建炎三年……以承宣使张俊为秦凤路总管，俊……将卸兵而西。……浚谓中兴，当自关陕始，虑金人或先入陕取蜀，则东南不可保，遂慷慨请行。诏以浚为川、陕宣抚处置使，得便宜黜陟。将行……高宗问浚大计，浚请身任陕、蜀之事，置幕府于秦川，别遣大臣与韩世忠镇淮东，令吕颐浩扈跸来武昌，复以张俊、刘光世与秦川相首尾。议既定，浚行，未及武昌而颐浩变初议。浚既抵兴元，金人已取鄜延，骁将娄室孛堇引大兵渡渭攻永兴，诸将莫肯相援。浚至即出行关陕……以搜揽豪杰为先务，诸将惕息听命。会谍报金人将攻东南，浚命诸将整军向敌。已而金人大攻江、淮，浚即治军入卫。至房州，知金人北归，复还关陕。时金帅兀术犹在淮西，浚惧其复扰东南，谋牵制之，遂决策治兵，合五路之师以复永兴。金人大恐，急调兀术等由京西入援，大战于富平。泾原帅刘锜，身率将士薄敌阵，杀获颇众。会环庆帅赵哲擅离所部……惊遁，诸军皆溃。浚……退保兴州。命吴玠聚兵扼险于凤翔之和尚原、大散关，以断敌来路，关师古等聚熙河兵于岷州大潭，孙渥、贾世方等聚泾原、凤翔兵于阶、成、凤三州，以固蜀口。……绍兴元年，金将乌鲁攻和尚原，吴玠乘险击之，金人大败走。兀术复合兵至，玠及其弟璘，复邀击大破之，兀术仅以身免，亟鬄其须髯遁归。……浚在关陕三年，训新集之兵，当方张之敌，以刘子羽为上宾，任赵开为都转运使，擢吴玠为大将，守凤翔。子羽慷慨有才略，开善理财，而玠每战辄胜。西北遗民，归附日众。故关陕虽失，而全蜀按堵，且以形势牵制东南，江淮亦赖以安。（《宋史》卷三六一《张浚传》）

（丙）金人第三次南侵宋高宗绍兴四年，金太宗天会十二年初金人既得河南、山东地，虑汉人不易治，因立屏藩，介金、宋之间。刘豫得立为齐帝，金兵南侵，即以助豫攻取。

刘豫……景州阜城人也。……举进士。政和二年，召拜殿中侍御史……宣和六年……除河北提刑。金人南侵，豫弃官避乱仪真。豫善中书侍郎张悫，建炎二年正月，用悫荐除知济南府。……是冬，金人攻济南……率百姓降金……三年三月，兀朮闻高宗渡江，乃徙豫知东平府，充京东西、淮南等路安抚使……以子麟知济南府，界旧河以南，俾豫统之。(《宋史》卷四七五《刘豫传》)

天会八年宋高宗建炎四年，西历一一三〇年……云中留守高庆裔献议于粘罕曰："吾君举兵，止欲取两河，故汴京既得，而复立张邦昌。后以邦昌废逐，故再有河南之役。方今两河州郡既下之后，而官制不易，风俗不改者，可见吾君意非贪土，亦欲循邦昌之故事也。元帅可首建此议，无以恩归它人。"粘罕从之，于是令右监军兀室，驰请于朝，国主从之。金师自破山东，挞懒久居滨、潍，刘豫以相近，奉之尤善。挞懒尝有许豫僭逆之意。庆裔，粘罕心腹也，恐为挞懒所先，遽建此议……高庆裔自河南归至云中，具陈诸州郡共戴刘豫之意。九月九日，立刘豫于大名府，国号大齐。(宇文懋昭《大金国志》卷六《太宗纪四》)

豫遂僭立于大名，以李孝扬权左丞，张东权右丞兼吏部侍郎，以子麟提领诸路兵马知济南……遂起四郡强壮为云从子弟，应募者六千人。(宇文懋昭《大金国志》卷三一《齐国刘豫录》)

维天会八年，岁次庚戌，七月辛丑朔，二十七日丁卯，皇帝若曰：朕闻公于御物，不以天位为己私。职在救民，乃知王者为道器。威罚既已殄罪，位号宜乎授能。乃者有辽，运属颠危，数穷否塞，获罪上帝，流毒下民。太祖武元皇帝，仗黄钺而拯黔黎，举白旄而誓师众。妖氛既埽，区宇式宁。越有宋人，来从海道，愿输岁币，析复汉疆。太祖方务善邻，即从来议。岂期天方肇乱，自启衅阶，阴结叛臣，贼虐宰辅，鸠集奸慝，扰乱边陲。肆朕纂承，仰循先矩，姑存大体，式示涵容。乃复蔽匿逋逃，夸大疆域。肆其贪很，自起纷争。扰吾外属之藩邻，取其受赐之乡土。因彼告援，遂与解和。终无听从，巧为辞拒。爰命将帅，敦谕盟言。许以自新，全然不改。偏师傅汴，首罪奔淮。嗣子哀鸣，请复欢好，地画三镇，誓卜万年。凡有质委，悉同父约。既而官军未退，夜集众以犯营；誓墨未干，密传檄而坚壁。私结使人，阴起事端。以故再遣师徒，诘兹败类。又起画河之议，复成款战之谋。既昧神明，乃昭元鉴，京城摧破，鼎祚沦亡。无并尔疆，以示不贪之德；止迁其主，用彰伐罪之心。建楚新封，守宋旧服，不料懦庸，难胜重任，妄为退让，反陷诛锄。奉命出和，已作潜身之计，提兵入卫，反为护己之资。忍视父兄，甘为俘虏，事务虽济，人岂无情？方在殷忧，乐于僭号，心之幸祸，于此可知。乃遣重兵，连年讨捕，始闻远窜，越在岛夷。重念斯民，乱于无主，久罹涂炭，未获昭苏。不委仁贤，孰能保庇？咨尔中奉大夫，京东、京西、淮南等路安抚使兼诸路马步军都总管，知东平府，节制大名府，开德府、濮、博、滨、棣、德、沧等州刘豫，夙擅敢言之誉，素怀济世之才。居于乱邦，生不遇世。百里虽智，亦奚补于虞亡？三仁至高，或愿从于周仕。当奸贼扰攘之际，愚民去就之间，举郡来王，奋然独断。逮乎历试，厥勋克成；委之安抚德化行，任之尹牧狱讼理；付之总戎盗贼息，专之节制郡国清。况又定衰救乱之谋，安变持危之策。使民无事则橐弓力穑，有役则释耒荷戈。罢无名之征，废不急之务。征隐逸，举孝廉，振纲纪，修制度。省刑罚而出烦酷，发仓廪而息虫螟。神人以和，上下协应。比下明诏，询考舆情，列郡同辞，一心仰戴。宜即始归之地，以昭建业之元。是用遣使留守西京、特进检校太保、尚书右仆射、大同尹兼山西兵马都部署、上柱国、广陵郡开国公食邑二千户、食实封二百户高庆裔，副使金紫光禄大夫、尚书礼部侍郎、知制诰、护军南阳县开国侯食邑一千户、食实封一百户韩昉，备礼以玺绶宝命尔为皇帝，国号大齐，都于大名府，世修子礼，永贡虔诚。付尔封疆，并从楚旧。更须安集，自适攸居。尔其上体天心，下从民欲，忠以藩王室，信以保邦圻。惟天难谌，惟命靡常；常厥德，保厥位。尔其勉哉，勿忽朕命。（宇文懋昭《大金国志》卷三二）

刘豫不惜以汉人攻汉人，为金人前驱，乃与宋构兵。

天会十一年宋高宗绍兴三年，西历一一三三年，刘豫陷邓、随等州。李成本群盗，降。伪齐既得邓州，知襄阳李横、知随州李道闻之，皆弃城而去。于是宋郢、唐、信阳军相继陷没。……粘罕遣李永寿等使南宋，取回齐国之俘，及西北士民之在南者，且欲画江以益刘豫。……天会十二年绍兴四年春，宋遣章谊来军前，充奉表通问使。时国中所议事，南宋皆不从……刘豫得随、郢、襄阳等州，宋岳飞复取之。（宇文懋昭《大金国志》卷八《太宗纪六》）

刘豫用兵不利，乞助于金，合兵攻宋。

天会十二年……刘豫遣人请于国主乞师，主命诸将议之，粘罕、兀室以为难，窝里嗢以为可。于是窝里嗢、挞懒权左右副元帅，调渤海汉儿军五万人以应豫。（宇文懋昭《大金国志》卷八《太宗纪六》）

乞师于金人。伪奉议郎罗诱上南征策，豫大喜。夺民舟五百载战具，以徐文为前军，声言攻定海。……遣子麟入寇，及诱金人宗辅、挞辣、兀术分道南侵，步兵自楚、承进，骑兵由泗趋徐。……金主……以兀术尝渡江，习知险易，俾将前军。（《宋史》卷四七五《刘豫传》）

至是宋始亟为战备。盖豫与金不同，对金始终不敢抗，对豫则下诏讨之。一战而捷于大仪，再战而捷于鸦口。宋之士气，至是始振，寖有恢复之望矣。

朝廷震恐。或劝帝他幸，赵鼎曰："战而不捷，去未晚也。"张浚曰："避将安之？"遂决意亲征。豫兵与金人分道渡淮，楚州守臣樊序弃城走，淮东宣抚使韩世忠自承州退保镇江。……诏张浚援世忠，刘光世移军建康。世忠复还扬州。……世忠战于大仪，解元战于承州，皆捷。豫露榜有窥江之言。帝发临安。……下诏讨豫，始暴豫罪恶，士气大振。（《宋史》卷四七五《刘豫传》）

金人与刘豫合兵，分道入侵。……世忠……遂自镇江济师，俾统制解元守高邮，候金步卒；亲提骑兵驻大仪，当敌骑，伐木为栅，自断归路。会遣魏良臣使金，世忠撤炊爨，给良臣，有诏移屯守江，良臣疾驰去。世忠度良臣已出境，即上马令军中曰："眂吾鞭所向。"于是引军次大仪，勒五阵，设伏二十余所，约闻鼓即起击。良臣至金军中，金人问王师动息，具有所见对。聂儿孛堇闻世忠退，喜甚，引兵至江口，距大仪五里；别将挞孛也拥铁骑过五阵东。世忠传小麾鸣鼓，伏兵四起，旗色与金人旗杂出，金军乱，我军迭进。背嵬军各持长斧，上揕人胸，下砍马足。敌被甲陷泥淖，世忠麾劲骑四面蹂躏，人马俱毙，遂擒挞孛也等……所遣董旼，亦击金人于天长县之鸦口……解元至高邮遇敌，设水军夹河阵，日合战十三，相拒未决。世忠遣成闵将骑士往援，复大战……世忠复亲追至淮，金人惊溃，相蹈藉溺死甚众。……时挞辣屯泗州，兀朮屯竹塾镇，为世忠所扼。(《宋史》卷三六四《韩世忠传》)

是时雨雪乏粮，杀马而食，死亡日多，兵皆嗟怨。……又闻宋主亲征，国主病笃，韩常劝兀朮曰："士卒劳苦，俱无斗志，强驱过江，恐自常之余无不叛者。况今吾君病笃，内或有变，惟速归为善。"兀朮然之，夜引还。大军既去，乃遣人谕麟、猊。于是麟、猊等弃辎重亦遁，昼夜兼行三百余里，至宿州方小憩，西北大恐。(宇文懋昭《大金国志》卷八《太宗纪六》)

金兵既退，张浚屯盱眙，韩世忠屯楚州，刘光世屯合肥，岳飞屯襄阳，战储已备，知刘豫不足为患，高宗始诏谕三军，亲征刘豫。

豫闻帝亲征，告急于金主亶熙宗，领三省事宗磐曰："先帝立豫者，欲豫辟疆保境，我得按兵息民也。今豫进不能取，退不能守，兵连祸结，休息无期。从之则豫收其利，而我实受弊，奈何许之！"金主报豫自行，姑遣兀朮提兵黎阳以观衅。(《宋史》卷四七五《刘豫传》)

金知豫无能为，初则坐视不救，继遂废之，盖知中原不难治，勿须假手于人，而伪齐之国运终矣。

豫于是籍民兵三十万，分三道入寇。麟由寿春犯庐州，猊出涡口犯定远，孔彦舟趋光州、寇六安。……猊兵阻韩世忠不得前，还顺昌。麟兵从淮西系三净桥以济，次濠、寿间。江东安抚使张浚拒战，命汤沂中至泗州与张俊合，刘光世亦还庐州与沂中相应。统制王德、郦琼出安丰，遇麟，皆败之。猊众数万，欲趋宣化，犯建康，沂中破之于越家城。又遇于藕塘，大破之。猊遁，麟闻亦拔寨走。(钱士升《南宋书》卷一三《刘豫传》)

天会十五年宋高宗绍兴七年……刘豫乞兵侵江，且言宋将郦琼全军新降……乞兵南征。主以废之议已定，阳许其行……先是主已定议废豫，会豫乞师不已，乃建元帅府于太原，及屯兵河间，令齐国兵权听元帅府节制，遂分戍于陈、蔡、汝、亳、许、颍之间。于是尚书省檄豫治国无状，金主下诏数之，略曰："建尔一邦，逮兹八稔。尚勤兵戍，安用国为？"遂令挞懒等以侵江南为名，伐汴京，先约刘麟单骑渡河计事，麟以二百骑至武城，与兀朮遇，为所擒。二将同葛王褎驰至汴京，入东华门，逼豫出见，兀朮以鞭麾命羸马载之而去，废为蜀王。

是冬十一月也。（宇文懋昭《大金国志》卷九《熙宗纪一》）

自此以后，高宗奠都临安，南宋立国之基始固。

（丁）宋之平定内地

自宣和之末，民军蜂起，据有州郡。在南宋初，其最称强劲者有：

李成：

绍兴元年，帝至会稽。时金人残乱之余，孔彦舟据武陵，张用据襄汉；李成尤悍强，据江、淮、湖湘十余州，连兵数万，有席卷东南意，多造符谶，蛊惑中外，围江州久未解，时方患之。范宗尹请遣将致讨，俊慨然请行……成党马进在筠州。……俊用杨沂中计……击……贼骇乱，退走大败。既复筠州……俊引兵渡江，至黄梅县，亲与成战。成……凭山，以木石投人。俊先遣游卒进退若争险状以诳贼，俊亲冒矢石，帅众攻险，贼众数万俱溃，马进为追兵所杀，成北走降刘豫，诸郡悉平。（《宋史》卷三六九《张俊传》）

张用：

张用寇江西，用亦相人，飞以书谕之曰："吾与汝同里，南薰门、铁路步之战，皆汝所悉。今吾在此，欲战则出，不战则降。"用得书……遂降。江、淮平。（《宋史》卷三六五《岳飞传》）

孔彦舟：

孔彦舟，初名彦威，为东平府钤辖。与一宗女私通，知州权邦彦欲按之，彦舟率众走，至南京，众渐盛。钟相反于武陵，鼎州地守孤危，军民迎彦舟入城……因而袭之，相败……率众移潭州……刘豫僭位……彦舟……畔附。（钱士升《南宋书》卷一三《孔彦舟传》）

曹成：

曹成拥众十余万，由江西历湖湘，据道、贺二州。命飞权知潭州，兼权荆湖东路安抚都总管……招成。成闻飞将至……即分道而遁。飞至茶陵，奉诏招之，成不从。飞奏："比年多命招安，故盗力强则肆暴，力屈则就招，苟不略加剿除，蜂起之众，未可遽殄。"许之。飞入贺州境得成谍者，缚之帐下。飞出帐调兵食，吏曰："粮尽矣，奈何？"飞阳曰："姑反茶陵。"已而顾谍若失意状，顿足而入，阴令逸之。谍归告成，成大喜，期翌日来追。飞命士蓐食，潜趋绕岭，未明已至太平场，破其寨。成据险拒飞，飞挥兵掩击，贼大溃。成走据北藏岭、上梧关，遣将迎战。飞不阵而鼓，士争奋，夺二隘据之。……登岭破其众，成奔连州。张宪……与飞会连州。进兵追成，成走宣抚司降。……岭表平。（《宋史》卷三六五《岳飞传》）

刘忠：

时刘忠有众数万，据白面山，营栅相望。世忠始至，欲急击，宣抚使孟庾不可，世忠……遂与贼对垒……世忠先得贼军号……夜伏精兵二千于白面山，与诸将拔营而进，贼兵方迎战，所遣兵已驰入中军，夺望楼，植旗盖，传呼如雷，贼回顾惊溃，麾将士夹击，大破之，斩忠首，湖南遂平。（《宋史》

卷三六四《韩世忠传》）

刘忠据白面山，凭险筑垒。世忠讨之，距贼营三十里而阵。元独跨马涉水薄贼寨，四顾周览。贼因山设望楼，从高瞰下，以兵守之，屯壮锐于四山，视其指呼而出战。元既得其形势，归告世忠曰："易与尔，若夺据其望楼，则技穷矣。"世忠然之，遣元率兵五百，长戟居中，翼以弓矢，自下趋高，贼众莫支。乃据望楼立赤帜，四面并进，贼遂平。（《宋史》卷三六九《解元传》）

范汝为：

建安范汝为反，辛企宗等讨捕未克，贼势愈炽。以世忠为福建、江西、荆湖宣抚副使，世忠曰："建居闽岭上流，贼沿流而下，七郡皆血肉矣。"亟领步卒三万，水陆并进。次剑潭，贼焚桥，世忠策马先渡，师遂济。贼尽塞要路拒王师，世忠命诸军偃旗仆鼓，径抵凤凰山，俯瞰城邑，设云梯火楼，连日夜并攻，贼震怖叵测。五日城破，汝为窜身自焚，斩其弟岳、吉以徇，擒其谋主……及裨将……等五百余人。（《宋史》卷三六四《韩世忠传》）

杨么：

湖寇杨么，亦与伪齐通，欲顺流而下……帝命飞为之备。绍兴四年，除兼荆南、鄂岳州制置使。……命招捕杨么。……么负固不服，方浮舟湖中，以轮激水，其行如飞，旁置撞竿，官舟迎之辄碎。飞伐君山木为巨筏，塞诸港汊，又以腐木乱草浮上流，而下择水浅处，遣善骂者挑之，且行且骂。贼怒来追，则草木壅积，舟轮碍不行。飞亟遣兵击之，贼奔港中，为筏所拒。官军乘筏，张牛革以蔽矢石，举巨木撞其舟尽坏。么投水，牛皋擒斩之。飞入贼垒，余酋惊曰："何神也！"俱降。(《宋史》卷三六五《岳飞传》)

江、湖南、北闽，既已咸定，张浚与诸将始请进兵，为规复中原之计。

张浚至江上，会诸大帅，独称飞与韩世忠可倚大事，命飞屯襄阳以窥中原。(《宋史》卷三六五《岳飞传》)

飞奏：襄阳等六郡，为恢复中原基本，今当先取六郡，以除心膂之病。(《宋史》卷三六五《岳飞传》)

与帝论恢复之略，因疏："金人立刘豫，盖以中国攻中国，粘罕休息观衅耳。愿假臣日月，提兵向洛，据潼关，号召五路叛将。彼将弃汴而走，京畿可以尽复。然后经略两河，则豫成擒，金人可灭。"（钱士升《南宋书》卷一五《岳飞传》）

时金熙宗新立，权臣觊觎大位，未遑南牧。在宋则秦桧执政，素主议和，不允张浚等恢复之请，兵争稍息。

太宗以武元太祖之弟升居储位，继登大宝。然一时将相如粘罕、兀朮、兀室皆开国大功臣，桀黠难制。太宗居位，拱默而已。太宗病时，大兵相距江上。既崩，不敢发丧。至军回，于次年春，方告诸路。方武元之立太宗也，元约互传于子孙。太宗既立，即舍己之子宋王宗磐本名蒲卢虎，而以武元之长孙梁王亶为谙版孛极烈官之尊贵者，仍领都元帅之职。太宗既崩，宋王宗磐与武元之子凉王砼，及左副元帅粘罕皆争立，而亶为嫡，遂立之。盖粘罕为窝里嗢宗辅所代，已失兵柄，故不得立。时窝里嗢、挞辣诸帅自江上回，至燕山，悉赴太宗之丧。……亶即皇帝位熙宗。（宇文懋昭《大金国志》卷八《太宗纪六》）

粘罕有争立之心，金熙宗即位，即削其兵权，代以宗辅。

初金主……召尼玛哈粘罕为相，以鄂尔多宗辅代守云中。……遂失兵柄。富勒呼即宗磐，亦作蒲卢虎欲挫尼玛哈，因其所善高庆裔以赃败下狱，尼玛哈乞免官为庶人以赎其罪，金主不许。庆裔临刑，尼玛哈哭与之别，庆裔曰："公早听我言，岂有今日？"盖庆裔尝教之反，凡尼玛哈之党，连坐者甚众，尼玛哈恚闷绝食，纵饮而死。（《续通鉴纲目》卷一三）

未几宗辅卒，老成唯余兀朮与挞懒二人。挞懒行辈最尊，独得柄用，与左相宗隽本名讹鲁观太师领三省事宗磐，各怀异志。会刘豫之废，宋遣王伦使金，求河南故地，挞懒欲结宋为外援而许之。

乃废刘豫。挞懒以左副元帅守汴京，于是伦适至。挞懒太祖从父兄弟，于熙宗为祖行。太宗长子宗磐，以太师领三省事，位在宗幹太宗子，本名斡本上。宗翰粘罕薨已久，宗幹不能与宗磐独抗。明年天眷元年，挞懒与东京留守宗隽俱入朝，熙宗以宗隽为左丞相。宗隽太祖子也。挞懒、宗磐、宗隽三人，皆跋扈嗜利，阴有异图，遂合议以齐地与宋，自宗幹以下争之不能得。（《金史》卷七九《王伦传》）

豫为帝数年，无尺寸功，遂降豫为蜀王。挞懒与右副元帅宗弼俱在河南，宋使王伦求河南、陕西地于挞懒。明年挞懒朝京师，倡议以废齐旧地与宋，熙宗命群臣议，会东京留守宗隽来朝，与挞懒合力，宗幹等争之不能得。宗隽曰："我以地与宋，宋必德我。"宗宪本名阿懒折之曰："我俘宋人父兄，怨非一日。若复资以土地,是助雠也,何德之有。勿与便。"……是时太宗长子宗磐为宰相，位在宗幹上，挞懒、宗隽附之，竟执议以河南、陕西地与宋。张通古为诏谕江南使。(《金史》卷七七《挞懒传》)

天眷二年宋高宗绍兴九年……宋王伦来使，充迎奉梓宫、奉还两宫交割地界使。金主下诏于河南，以陕西、河南故地。归于南宋。略曰："顷立刘豫以守南夏，累年于兹。……倘能偃兵息民，我国家岂贪尺寸之地……所以去冬特废刘豫，今自河之南，复以赐宋氏。……"（宇文懋昭《大金国志》卷一〇《熙宗纪二》)

宋不烦兵力，而得河南、陕西失地。会挞懒谋反被诛，兀术执政，竟反前议，宋使王伦被囚于金，南北战端再启。

以伦为东京留守，兼开封尹。伦至东京，见金右副元帅兀术,交割地界,兀术还燕。……初兀术还,密言于金主曰："河南地，本挞懒、宗磐主谋，割之与宋，二人必阴结彼国。今使已至汴，勿令逾境。"……遂命中山府拘伦。(《宋史》卷三七一《王伦传》)

天眷二年秋，郎君吴矢反，既而擒获下大理狱，事连宋国王宗磐、兖国王宗隽、虞国王宗英、滕国王宗伟、前左副点检浑睹。时主与右相陈王兀室,谋诛诸父,因朝旦伏兵于内,宗磐入见，擒送大理狱。悉夷其族。……除兀术都元帅。兀

朮既平宗磐之难，驰至燕山，以图挞懒，下祁州府狱，伏诛。(宇文懋昭《大金国志》卷一〇《熙宗纪二》)

宗磐跋扈尤甚，宗隽亦为丞相，挞懒持兵柄，谋反有状。宗磐、宗隽皆伏诛，诏以挞懒属尊有大功，因释不问，出为行台尚书左丞相，手诏慰遣。挞懒至燕京，愈骄肆不法，复与翼王鹘懒谋反，而朝议渐知其初与宋交通，而倡议割河南、陕西之地。宗弼请复取河南、陕西。会有上变告挞懒者，熙宗乃下诏诛之。挞懒自燕京南走，追而杀之于祁州。(《金史》卷七七《挞懒传》)

宗弼自军中入朝，进拜都元帅。宗弼察挞懒与宋人交通赂遗，遂以河南、陕西与宋，奏请诛挞懒，复旧疆。是时宗磐已诛，挞懒在行台，复与鹘懒谋反。会置行台于燕京，诏宗弼为太子，领行台尚书省，都元帅如故，往燕京诛挞懒。……追至祁州杀之。诏“诸州郡军旅之事，决于帅府。民讼钱谷，行台尚书省治之。”宗弼兼总其事，遂议南伐。(《金史》卷七七《宗弼传》)

兀朮既得政，乃举兵南下，时宋高宗绍兴十年，金熙宗天眷三年西历一一四〇年也。

天眷三年……挞懒诛，兀朮始得政，以归地非其本计，决欲渝盟，乃举国中之兵，集于祁州元帅府大阅，遂分四道南征。命聂黎孛堇出山东，撒离曷侵陕右，李成侵河南，兀朮自将精兵十余万，与孔彦舟、郦琼、赵荣抵汴。至是攻宋东京，孟庚率官吏迎拜，兀朮入城……诏谕州县，以挞懒擅割河南，且言宋朝不肯徇其所欲。诏词略曰：“非予一人有食

言，恩威弛张之间，盖不得已。”遂命使持诏，遍诣诸郡，又分兵随之。（宇文懋昭《大金国志》卷一一《熙宗纪三》）

宗弼由黎阳趋汴，右监军撒离喝出河中，趋陕西。宋岳飞、韩世忠，分据河南州郡要害，复出兵涉河，东驻岚、石、保德之境，以相牵制。宗弼遣孔彦舟下汴、郑两州，王伯龙取陈州，辛成取洛阳，自率众取亳州，及顺昌府，嵩、汝等州，相次皆下。（《金史》卷七七《宗弼传》）

北师游骑，先至顺昌城下，既而葛王褒及龙虎大王军并至城下，凡三万余人，为宋刘锜所败……兀术至……见其城陋，谓诸将曰：“此可以靴尖趯倒耳。即下令……平旦并力攻城，……大败……而去。……至陈州，数诸将之罪，自将军韩常以下皆鞭之，于是复以葛王褒守归德府，韩常守许州，兀术自拥其众还汴京。（宇文懋昭《大金国志》卷一一《熙宗纪三》）

大军在颍昌，诸将分道出战，飞自以轻骑驻郾城，兵势甚锐。兀术大惧，会龙虎大王议，以为诸帅易与，独飞不可当，欲诱致其师，并力一战。……兀术怒，合龙虎大王、盖天大王，与韩常之兵逼郾城。……官军奋击，遂大败之。……兀术遁还汴京。（《宋史》卷三六五《岳飞传》）

其入陕金兵，初战尚利，后亦挫败。

绍兴十年，金人败盟，诏璘节制陕西诸路军马。撒离喝渡河，入长安，趋凤翔，陕右诸军，隔在敌后，远近震恐。……璘以书遗金将约战，金鹘眼郎君以三千骑冲璘军，璘使李师颜以骁骑击走之。鹘眼入扶风，复攻拔之……撒离喝怒甚，自战百通坊，列阵二十里。璘遣姚仲力战破之……十一年，与金统军胡盏战剡家湾，败之，复秦州及陕右诸郡。(《宋史》卷三六六《吴璘传》)

撒离喝自河中渡河，疾驰二百五十里，趋永兴军，宋权知军事郝远即开门纳之。长安既克，陕西州县，所至迎降。既而撒离曷至凤翔西城外下寨，为李师颜、姚仲所败。又悉兵攻泾州，宋田晟因其壁垒未定击之，金师败走。(宇文懋昭《大金国志》卷一一《熙宗纪三》)

两路金兵均不利，乃谋再举。

皇统元年宋高宗绍兴十一年春，兀朮自顺昌失利，遂保汴京，留屯宋亳州，出入许、郑之间，签两河军与番部凡十余万，以谋再举。至是果南侵，克寿春府、滁州、亳州、庐州、和州，至柘皋安徽巢县西北，与刘锜相遇，隔河相拒。锜会张俊、杨沂中军迎敌，兀朮败退，屯于紫金山。(宇文懋昭《大金国志》卷一一《熙宗纪三》)

绍兴十一年，兀朮复签两河兵，谋再举。帝亦测知敌情，必不一挫遂已，乃诏大合兵于淮西以待之。金人攻庐、和二州，锜自太平渡江……与张俊、杨沂中会。而敌已大入，锜据东关之险以遏其冲，引兵出清溪，两战皆胜。行至柘皋，与金人夹石梁河而阵。(《宋史》卷三六六《刘锜传》)

兀朮……至柘皋，其地坦平，金人自以为骑兵之利也，隔河相拒。会夜大雨，锜遣人会合张俊及沂中之军……锜……率先迎敌，沂中军继至。兀朮铁骑十余万，分为两隅，夹道而阵。王德与田师中挥兵先薄其右隅，金阵动，乃以拐子马两翼而进，沂中令万兵各持斧如堵而前，锜与诸军合击之，

金兵……即退走。（宇文懋昭《大金国志》卷一一《熙宗纪三》）

金师第四次南侵，胜利虽属于宋，然顺昌、郾城之役，乃兀朮轻敌致败，至于陕西，亦不过成相持之局。

（2）宋、金之媾和

给事中兼直学士院汪藻言："金人为患，今已五年。陛下以万乘之尊，而伥然未知税驾之所者，由将帅无人，而御之未得其术也。如刘光世、韩世忠、张俊、王瓔之徒，身为大将，论其官，则兼两镇之重，视执政之班，有韩琦、文彦博所不敢当者。论其家，则金帛充盈，锦衣肉食，舆台厮养，皆以功赏补官，至一军之中，使臣反多，卒伍反少。平时飞扬跋扈，不循朝廷法度，所至驱虏，甚于夷狄，陛下不得而问，正以防秋之时，责其死力耳。张俊明州，仅能少抗，奈何敌未退数里间，而引兵先遁，是杀明州一城生灵，而陛下再有馆头之行者，张俊使之也。陛下……以……杜充守建康，韩世忠守京口，刘光世守九江，而以王瓔隶杜充，其措置非不善也。而世忠八九月间，已扫镇江所储之资，尽装海舶，焚其城郭，为逃遁之计。洎杜充力战于前，世忠、王瓔卒不为用，光世亦晏然坐视，不出一兵，方与韩衵朝夕饮宴，贼至数十里间而不知，则朝廷失建康，虏犯两浙，乘舆震惊者，韩世忠、王瓔使之也。失豫章而太母播越，六宫流离者，刘光世使之也。呜呼！诸将以负国家罪恶如此，而俊自明引兵至温，道路一空，民皆逃奔山谷。世忠逗遛秀州，放军四掠，至执缚县宰，以取钱粮，虽陛下亲御宸翰，召之三四而不来，元夕取民间子女，张镫高会……瓔自信入闽，所过要索千计，公然移文曰：

‘无使枉害生灵。’其意果安在哉？臣观今日诸将，用古法皆当诛。”(《通考》卷一五四《兵考六》)

起居郎胡寅上疏言……今之赏功，全阵转授，未闻有以不用命被戮者……自长行以上，皆以真官赏之，人挟券历请厚俸，至于以官名队……煮海榷酤之入，遇军之所至，则奄而有之，阛阓什一之利，半为军人所取。至于衣粮，则日仰于大农，器械则必取之武库，赏设则尽出于县官……总兵者，以兵为家，若不复肯舍者。曹操曰“欲孤释兵，则不可也”，无乃类此乎！……诸军近者四五年，远者八九年，未尝落死损逃亡之数，岂皆不死乎。(《通考》卷一五四《兵考六》)

叶適……又《论四屯驻大兵》曰……诸将自夸雄豪，刘光世、张俊、吴玠兄弟、韩世忠、岳飞各以成军，雄视海内。……廪饩惟其所赋，功勋惟其所奏。将校之禄，多于兵卒之数。朝廷以转运使主馈饷，随意诛剥，无复顾惜，志意盛满，仇疾互生。(《通考》卷一五四《兵考六》)

按建炎中兴之后，兵弱敌强，动辄败北，以致王业偏安者，将骄卒惰，军政不肃所致……张、韩、刘、岳之徒……究其勋庸，亦多是削平内寇，抚定东南耳。一遇女真，非败则遁，纵有小胜，不能补过。(《通考》卷一五四《兵考六》)

尝论诸大将拥重兵，寖成外重之势，且陈所以待将帅者三事，后十年，卒如其策。(《宋史》卷四四五《汪藻传》)

郦琼……康王以为楚州安抚使、淮南东路兵马钤辖……未几，率所领步骑十余万附于齐……宗弼再伐江南，以琼素知南方山川险易，召至军，与计事。从容语同列曰：“琼尝从大军南伐，每见元帅国王，亲临阵督战，矢石交集，而王免胄指麾三军，意气自若……亲冒锋镝，进不避难，将士视之，孰敢爱死乎。……江南诸帅，才能不及中人。每当出兵，必身居数百里外，谓之持重。或督召军旅，易置将校，仅以一介之士，持虚文谕之，谓之调发。制敌决胜，委之偏裨，是以智者解体，愚者丧师。幸一小捷，则露布飞驰，增加俘级，以为己功，敛怨将士。纵或亲临，亦必先遁。而又国政不纲，才有微功，已加厚赏，或有大罪，乃置而不诛。不即覆亡，已为天幸，何能振起耶？”（《金史》卷七九《郦琼传》）

主和最力者秦桧，而为桧主持者则宋高宗。

以屡败积弱之余，当百战方张之寇……欲乘此偏安甫定之时，即长驱北指，使强敌畏威，还土疆而归帝后，虽三尺童子，知其不能也。故秦桧未登用之先，有识者固早已计及于和。……绍兴五年，将遣使至金，通问二帝，胡寅言：“国家与金世雠，无通使之理。”张浚谓：“使事兵家机权，日后终归于和，未可遽绝。”是浚未尝不有意于和也。陈与义云：“和议成，岂不贤于用兵？不成则用兵必不免。”是与义亦未尝不有意于和也。高宗谓赵鼎曰：“今梓宫、太后、渊圣钦宗旨在彼，若不与和，则无可还之理。”此正高宗利害切己，量度时势，有不得不出于此者。……自胡铨一疏，以屈己求和为大辱，其议论既恺切动人，其文字又愤激作气。天下之谈义理者，遂群相附和，万口一词，牢不可破矣！……故知身在局外者易为空言，身在局中者难措实事。秦桧谓：“诸君争取大名以去，如桧但欲了国家事耳。”斯言也，正不能以人而废言也。（赵翼《廿二史劄记》卷二六《和议》）

和议成，特所订条件，无不屈辱，其大要如下：

（1）宋称臣奉表于金，金册宋主为皇帝。

（2）岁贡银绢各二十五万。

（3）金主生辰及正旦，遣使致贺。

（4）东以淮水，西以大散关为界。

（5）割唐、邓二州，及商、秦之半以畀金。

至高宗奉表之词曰：

臣构言，今来画疆，以淮水中流为界，西有唐、邓州，割属上国。自邓州西四十里，并南四十里为界属邓。四十里外并西南，尽属光化军，为敝邑沿边州城。既蒙恩造，许备藩方，世世子孙，谨守臣节。每年皇帝生辰并正旦，遣使称贺不绝。岁贡银、绢二十五万两匹，自壬戌年为首，每春季搬送至泗州交纳。有渝此盟，明神是殛，坠命亡氏，踣其国家。今臣既进誓表，伏望上国早降誓诏，庶使敝邑永为凭焉。（陈邦瞻《宋史纪事本末》卷七二）

金亦遣使册高宗为帝。

皇统二年宋高宗绍兴十二年三月，……遣左宣徽使刘筈，以衮冕圭册，册宋康王为帝。（《金史》卷四《熙宗纪》）

和议既成，秦桧于同时收回诸将兵柄。

桧再主和议，患诸将难制，同献计于桧，请皆除枢府，罢其兵权。桧喜，乃密奏以柘皋之捷，召三大将赴行在，论功行赏。……帝命……分草三制，世忠、俊枢密使，飞副使，

并宣押赴枢府治事。张俊与桧意合，且觉朝廷欲罢兵权，即首纳所统兵。(《宋史》卷三八〇《范同传》)

秦会之既主和，惧诸将不从命，于是诏三大将入觐。……于是三枢密拜矣。三人累表辞谢，桧与上约，答诏视常时，率迟留一二日，凡诸礼例恩赐，各自倍多。桧别下诏，三大屯皆改隶御前矣。始诸将苦斗积职……然皆起卒伍，父事大将，常不得举首，或溷其家室。岳师律尤严，将校有犯，大则诛杀，小亦鞭挞……命既下诸校新免所隶，可自结和，人人便宽善，共命报应，已略定，三人扰扰未暇问也。稍从容见桧，始以置衔漏挂兵权为请。桧笑曰："诸君知宣抚制置使乎？此边官尔。诸公今为枢庭官，顾不役属耶？"三人者怅怅而退，始悟失兵柄焉。(周密《齐东野语》卷一三)

当时诸大将极力主战，力攻和议之非，形类久据兵柄，愈中君相之忌。

桧欲画淮以北弃之，风台臣请班师。飞奏："金人锐气沮丧，尽弃辎重，疾走渡河，豪杰向风，士卒用命，时不再来，机难轻失。"桧知飞志锐不可回，乃先请张俊、杨沂中等归，而后言飞孤军不可留，乞令班师。一日奉十二金字牌……时和议既决，桧患飞异己，乃密奏召三大将论功行赏。韩世忠、张俊已至，飞独后。(《宋史》卷三六五《岳飞传》)

金人废刘豫，中原震动，世忠谓机不可失，请全师北讨，招纳归附为恢复计。会秦桧主和议，命世忠徙屯镇江。世忠言："金人诡诈，恐以计缓我师，乞留此军蔽遮江、淮。"又力陈和议之非，愿效死节，率先迎敌；若不胜，从之未晚。(《宋史》

卷三六四《韩世忠传》)

诸将复不能和衷共济，自成嫌隙，尤与主和者以可乘之机。

初飞在诸将中，年最少，以列校起拔，累立显功，世忠、俊不能平，飞屈己下之，幕中轻锐，教飞勿苦降意。金人攻淮西……飞……解庐州围……俊反忌之。……还朝，反倡言飞逗遛不进，以乏饷为辞。至视世忠军，俊知世忠忤桧，欲与飞分其背嵬军，飞义不肯，俊大不悦。(《宋史》卷三六五《岳飞传》)

斯际四大屯兵，在江淮之间，张、韩、岳实为主要之人，而不相能如此。飞在诸将中，尤坚意主战，故桧必欲杀之。

桧亦以飞不死，终梗和议，己必及祸，故力谋杀之。(《宋史》卷三六五《岳飞传》)

桧以飞屡言和议失计，且尝奏请定国本，俱与桧大异，必欲杀之。(《宋史》卷四七三《秦桧传》)

叶适……论《四屯驻大兵》曰:“……秦桧虑不及远，急于求和，以屈辱为安者，盖忧诸将之兵未易收，浸成疽赘，则非特北方不可取，而南方亦未易定也。故约诸军支遣之数，分天下之财，特命朝臣以总领之，以为喉舌出纳之要。诸将之兵尽隶御前，将帅虽出于军中，而易置皆由于人主，以示臂指相使之势。向之大将，或杀或废，惕息俟命，而后江左得以少安。……”(《通考》卷一五四《兵考六》)

桧之甘心屈辱，不过假借和议，以固权位，与金约无故不得易宰相，此所以遭百世之唾骂。叶适所言，未必确论也。

(3) 南宋初年之兵费

宋为筹兵费加重人民担负，江南一隅，岁计七千万缗，人民困苦可知，其税收可记者如下：

（甲）川　陕

茶引：

建炎元年四月，成都路运判赵开言榷茶、买马五害……朝廷遂擢开同主管川、陕茶马。二年十一月，开至成都，大更茶法，仿蔡京都茶场法，印给茶引，使商人即园户市茶，百斤为一大引，除其十勿算。置合同场以讥其出入，重私商之禁，为茶市以通交易。每斤引钱，春七十、夏五十，市利、头子在外。所过征一钱五分，引与茶随，违者抵罪。（《通考》卷一八《征榷考五》）

参酌政和二年，东京都茶务所创条约，印给茶引，使茶商执引与茶户自相贸易。改成都旧买卖茶场为合同场，买引所，仍于合同场置茶市，交易者必由市，引与茶必相随。茶户十或十五共为一保，并籍定茶铺姓名，互察影带贩鬻者。凡买茶引，每一斤，春为钱七十，夏五十，旧所输市例头子钱，并依旧。茶所过每一斤征一钱，住征一钱半。其合同场监官，除验引、秤茶、封记、发放外，无得干预茶商、茶户交易事。比及建炎四年冬，茶引收息，至一百七十余万缗。（《宋

史》卷三七四《赵开传》)

榷酤：

高宗建炎三年，张浚用赵开总领四川财赋。开言蜀民已困，惟榷酤尚有赢余，遂大变酒法：自成都始，先罢公帑卖供给酒，即旧扑卖坊场所，置隔酿，设官主之，民以米赴官自酿，每斛输钱三十，头子钱二十二。(《通考》卷一七《征榷考四》)

其酿之多寡，惟钱是视，不限数也。(《宋史》卷三七四《赵开传》)

钱引：

于秦州置钱引务，兴州鼓铸铜钱，官买银绢，听民以钱引或铜钱买之。凡民钱当入官者，并听用引折纳官，支出亦如之。民私用引为市，于一千并五百上，许从便增高其直，惟不得减削，法既流通，民以为便。初钱引两科通行，才二百五十万有奇，至是添印至四千一百九十余万，人亦不厌其多，价亦不削。(《宋史》卷三七四《赵开传》)

盐引：

又变盐法，其法……置合同场盐市，与茶法大抵相类。盐引每一斤，纳钱二十五，土产税，及增添等，共纳九钱四分，所过每斤征钱七分，住征一钱五分，若以钱引折纳，别输称提勘合钱共六十。(《宋史》卷三七四《赵开传》)

川陕税收额，几占江南之半。

浚荷重寄，治兵秦川，经营两河，旬犒月赏，期得士死力，费用不赀，尽取办于开。开悉知虑于食货，算无遗策，虽支费不可计，而赢资若有余。（《宋史》卷三七四《赵开传》）

（乙）江 淮

经制钱：

宣和末，陈亨伯以发运兼经制使因以为名。建炎二年，高宗在扬州，四方贡赋不以期至，户部尚书吕颐浩、翰林学士叶梦得等，言："亨伯以东南用兵，尝设经制司，取量添酒岁，及增一分税钱、头子、卖契等钱……于是以添酒钱、添卖糟钱、典卖田宅增牙税钱、官员等请给头子钱、楼店务增三分房钱，令两浙、江东西、荆湖南北、福建、二广收充经制钱，以宪臣领之，通判敛之，季终输送。绍兴五年，参政孟庾提领措置财用，请以总制司为名，又因经制之额，增析而为总制钱，而总制钱自此始矣。……诸路州县出纳系省钱，所收头子钱，贯收钱二十三文，……一十文……上供，余一十三文，充本路郡县并漕司用。……诸路州县杂税，出纳钱贯，收头子钱……增作二十三文……漕司及州旧，合得一十三文，省余尽入经制……常平钱物旧法，贯收头子钱五文……增作二十三文，足除五文，依旧法支用，余增到钱与经制司。（《宋史》卷一七九《食货志下一》）

月桩钱：

所谓月桩钱者，始于绍兴之二年。时韩世忠驻军建康，宰相吕颐浩、朱胜非议令江东漕臣，月桩发大军钱十万缗，以朝廷上供经制及漕司移用等钱供亿。当时漕司不量州军之

力，一例均科……于是郡县横敛，铢积丝累，江东西之害尤甚。(《宋史》卷一七九《食货志下一》)

板帐钱：

所谓板帐钱者……如输米则增收耗剩，交钱帛则多收糜费，幸富人之犯法而重其罚，恣胥吏之受赇而课其入，索盗赃则不偿失主，检财产则不及卑幼，亡僧、绝户，不俟核实而入官，逃产、废田，不与消除而抑纳，他如此类，不可遍举。州县之吏，固知其非法，然以板帐钱额太重，虽欲不横取于民，不可得已。(《宋史》卷一七九《食货志下一》)

按：和议成后，高宗虽渐免诸苛敛。据《宋史·高宗纪》所载者，如绍兴十二年二月，蠲广南东西路骆科残扰州县今年租。七月，蠲广南、湖北沿边州军免行钱。十三年二月，蠲雷化等十州免行钱。闰月，蠲诸路无名月桩钱。七月，蠲浙西贫民逋负丁盐钱。九月，蠲淮南逋欠坊场钱及上供帛。十四年三月，蠲江、浙、京、湖积欠上供钱米，蠲汀、漳、泉、建四州经贼残蹂民户赋役一年。十五年七月，蠲庐、光二州上供钱米一年，免汀、漳二州秋税及处州三县被水民家紬绢，鄂州旧额绢，各一年；蠲四川转运司积贷常平钱十三万缗。八月，蠲京西路请佃田租及州县场务税钱二年。十月，蠲安丰军上供钱米二年。十六年四月，禁州县预借民税及和买钱。十一月，罢州县新创税场。十七年七月，减放四川重敛。九月，减四川科率虚额钱岁二百八十五万缗，蠲江南东西道诸州月桩钱，减江浙诸州折帛钱。然人民负担，仍较前代为重，而南方开发，却为从古未有之盛，此可注目者也。

（十）南宋与金之对峙

(1) 金之立国规模

(甲) 疆 域

宋政和三年辽天祚帝天庆三年阿骨打嗣位。四年，遂叛辽，陷宁江州，屡败辽军，遂称帝……陷黄龙府，辽主延禧自将讨之，复败还。六年金太祖收国二年，辽将高永昌据辽阳以叛，阿骨打击破之，辽东京路州县悉没于金。明年七年金太祖天辅元年拔显州，辽西诸州次第降下。宣和二年，辽天祚帝天庆十年，金太祖天辅四年，陷辽上京。四年辽天祚帝保大二年，陷中京，尽略居庸以北地。进取辽西京路诸州县，又取辽之东胜州，乃还入居庸，辽人以燕京降。于是五京诸路，皆为金有。……五年金太宗天会元年阿骨打殂，弟吴乞买代立。七年击擒辽主……辽亡。遂遣将分道南寇。粘没喝自云州围太原，斡离不自燕山寇河北，渡河攻汴，不克而去。既而粘没喝陷太原，复南寇；斡离不亦自保州陷真定，引军南下，合攻汴，汴京陷……建炎元年金太宗天会五年，金人尽取两河州郡，复分道寇京东西及陕西诸路，所至摧陷。宗泽守东京，与金人相持。二年，金人略取陕西诸州镇，又陷大名，略河济而南。三年，陷徐州，遂逾淮泗入扬州。时京东诸州，多没于金，金人以刘豫知东平府，界旧河以南，俾豫统之。未几兀朮大举入寇，陷磁、单诸州，及兴仁府，进陷南京，遂入淮南，乃分道：

一自滁、和入江东，一自蕲、黄入江西，东陷明、越，西陷潭、岳，乃还。自是中原四京及陕西六路，悉陷于金，金人尽以畀刘豫。绍兴二年金太宗天会十年，豫自大名迁汴……五年，金阿骨打之孙合剌嗣位金熙宗。是时刘豫数引金人入寇，为宋所败。八年金熙宗天眷元年，金人遂袭汴，执刘豫，废徙临潢，因议以河南、陕西地与宋。十年，兀朮复自黎阳趋河南，撒离喝自河中趋陕西，尽夺所归地。宋因诏诸将进讨。岳飞等军屡胜，中原州镇，次第恢复。而秦桧专主割地请和，诏飞等班师，兀朮等旋复南寇。十一年金熙宗皇统元年，和议始定，西复大散，东限长淮，皆为金境。（顾祖禹《读史方舆纪要》卷八）

金之壤地封疆，东极吉林密雅呼达噶境。北自扶馀路之北三千余里和罗和博穆昆地为边，右旋入泰州博勒果所浚界壕。而西经临潢、金山，跨庆桓、抚昌净州之北；出天山外包东胜、接西夏、逾黄河、复西历葭州及米脂寨；出临洮府会州积石之外，与生羌地相错；复自积石诸山之南，左折而东，逾洮州，越盐州堡，循渭至大散关北，并山入京兆，络商州。南以唐、邓西南皆四十里，取淮之中流为界，而与宋为表里。袭辽制，建五京，置十四总管府，是为十九路；其闲散府九，节镇三十六，防御郡二十二，刺史郡七十三，军十有六，县六百三十二，后世宗大定二十二年复尽升军为州，或升城堡寨镇为县。是以金之京府州凡百七十九，县加于旧五十一，城寨堡关百二十二，镇四百八十八。东极海，西逾积石，北过阴山，南抵淮汉，地方万余里。（《续通典》卷一三一《州郡一一》）

金疆域简表

路名	辖地	备考
上京路	会宁府、隆安府。 肇州、信州。 (附属路) 蒲与路、合懒路、速频路、胡里改路。 凡府二，州二，路四	《金史·地理志上》，上京路，金之旧土也，国初称为内地。天眷元年，号上京。海陵贞祐二年，迁都于燕，削上京之号，止称会宁府。大定十三年七月，复为上京
东京路	辽阳府。 澄州、沈州、贵德州、盖州、复州、来远州。 (附属路) 婆速府路。 凡府一，州六，路一	《金史·地理志上》，辽阳府，辽郡名东平。天显三年，升为南京，府曰辽阳。十三年，更为东京
北京路	大定府、广宁府、兴中府、临潢府。 利州、义州、锦州、瑞州、懿州、建州、全州、庆州、兴州、泰州。 凡府四，州十	《金史·地理志上》，大定府，辽圣宗统和二十五年，建为中京，国初因称之。海陵贞元元年，更为北京。 又临潢府，辽为上京，国初因称之。天眷元年，改为北京。天德二年，改北京为临潢府路，三年罢。贞元元年，以大定府为北京，后但置北京临潢路提刑司，大定后罢路，并入大定府路

路名	辖地	备考
西京路	大同府，德兴府。 丰州、弘州、净州、桓州、抚州、昌州、宣德州、朔州、武州、应州、蔚州、云内州、宁边州、东胜州。 凡府二，州十四	《金史·地理志上》，大同府，辽重熙十三年，升为西京，府名大同，金因之。 又德兴府，晋新州，辽奉圣州，国初因之。大安元年，升为府，名德兴
中都路	大兴府。 通州、蓟州、易州、涿州、顺州、平州、滦州、雄州、霸州、保州、安州、遂州、安肃州。 凡府一，州十三	《金史·地理志上》，中都路，辽会同元年，为南京。开泰元年，号燕京。海陵贞元元年，定都，以燕乃列国之名，不当为京师号，遂改为中都
南京路	开封府、归德府、河南府。 睢州、单州、寿州、陕州、邓州、唐州、裕州、嵩州、汝州、许州、钧州、亳州、陈州、蔡州、息州、郑州、颍州、宿州、泗州。 凡府三，州十九	《金史·地理志中》，南京路，国初曰汴京。贞元元年，更号南京
咸平路	咸平府。 韩州。 凡府一，州一	《金史·地理志上》，咸平府，辽为咸州，国初为咸州路。天德二年八月，升为咸平府
河北东路	河间府。 蠡州、莫州、献州、冀州、深州、清州、沧州、景州。 凡府一，州八	《金史·地理志中》，河北东路。天会七年，析河北为东西路

路名	辖地	备考
河北西路	真定府、彰德府、中山府。 威州、沃州、邢州、洺州、磁州、祁州、浚州、卫州、滑州。 凡府三，州九	
山东东路	益都府、济南府。 潍州、滨州、沂州、密州、海州、莒州、棣州、淄州、莱州、登州、宁海州。 凡府二，州十一	《金史·地理志中》，山东东路，为宋京东东路
山东西路	东平府。 济州、徐州、邳州、滕州、博州、兖州、泰安州、德州、曹州。 凡府一，州九	
大名府路	大名府。 恩州、濮州、开州。 凡府一，州三	《金史·地理志下》，大名府路，宋北京魏郡
河东北路	太原府。 晋州、忻州、平定州、汾州、石州、葭州、代州、隩州、宁化州、岚州、岢岚州、保德州、管州。 凡府一，州十三	《金史·地理志下》，河东北路，宋河东路。天会六年，析河东为南北路
河东南路	平阳府、河中府、晋安府。 隰州、吉州、解州、泽州、潞州、辽州、沁州、怀州、孟州。 凡府三，州九	《金史·地理志下》，绛州，兴定二年十二月，升为晋安府

路名	辖地	备考
京兆府路	京兆府。 商州、虢州、乾州、同州、耀州、华州。 凡府一，州六	《金史·地理志下》，京兆府路，宋为永兴军路。熙宗皇统二年，省并陕西六路为四，曰京兆，曰庆原，曰熙秦，曰鄜延
凤翔路	凤翔府、平凉府。 德顺州、镇戎州、秦州、陇州。 凡府二，州四	《金史·地理志下》，凤翔路，宋秦凤路。 《读史方舆纪要》，金主雍。世宗大定二十七年，分熙秦为凤翔、临洮二路
鄜延路	延安府。 丹州、保安州、绥德州、鄜州、坊州。 凡府一，州五	
庆原路	庆阳府。 环州、宁州、邠州、原州、泾州。 凡府一，州五	
临洮路	临洮府。 积石州、洮州、兰州、巩州、会州、河州。 凡府一，州六	《金史·地理志下》，临洮路。皇统二年，改熙州为临洮府，置熙秦路总管府。大定二十七年，更今名

（乙）制　度

官制:

金自景祖，始建官属，统诸部以专征伐……其官长皆称曰勃极烈，故太祖以都勃极烈嗣位，太宗以谙版勃极烈居守。谙版，尊大之称也。其次曰国论忽鲁勃极烈。国论言贵，忽鲁犹总帅也。又有国论勃极烈，或左右置，所谓国相也。其次诸勃极烈之上，则有国论、乙室、忽鲁、移赉、阿买、阿舍、昊、迭之号，以为升拜宗室功臣之序焉。……其部长曰孛堇，统数部者曰忽鲁。凡此至献宗定官制皆废。……汉官之制，自平州人不乐为猛安、谋克之官……天辅七年，以左企弓行枢密院于广宁，尚踵辽南院之旧。天会四年，建尚书省，遂有三省之制。至熙宗颁新官制，及换官格，除拜内外官，始定勋封食邑入衔，而后其制定。然大率皆循辽宋之旧。海陵庶人正隆元年，罢中书门下省，止置尚书省。自省而下，官司之别，曰院、曰台、曰府、曰司、曰寺、曰监、曰局、曰署、曰所，各统其属以修其职。职有定位，员有常数，纪纲明，庶务举，是以终金之世守而不敢变焉。(《金史》卷五五百《官志序》)

金之地方官制，其初亦颇单简，厥后采用汉制，组织始渐完密。

其部长曰孛堇，统数部者曰忽鲁。凡此至熙宗定官制皆废。其后惟镇抚边民之官，曰秃里乌鲁，国之下，有详稳脱朵，详稳之下，有么忽、习尼昆，此则具于官制而不废，皆踵辽官名也。汉官之制，自平州人不乐为猛安、谋克见下《兵制》之官，始置长吏以下。(《金史》卷五五百《官志序》)

熙宗皇统五年，以古官曰牧、曰长，各有总名，今庶官不分类为名，于文移不便。遂定京府尹牧、留守、知州、县令、详稳、群牧为“长官”，同知、签院、副使、少尹、通判、丞曰“佐贰官”，判官、推官、掌书记、主簿、县尉为“幕职官”，兵马司及它司军者，曰“军职官”，警巡、市令、录事、司候、诸参军、知律、勘事、勘判为“厘务官”，应管仓库院务者，

曰“监当官”，知事、孔目以下，行文书者，为“吏”。(《金史卷五五《百官志一》)

金内外官制简表

<table>
<tr><th>区别</th><th colspan="3">机关与官员</th><th>地位与职掌</th><th>备考</th></tr>
<tr><td rowspan="5">中央官</td><td colspan="2">三师</td><td>太师
太傅
太保</td><td>师范一人，仪刑四海</td><td></td></tr>
<tr><td colspan="2">三公</td><td>太尉
司徒
司空</td><td>论道经邦，燮理阴阳</td><td></td></tr>
<tr><td rowspan="3">尚书省</td><td>宰相</td><td>尚书令
左丞相
右丞相
平章政事</td><td>总领纪纲，仪刑端揆，与左右丞相、平章政事为宰相，掌丞天子，平章万机</td><td></td></tr>
<tr><td>执政官</td><td>左丞
右丞
参知政事</td><td>为宰相之贰，佐治省事</td><td></td></tr>
<tr><td>司官</td><td>左司郎中
右司郎中</td><td>掌本司奏事，总察吏户礼三部受事付事。掌本司奏事，总察兵、刑、工三部受事付事</td><td>《金史·百官志一注》，国初置左右司侍郎。天眷三年，始更今名，旧凡视朝，执政官亲执奏。自天德二年，诏以付左右司官，为定制</td></tr>
</table>

区别	机关与官员			地位与职掌	备考
中央官	尚书省	六部	吏部 尚书侍郎 户部 尚书侍郎 礼部 尚书侍郎 兵部 尚书侍郎 刑部 尚书侍郎 工部 尚书侍郎		《金史·百官志一》，六部国初与左右司通署。天眷三年，始分治
	枢密院（都元帅府）		枢密使 枢密副使 签书枢密院事 同签枢密院事	掌凡武备机密之事	《金史·百官志一·都元帅府注》，掌征讨之事，兵罢则省。天会二年，伐宋始置。泰和八年，复改为枢密院。 又《枢密院注》，天辅七年，始置于广宁府，初犹如辽南院之制，后则否。 《金史·兵志》，循辽制立枢密院。天会三年，以伐宋为元帅府。天德三年，以元帅府为枢密院
	宣徽院		左宣徽使 右宣徽使	掌朝会燕享，凡殿庭礼仪及监知御膳	

区别	机关与官员		地位与职掌	备考
中央官	翰林学士院	翰林学士承旨 翰林侍读学士 翰林侍讲学士	掌制撰词命	《金史·百官志一注》，天德二年，命翰林学士院，自侍读学士，至应奉文字，通设汉人十员，女直、契丹各七员
	谏院	左谏议大夫 右谏议大夫 左司谏 右司谏		
	御史台	御史大夫 御史中丞	掌纠察朝仪，弹劾官邪，勘鞫官府公事。凡内外刑狱所属，理断不当，有陈诉者，付台治之	
	大宗正府	判大宗正事	掌敦睦纠率宗属，钦奉王命	《金史·百官志一》，泰和六年，避睿宗讳改为大睦亲府

区别	机关与官员		地位与职掌	备考
中方官	殿前都点检司	殿前都点检兼侍卫将军都指挥使 殿前左副都点检兼侍卫将军副都指挥使 殿前右副都点检兼侍卫将军副都指挥使	掌亲军	
	卫尉司	中卫尉 副尉	掌总中宫事务	
	诸寺	太常寺 大理寺		
	诸监	秘书监 国子监 太府监 少府监 军器监 都水监		

区别	机关与官员			地位与职掌	备考
地方官	监司府州	五经留守司	留守带本府尹兼本路兵马都总管		
		诸总管府	府尹兼领都总管	掌统诸城隍兵马甲仗，总判府事	
		都转运使	都转运司使	掌税赋、钱谷、仓库、出纳，权衡度量之制	
		按察司	按察使		《金史·百官志三》，按察司，本提刑司。《续通考·职官考》，宣宗贞祐三年又罢，止委监察采访使一人
		诸府	府尹	总判府事	《金史·百官志三·诸府注》，谓非兼总管府事者
		节镇	节度使	掌镇抚诸军防刺，总判本镇兵马之事，兼本州管内观察使事	
		防御州	防御使	掌防捍不虞，御制盗贼，余同府尹	

区别	机关与官员			地位与职掌	备考
地方官		刺史州	刺史	掌同府尹，兼治州事。	
	县		县令	总判县事。	《金史·百官志三·赤县注》，谓大兴宛平县。 又凡县二万五千户以上，为次赤为剧；二万以上为次剧；在诸京倚郭者曰京县；自京县而下，以万户以上为上，三千户以上为中，不满三千为下

兵制：

金之初年，诸部之民，无它徭役，壮者皆兵……有警则下令部内，及遣使诣诸孛堇征兵……其部长曰孛堇，行兵则称曰猛安、谋克，从其多寡以为号，猛安者千夫长也，谋克者百夫长也。……部卒之数，初无定制。至太祖即位之二年……始命以三百户为谋克，谋克十为猛安。继而诸部来降，率用猛安、谋克之名，以授其首领，而部伍其人。（《金史》卷四四《兵志》）

金初之兵，多东北部族之人，及灭辽，兼收辽汉人，兵制为之一变。

东京既平，山西继定，内收辽、汉之降卒，外籍部族之健士。尝用辽人讹里野，以北部百三十户为一谋克，汉人王六儿，以诸州汉人六十五户为一谋克，王伯龙及高从祐等，并领所部为一猛安。(《金史》卷四四《兵志》)

至熙宗移兵柄于国人，而废辽东汉人渤海诸部承袭之制，金兵制又为之一变。

熙宗皇统五年宋高宗绍兴十五年又罢辽东、汉人、渤海猛安、谋克承袭之制，寖移兵柄于其国人，乃分猛安、谋克为上中下三等，宗室为上，余次之。(《金史》卷四四《兵志》)

海陵恢复旧制，然移兵中原，使就耕食，始渐失尚武之风，金之兵力始衰。

至海陵庶人天德二年……削上中下之名，但称为诸猛安、谋克，循旧制，间年一征发，以补老疾死亡之数。贞元迁都，遂徙上京路太祖、辽王宗幹、秦王宗翰之猛安，并为合札猛安即亲军及右谏议乌里补猛安，太师勖、宗正宗敏之族，处之中都。斡论、和尚、胡剌三国公，太保昂、詹事乌里野、辅国勃鲁骨、定远许烈、故梁国公勃迭八猛安，处之山东。阿鲁之族，处之北京。按达族属，处之河间。……授牛田，使之耕食，以蕃卫京国。(《金史》卷四四《兵志》)

宣宗之时，将骄卒惰，兵制益坏。

宣宗南迁……尽拥猛安户之老稚渡河，侨置诸总管府以统之，器械既缺，粮备不给，朘民膏血而不足，乃行括粮之法，一人从征，举家待哺。又谓无以坚战士之心，乃令其家尽入京师，不数年，至无以为食，乃听其出，而国亦屈矣。(《金史》卷四四《兵志》)

贞祐三年……上书……曰，往岁王师屡战屡衄，卒皆自败。承平日久，人不知兵，将帅非才，既无靖难之谋，又无效死之节，外托持重之名，而内为自安之计，择骁果以自随，委疲懦以临阵，阵势稍动，望尘先奔，士卒从而大溃。朝廷不加诘问，辄为益兵。是以法度日紊，仓庾日虚，闾井日凋，土地日蹙。(《金史》卷一〇六《刘炳传》)

上章言九事……曰……从来掌兵者，多用世袭之官，此属自幼骄惰，不任劳苦，且心胆怯懦，何足倚办。(《金史》卷一〇八《侯挚传》)

最后金兵已不能用，乃签发汉人。

刘祁谓："金之兵制最弊，每有征伐及边衅，辄下令签军，使远近骚动。民家丁男，若皆强壮，或尽取无遗，号泣动乎乡里，嗟怨盈于道路，驱此使战，欲其胜敌难矣！"(《金史》卷四四《兵志》)

其禁军之编制。

禁军之制，本于合札谋克。合札者，言亲军也，以近亲所领，故以名焉。贞元迁都，更以太祖、辽王宗幹、秦王宗翰军为合札猛安，谓之侍卫亲军，故立侍卫亲军司以统之。旧常选诸军之材武者，为护驾军……正隆……后，于侍卫亲军四猛安内，选三十以下千六百人，骑兵曰龙翔，步兵曰虎步，以备宿卫。五年，罢亲军司，以所掌付大兴府，置左右骁骑，所谓从驾军也，置都副指挥使，隶点检司，步军都副指挥使，隶宣徽院。(《金史》卷四四《兵志》)

其地方军之编制。

诸路各设兵马都总管府，州镇置节度使，沿边州则置防御使。凡州府所募“射粮军”，“牢城军”，每五百人，为一指挥使司，设使分为四都，都设左右什将，及承局押官。其军数若有余或不足，则与近者合置；不可合者，以三百人或二百人，亦设指挥使;若百人则止设军使。百人以上，立为都，不及百人，止设什将及承局管押官各一员。(《金史》卷四四《兵志》)

射粮军，诸路所募，五年一籍，皆刺三十以下。十七以上强壮者，兼充杂役。(《续通考》卷一二七《兵考七》)

牢城军，司防筑之役，以尝为窃盗者充之。(《续通考》卷一二七《兵考七》)

土军，司警捕之事。(《续通考》卷一二七《兵考七》)

其边军之编制。

所谓镇防军，则诸军中取以更代戍边者也。在西北边则有分番屯戍军，及永屯军、驱军之别。驱军则国初所免辽人

之奴婢，使屯守于泰州者也。边铺军，则河南、陕西居守边界者。(《金史》卷四四《兵志》)

东北路部族乣军，曰迭剌部，曰唐古部，二部五乣，户五千五百八十五。其它若助鲁部族、乌鲁古部族、石垒部族、萌骨部族、计鲁部族、孛特本部族，数皆称是。西北、西南二路之乣军十，曰苏谟典乣、曰耶剌都乣、曰骨典乣、唐古乣、霞马乣、木典乣、萌骨乣、咩乣、胡都乣，凡九，其诸路曰曷懒、曰蒲与、曰婆速、曰恤频、曰胡里改、曰移懒，移懒后废，皆在上京之鄙，或置总管府，或置节度使。(《金史》卷四四《兵志》)

按:《辽史·地志》，东北部族置节度使，西北部族置详稳，后渐改猛安谋克，而临之招讨司。凡诸乣军与上京宗室猛安、谋克，内外相维，以镇压契丹余众与辽人有别**。迨蒙古兴起，乣军溃去，金边疆先不守，以至于亡。此外诸军，多役属降人充之。**

所谓渤海军，则渤海八猛安之兵也。所谓奚军者，奚人遥辇昭古牙九猛安之兵也。……其汉军中都永固军，大定所置者也。……凡汉军有事，则签取于民，事已则或亦放免。……正隆间，又尝罢诸路汉军，而所存者，犹有威勇、威烈、威捷、顺德及“韩常之军”之号。(《金史》卷四四《兵志》)

按：金以兵立国，猛安、谋克，最为根本。猛安之上，置军帅；上置万户，隶于都统，而以都元帅总之，指挥极便。然猛克、谋克，皆由世袭，滋生蕃息。军费钱绢，供给最烦。后移屯中原，刷括民田入官以给之，人三十亩，自不耕种，奴蓄汉人为之佃莳，取租而

已。军婧民疲，驯至于亡，亦可鉴也。

刑法：

金国旧俗，轻罪笞以柳蔑，杀人及盗劫者，击其脑杀之，没其家资，以十之四入官，其六赏主，并以家人为奴婢。其亲属欲以马牛杂物赎者从之。或重罪亦听自赎，然恐无辨于齐民，则劓、刵以为别。其狱，则掘地深广数丈为之。(《金史》卷四五《刑志》)

自太宗以后，采用隋唐宋辽成法，制定法律，渐有规模。

熙宗天眷三年，复取河南地，乃诏其民，约所用刑法，皆从律文……至皇统间，诏诸臣，以本朝旧制，兼采隋、唐之制，参辽、宋之法，类以成书，名曰《皇统制》，颁行中外。……海陵庶人……又多变易旧制，至正隆间者，为《续降制书》，与《皇统制》并行焉。……世宗……遂置局，命大理卿移刺慥，总中外明法者共校正。乃以皇统正隆之《制》及大定《军前权宜条理》，后《续行条理》……凡校定千一百九十条，分为十二卷，以《大定重修制条》为名，诏颁行焉。……章宗明昌五年，正月，复令钩校制律……详定官……采前代刑书宜于今者以补遗阙，取《刑统》疏文以释之，著为常法，名曰《明昌律义》。……泰和元年十二月，所修律成，凡十有二篇，一曰《名例》，二曰《卫禁》，三曰《职制》，四曰《户婚》，五曰《厩库》，六曰《擅兴》，七曰《贼盗》，八曰《斗讼》，九曰《诈伪》，十曰《杂律》，十一曰《捕亡》，十二曰《断狱》，实《唐律》也……附注以明其事，疏义以释其疑，名曰《泰

和律义》。(《金史》卷四五《刑志》)

金之用刑，过于严酷。

金法以杖折徒，累及二百，州县立威，甚者置刃于杖，虐以肉刑。季年,君臣好用筐箧故习,由是以深文傅致为能吏，以惨酷办事为长才。百司奸赃真犯，此可决也，而微过亦然。风纪之臣，失纠皆决。考满校其受决多寡，以为殿最。原其立法初意，欲以同疏戚、一小大，使之咸就绳约于律令之中，莫不齐手并足，以听公上之所为……是以待宗室少恩，待大夫士少礼。终金之代，忍耻以就功名，虽一时名士，有所不免。至于避辱远引，罕闻其人。……是故论者，于教爱立廉之道，往往致太息之意焉。(《金史》卷四五《刑志序》)

学校：
金自海陵时，始设学校，至世宗而大备。

凡养士之地曰国子监，始置于天德三年，后定制，词赋、经义生百人，小学生百人，以宗室及外戚皇后大功以上亲、诸功臣及三品以上官、兄弟子孙年十五以上者入学，不及十五者入小学。(《金史》卷五一《选举志一》)

世宗大定六年，始置太学，初养士百六十人，后定五品以上官兄弟子孙百五十人，曾得府荐及终场人二百五十人，凡四百人。府学亦大定十六年置,凡十七处,共千人。(《金史》卷五一《选举志一》)

世宗大定十三年,置女直国子学…… 以女直大小字译《尚书》,颁行诸路。择明安即猛安、穆昆即谋克内良家子弟为学生,至三千人……取其尤俊秀者百人至京师,以编修官……教之。(《续通考》卷四七《学校考一》)

科举:

金设科,皆因辽、宋制,有词赋、经义、策试、律科、经童之制……世宗大定十一年,创设女直进士科。初但试策,后增试论,所谓策论进士也。明昌初,又设制举宏词科,以待非常之士。故金取士之目有七焉。其试词赋、经义、策论中选者谓之进士。律科经义中选者举人。(《金史》卷五一《选举志一》)

凡诸进士举人,由乡乡试至府府试,由府至省会试及殿廷御试,凡四试皆中选则官之。至廷试五被黜则赐之第,谓之恩例。又有特命及第者,谓之特恩。(《金史》卷五一《选举志一》)

恩例者……始于太宗天会元年十一月,时以急欲得汉士以抚辑新附,初无定数,亦无定期……五年,以河北、河东初降,职员多阙,以辽、宋之制不同,诏南北各因其素所习之业取士,号为南北选。……海陵庶人天德二年,始增殿试之制,而更定试期。三年,并南北选为一……贞元元年,定贡举程式条理格法。(《金史》卷五一《选举志一》)

武举,尝设于熙宗皇统时……有上中下三等分府试省试。(《金史》卷五一《选举志一》)

冠服：

金之冠服，据《金·舆服志》所载，冠冕五服，及后妃之服，略同中国，其衣服通制，则存女真之俗，兹略举其制如下：

巾之制，以皂罗若纱为之，上结方顶，折垂于后。顶之下际，两角各缀方罗，径二寸许，方罗之下，各附带，长六七寸。当横额之上，或为一缩襞积。贵显者，于方顶循十字，缝饰以珠，其中必贯以大者，谓之顶珠。带旁各络珠结，绶长半带垂之。(《金史》卷四三《舆服志下》)

衣色多白，三品以皂，窄袖盘领，缝腋下为襞积而不缺袴。其胸臆肩袖，或饰以金绣，其从“春水”之服，则多鹘捕鹅，杂花卉之饰；其从“秋山”之服，则以熊鹿山林为文，其长中骭，取便于骑也。(《金史》卷四三《舆服志下》)

束带曰吐鹘，玉为上，金次之，犀、象、骨、角又次之。銙周鞓，小者间置于前，大者施于后，左右有双铊尾，纳方束中，其刻琢多如春水秋山之饰。左佩牌，右佩刀。(《金史》卷四三《舆服志下》)

其妇女衣服，可考者如下：

妇人服襜裙，多以黑紫上编绣全枝花，周身六襞积。上衣谓之团衫，用黑紫或皂及绀，直领左衽，掖缝两傍，复为双襞积，前拂地，后曳地尺余。带色用红黄，前双垂至下齐。年老者，以皂纱笼髻如巾状，散缀玉钿于上，谓之玉逍遥。……许嫁之女，则服绰子，制如妇人服，以红或银褐明金为之，对襟彩领，前齐拂地，后曳五寸余。(《金史》卷四三《舆服

志下》)

为区别等威，乃勒为限制，以分士庶。

明昌六年，制文武官六贯石以上，承应人并及荫者，许用牙领紫圆板皂绦罗带皂靴，上得兼下。系籍儒生，止服白衫，领系背带，并以紫圆绦罗带，乾皂靴。余人用纯紫领，不得用缘，杂色圆板绦罗带，不得用紫，靴用黄及黑油皂蜡等，妇人各从便。(《金史》卷四三《舆服志下》)

所用衣饰之料，亦有等级之分。

在官承应，有出身人、带八品以下官，未带官，亦同许服花纱、绫罗、伫丝、丝紬，家属同，妇人许用珠为首饰。……庶人止许服施紬、绢布、毛褐、花纱、无纹素罗、丝绵，其头巾、系腰、领帕，许用芝麻罗，绦用绒织成者……妇人首饰，不许用珠翠钿子等物，翠毛除许装饰花环冠子，余外并禁。兵卒许服无纹压罗、絁紬、绢布、毛褐。奴婢止许服絁紬、绢布、毛褐。倡优遇迎接、公筵承应，许暂服绘画之服，其私服与庶人同。(《金史》卷四三《舆服志下》)

金人又为保存其固有之俗，禁止族人效汉服。

初女直人，不得改为汉姓，及学南人装束，违者杖八十，编为永制。(《金史》卷四三《舆服志下》)

(2) 南宋与金之和战

(甲) 完颜亮南侵

废帝海陵庶人亮……辽王宗幹第二子也。……以宗室子，为奉国上将军，赴梁王宗弼军前任使……加龙虎卫上将军，为中京留守……为人僄急多猜忌，残忍任数。初熙宗以太祖嫡孙嗣位，亮意以为宗幹太祖长子，而己亦太祖孙，遂怀觊觎。在中京专务立威，以压伏小人。猛安萧裕，倾险敢决，亮结纳之，每与论天下事。裕揣知其意，因劝海陵举大事……皇统八年宋高宗绍兴十八年，西历一一四八年……拜右丞相。九年……兼都元帅。……学士张钧草诏忤旨死，熙宗问："谁使为之？"左丞相宗贤对曰："太保实然。"熙宗不悦，遂出为领行台尚书省事。……至良乡，召还。……复为平章政事，由是益危迫。熙宗尝以事杖左丞相唐括辩，及右丞相秉德，辩乃与大理卿乌带谋废立，而乌带先以此谋告海陵。……于是旦夕相与密谋。……结内使兴国为内应，而兴国亦以被杖怨熙宗，遂与亮约。十二月丁巳……是夜兴国取符钥启门纳海陵……入至寝殿，遂弑熙宗。秉德等……乃奉海陵坐，皆拜称万岁。诈以熙宗欲议立后熙宗被酒杀死皇后，召大臣，遂杀曹国王宗敏、左丞相宗贤。……改皇统九年为天德元年。(《金史》卷五《海陵纪》)

金主亮即位后，欲混一天下，乃营汴京而迁都之，举兵以伐宋。

正隆五年……国主聚兵将南征，令户部尚书梁珠、兵部尚书萧德温，先计女真、契丹、奚家三部之众，不限丁数悉签起之。凡二十四万，壮者为正军，弱者为阿里喜，一正军，一阿里喜副之，类为一十二万。又中原汉儿与渤海军，总一十七路，惟中都路造军器、河南路修汴京免签外，其一十五路，每路一万，通为二十七万。仿唐制，分二十七军。（宇文懋昭《大金国志》卷一四《海陵炀王纪》中）

正隆六年宋高宗绍兴三十一年，西历一一六一年，九月，上自将三十二总管兵伐宋，进自寿春。……工部尚书苏保衡为浙东道水军都统制……由海道径趋临安。太原尹刘萼为汉南道行营兵马都统制，济南尹仆散乌者副之，进自蔡州；河中尹徒单合嘉为西蜀道行营兵马都统制……由凤翔取散关。（《金史》卷五《海陵纪》）

金师甚锐，临采石未渡，复折至扬州，兵势仍盛。虞允文江上之捷，颇不足信。

绍兴三十一年，金主亮调军六十万，自将南来，弥望数十里，不断如银壁，中外大震。时宿将无在者，乃以锜为江、淮、浙西制置使，节制逐路军马。八月，锜引兵屯扬州……金人议留精兵在淮东以御锜，而以重兵入淮西。大将王权不从锜节制，不战而溃，自清河口退师扬州……锜病，求解兵柄……诏锜专防江，锜遂还镇江。（《宋史》卷三六六《刘锜传》）

金主命李通为大都督，造浮梁于淮水上。金主自将，兵号百万……自涡口渡淮。先是刘锜措置淮东，王权措置淮西。至是权首弃庐州，锜亦回扬州，中外震恐。上欲航海，陈康伯力赞亲征。……枢臣叶义问督江、淮军，允文参谋军事。权又自和州遁归，锜回镇江，尽失两淮矣。……金主率大军临采石，而别以兵争瓜洲。朝命成闵代锜、李显忠代权……命允文往芜湖趣显忠交权军，且犒师采石……允文至采石，权已去，显忠未来，敌骑充斥。我师三五星散，解鞍束甲坐道旁，皆权败兵也。……遂立招诸将，勉以忠义……乃命诸将列大阵不动，分戈船为五，其二并东西岸而行，其一驻中流藏精兵代战，其二藏小港，备不测。部分甫毕，敌已……直薄宋军……士殊死战，中流官军亦以海鳅船冲敌，舟……日暮未退。会有溃军自光州至，允文授以旗鼓，从山后转出，敌疑援兵至，始遁。又命劲弓尾击追射，大败之。(《宋史》卷三八三《虞允文传》)

完颜亮方至扬州，乌禄已自立于辽阳，进退失据，以至被弑，其兵北归。至是宋知和议不可恃，始有戒备。

九月……上发南京……将士自军中亡归者，相属于道。曷苏馆猛安福寿、东京谋克金住等，始授甲于大名，即举部亡归，从者众至万余，皆公言于路曰："我辈今往东京，立新天子矣！"(《金史》卷五《海陵纪》)

世宗……本讳乌禄，太宗孙睿宗子也。性仁孝，沉静明达。……起复东京留守。……海陵……使谋良虎，图淮北诸王，上知之，心常隐忧。……故吏六斤，乘传自南来，具言海陵杀其母……等，又曰："且遣人来害宗室兄弟矣！"上闻之益惧。及闻副留守高存福图己，事且有迹，帝舅李石劝上早图之。于是以议备贼事召官属会……于座上执之。……十月，南征万户完颜福寿、高忠建、卢万家奴等，自山东率所领兵二万，完颜谋衍，自长安率兵五千皆来附。谋衍即以臣礼上谒。诸军入城，共击杀存福等。……官属诸军劝进……御宣政殿，即皇帝位。……改元大定。(《金史》卷六《世宗纪上》)

东京留守曹国公乌禄即位于辽阳……数海陵过恶……数十事。……左司郎中兀不喝等，闻赦，入白东京即位改元事，上拊髀叹曰:“我本欲灭宋后，改元大定，岂非天命乎？”(《金史》卷五《海陵纪》)

主海陵……乃回扬州，召诸将约三日毕济，过期尽杀之。诸将相与谋曰:“南军有备如此，进有渰杀之祸，退有尽戮之忧,奈何?”其中一将曰:“等死,求生可乎?”众皆曰:“愿闻教。”有总管万载曰:“杀郎主却与南宋通和，归乡则生矣。”众皆一辞曰:“诺。”主有细茸等军国主令诸处统军，择其精于射者得五千人，皆用茸丝联甲，紫茸为上，黄茸、青茸次之，号硬军，亦曰细军，不遣临敌，专以自卫，诸将虽欲杀逆，而细军卫之甚严，众因谓细军曰:“淮东子女玉帛，皆逃在秦州，我辈急欲渡江，汝等何不白郎主往取之?”细军欣然共请，主从之，于是细军去者过半。……诸将集兵万余人，控弦直入主寝帐中，左右亲军散走，诸将射帐中，矢下如雨，主即崩……皇子光瑛留汴京,亦为众所杀。(宇文懋昭《大金国志》卷一五《海陵炀王纪下》)

金兵北还，宋人乘机收复两淮州郡，又取唐、邓、陈、蔡、海、泗，而陕西方面，取秦、陇、商、虢诸州，兵势颇振。时高宗倦勤，传位于孝宗，孝宗素志恢复，遂起用张浚，委以军事。

孝宗即位……除少傅、江淮东西路宣抚使，进封魏国公。……隆兴元年，除枢密使，都督建康、镇江府、江州、池州、江阴军军马。时金将蒲察徒穆及知泗州大周仁屯虹县，都督萧琦屯灵壁，积粮修城，将为南攻计。浚欲及其未发攻之。会主宰殿前司李显忠、建康都统邵宏渊，亦献捣二邑之策，浚……乃遣显忠出濠州，趋灵壁；宏渊出泗州，趋虹县，而浚自往临之。显忠至灵壁，败萧琦；宏渊围虹县，降徒穆、周仁，乘胜进克宿州，中原震动。(《宋史》卷三六一《张浚传》)

是时李显忠名出邵宏渊右。时符离府军中，尚有金……银……绢……钱，乃纵亲信部曲，恣其搬取，所余者，始以犒军人，三兵共一缗。士卒怨怒……既而复出战，悉弃钱沟壑。由是军情愤詈，人无斗志。浚乃移书令宏渊听显忠节制，宏渊不悦。已而复令显忠、宏渊同节制，于是悉无体统矣。孝宗闻之，手书与浚曰："近日边报，中外鼓舞，十年来无此克捷。以盛夏人疲，急召李显忠等还师。"未达间，忽报金人副元帅纥石烈志宁，大军且至，遇夜军马未整，中军统制周宏先率军逃归，继逃归者……二将皆不能制。于是显忠、宏渊大军，并丁夫等十三万众，一夕大溃，器甲资粮，委弃殆尽。……浚时在盱眙，去宿尚四百里。传言金且至，遂亟渡淮入泗州，已而复退维扬。窘惧无策……乃奏乞致仕，又乞遣使求和。孝宗怒曰："方败而求和，是何举措！"于是下诏罪己，有云："朕明不足以见万里之情，智不足以择三军之帅，号令既乖，进退失律。"……张浚……诸将递降贬窜有差。（周密《齐东野语》卷二）

张浚恢复无功，值金世宗新立，不欲用兵，和议再起。

金帅仆散忠义，贻书三省、枢密院，索四郡及岁币，不然以农隙治兵。(《宋史》卷三六一《张浚传》)

汤思退建和议，命杞为金通问使，孝宗面谕："今遣使（一）正名，（二）退师，（三）减岁币，（四）不发归附人。"……行次盱眙，金所遣大将仆散忠义、纥石烈志宁等，方拥兵窥淮……疑国书不如式，又求割商秦地，及归正人，且欲岁币二十万。(《宋史》卷三八五《魏杞传》)

宋人议和，不能决，都元帅仆散忠义移军泰和，志宁移军临涣，遂渡淮，徒单克宁取盱眙、濠、庐、和、滁等州。宋人惧，乃决意请和。使者六七往反，议遂定。(《金史》卷八七《纥石烈志宁传》)

和约之成立，在孝宗隆兴二年金世宗大定四年，西历一一六四年，**宋、金始为对等之国，绍兴屈辱十三事，亦得改削，其大要如下：**

（1）宋主称金主为叔父。

（2）改诏表为国书。

（3）岁币银绢，各减五万两匹。

（4）疆界如绍兴时。

宋、金再和以后，金世宗锐意内治，宋亦滋为休养生聚，南北宴然无事者三十余年。

即位五载，而南北讲好，与民休息。于是躬节俭，崇孝弟，信赏罚，重农桑，慎守令之选，严廉察之责……孳孳为治，夜以继日，可谓得为君之道矣！当此之时，群臣守职，上下相安，家给人足，仓廪有余……号称小尧舜。(《金史》卷八《世宗纪赞》)

南北……和好既成，迄三十年，无寸兵尺铁之用。尝遇饥年，每命所在官司，开仓赈恤。……户口殷繁充实，北人谓小尧舜云。（宇文懋昭《大金国志》卷一八《世宗纪下》）

但金治理中国北部，对待汉人，殊不平等，而以茶为宋所产，勒禁尤严。

女直为本户，汉人及契丹为杂户。……汉人、渤海人，不得充明安穆昆户。（《续通典》卷一〇《食货一〇》）

金世宗大定十六年……金代茶自宋人岁供之外，皆贸易于宋界之榷场。至是以多私贩，乃更定罪赏格……章宗……时，以茶为费国用而资敌，遂命设官制之。（《续通考》卷二二《征榷考五》）

省臣……奏曰："……茶本出于宋地，非饮食之急，而自昔商贾以金帛易之，是徒耗也。泰和间，尝禁止之，后以宋人求和，乃罢。其兴以来，复举行之，然犯者不少衰，而边民又窥利，越境私易……今河南、陕西凡五十余郡，郡日食茶率二十袋，袋直银二两，是一岁之中，妄费民银三十余万也。奈何以吾有用之货而资敌乎？"乃制亲王公主及见五品以上官，素蓄者存之，禁不得卖、馈，余人并禁之。犯者徒五年，告者赏宝泉一万贯。（《续通考》卷二二《征榷考五》）

（乙）开禧用兵

韩侂胄得政之由。

淳熙十六年金世宗大定二十九年，西历一一八九年，二月下诏传位皇太子。是日，皇太子即皇帝位。……上尊号曰至尊寿皇圣帝，皇后曰寿成皇后。(《宋史》卷三五《孝宗纪三》)

后……性妒悍，尝诉太子左右于高、孝二宫，高宗不怿……孝宗亦屡训后……光宗欲诛宦者，近习皆惧，遂谋离间三宫。会帝得心疾，孝宗购得良药，欲因帝至宫授之。宦者遂诉于后曰："太上合药一大丸，俟宫车过即投药。万一有不虞，其奈宗社何？"后觇药实有。心衔之。顷之内宴，后请立嘉王名扩，即宁宗为太子，孝宗不许。……后退持嘉王泣诉于帝，谓寿皇有废立意。帝惑之，遂不朝太上。(《宋史》卷二四三《光宗李皇后传》)

孝宗崩……皇帝不出，百官相与恸哭于宫门……乞太皇太后降旨，以皇帝有疾，暂就宫中成服。(《宋史》卷三九二《赵汝愚传》)

韩侂胄……知阁门事，孝宗崩，光宗以疾不能执丧，中外汹汹，赵汝愚议定策立皇子嘉王。时宪圣太后高宗后吴氏居慈福宫，而侂胄雅善慈福内侍张宗尹，汝愚乃使侂胄介宗尹，以其议密启太后。侂胄两至宫门不获命，彷徨欲退，遇重华宫提举阙礼问故，入白宪圣，言甚恳切，宪圣可其议。礼以告侂胄，侂胄驰白汝愚。日已向夕，汝愚亟命殿帅郭杲以所部兵，夜分卫南北内。翌日，宪圣太后即丧次垂帘，宰臣传旨，命嘉王即皇帝位。(《宋史》卷四七四《韩侂胄传》)

传位之事，韩侂胄欲居其功，宰相赵汝愚故遏抑之，遂至互相排挤。

宁宗既立，侂胄欲推定策恩，汝愚曰：吾宗臣也，汝外戚也侂胄为光宗皇后韩氏季父，何可以言功？……侂胄始觖望。（《宋史》卷四七四《韩侂胄传》）

上命汝愚兼权参知政事……特进、右丞相。……侂胄终不怿，自以有定策功，且依托肺腑，出入宫掖，居中用事。朱熹……劾之未果。……熹因讲毕时熹为待制经筵奏疏……遽出内批，除熹宫观。……侂胄恃功，为汝愚所抑，日夜谋引其党为台谏，以摈汝愚。……侂胄欲逐汝愚而难其名，或教之曰："彼宗姓，诬以谋危社稷，则一网无遗。"侂胄然之，擢其党将作监李沐为正言。……奏："汝愚以同姓居相位，将不利于社稷，乞罢其政。"汝愚出浙江亭待罪，遂罢右相。（《宋史》卷三九二《赵汝愚传》）

侂胄既排去汝愚，汝愚之党群起攻之，侂胄欲谋恢复，以间执人口，而伐金之事以起。

或劝侂胄立盖世功名以自固者，于是恢复之议兴。……安丰守厉仲方言，淮北流民愿归附，会辛弃疾入见，言敌国必乱必亡，愿属元老大臣，预为应变计，郑挺邓友龙等又附和其言。开禧改元，进士毛自知廷对，言当乘机以定中原，侂胄大悦。诏中外诸将，密为行军之计。（《宋史》卷四七四《韩侂胄传》）

是时金世宗已崩，章宗继立，北部鞑靼等部叛变，连岁用兵，财匮盗起，国势日弱，亦实予宋以恢复之机。

泰和五年宋宁宗开禧元年，西历一二〇五年，五月，以平章政事仆散揆为河南宣抚使，籍诸道兵以备宋。(《金史》卷一二《章宗纪四》)

时镇江武锋军统制陈孝广复泗州及虹县，江州统制许进复新息县光州，孙成复褒信县。捷书闻，侂胄乃议降诏趣诸将进兵。(《宋史》卷四七四《韩侂胄传》)

兵衅既开，金师起大兵应战。

泰和六年宋宁宗开禧二年，西历一二〇六年，十一月，起民兵于河南，十七万入淮，十万入荆襄。(宇文懋昭《大金国志》卷二一《章宗纪下》)

同时四川吴曦叛降金，谋东下夹攻。未几，曦为安丙所诛，蜀疆得保。

初吴玠、吴璘俱为宋大将，兄弟父子相继守西土，得梁、益间士众心。璘孙曦……出兵兴元，有窥关、陇之志……上金章宗闻韩侂胄忌曦威名，可以间诱致之，梁、益居宋上游，可以得志于宋，封曦蜀国王……诏纲经略之。(《金史》卷九八《完颜纲传》)

金遣吴端持诏书、金印至置口，封曦蜀王，曦密受之。……曦遣将利吉，引金兵入风州，以四郡付之，表铁山为界。……曦所统军……分隶十统帅。……戍万州，泛舟下嘉陵江，声言约金人夹攻襄阳。……合江仓官杨巨源，倡义讨逆，未有以发，遂与随军转运安丙共谋诛曦。会李好义与兄好古、李贵等皆有谋，交相结纳。……夜漏尽，巨源、好义首率勇敢七十人，斧门以入。李贵即曦室斩其首……函曦首献于朝。(《宋史》卷四七五《吴曦传》)

金兵渡淮，宋师不利，韩侂胄知不可再战，始议媾和。

泰和六年……国兵自清河口渡淮，宋守将郭超失利，遂进围楚州。偏师趋枣阳军，又围庐州，守将田林拒我师，八日围解。又围和州，克信阳军，围襄阳府。又克随州，宋守将遁……遂之德安，攻真州，于是濠、梁、安丰及并边储戍，皆为国兵所破。又破西和州。……宋……守将郭倪弃扬州，走瓜洲渡。(宇文懋昭《大金国志》卷二一《章宗纪下》)

乃以丘崈……督视江、淮军马，侂胄输家财二十万以助军，而谕丘崈募人持书币赴敌营……又遗书许还河北流民，及今年岁币，金人乃有许意。(《宋史》卷四七四《韩侂胄传》)

泰和七年……时国所索于宋者五事：一割两淮，二增岁币，三犒军金帛，四取陷没及归正人，五取韩侂胄首级。侂胄闻之大怒，复有用兵意。(宇文懋昭《大金国志》卷二一《章宗纪下》)

宋诛韩侂胄以谢金人，且不免加增岁币，最为中国之辱，南渡诸人无一正其非者，则侂胄为道学所恶故也。

韩侂胄见妃任权术，而曹美人性柔顺，劝帝立曹。而贵妃颇涉书史，知古今，性复机警，帝竟立之。后兄次山客王梦龙，知其谋，密以告后，后深衔之，与次山欲因事诛侂胄。

会侂胄议用兵……择廷臣可任者与共图之。礼部侍郎史弥远，素与侂胄有隙，遂欣然奉命。……开禧三年金章宗泰和七年十一月三日，侂胄方早朝，弥远密遣中军统制夏震伏兵六部桥侧，率健卒拥侂胄至玉津园，槌杀之。(《宋史》卷二四三《宁宗杨皇后传》)

侂胄既死，宋允金之请，函送其首以易侵地，并定立和议条件如下：

（1）两国境界如前。

（2）依靖康故事，世为伯侄之国。

（3）增岁币为银、绢各三十万两、匹。

（4）宋别以犒军银三百万与金，金亦尽以所侵地归宋。

(3) 南宋之不振

(甲) 相权极重

南宋宰相最擅权者，为秦桧、韩侂胄、史弥远、贾似道四人。盖南宋宰相兼总兵财，权莫与比，一人得政，俨然首辅，其他执政，陪位画诺而已。当艰难缔造之会，非此不能有所施设。史乃尽以奸臣目之，不免门户道学之见。实则秦桧始终受金人操纵，卖国之罪难逭；韩、史操弄威福，有废立之渐，无不臣之心。其所行事，亦善恶互见，不尽如宋史所诋，兹姑疏其专擅之迹如次。

秦桧:

自秦桧用事,塞言路,及上总揽权纲……浩与王十朋……始相继言事。(《宋史》卷三八八《李浩传》)

绍兴二十六年……高宗躬亲政事，收揽威柄，召诸贤于散地。(《宋史》卷三七二《王纶传》)

允文言：自古人主大权，不移于奸臣，则落于近幸。秦桧盗权十有八年，桧死，权归陛下。(《宋史》卷三八三《虞允文传》)

桧两据相位，凡十九年。一时忠臣良将，诛锄略尽。其顽钝无耻者，率为桧用，争以诬陷善类为功。……察事之卒，布满京城，小涉讥议，即捕治中以深文。又阴结内侍……伺上动静。郡国事惟申省,无一至上前者。(《宋史》卷四七三《秦桧传》)

秦桧权倾天下，然颇谨小嫌，故思陵眷之，虽桧死犹不释。小相熺尝衣黄葛衫侍桧侧,桧目之曰:“换了来。”熺未谕,复易黄葛。桧瞪目视之曰:“可换白葛。”熺因请以为葛黄乃贵贱所通用。桧曰:“我与尔却不可用。”盖以色之逼上。(叶绍翁《四朝闻见录》乙集)

宪圣召桧夫人入禁中赐宴,进淮青鱼。宪圣顾问夫人:“曾食此否？”夫人对以:“食此已久。又鱼视此更大且多，容臣妾翌日供进。”夫人归，亟以语桧。桧恚之曰:“夫人不晓事。”翌日，遂易糟鲱鱼大者数十枚以进。宪圣笑曰:“我便道是无许多青鱼，夫人误耳。”(叶绍翁《四朝闻见录》乙集)

绍兴，金国使持盟书、要玉辂以载，百官朝服迎于丽正。桧使人谕以玉辂非祀天不用，且非可载书。辂虽不用，金使必欲百官迎拜，桧许之。翌日，命省吏杂以绯紫，迎拜于丽正，班如仪。金使造庭，讶百官已立班上。既受书毕，百官呵殿,缀金使以出。金使见向之绯紫诸吏犹立于门,始悟秦计。又使人至庭，必欲上兴躬下殿受书，左右相顾莫敢孰何。时王汴在班内，起而语使曰:“尔实有书无书？”使遂出书示之，汴夺书而进。使计屈，归其国，以生事被诛云。绍翁据勾龙如渊《退朝录》,绍兴八年十二月,二十七日己卯,上召王伦入，责以取书事。既晚，伦见金使于馆，以二策动之，金使皇恐，遂许明日。上诏宰职就馆见金使受书纳入，人情始安。或曰:“秦桧未有以处，给事中楼炤举谅阴三年之说以语桧，桧悟。于是上不出而桧摄冢宰，即馆受书以归。金始知朝廷有人。”绍翁尝疑省吏及夺书一节，得于所闻，未敢遽载。如渊之论，有据甚明。若就馆授书，则省吏与夺书之说，真齐东云。(叶绍翁《四朝闻见录》丙集)

秦会之、范觉民同在庙堂，二公不相咸。虏骑初退，欲定江西二守臣之罪：康倬知临江军，弃城而走；抚州守王仲山以城降。仲山，会之妇翁也。觉民欲宽之，会之云:“不可，既已投拜，委质于贼，甚么话不曾说！岂可贷邪？”盖诋觉民尝仕伪楚耳。(王明《清挥麈录余话》卷二)

张子公为户侍，苦用度窘，欲出祠部改盐钞。见秦相桧，秦曰:“且止，若干年不出，若干年不改盐钞矣。”子公乃具陈当时利害，俱不听。子公怒，乃勃然曰:“相公言大好看，势不可行。今日事势如此，安得沽虚誉，妨事实。一旦缓急，相公何处措办？”(施彦执《北窗炙輠录》卷上)

韩侂胄:

侂胄除平章军国事。……三日一朝，因至都堂，序班丞

相之上……用事十四年，威行宫省，权震宇内。(《宋史》卷四七四《韩侂胄传》)

韩外有陈自强，内有周筠，启韩有图之者，韩犹以一死报国为辞。(叶绍翁《四朝闻见录》戊集)

苏师旦尝以窘乏，求金于韩。韩不知其受诸将贿，动以亿万，每辍俸金与之……及江上诸将致败，而丘公崈为督视，廉知败将之赂师旦，尺牍往来具存，因作书以遗韩。韩大怒，遂窜师旦于海上。(叶绍翁《四朝闻见录》戊集)

寿皇雄心远虑，无日不在中原。侂胄习闻其说，且值金虏寖微，于是患失之心生，立功之念起矣。殊不知时移事久，人情习故，一旦骚动，怨嗟并起。而茂陵宁宗乃守成之君，无意兹事，任情妄动，自取诛僇，宜也。身陨之后，众恶归焉；然其间是非，当未尽然。若《杂记》所载赵师羼犬吠，乃郑斗所造，以报挞武学生之愤。至如许及之屈膝，费士寅狗窦，亦皆不得志抱私雠者撰造丑诋，所谓僭逆之类，悉无其实。李心传蜀人，去天万里，轻信纪载，疏舛固宜。而一朝信史，乃不择是否而尽取之，何哉？（周密《齐东野语》卷三）

史弥远：

弥远死，帝亲政。(《宋史》卷四〇六《洪咨夔传》)

端平元年，上既亲总庶政，赫然独断。(《宋史》卷四一四《郑清之传》)

弥远薨，上亲政。(《宋史》卷四三七《真德秀传》)

弥远薨，上亲庶政。(《宋史》卷四三七《魏了翁传》)

弥远既诛韩侂胄，相宁宗十有七年。迨宁宗崩，废济王，非宁宗意，立理宗，又独相九年，擅权用事，专任憸壬。理

宗德其立己之功…… 虽台谏言其奸恶，弗恤也。(《宋史》卷四一四《史弥远传》)

越王自草表中自序云:“逡巡岁月，七十有三。”而未得所对。有客以今余大参父能四六为荐者，越王召见，试以表中语，俾为属对。余应声曰:“此甚易。以‘补报乾坤，万分无一’，为对足矣。”越王大加赏识。(叶绍翁《四朝闻见录》甲集)

贾似道:

理宗崩，度宗又其所立，每朝必答拜，称之曰师臣而不名，朝臣皆称为周公。……入朝不拜。朝退帝必起，避席目送之，出殿廷始坐。(《宋史》卷四七四《贾似道传》)

似道既专恣日甚，畏人议己，务以权术驾驭，不爱官爵，牢笼一时名士……由是言路断绝，威福肆行。(《宋史》卷四七四《贾似道传》)

时襄阳围已急，似道日坐葛岭，起楼阁亭榭，取宫人娼尼有美色者为妾，日淫乐其中。惟故博徒日至纵博，人无敢窥其第者。……尝与群妾踞地斗蟋蟀，所狎客入戏之曰:“此军国重事邪?”酷嗜宝玩，建多宝阁，日一登玩。(《宋史》卷四七四《贾似道传》)

似道误国之罪，上通于天，不可悉数。然其制外戚、抑北司、戢学校等事，亦是所不可及者，固不可以人而废也。外戚诸谢，惟堂最深崄,其才最颉颃难制。似道乃与之日亲狎，而使之不疑。未几，不动声色，悉皆换班，堂虽知堕其术中，然亦未如之何矣。北司之最无状者，董宋臣、李臣辅，前是当国者，虽欲除之，往往反受其祸。似道谈笑之顷，出之于外，余党慑伏，惴惴无敢为矣。学舍在当时最为横议，而啖其厚饵，方且讼盛德、赞元功之不暇，前庑一得罪，则黥决不少贷，莫敢非之。福邸帝父也，略不敢以斜封墨敕，以丐恩泽，内庭无用事之人，外阃无怙势之将，宫中、府中，俱为一体，凡此数事，世以为极难，而似道乃优为之，谓之无才可乎？其所短者，专功而怙势，忌才而好名，假崇尚道学、旌别高科之名，而专用一等委靡迂缓不才之徒，高者谈理学，卑者矜时文，略不知兵财政刑为何物。垢面弊衣，冬烘昏愦，以致糜烂渐尽，而不可救药，此皆不学而任术，独运而讳言之罪也。呜呼！古人以集众思、广忠益为相业，真万世之名言也欤！”（周密《癸辛杂识后集》）

按：秦桧甘心作人民之公敌；史弥远结蒙古，与北宋海上之盟何以异；韩侂胄冤死，送首北廷，金人以为忠于谋国，谬于谋身，谥之曰忠谬。而宁宗谕大臣曰：“恢复岂非美事，但不量力尔。”乃被以一世恶名，岂不令力主恢复者短气。若贾似道以国事为儿戏，又非三人之比，乃有谓其不敢犯清议言和，以致身死国灭者。不知是时蒙古必欲渡江，不战即亡，岂有求和余地耶？

（乙）太学生之论政

是时独有太学生邓肃，上十诗备述花石之扰。（王明清《挥麈后录》卷一）

陈东……以贡入太学。钦宗即位，率其徒伏阙上书，论今日之事……伏阙之士，先自东始。（《宋史》卷四五五《陈东传》）

太学生论列时政，自二陈始。

王荆公在中书，作新经义以授学者，故太学诸生几及三千人……又令判监直讲，程第诸生之业，处以上、中、下三舍，而人间传以为凡试而中上舍者，朝廷将以不次升擢。于是轻薄书生，矫饰言行，坐作虚誉，奔走公卿之门者若市矣。（魏泰《东轩笔录》卷六）

崇宁以来，蔡京群天下学者，纳之黉舍，校其文艺，等为三品。饮食之给，因有差。旌别人才，止付于鱼肉铢两间。学者不以为羞，且逐逐然贪之。（邓志宏《沙县重修县学记》）

宋太学生上书，始于徽宗大观三年，太学生陈朝老，疏蔡京之恶十四事，士人争相传写。又十六年，至宣和七年，钦宗即位，而有陈东。东凡七上书，其一请诛蔡京、梁师成、李彦、朱勔、王黼、童贯六贼；其一童贯挟徽宗东行，请追贯还，正典刑；其一金人迫京师，又请诛六贼；其一请用李纲，斥李邦彦等；其一又请诛蔡氏。此五上书，皆在太学时。其一乞留李纲，而罢黄潜善、汪伯彦；其一请亲征，以还二圣，治诸将不进兵之罪，以作士气，车驾归京师，勿幸金陵。此两上书，皆在高宗召赴行在时。内惟请诛六贼，及论李纲，乃率诸生高登等，余皆东一人言耳。时与东同斩于市者，有抚州布衣欧阳澈，亦以上书得罪。越三年，高宗感悟，赠东、澈俱承事郎。东无子，官有服亲一人刘豫即伪位，立陈东、欧阳澈庙于归德，如张巡、许远制，此在高宗赠官之先。忠义之士，虽乱臣贼子，亦知敬也，及驾过镇江东乃镇江丹阳人，遣守臣祭东墓，赐缗钱五百。绍兴四年，东、澈并加朝奉郎、秘阁修撰，官其后二人，赐田十顷。戴埴《鼠璞》云，高宗尝曰：朕即位，听用非人，至今痛恨之。赠官推恩，未足称朕悔过之意，死者不可复生，追痛无已。圣心恻怛如此！高登凡六上书，高宗时，召赴都堂审察，上疏万言，及时议六篇，授古县令，秦桧恶之，谪漳州。又后五十年，朱子为漳州守，乞褒赠。绍兴末，太学生程鸿图，上书讼岳飞冤，诏飞家自便。至孝宗淳熙时，太学生乃有受赂陈书者，监察御史洪天锡，论宦者卢允升、董宋臣，疏留中不下，赵崇璠移书左丞相谢方叔。翼日,御笔授天锡大理少卿,天锡辞去。宦者赂太学生林自养,力诋天锡、方叔,乞诛二人。学舍恶自养党奸,相与鸣鼓攻之,上书申其罪，是一小人，不足以掩众君子也。光宗绍熙五年，光宗以疾，久不省重华宫，太学生汪安仁等二百余人上书。宁宗庆元元年，韩侂胄引李沐为右正言，劾赵汝愚，窜永州，侍御史章颖，以奏留汝愚斥逐。太学生杨宏中、林仲麟、徐范、张衎、蒋傅、周端朝，上书辨诬，皆被罪，天下号为六君子。又宁宗时，王居安以言事夺官。太学诸生，有举幡乞留者。逮理宗淳祐十年,丁大全劾丞相董槐去国,太学生刘黻、陈宗、黄唯、陈宜中、林则祖伏阙上书；后程公许、黄之纯被诬劾罢出,黻又率诸生上书。刘汉弼劾史嵩之之党,感末疾,遂卒，人皆疑嵩之致毒。太学生蔡之润等百七十有三人，伏阙上书，以为暴卒。杜范劾李鸣复，太学诸生亦上书交攻之。后范去政府,太学诸生又上书留范。史嵩之父丧,起复右丞相,太学生黄恺伯、金九万、孙翼凤等百四十四人，上书论嵩之不当起复。陈垓劾程公许，太学生刘黻等百余人，上书论垓。徐元杰暴疾卒，三学诸生相继叩阍讼冤。丁大全为谏议大夫，三学诸生叩阍言不可，诏禁戒，旋逮诸生下狱。宋末，有太学生萧规、叶李等，上书言贾似道专政。而帝㬎德祐时，王爚之子，嗾太学刘九皋等上书，言宜中擅权庇赵溢，其误国甚于似道，宜中遂去。遣使四辈召之不至，乃命临安府，捕逮太学生，下刘九皋临安狱，罢王爚，遣使召宜中还。元兵至，宜中仍遁，当时太学生动辄上书，诚衰世之景象。（汪师韩《韩门缀学》卷五）

南渡而后，太学生势益盛。

庆元间，赵忠定汝愚去国，太学生周端朝、张衜、徐范、蒋傅、林仲麟、杨宏中以上书屏斥，遂得六君子之名。开元间，丁大全用事，以法绳多士，陈宜中兴权、刘黼声伯、黄镛器之、林则祖兴周、曾唯师孔、陈宗正学，亦以上书得谪，号六君子。（周密《齐东野语》卷二〇）

三学之横，盛于景定、淳祐之际。凡其所欲出者，虽宰相台谏，亦直攻之使必去权，乃与人主抗衡。……其所以招权受赂，豪夺庇奸，动摇国法，作为无名之谤，扣阍上书，经台投卷，人畏之如狼虎。若市井商贾，无不被害，而无所赴诉。非京尹不敢过问，虽一时权相如史嵩之、丁大全，不恤行之，亦末如之何也。（周密《癸辛杂识》后集）

然或志在利禄，故易受权相笼络。

至贾似道作相，度其不可以力胜，遂以术笼络。每重其恩数，丰其馈给，增拨学田，种种加厚，于是诸生啖其利而畏其威，虽目击似道之罪，而噤不敢发一语。及贾要君去国，则上书赞美，极意挽留，今日曰师相，明日曰元老，今日曰

周公，明日曰魏公，无一人敢少指其非。（周密《癸辛杂识后集》）

贾公似道欲优学舍以邀誉，乃以校尉告身钱帛等，俾京庠拟试。时黄文昌方自江阃入为京尹，益增赏格，虽末缀，犹获数百千，于是群四方之士，试者纷然。（周密《齐东野语》卷一七）

（丙）道学之禁

南渡以后，秦桧主张王安石之学，赵鼎主张程颐之学，党派之分，遂基于此。厥后互相倾轧，愈演愈烈，至赵汝愚与韩侂胄争权，益纠结不已，致使政治食其恶果。

命朱熹待制经筵，悉收召士君子之在外者。（《宋史》卷三九二《赵汝愚传》）

宁宗之立，韩侂胄自谓有定策功，居中用事。熹忧其害政，数以为言……庆元元年，初赵汝愚既相，收召四方知名之士，中外引领望治，熹独惕然以侂胄用事为虑。既屡为上言，又数以手书启汝愚，当用厚赏酬其劳，勿使得预朝政……之语。汝愚方谓其易制，不以为意。（《宋史》卷四二九《朱熹传》）

按：朱熹为道学派宗主，故汝愚引之为助。

韩侂胄……琦曾孙也，父娶高宗宪圣慈烈皇后女弟，仕至宝宁军承宣使。侂胄以父任入官，历阁门祗候……知阁门事。……侂胄雅善慈福内侍张宗尹。（《宋史》卷四七四《韩侂胄传》）

侂胄……出入宫掖，居中用事。(《宋史》卷三九二《赵汝愚传》)

按：韩侂胄结交宫掖，以挤赵汝愚，汝愚既失位，所引用之人竞起攻侂胄者，皆为侂胄所贬窜。

汝愚既斥……朱熹、彭龟年、黄度、李祥、杨简、吕祖俭等，以攻侂胄得罪。(《宋史》卷四七四《韩侂胄传》)

同时太学生与道学接近，亦攻侂胄不已。

太学生杨宏中……等，又以上书论侂胄编置，朝士以言侂胄遭责者数十人。(《宋史》卷四七四《韩侂胄传》)

所谓道学派之人，其行径亦有可訾之处。

世又有一种浅陋之士，自视无堪以为进取之地，辄亦自附于道学之名。褒衣博带，危坐阔步。或抄节语录以资高谈，或闭眉合眼号为默识。而扣击其所学，则于古今无所闻知，考验其所行，则于义利无所分别。此圣门之大罪人，吾道之大不幸，而遂使小人得以借口为伪学之目，而君子受玉石俱焚之祸者也。(周密《齐东野语》卷一一)

韩侂胄为排除异己，遂倡伪学之禁。

韩侂胄用事……凡不附己者，指为道学，尽逐之。已而自知道学二字，本非不美，于是更目之为伪学。巨僚之荐举，进士之结保，皆有“如是伪学者，甘伏朝典”之辞。一时嗜利无耻之徒，虽尝自附于道学之名者，往往旋易衣冠，强习歌鼓，欲以自别甚者……向之得罪于庆元初者，亦从而和之，可叹也已。（周密《齐东野语》卷一一）

又设伪学之目，以网括汝愚、朱熹门下知名之士。用何澹、胡纮为言官。澹言伪学宜加风厉，或指汝愚为伪学罪首。纮条奏汝愚有十不逊……刘三杰入对言，前日伪党，今变而为逆党。……而坐伪学逆党，得罪者五十有九人。王沇献言，令省部籍记伪学姓名，姚愈请降诏严伪学之禁，二人皆得迁官。（《宋史》卷四七四《韩侂胄传》）

庆元三年十二月，以知绵州王沇奏，诏省部籍伪学姓名。宰执四人：赵汝愚、留正、王蔺、周必大。待制以上十三人：朱熹、徐谊、彭龟年、陈傅良、薛叔似、章颖、郑湜、楼钥、林大中、黄由、黄黼、何异、孙逢吉。余官三十一人：刘光祖、吕祖俭、叶適、杨方、项安世、李德、沈有开、曾三聘、游仲鸿、吴猎、李祥、杨简、赵汝谈、赵汝谠、陈岘、范仲黼、汪逵、孙元卿、袁燮、陈武、田澹、黄度、张体仁、蔡幼学、黄灏、周南、吴柔胜、王厚之、孟浩、赵巩、白炎震。武臣三人：皇甫斌、范仲任、张致远。士人八人：杨宏中、周端朝、张衡、林仲麟、蒋傅、徐范以上六人为太学生、蔡元定、吕祖泰。凡五十九人。（钱士升《南宋书》卷四《宁宗纪》）

攻击道学最力者，有沈继祖攻朱熹一疏，胡纮所草，其词过峻，不免诬枉。然道学号召徒党，互助标榜，欲以隐执朝政，亦或有其事。

庆元三年丁巳，春二月癸丑，省札："臣窃见朝奉大夫、秘阁修撰、提举鸿庆宫朱熹，资本回邪，加以忮忍，初事豪侠，务为武断，自知圣世此术难售，寻变所习，剽张载、程颐之余论，寓以吃菜事魔之妖术，以簧鼓后进，张浮驾诞，私立品题，收召四方无行义之徒，以益其党伍，相与餐粗食淡，衣褒带博，或会徒于广信鹅湖之寺，或呈身于长沙敬简之堂，潜形匿影，如鬼如魅。士大夫之沽名嗜利，觊其为助者，又从而誉之荐之。根株既固，肘腋既成，遂以匹夫窃人主之柄，而用之于私室。飞书走疏，所至响答，小者得利，大者得名，不惟其徒咸遂所欲，而熹亦富贵矣。臣窃谓熹有大罪者六，而他恶又不与焉。人子之于亲，当极甘旨之奉，熹也不天，惟母存焉，建宁米白，甲于闽中，而熹不以此供其母，乃日籴仓米以食之，其母不堪食，每以语人。尝赴乡邻之招，归谓熹曰：'彼亦人家也，有此好饭。'闻者怜之。昔茅容杀鸡食母，而与客蔬饭，今熹欲餐粗钓名，而不恤其母之不堪，无乃太戾乎？熹之不孝其亲，大罪一也。熹于孝宗之朝，屡被召命，偃蹇不行，及监司郡守，或有招致，则趣驾以往。说者谓召命不至，盖将辞小而要大；命驾趣行，盖图朝至而夕馈。其乡有士人连其姓者，贻书痛责之，熹无以对。其后除郎，则又不肯入部供职，托足疾以要君，此见于侍郎林栗之章。熹之不敬于君，大罪二也。孝宗大行，举国之论，礼合从葬于会稽。熹乃以私意，倡为异论，首入奏札，乞召江西、福建草泽，别图改卜。其意盖欲借此以官其素所厚善之妖人蔡元定，附会赵汝愚改卜他处之说，不顾祖宗之典礼，不恤国家之利害，向非陛下圣明，朝论坚决，几误大事。熹之不忠于国，大罪三也。昨者汝愚秉政，谋为不轨，欲借熹虚名，以招致奸党，倚腹心羽翼，骤升经筵，躐取次对，熹既用法，从恩例封赠其父母，奏荐其子弟，换易其章服矣，乃忽上章，佯为辞免。岂有以职名而受恩数，而却辞职名？玩侮朝廷，莫此为甚，此而可忍，孰不可忽？熹之大罪四也。汝愚既死，朝野交庆，熹乃率其徒百余人哭之于野。熹虽怀卵翼之私恩，盍顾朝廷之大义？而乃犹为死党，不畏人言。至和储用之诗，有“除是人间别有天”之句，人间岂容别有天耶？其言意何止怨望而已？熹之大罪五也。熹既信妖人蔡元定之邪说，谓建阳县学风水有侯王之地。熹欲得之，储用逢迎其意，以县学不可为私家之有，于是以护国寺为县学，以为熹异日可得之地。遂于农月，伐山凿石，曹牵伍拽，取捷为路，所过骚动，破坏田亩，运而致之于县下方。且移夫子于释迦之殿，设机造械，用大木巨缆，绞缚圣像，撼摇通衢嚣市之内，而手足堕坏，观者惊叹。邑人以夫子为万世仁义礼乐之宗主，忽遭对移之罚，而又重以折肱伤股之患，其为害于风教大矣！熹之大罪六也。以至欲报汝愚援引之恩，则为其子崇宪执柯，娶刘珙之女，而奄有其身后巨万之财。又诱引尼姑二人以为宠妾，每之官则与之偕行，谓其能修身可乎？家妇不夫而自孕，诸子盗牛而宰杀，谓其能齐家可乎？知南康军则妄配数人而复与之改正；帅长沙则匿藏赦书而断徒刑者甚多；守漳州则搜古书而妄行经界，千里骚动，莫不被害；为浙东提举，则多发朝廷赈济钱粮，尽与其徒，而不及百姓，谓其能治民可乎？又如据范染祖业之山，以广其居，而反加罪于其身；发掘崇安弓手父母之坟，以葬其母，而不恤其暴露，谓之恕以及人可乎？男女婚嫁，必择富民，以利其奁聘之多；开门授徒，必引富室子弟，以责其束脩之厚。四方馈赂，鼎来踵至，一岁之间，动以万计，谓之廉以律己可乎？夫廉也，恕也，修身也，齐家也，治民也，皆熹平日窃取《中庸》《大学》之说，以欺惑斯世者也。今其言如彼，其行乃如此，岂不为大奸大慝也耶？昔少正卯言伪而辩，行僻而坚，夫子相鲁七日而诛之。夫子，圣人之不得位者也，犹能亟去之如是，而况陛下居德政之位，操可杀之势，而熹有浮于少正卯之罪，其可不亟诛之乎？臣愚欲望圣慈，特赐睿断，将朱熹褫职罢祠，以为欺君罔世之徒、污行盗名者之戒。仍将储用镌官，永不得与亲民差遣。其蔡元定乞行下建宁府追送别州编管。庶几奸人知惧，王道复明。天下学者，自此以孔孟为师，而憸人小夫，不敢假托凭借，横行于清明之时，诚非小补。”（叶绍翁《四朝闻见录》丁集）

道学党徒甚盛，操纵时局，隐然为物望所归，侂胄虽加镇抑，终不能不弛其禁。

初韩侂胄用事，患人不附……举海内知名士，贬窜殆尽，其后侂胄亦悔……禁网渐解矣。（《宋史》卷四三四《叶适传》）

是时士之绳趋尺步，稍以儒名者，无所容其身。从游之士，特立不顾者，屏伏丘壑……而熹日与诸生讲学不休，或劝其谢遣生徒者，笑而不答。有籍田令陈景思者，故相康伯之孙也，与侂胄有姻连，劝侂胄勿为已甚，侂胄意亦渐悔。（《宋史》卷四二九《朱熹传》）

侂胄亦稍厌前事，张孝伯以为不弛党禁，后恐不免报复之祸。侂胄以为然……伪党之禁寖解。（《宋史》卷四七四《韩侂胄传》）

及史弥远初执国柄，乃引用道学派以自厚，而终于不合。

雪赵汝愚之冤，乞褒赠赐谥，厘正诬史，一时伪学党人，朱熹、彭龟年、杨万里、吕祖俭虽已殁，或褒赠易名，或录用其后，召还正人故老于外。(《宋史》卷四一四《史弥远传》)

时史弥远方以爵禄縻天下士，德秀慨然谓刘爚曰："吾徒须急引去，使庙堂知世亦有不肯为从官之人。"遂力请去。(《宋史》卷四三七《真德秀传》)

朝廷收召诸贤，了翁预焉。会史弥远入相，专国事，了翁察其所为，力辞召命。(《宋史》卷四三七《魏了翁传》)

其实当时所谓贤者，多流于矫伪。

士大夫汲汲好名，正救之力少，而附和沽激之意多，扶持之意微，而诋訾扇摇之意胜。既虑君上之或不能用，又恐朝廷之或不能容，姑为激怒之辞，退俟斥逐之命。始则慷慨而激烈，终则恳切而求去，将以树奇节而求令名，此臣之所未解。盖阴诋真德秀等。(《宋史》卷四二二《李知孝传》)

大佞似忠，大辨若讷，或好名以自鬻，或立异以自诡，或假高尚之节以要君，或饰矫伪之学以欺世。言若忠鲠，心实回邪，一不察焉，薰莸同器，泾渭杂流矣。言不达变，谋不中机，或巧辨以为能，或诡讦以市直，或设奇险之说以駴众听，或肆妄诞之论以惑士心。所行非所言，所守非所学，一不辨焉，枘凿不侔，矛盾相激矣。(《宋史》卷四二二《梁成大传》)

弥远愤诸人之不同于己，始尽斥逐之。

而弥远反用李知孝、梁成大等以为鹰犬，于是一时之君子，贬窜斥逐，不遗余力云。(《宋史》卷四一四《史弥远传》)

贾似道利用道学愦愦，名为尊崇，其实愚弄之。

尝闻吴兴老儒沈仲固先生云："道学之名，起于元祐，盛于淳熙。其徒有假其名以欺世者，真可以嘘枯吹生。凡治财赋者则目为聚敛；开阃捍边者则目为麄材；读书作文者则目为玩物丧志；留心政事者则目为俗吏。其所读者止《四书》《近思录》《通书》《太极图》《东西铭》《语录》之类，自诡其学为正心、修身、齐家、治国、平天下。故为之说曰：'为生民立极，为天地立心，为万世开太平，为前圣继绝学。'其为太守，为监司，必须建立书院，立诸贤之祠，或刊注《四书》，衍辑语录。然后号为贤者，则可以钓声名，致膴仕，而士子场屋之文，必须引用以为文，则可以擢巍科，为名士。否则立身如温国，文章气节如坡仙，亦非本色也。于是天下竞趋之，稍有议及其党，必挤之为小人，虽时君亦不得而辨之矣。其气焰可畏如此。然夷考其所行，则言行了不相顾，卒皆不近人情之事。异时必将为国家莫大之祸，恐不在典午清谈之下也。"余时年甚少，闻其说如此，颇有嘻其甚矣之叹。其后至淳祐间，每见所谓达官朝士者，必愦愦冬烘，弊衣菲食，高巾破履，人望之知为道学君子也。清班要路，莫不如此，然密而察之，则殊有大不然者，然后信仲固之言不为过。盖师宪当国，独握大柄，惟恐有分其势者，故专用此一等，人列之要路，名为尊崇道学，其实幸其不才愦愦，不致掣其肘耳。以致万事不理，丧身亡国，仲固之言，不幸而中，呜呼，尚忍言之哉！（周密《癸辛杂识续》集下）

（十一）南宋之灭亡

（1）蒙古之兴起

（甲）蒙古起原

蒙古即唐之蒙兀，曰盲骨，曰朦骨，曰朦辅，曰萌骨，曰蒙古思，皆音译。

达靼，靺鞨之遗种，本在奚契丹之东北，后为契丹所攻，而部族分散，或属契丹，或属渤海，别部散居阴山者，自号达靼。(《五代史》卷七《四夷附录三》)

黑鞑之国，号大蒙古，沙漠之地，有蒙古山。鞑语谓银曰蒙古，女真名其国曰大金，故鞑名其国曰银。(徐霆《黑鞑事略》)

所谓白鞑靼者，容貌稍细……所谓生鞑靼者，甚贫且拙，且无能为，但知乘马随众而已。今成吉思皇帝，及将相大臣，皆黑鞑靼也。(孟珙《蒙鞑备录》)

金之初起，尝假蒙古兵马，既得国，不偿原约，由是蒙古有怨言。至熙宗时，蒙古侵扰边鄙，金兵讨之不克，遂与议和。

皇统五年宋高宗绍兴十五年，西历一一四五年……时有蒙

兀之扰。（宇文懋昭《大金国志》卷一二《熙宗纪四》）

皇统六年……女真万户湖沙虎，北攻盲骨子，粮尽而还，为盲骨子袭之，至上京之西北，大败于海岭。（宇文懋昭《大金国志》卷一二《熙宗纪四》）

皇统七年……是岁朦骨国平。初挞懒既诛，其子胜花都郎君者，率其父故部曲以叛，与朦骨通。兀朮之未死也，自将中原所教神臂弓手八万人讨之，连年不能克。皇统之六年八月，复遣萧保寿奴与之和议，割西平河蒙古人民共和国克鲁伦河以北，二十七团寨与之，岁遗牛羊米豆，且册其酋长熬罗孛极烈为朦辅国主，至是始和，岁遗甚厚。于是熬罗孛极烈自称祖元皇帝，改元天兴。大金用兵连年，卒不能讨，但遣精兵分据要害而还。（宇文懋昭《大金国志》卷一二《熙宗纪四》）

其他记载，有谓蒙兀与鞑靼为东西二族者。然《大金国志》所载祖元皇帝之称，他书亦言之。《国志》熬罗孛极烈与《元史》噶布勒汗即《元秘史》之合不勒音亦相类，或为一人。《国志》不为无本，至谓东西相望千里，则游牧人民，居处不常。据《金史·兵志》，东北西北部族乣军，俱有萌骨部族可证，鞑靼本出靺鞨，或由东北而渐出西南。世因混塔塔儿与鞑靼为一，乃疑蒙、鞑为二族耳。

旧有蒙古斯国，在金人伪天会间，亦尝扰金虏为患，金虏尝与之战，后乃多与金帛和之。按李谅《征蒙记》曰，蒙人尝改元天兴，自称太祖元明皇帝。今鞑人甚朴野，略无制度，珙尝讨究于彼，闻蒙已残灭久矣。（孟珙《蒙鞑备录》）

又有蒙国者，在女真之东北，唐谓之蒙兀部，金人谓之蒙兀，亦谓之萌骨。人不火食，夜中能视，以鲛鱼皮为甲，可捍流矢。自绍兴初始叛，都元帅宗弼用兵连年，卒不能讨，但分兵据守要害，反厚赂之，其祖亦僭称祖元皇帝。至金亮之时，与鞑靼并为边患，其来久矣。蒙人既侵金国，得其契丹汉儿妇女而妻妾之，自是生子，不全类蒙人，渐有火食，至是鞑靼乃自号大蒙古国，边吏因以蒙鞑称之。然二国居东西两方，相望凡数千里，不知何以合为一名也。盖金国盛时，置东北招讨司，以捍御蒙兀、高丽；西南招讨司，以统隶鞑靼、西夏。蒙兀所据，盖吴乞买创业时二十七团寨。而鞑境东接临潢府，西与夏国为邻，南距静州，北抵大人国。（李心传《建炎以来朝野杂记乙集》卷二〇）

（乙）成吉斯汗之崛起

蒙古至也速该世，国势渐强大。

噶布勒汗即合不勒，以《元秘史》世系推之，当即祖元皇帝殁，子巴尔达木嗣；巴尔达木殁，子伊苏克依嗣，国势愈盛大。（《元史》卷一《太祖纪》）

当蒙古初兴时，大漠南北，诸部错列，为表如下：

蒙古初兴诸部简表

名称	居所		备考
	原名	今地	
翁吉剌	苦烈儿温都儿斤	呼伦淖尔附近	《圣武亲征录》作弘吉，《蒙古源流》作鸿吉剌

名称	居所		备考
	原名	今地	
塔塔尔	捕鱼儿海附近	达里泊	《元史》本纪作塔塔尔
蔑里乞	斡儿洹、薛凉格两水流域	鄂尔坤、色楞格两河流域	
兀良孩	游牧之地，亦在不儿罕山	蒙古人民共和国西北部	即《明史》之兀良哈，今之乌梁海
客列	欠欠州	华克穆克、穆齐克两河会流之处	《元史》列传作怯烈，本纪与《亲征录》作克烈，《源流》考作克里叶特
汪古	近塞地	呼和浩特北	《元史译文证补》，此族属白鞑靼为金守长城
乃蛮	金山，及兀鲁黑塔黑之地	科布多等地	
斡亦剌		散居西伯利亚南境	《元秘史》称之曰秃绵斡亦剌，即明之瓦剌
乞儿吉速	也儿的石河	额尔齐斯河	
失必儿	乞儿吉斯正北	鄂必河流域	

及成吉斯汗崛起，扫平诸部，乃归于统一。

也速该即依苏克依并吞诸部，势愈盛……攻塔塔儿部，获其长铁木真，还次跌里温盘陀山。而宣懿太后月伦适生帝……因名曰铁木真，志武功也宋高宗绍兴二十五年，金海陵贞元三年，西历一一五五年。及……崩，帝方幼时年十三岁。时蒙古部，有泰赤乌《元史》本纪，作泰楚特，有札木合，又有克烈、乃蛮诸部。惟泰赤乌强，众多归之，而札木合部者，与帝麾下有隙，遂与泰赤乌合谋，以众三万来攻。帝与母月伦，分部人为十三翼，大战破走之。泰赤乌地广民众，无纪律，诸部多苦其非法，见帝宽仁，谋曰："铁木真太子……真我主也。"多相率慕义来降。是时西北诸国皆附金，会塔塔儿叛金，帝自斡难河鄂伦河，帅众会金师，击杀其渠长。金主以功授帝为察兀秃鲁注，犹言招讨使也，克烈部长名脱里者，受金爵为王。初脱里多戮辱兄弟，其叔父菊儿攻之，仅百余骑来奔，烈祖也速该亲将兵逐菊儿，夺还其部众。脱里德之，遂请盟，称按答注，犹言交好之友。既而脱里之弟叛归乃蛮。其部长为发兵伐克烈，复夺其众，脱里走，中道粮绝，困乏甚。帝以其与烈祖交也，亲迎抚劳之，为伐蔑里乞部，取其资财田禾遗之。脱里见部众稍集，遂不告于帝，自率兵再攻蔑里乞，大掠而还，于帝一无所遗。……会乃蛮卜鲁欲可汗不服帝，复与脱里合兵攻之。时札木合起兵援乃蛮，见乃蛮败，欲帝与脱里有隙，乃言于脱里……脱里闻之疑，乃移部众于别所。未几，帝与脱里议昏各不成，札木合复乘间谓脱里子亦剌合曰："铁木真太子尝通信乃蛮，将不利于君父子，君能加兵，我当阴为助。"亦剌合数言于其父，脱里信之……遂举兵来侵，帝击败之……遂整兵至班朱尼河……时脱里势强，众颇危惧。与战……脱里败走，路逢乃蛮将，为所杀，克烈部由是遂灭。(邵远平《元史类编》卷一《太祖纪》)

时乃蛮部长太阳罕其部长亦难察可汗，生二子，长为塔阳可汗，次为不亦鲁黑汗。兄弟不合，分国而治，塔阳居金山之阳，不亦鲁黑居地南近阴山心忌帝能，遣使谋于白达达部主阿剌忽思曰："吾闻东方有称帝者……君能益吾右翼，吾将夺其弧矢也。"阿剌忽思即以是谋报帝，居无何，举部来归。岁甲子宋宁宗嘉泰四年，金章宗泰和四年，西历一二〇四年，帝大会于帖麦该川外蒙古土谢图汗西境议伐乃蛮。……遂进兵伐乃蛮……太阳罕至自按台即阿尔泰山，营于沆海山即抗爱山，与蔑里乞部长脱脱、克烈部长阿怜太石、猥剌部长忽都花别吉，暨秃鲁班、塔塔儿、哈答斤、散只兀诸部合兵，势颇盛。……太阳罕……索战。……时札木合从太阳罕来，见帝军容整肃……遂引所部兵遁去。是日，帝与乃蛮军大战，至晡，禽杀太阳罕。诸部军一时皆溃……明日，余众悉降。于是朵鲁班、塔塔儿、哈答斤、散只兀四部亦来降。已而复征蔑里乞部，其长脱脱，奔太阳罕之兄卜鲁欲汗即不亦鲁黑汗。(《元史》卷一《太祖纪》)

先是蒙古居乌桓之北……世修贡于辽金，号微弱。至是灭克烈，降乃蛮，兼取朵鲁班、塔塔儿、哈答吉、散只兀四部，骎骎乎称雄矣。(邵远平《元史类编》卷一《太祖纪》)

元年丙寅宋宁宗开禧二年，金章宗泰和六年，西历一二〇六年，帝大会诸王群臣，建九斿白旗，即皇帝位于鄂诺河之源黑龙江之北源，诸王群臣，共上尊号，曰青吉斯皇帝。(《元史》卷一《太祖纪》)

帝既即位，遂发兵复征奈曼即乃蛮。时博啰汗猎于乌尔图山，禽之以归。迪延汗即太阳罕子库楚类汗即屈出律与托克托即脱脱奔雅尔达实河上西辽。(《元史》卷一《太祖纪》)

(2) 西夏之灭亡

(甲)夏、金之和战

天辅六年宋徽宗宣和四年，辽天祚保大二年，夏崇宗元德三年，西历一一二二年，金破辽兵，辽主走阴山。夏将李良辅将兵三万来救辽，次天德境。……娄室败之于宜水……宗望至阴山，以便宜与夏国议和。天会二年宋宣和六年，夏元德五年，西历一一二四年，始奉誓表，以事辽之礼称藩……天眷二年宋高宗绍兴九年，国王乾顺薨，子仁孝立，遣使册命，加开府仪同三司，上柱国。(《金史》卷一三四《西夏传》)

自西夏臣服于金，与宋不复通使，至金宣宗时，始叛金与开兵衅。

大安三年宋宁宗嘉定四年，夏神宗光定元年，西历一二一一年，……是春，西夏始为大军蒙古所攻，遣使求援，国主新立，不能救。大军至兴灵而反，夏人恨之。时金国亦为所扰，势益衰，夏人恨之，遂叛，乃改元光定。(宇文懋昭《大金国志》卷二二《东海郡侯纪上》)

自天会议和，八十余年，与夏人未尝有兵革之事。及贞祐之初金宣宗贞祐元年，宋宁宗嘉定六年，夏神宗光定三年，西历一二一三年，小有侵掠，以至构难十年不解，一胜一负，精锐皆尽，而两国俱敝。是岁宣宗元光二年，遵顼传位于子德旺。正大元年宋宁宗嘉定十七年，夏献宗乾定元年，西历一二二四年，和议成，自称兄弟之国。(《金史》卷一三四《西夏传》)

（乙）蒙古之侵夏

宁宗嘉定二年夏襄宗应天四年，金卫绍王大安元年，西历一二〇九年，三月，蒙古主入河西，夏主安全遣其世子率师拒战，败之。薄其中兴府……夏主安全纳女请降于蒙古，夏自是益衰。（张鉴《西夏纪事本末》卷三五）

嘉定十六年夏献宗乾定元年，金宣宗元光二年，西历一二二三年……十二月，蒙古兵攻夏。夏主遵顼传国于其子德旺，遵顼自号上皇。（张鉴《西夏纪事本末》卷三六）

夏遭蒙古之侵略，土地日削，最后力屈，降于蒙古。

理宗宝庆二年七月，蒙古主取夏西凉府搠罗河罗等县。……夏国主德旺惊悸而卒……国人立其弟南平王睍。（张鉴《西夏纪事本末》卷三六）

宝庆三年金哀宗正大四年，蒙古太祖二十二年，西历一二二七年六月……蒙古铁木真，尽克夏城邑……蒙古主避暑于六盘山甘肃固原县南，仍命阿朮鲁总兵，与赐银印怀都等，与敌大战于合剌合察儿之地。逾月，夏国主睍力屈出降，遂絷以归。……夏……至是乃亡。（张鉴《西夏纪事本末》卷三六）

(3) 金之灭亡

(甲)蒙古之来侵

五年宋宁宗嘉定三年,金卫绍王大安二年,西历一二一〇年春,帝遣将遮别,袭金乌沙堡,遂略地而东。初帝未建号时,尚称藩于金。会进岁币,金主使卫王永济受贡于静州,帝见其庸懦,不为礼。及金主璟章宗殂,永济嗣位,有诏至,使者令下拜,帝问新君为谁,使者曰卫王,帝不顾而唾,即乘马北去。永济闻之怒,欲俟帝入贡图之,帝觉,遂与金绝,数侵掠其西北鄙。(邵远平《元史类编》卷一《太祖纪》)

金独吉千家奴、完颜胡沙至乌沙堡。未及设备,蒙古兵奄至,拔乌沙堡及乌月营,蒙古主乘胜破白登城,遂攻西京。凡七日……金兵大败。追至翠屏口,遂取西京及桓河北独石县北、抚河北张北县北州。(《续通鉴纲目》卷一八)

七年正月……帝破桓、抚、奉、圣等州,师次野狐岭。金将纥石烈、完颜九斤等率兵号四十万来援,与战于貛儿嘴,大败之。秋围金西京……十二月,遮别克金东京。八年七月,帝克宣德、德兴二府,进至怀来,及金行省完颜纲、左监军高琪战,败之。乘锐至古北口,金兵退保居庸。帝留可忒薄刹顿兵拒守,而自以众趋紫荆关,败金师于五回岭,拔涿、易二州。分命遮别反自南口,攻居庸破之,出古北,与可忒薄刹军合。(邵远平《元史类编》卷一《太祖纪》)

是时金适发生内变。

至宁元年宋宁宗嘉定六年，蒙古太祖八年，西历一二一三年，八月，起纥石烈执中即胡沙虎为右副都元帅，将武艺军三千，复往迎敌。二十日，发燕京至紫金关……闻大军过关，一时溃走，不可禁遏。执中还京，见上言："大军势盛难敌，臣急来保守京城。"上遣完颜纲将兵御之，战于易州，国兵大败，纲……至都，密奏"执中受北赂，故放入关"。执中闻之，惧诛。先是左副元帅甫平者，迎合主意，沮格军赏，众皆怨之。执中因人心之愤，欲废主，遂回军以诛南平为名。二十四日，军至东华门外，召南平计事，手刃杀之。宫中闻变，门皆不开……执中欲纵火焚门，守门将军合住启之，执中引兵入宫，侍卫皆散走。进至大安殿，主望见之，遥呼曰："令我何往？"曰："归旧府耳。"主入后宫，邀皇后俱出。后留之曰："出则被执矣。"执中见其久不至，遣兵执之，并其后囚于旧府。二十六夜，执中遣内侍李监成弑主于其府。（宇文懋昭《大金国志》卷二三《东海郡侯纪下》）

纥石烈执中召番汉群臣，共议所立……乃以符宝……迎立丰王。（宇文懋昭《大金国志》卷二四《宣宗纪上》）

蒙古因乘间进围燕京，并分掠河北、山东各地。

八年金宣宗贞祐元年，宋宁宗嘉定六年，八月……帝兵东过平滦，南至青沧山，临潢，涉辽河，西南至忻、代，皆为所有。而帝欲留中都以困金，乃分军屯其城北，号北军。阳缀之，而阴发兵三道，命皇子朮赤等为右军，循太行而南，破保州、中山、邢、洺、磁、相卫、辉、怀、孟诸郡，径抵黄河，掠平阳、太原间；皇弟哈撒儿等为左军，遵海而东，破滦、蓟，掠辽西之北；帝与皇子拖雷为中军，由中道破雄、漠、青、沧、景、献、河间、滨、棣、济南等郡，两河山东数千里，城郭邱墟……是冬，帝复至燕京，三道兵还，合屯大口，以逼中都。(邵远平《元史类编》卷一《太祖纪》)

九年三月，复与北军合围燕京，诸将请乘胜破燕，而帝欲遗孤城不取，俾力守以困之，遣使谓金主曰："今山东、河北诸境，悉为我取，所存惟燕京耳，天既弱汝，我不忍迫人于险，我今还军，汝当犒师，以弭诸将之怒。"金主复请和，许以故主永济女及金缯童男女为献。帝遣使如金逆女，既成昏，北还。(邵远平《元史类编》卷一《太祖纪》)

蒙古兵既退，金宣宗因河北残破，迁都于汴。

九年五月，金主迁都于汴，命平章完颜承晖及左丞抹撚尽忠辅太子守忠留中都。帝闻之怒曰："既和而迁，是有疑心而不释憾也。"复兴师南伐，所过州郡皆下……六月，金乣军反，众推斫答为帅，遣使乞降。帝方怒金南迁，遂遣石抹明安援斫答，合兵围中都……十年二月……金主遣兵救燕，至霸州大溃……五月，金燕京留守完颜承晖仰药死，抹撚尽忠弃城走，石抹明安入城……盖围中都，三年而克之。(邵远平《元史类编》卷一《太祖纪》)

(乙)蒙古之经略中原

十二年宋宁宗嘉定十年，金宣宗兴定元年，西历一二一七年，八月，以木华黎有佐命功，拜太师，封鲁国王，统领番汉诸军，谓曰：太行以北，朕自经略；太行以南，卿其勉之……始置行省于燕云，以图中原，于是木华黎得专征。（邵远平《元史类编》卷一《太祖纪》）

河北各地，俱为蒙古所有，金仅划河而守，聚兵一隅以御之，蒙古不能克，乃有后来与宋夹攻之事。

正大四年宋理宗宝庆三年，蒙古太祖二十二年，西历一二二七年，是时大军长驱而南。自宣宗时，凡大河以北，东至于山东，西至于关陕，不一二年，陷没几尽，而凤翔最后下，国兵于是并力守黄河，保潼关。自黄河洛阳、三门、析津，东至邳州之源雀镇，东西长二千余里，差四行院，每院各分地界五百里，统以总率精兵不下二十万，民兵不在其数。夜则传令坐守，冬则燃草敲冰，率以为常。潼关一带，西南边山一千余里，大小关口三十六处，亦差四行省分地界而守，统以总率精兵不下十万，民兵不在其数。布满周密。（宇文懋昭《大金国志》卷二六《义宗纪》）

时金兵尽在河南，饷无所出，宋又罢其岁币，乃思用兵于宋。

嘉定七年……金人来督二年岁币。……金人迫于蒙古，迁都汴，遣使来告……起居舍人真德秀奏罢金国岁币。（钱士升《南宋书》卷四《宁宗纪》）

初……王世安献攻取盱眙、楚州策，枢密院奏乞以世安为招抚使……高琪请伐之，以广疆土。……遣元帅左都监乌古论庆寿、签枢密院事完颜赛不，经略南边。（《金史》卷

一〇六《术虎高琪传》）

宣宗与宋绝好连兵，复与西夏开衅，不能专力以御蒙古。至哀宗继立，始与西夏和，而宋人正主乘机恢复，因不允金人求和之请。

二十二年七月……帝临崩，谓左右曰："金精兵在潼关，南据连山，北限大河，难以遽破。若假道于宋，宋、金世仇，必能许我，则下兵唐、邓，直捣大梁。金急必征兵潼关。然以数万之众，千里赴援，人马疲敝，虽至弗能战，破之必矣。"（《元史》卷一《太祖纪》）

蒙古太宗遵太祖遗嘱，继续伐金。

二年宋理宗绍定三年，金哀宗正大七年，西历一二三〇年，七月，帝自将入陕西，命太弟拖雷、皇侄蒙哥率师……渡河趋凤翔……三年二月，克凤翔，并下洛阳河中诸城……五月，帝将合南北军攻汴，命拖雷先趋宝鸡，遣行人速不罕诣宋假道淮东，以捣河南……至沔州，宋统制张宣诱杀之……十月，帝围河中府拔之……拖雷闻宋杀使者，即移师伐宋，破兴元，入大散关，直趋饶风关，军民散走……四年正月，帝……渡河。会拖雷已渡汉江，遣使来告，即诏诸军进发，入郑州，次新郑，拖雷及金师战于钧州之三峰山河南禹县，金师大溃。帝亲至三峰，攻克钧州……遂下商、虢、嵩、汝等州。金尽撤秦蓝诸关兵援汴，金守将李平以潼关降，师遂长驱入陕……三月，命速不台围南京即汴。（邵远平《元史类》编卷一《太宗纪》）

天兴元年宋理宗绍定五年，蒙古太宗四年，时大军尽至，合围汴京，国兵百计守城。至四月八日，以天时向热，将还师，于是又讲和好。取太子金紫为质，东海郡侯之女小四公主，元为皇后者，索其一位骨肉以北，所予金帛无数。（宇文懋昭《大金国志》卷二六《义宗纪》）

和议既成，蒙古兵解围，退师河洛之间。未几以金杀使者唐庆，又复用兵。

天兴元年七月……飞虎军事申福、蔡元，擅杀北使唐庆等三十余人于馆，诏贳其罪，和议遂绝。（《金史》卷一七《哀宗纪上》）

天兴元年……春，天使复至，命主黜尊号，拜诏称臣，去冠冕、髡剔发，为西京留守，交割京城，主难之。防城提辖张玉，饵飞虎军三百人为变，大军传令添兵围城，河南路……皆陷，驱其壮士攻汴。（宇文懋昭《大金国志》卷二六《义宗纪》）

汴京粮尽援绝，金哀宗乃突围出，走归德。

天兴元年……主亲率护卫军五千人，突围而出，与大军战。主获胜，左丞相完颜白撒奏请过河取卫州，截其归路，主允之。比至卫州，大军云集，主急回，被其追……主既不克西去，又不可复入汴京，仅以二千余骑走归德，决水以自固。……二年六月，归德粮绝，上遂自亳趋蔡。（宇文懋昭《大金国志》卷二六《义宗纪》）

（丙）南宋与蒙古夹攻金人

四年宋理宗绍定五年，西历一二三二年，十二月……使宣抚王楫至宋，议共伐金。宋遣邹伸之报谢。帝许俟成功，以河南地归宋。（邵远平《元史类编》卷一《太宗纪》）

绍定五年十二月……金主奔归德府，寻奔蔡州。大元再遣使议攻金，史嵩之以邹伸之报谢。（《宋史》卷四一《理宗纪一》）

宋与蒙古既定盟，即出兵相应。

珙请以二万人行，因命珙尽护诸将。……得蔡降人，言城中饥，珙曰："已窘矣，当尽死而守，以防突围。"珙与倴盏约，南北军毋相犯。（《宋史》卷四一二《孟珙传》）

五年六月，金主奔蔡，塔齐尔率师围之。……十一月，宋遣荆鄂都统孟珙以兵粮来助。十二月，诸军与宋兵合攻蔡。（《元史》卷二《太宗纪》）

天兴二年十一月……宋遣其将江海孟珙，帅兵万人，献粮三十万石，助大元兵攻蔡。（《金史》卷一八《哀宗纪下》）

宋及蒙古兵攻蔡，金兵虽能死守，终致陷没。

天兴二年九月……大元兵筑长垒围蔡城。……十二月，尽籍民丁防守，括妇人壮健者假男子衣冠，运大石。上亲出抚军。……以总帅孛朮鲁娄室、殿前都点检兀林答胡土皆权参政，都尉完颜承麟为东面元帅，权总帅。……上微服率兵夜出东城谋遁，及栅不果，战而还。（《金史》卷一八《哀宗

纪下》）

天兴三年宋理宗端平元年，蒙古太宗六年，西历一二三四年，正月……上集百官传位于东面元帅承麟，承麟固让。诏曰："朕所以付卿者，岂得已哉？以肌体肥重，不便鞍马驰突。卿平日趫捷，有将略，万一得免，祚胤不绝，此朕志也。"承麟即皇帝位。百官称贺。礼毕，亟出捍敌，而南面已立宋帜。俄顷，四面呼声震天地。南面守者弃门，大军入，与城中军巷战，城中军不能御。帝自缢于幽兰轩。末帝退保子城，闻帝崩……哭奠未毕，城溃……末帝为乱兵所害，金亡。（《金史》卷一八《哀宗纪下》）

（4）南宋之亡

（甲）三京之复

宋乘金亡，进兵复三京，遂与蒙古开衅。

端平元年八月……议收复三京。以赵范为东京留守，赵葵为南京留守，全子才为西京留守。赵葵将杨谊至洛，为蒙古所乘，师大溃。（钱士升《南宋书》卷五《理宗纪》）

端平元年，朝议收复三京，葵上疏请出战，乃以为……南京留守……时盛暑行师，汴堤破决，水潦泛溢，粮运不继，所复州郡皆空城，无兵食可因。未几北兵南下渡河，发水闸，兵多溺死，遂溃。（《宋史》卷四一七《赵葵传》）

六年七月……宋图复三京，遣淮东制置使赵葵、知庐州全子才会兵趋汴。速不台闻宋来争河南，还师赴之，决黄

河……之水灌宋军，多溺死。八月，引兵至洛阳，赵葵等弃汴走。（邵远平《元史类编》卷一《太宗纪》）

宋首先败盟，蒙古复遣使来诘责，于是兵连祸结，无复宁岁。

六年十二月，再使王楫诣宋，责败盟，宋复遣邹伸之报谢。（邵远平《元史类编》卷一《太宗纪》）

六年七月……议自将伐宋，国王扎拉呼请行，遂遣之。七年宋理宗端平二年，西历一二三五年春……皇子库春，及呼图克亦作胡土虎伐宋……十月，库春围枣阳，拔之，遂徇襄、邓，入郢，虏人民牛马数万而还。……八年二月，命应州郭胜、钧州富珠哩玖珠、邓州赵祥、从库春充先锋伐宋。……七月，奎腾亦作阔端率汪世显等入蜀，取宋关外数州，斩蜀将曹友闻。十月，奎腾入成都。诏招谕秦、巩等二十余州皆降。……张柔等攻郢州拔之。襄阳府来附，以游显领襄阳、樊城事。（《元史》卷二《太宗纪》）

按：其时蒙古方遣兵分伐西域、高丽，未以全力攻宋，故孟珙得恢复襄阳、四川等地。

（乙）蒙古大举南侵

蒙古太宗崩，定宗嗣立。后三年，定宗崩，宪宗蒙哥继立。时西域略定，乃大举攻宋。

六年宋理宗宝祐四年，六月……诸王伊逊克、驸马约索尔等请伐宋。帝亦以宋人违命囚使，会议伐之。（《元史》卷三《宪

宗纪》）

八年宋理宗宝祐六年，西历一二五八年，二月……帝自将伐宋。由西蜀以入，命呼必烈攻鄂州，塔察儿元史作塔察攻荆山，以分宋兵力。又诏兀良合台自交广引兵会鄂。（邵远平《元史类编》卷一《宪宗纪》）

蒙哥攻合州，死于城下。

时军四万，号十万，分三道而进。帝由陇州入散关，诸王默格即莫哥由祥州入米仓关，布尔察克万户由渔关入沔州。（《元史》卷三《宪宗纪》）

宝祐六年四月……蒙古主率诸将兵，号十万，分三道来侵，一趋散关，一趋米仓关，一趋沔州。（钱士升《南宋书》卷五《理宗纪》）

八年七月，率兵由宝鸡攻重贵口，所至辄下……十一月……诸王莫哥、塔察儿并略地还，引军来会……九年正月……进次钓鱼山注，时宋合州徙治于此，遣降人晋国宝招谕知州王坚，坚杀之……二月，帝……督战合州城下，会师围之，凡五阅月不克……七月，帝崩于钓鱼山……或云，为飞矢所中。诸王大臣，奉梓北还。（邵远平《元史类编》卷一《宪宗纪》）

蒙古兵围合州……守臣王坚，固守力战，蒙古主蒙哥卒于城下，乃解围。（钱士升《南宋书》卷五《理宗纪》）

其忽必烈一军，渡江围鄂州，中外大震。

岁己未宪宗九年七月……命大将巴图尔等前行，备粮汉上……八月，渡淮。入大胜关，宋戍兵皆遁。次黄陂。……会于鄂州。……九月，亲王穆格即莫哥自合州钓鱼山，遣使以宪宗凶问来告，且请北归以系天下之望。帝曰："吾奉命南来，岂可无功遽还？"登香罏山，俯瞰大江，江北曰武湖，湖之东曰阳逻堡，其南岸即浒黄洲。宋以大舟扼江渡，帝遣兵夺二大舟，是夜，遣玛拉噶齐、张文谦等具舟楫。……敕将帅扬旗伐鼓，三道并进……与宋师接战者三……径达南岸。……围鄂。……十一月，乌兰哈达即兀良合台略地诸蛮，由交趾，历邕、桂，抵潭州，闻帝在鄂，遣使来告。(《元史》卷四《世祖纪一》)

宋闻边报紧急，乃遣贾似道等御之。

开庆初，宪宗皇帝自将征蜀，世祖皇帝时以皇弟攻鄂州，元帅兀良哈台由云南入交阯，自邕州蹂广西，破湖南，传檄数宋背盟之罪。理宗大惧，乃以赵葵军信州，御广兵，以似道军汉阳，援鄂……似道时自汉阳入督师。(《宋史》卷四七四《贾似道传》)

惟似道畏缩，不敢与蒙古交兵，欲以和议，图苟且息事而已。

攻城急，城中死伤者至万三千人。似道乃密遣宋京诣军中，请称臣，输岁币，不从。(《宋史》卷四七四《贾似道传》)

似道惧，密遣宋京如师，愿称臣纳币请和，帝不许，攻益急。(邵远平《元史类编》卷二《世祖纪一》)

时蒙古忽发生继立问题，忽必烈急欲北归，似道得此机会，再往请和，遂退兵。

会宪宗皇帝晏驾于钓鱼山，合州守王坚使……走报鄂，似道再遣京议岁币，遂许之。(《宋史》卷四七四《贾似道传》)

俄闻先朝诸臣阿蓝答儿、浑都海等，谋立帝弟阿里不哥《元史》作额呼布格。辄乘传调兵，去龙冈开平仅百余里。会似道再遣京至，约岁奉银绢各二十万，帝从郝经、廉希宪议，许之……大军北还。(邵远平《元史类编》卷二《世祖纪一》)

贾似道私订和议，而妄腾捷报于朝。

贾似道私与蒙古议和，奏鄂州围解，诏论功行赏。(钱士升《南宋书》卷五《理宗纪》)

大元兵拔寨而北，留张杰、阎旺以偏师候湖南兵。……兵至，杰作浮梁新生矶，济师北归。似道用刘整计，攻断浮梁，杀兵百七十，遂上表以肃清闻。帝以其有再造功，以少傅、右丞相召入朝，百官郊劳。(《宋史》卷四七四《贾似道传》)

忽必烈归至开平内蒙古多伦县，**诸大臣皆劝进，遂即帝位，遣郝经使于宋，索取岁币。似道惧事泄，乃拘经等。**

中统元年宋理宗景定元年，西历一二六〇年，三月……车驾至龙冈新城，亲王合丹、莫哥、塔察儿等，率东西二道宗王来会，与诸大臣皆劝进，帝即位……建元中统。(邵远平《元史类编》卷二《世祖纪一》)

以翰林侍读学士郝经为国信使，翰林待制何源、礼部郎中刘人杰副之，使于宋。(《元史》卷四《世祖纪一》)

大元世祖皇帝登极，遣翰林侍读学士、国信使郝经等，持书申好息兵，且征岁币。似道方使廖莹中辈撰《福华编》，称颂鄂功，通国皆不知所谓和也。似道乃密令淮东制置司，拘经等于真州江苏仪征县忠勇军营。(《宋史》卷四七四《贾似道传》)

元世祖以宋拘留使臣为名，下诏伐宋。

中统二年七月……谕将士举兵攻宋，诏曰："朕即位之后，深以戢兵为念，故年前遣使于宋，以通和好。宋人不务远图，伺我小隙，反启边衅，东剽西掠，曾无宁日。朕今春还宫，诸大臣皆以举兵南伐为请，朕重以两国生灵之故，犹待信使还归，庶有悛心，以成和议，留而不至者，今又半载矣。往来之礼遽绝，侵扰之暴不已。……曲直之分，灼然可见。……秋高马肥，水陆分道而进，以为问罪之举。……"(《元史》卷四《世祖纪一》)

贾似道称臣乞和之计，恐一时暴露，为公议所不许，既留元使郝经等不遣，复不作守计，方以援鄂论功。沿边诸将知事不可为，纷降于蒙古。

时贾似道方论鄂功，专务欺蔽朝廷，不以闻。似道又忌诸将，欲污蔑置之罪，乃行打算法于诸路，以军兴时支取官物为赃私，于是赵葵、史岩之、杜庶皆坐侵盗掩匿罢。而向士璧、曹世雄下狱死。刘整时为潼川安抚使，亦以边费为蜀帅俞兴所持，整素与兴有隙，自遣使诉于朝，不得达，心益疑惧。遂籍泸州十五郡，户三十万降于蒙古……蒙古既得整，由是尽知国事虚实，南伐之谋益决。（陈邦瞻《宋史纪事本末》卷一〇六）

蒙古图自江东下，乃定先攻取襄、鄂之计。

刘整献计，谓宋人所恃，惟吕文德在鄂州，然可利诱。乃遗以玉带，求置榷场于樊城，文德许之。既而言安丰等场货，每为盗所掠，愿筑土墙以护居积。遂筑垒，置堡江心，起万人台，立撒星桥，以遏宋南北之援。时出兵哨掠襄樊城外，兵威益炽，文德始悟为整所卖，疽发背死。……阿朮攻襄阳，文焕文德弟拒守，久之。……至元十年……阿里海牙等拔樊城，世祖降诏谕文焕曰："尔等拒守孤城，于今五年……然势穷援绝……若能纳款，悉赦勿治"……文焕……遂……与其子俱来降。（邵远平《元史类编》卷一八《吕文焕传》）

自围襄阳以来，每上书请行边，而阴使台谏上章留己。吕文焕以急告，似道复申请之，事下公卿杂议。监察御史陈坚等，以为师臣出顾襄，未必能及淮，顾淮未必能及襄，不若居中以运天下为得。乃就中书置机速房，以调边事。……襄阳降，似道曰："臣始屡请行边，先帝皆不之许，向使早听臣出，当不至此尔。"（《宋史》卷四七四《贾似道传》）

元兵既据长江上游，遂分道东下。

至元十一年宋度宗成淳十年，西历一二七四年，大举伐宋……乃以伯颜领河南等路行中书省，所属并听节制。……会师于襄阳，分军为三道，并进。(《元史》卷一二七《伯颜传》)

元兵大会于襄阳，寻分兵，一入淮，一趋郢，一徇荆南。(钱士升《南宋书》卷六《帝㬎纪》)

伯颜分大军为两道，自与阿术由襄阳入汉济江……博罗欢由东道取扬州，监淮东兵……伯颜一军自分三道，唆都将一军，由枣阳哨司空山；翟招讨将一军，由老鸦山徇荆南；而自与阿术……水陆趋郢。(陈邦瞻《宋史纪事本末》卷一〇六)

元兵顺流而下，沿江各邑，纷纷破降，遂下建康。

至元十二年宋恭帝德祐元年二月……次丁家洲。贾似道都督诸路军马十三万，号百万，步军指挥使孙虎臣为前锋，淮西制置使夏贵，以战舰二千五百艘，横亘江中，似道将后军。伯颜命左右翼万户，率骑兵夹江而进，炮声震百里。宋军阵动，贵先遁，以扁舟掠似道船呼曰："彼众我寡，势不支矣！"似道闻之，仓皇失措，遽鸣金收军，军溃。……似道东走扬州，贵走庐州，虎臣走泰州。……师次建康……三月……都统徐王荣、翁福等以城降，江东诸郡皆下。淮西、滁州诸郡亦相继降。(《元史》卷一二七《伯颜传》)

贾似道误国至此，宋始罢其平章都督，然事已不可为矣。

陈宜中请诛似道，谢太后曰："似道勤劳三朝，安忍以一

朝之罪，失待大臣之礼。”止罢平章、都督，予祠官。（《宋史》卷四七四《贾似道传》）

（丙）德祐与二王之亡

至元十二年十一月……伯颜分军为三，趣临安：阿剌罕率步骑自建康、四安、广德以出独松岭；董文炳率舟师循海趣许浦、澉浦以至浙江；伯颜、阿塔海由中道节度诸军，期并会于临安。（《元史》卷八《世祖纪五》）

元兵长驱直入，遂迫临安，宋恭帝出降。

常州破，兵薄独松关，邻邑望风皆遁。宜中遣使如军中请和不得……伯颜将兵，至皋亭山。（《宋史》卷四一八《陈宜中传》）

遣监察御史杨应奎上传国玺降……大元使者入临安府，封府库，收史馆、礼寺图书及百司符印、告敕。（《宋史》卷四七《瀛国公纪》）

德祐二年至元十三年三月丁丑，元伯颜入临安……以帝及皇太后……等北去……五月，元主以帝为瀛国公。（钱士升《南宋书》卷六《帝㬎纪》）

自临安破后，二王播越于闽广，但终为元攻灭。

二王者，度宗庶子也。长建国公昰……季永国公昺……大元兵迫临安……乃徙封昰为益王，判福州……昺为广王，判泉州……大元兵至皋亭山，驸马都尉杨镇等奉之走……温州，陆秀夫、苏刘义继追及于道。遣人召陈宜中于清澳，宜中来谒，复召张世杰于定海，世杰亦以所部兵来……宜中等乃立昰于福州，以为宋主，改元景炎元世祖至元十三年……宜中为左丞相……李庭芝为右丞相……改福州为安福府……文天祥自镇江亡归初天祥赴元营请和，为伯颜所拘，以为右丞相，兼知枢密院事。遣其将吕武入江淮招豪杰，杜浒如温州募兵。(《宋史》卷四七《附二王纪》)

时宋之疆域，丧失殆尽，惟李庭芝、姜才犹坚守淮东，张钰坚守重庆不下，其余仅有闽、广及浙、赣南部而已。元兵日逼，李庭芝、姜才、张钰皆战死，浙东闽广，相继覆没，以至于亡。

景炎元年至元十三年十月……时元兵分三道来侵。十一月，……阿剌罕兵至建宁府，执守臣……陈宜中、张世杰，以元兵渐迫，奉帝及卫王昺、杨太后以下，俱航海。……阿剌罕入福安府……帝至泉州，招抚使蒲寿庚作乱，遂如潮州。……十二月……次惠之海丰广东惠阳县……帝舟至广州港口……元兵守江者拒之不果入。帝舟还大海，驻师秀山广东东莞县西南海中，寻次于惠州之甲子门。……二年至元十四年九月……帝舟次广之浅湾南澳岛附近。……十一月……刘深攻帝于浅湾，张世杰战败，乃奉帝退保秀山。……十二月，帝至井澳广东中山县南海中横琴岛下，飓风大作，舟败几溺，帝惊悸成疾。……三年至元十五年三月……帝欲往居占城，不果，遂驻化之硇洲广东吴川县南海中。四月，帝崩……卫王昺立……庙号端宗。帝昺……嗣位于硇洲，是年为祥兴元年……六月……帝徙居新会之厓山广东赤溪县东，有两山对峙如门，亦谓之厓门山……十月，元蒙古、汉军数路并进。……二年至元十六年，西历一二七九年正月……张世杰以舟师碇海中……二月……世杰……军溃……陆秀夫……负帝投海中……世杰亦自溺死。……宋……亡。（钱士升《南宋书》卷六《端宗纪》）

（十二）元之建国

（1）元初之武功

（甲）西　域

当蒙古初起时，新疆天山南路为畏兀儿所据，伊犁河、吹河流域为哈剌鲁即唐西突厥葛逻禄所据。及太祖破乃蛮，先后来降，又朮赤平斡亦剌、吉利吉思、失必儿等部，于是通西域之道，南北两路皆通。

四年己巳宋宁宗嘉定二年，西历一二〇九年春，辉和尔即畏兀儿国来归。(《元史》卷一《太祖纪》)

巴而木阿而忒的斤亦都护，亦都护者，高昌国主号也。先世居畏兀儿之地……统别失八里之地，北至阿朮河，南接酒泉，东至兀敦、甲石哈，西临西蕃。……至巴而木阿而忒的斤，臣于契丹。岁己巳，闻太祖兴朔方，遂杀契丹所置监国等官，欲来附。未行，帝遣使使其国。亦都护大喜，即遣使入奏……时帝征太阳可汗屈出律，射其子脱脱蔑乞里部长，杀之。脱脱之子大都、赤剌温、马札儿、秃薛干四人，以不能归全尸，遂取其头，涉也儿的石河，将奔亦都护，先遣使往，亦都护杀之。四人者至，与大战于襜河。亦都护遣其国相来报，帝复遣使还谕，亦都护遂以金宝入贡。(《元史》卷一二二《巴

而木阿而忒的斤传》）

六年辛未春，帝居吉鲁尔河，西域哈喇娄部主阿尔斯兰汗来降。（《元史》卷一《太祖纪》）

太祖命忽必来征合儿鲁兀惕种即哈剌鲁，其主阿儿思兰即投降了，来拜见太祖，太祖以女子赐他。（《元朝秘史》卷一一）

乃蛮王屈出律既袭据有西辽地，思复前雠，伐喀什噶尔及和阗，频东向以谋捣蒙古之虚。成吉斯汗遣哲别将二万人讨之。时屈出律驻喀什噶尔，战败，遁走巴达哈伤帕米尔高原附近地。**为哲别追及，杀之，西辽地遂全定。**

甲戌太祖九年，宋宁宗嘉定七年，西历一二一四年，从帝讨契丹遗族即西辽，历古徐鬼国讹夷朵等城，破其兵三十余万。宝玉胸中流矢，帝命剖牛腹置其中，少顷乃苏。寻复战，收别失八里即乌鲁木齐、别失兰等城。次忽章河即锡耳河，西人列两阵迎拒，战方酣，宝玉望其众疾呼曰："西阵走矣！"其兵果走，追杀几尽。进兵下挦思干城即撒马儿罕城。次暗木河即阿母河，敌筑十余垒，陈船河中，俄风涛暴起，宝玉令发火箭射其船，一时延烧，乘胜直前，破护岸兵五万，斩大将佐里，遂屠诸垒，收马里四城马里即马鲁城。（《元史》卷一四九《郭宝玉传》）

曷思麦里，西域谷则斡儿朵人即虎思耳朵，西辽都城。初为西辽阔儿罕即菊儿汗，西辽主之称谓，华言普遍汗近侍，后为谷则斡儿朵所属可散八思哈长官。太祖西征，曷思麦里率可散等城酋长迎降，大将哲伯以闻。帝命曷思麦里从哲伯为先锋，攻乃蛮即西辽，克之，斩其主曲出律。哲伯令曷思麦里持曲出律首，往徇其地。若可失哈儿、押儿牵、斡端诸城，皆望风降附。(《元史》卷一二〇《曷思麦里传》)

蒙古攻灭西辽，遂西与花剌子模接壤。时成吉斯汗方有事于金、夏，贻书花剌子模，愿修好。花剌子模王杀其使者。成吉斯汗乃大举西征，扫荡中亚，蹂躏欧洲，继续构兵，几达三十年之久。

十四年己卯宋宁宗嘉定十二年，西历一二一九年，六月，西域杀使者，帝亲征，遂取鄂托喇尔城《元史·地理志》西北地附录，作兀提剌耳，擒其酋哈济尔济兰图。(《元史》卷一《太祖纪》)

十五年庚辰三月，帝克布哈城即不花剌城，今布哈尔。五月，克塔什干城即塔什干城。(《元史》卷一《太祖纪》)

十六年辛巳春，帝攻卜哈儿即布哈城、薛迷思干即寻思干等城上年攻下此处，重文，皇子朮赤攻养吉干锡尔河入阿拉尔湖口处、八儿真等城，并下之。四月，驻跸铁门关……秋，帝攻班勒纥等城，皇子朮赤、察合台、窝阔台分攻玉龙杰赤花剌子模都城等城，下之。十月，皇子拖雷克马鲁察叶可、马鲁二城在今麦格哈伯河上、昔剌思今海里路德河畔等城。(《元史》卷一《太祖纪》)

十七年壬午春，皇子拖雷克徒思在今美歇德西北、匿察兀儿《元史》西北地附录，作乃沙不耳等城，还经木剌夷国据里海南岸一带，大掠之，渡搠搠阑河即今海里路德河、克也里等城。遂与帝会，合兵攻塔里寒寨《元史》西北地附录，作塔里干，拔之。……夏，避暑塔里寒寨。西域主札阑丁阿拉哀丁谟罕默德子出奔，与灭里可汗似札阑丁之忠臣，帖木儿灭里合时札阑丁在哥疾宁，收拾余烬，以图复逞，忽都忽与战不利。帝自将击之，擒灭里可汗，札阑丁遁去，遣八剌追之不获。（《元史》卷一《太祖纪》）

壬午，帝征回回国，其主灭里委国而去。命速不台与只别即哲别追之，及于灰里河。只别战不利。速不台驻军河东，戒其众，人爇三炬，以张军势，其王夜遁。复命统兵万人，由不罕川、必里罕城追之。凡所经历，皆无水之地。既度川，先发千人为游骑，继以大军，昼夜兼行。比至，灭里逃入海，不月余病死，尽获其所弃珍宝以献。（《元史》卷一二一《速不台传》）

壬午夏，避暑于塔里寒寨高原。时西域速里坛札兰丁遁去，遂命哲别为前锋追之，再遣速不台、拔都为继，又遣脱忽察儿殿其后。哲别至蔑里可汗城，不犯而过。速不台、拔都亦如之。脱忽察儿至，与其外军战。蔑里可汗惧，弃城走。忽都忽那颜闻之，率兵进袭。时蔑里可汗与札兰丁合，就战，我不利，遂遣使以闻。上自塔里寒寨，率精锐亲击之。追及辛自速河即辛头河，今印度斯河，获蔑里可汗，屠其众。札兰丁脱身入河，泳水而遁。遂遣八剌那颜将兵急追之，不获。因大掠忻都人民之半而还。（元《圣武亲征录》）

十八年癸未宋宁宗嘉定十六年，西历一二二三年，夏，帝避暑八鲁弯川在印度库斯山中，皇子朮赤察合台、窝阔台等，以兵来会，遂定西域，初置达鲁花赤注，译言掌印官也。（邵远平《元史类编》卷一《太祖纪》）

十九年甲申宋宁宗嘉定十七年，西历一二二四年……是岁，帝至东印度国，角端独角兽见，班师。（《元史》卷一《太祖纪》）

二十年乙酉宋理宗宝庆元年，西历一二二五年正月，还行宫

自出师西域，至此凡七年。(《元史》卷一《太祖纪》)

当哲别、速不台，追花剌子模王入里海之后，乃乘胜北进，大败钦察及阿罗斯，降之。

土土哈，其先本武平北折连川按答罕山部族，自曲出徙居西北玉里伯里山，因以为氏，号其国曰钦察。……曲出生唆末纳，唆末纳生亦纳思，世为钦察国主。(《元史》卷一二八《土土哈传》)

十八年癸未西历一二二三年，大将速不台击钦宗，大掠西番边鄙而还。(邵远平《元史类编》卷一《太祖纪》)

太祖征蔑里乞，其主火都奔钦察，亦纳思纳之。太祖遣使谕之曰："汝奚匿吾负箭之麋？亟以相还，不然祸且及汝。"亦纳思答曰："逃鹯之雀，丛薄犹能生之，吾顾不如草木耶？"太祖乃命将讨之。亦纳思已老，国中大乱，亦纳思之子忽鲁速蛮遣使自归于太祖。而宪宗受命帅师，已扣其境，忽鲁速蛮之子班都察举族迎降。(《元史》卷一二八《土土哈传》)

癸未，速不台上奏，请讨钦察。许之。遂引兵绕宽定吉思海里海，展转至太和岭高加索山，凿石开道，出其不意。至则遇其酋长玉里吉及塔塔哈儿方聚于不租河，纵兵奋击，其众溃走。矢及玉里吉之子，逃于林间，其奴来告而执之，余众悉降，遂收其境。又至阿里吉河喀勒喀河与斡罗思即俄罗斯部大小密赤思老遇，一战降之，略阿速部而还。(《元史》卷一二一《速不台传》)

帝遣使趣哲伯疾驰以讨钦察。命曷思麦里招谕曲儿忒、失儿湾沙等城悉降。至谷儿只部及阿速部，以兵拒敌，皆战败而降。又招降黑林城，进击斡罗思于铁儿山，克之，获其国主密只思腊……寻征康里，至孛子八里城，与其主霍脱思罕战，又败其军，进至钦察，亦平之。军还。（《元史》卷一二〇《曷思麦里传》）

太祖东归后，札阑丁回归故地，图谋恢复。太宗元年西历一二二九年，**遣搠马儿罕征之，札阑丁溃走底格里斯河，及幼发拉的河分水岭之地，为高达土人所杀，花剌子模之王统遂绝。七年，以西北部尚未尽服，特组织"长子军"以征之，遂深入于欧洲。**

七年乙未宋理宗端平二年，西历一二三五年，春……遣诸王巴图即拔都，朮赤子、皇子库裕克即定宗贵由、皇侄莽赉扣即宪宗蒙哥征西域。（《元史》卷二《太宗纪》）

再有康里乞卜察即钦察等十一种城池百姓，曾命速别额台征进去了，为那里城池难攻拔的上头，如今再命各王长子巴秃拔都、不里察合台长子木阿秃儿长子、古余克贵由、蒙格蒙哥等做后援征去。其诸王内教巴秃为长，在内出去的教古余克为长。凡征进去的诸王驸马万千百户，也都教长子出征。这教长子出征的缘故，因兄察阿歹说："将来长子出征呵，则人马众多，威势盛大。"（《元朝秘史》卷一四）

乙未，太宗命诸王拔都西征八赤蛮即钦察部酋，且曰："闻八赤蛮有胆勇，速不台亦有胆勇，可以胜之。"遂命为先锋。（《元史》卷一二一《速不台传》）

九年丁酉宋理宗嘉熙元年，西历一二三七年春……莽赉扣征钦察，破之，擒其酋巴齐玛克。（《元史》卷二《太宗纪》）

与八赤蛮战，继又令统大军，遂虏八赤蛮妻子于宽田吉

思海。八赤蛮闻速不台至，大惧，逃入海中。(《元史》卷一二一《速不台传》)

尝攻钦察部，其酋长巴齐玛克逃于海岛。帝闻亟进师，至其地，适大风刮海水去，其浅可渡。帝喜曰："此天开道与我也。"遂进屠其众，擒巴齐玛克。(《元史》卷三《宪宗纪》)

钦察既平定，遂复进兵征服阿罗斯。

与诸王巴图，征俄罗斯部，至额里齐城亦作烈也赞城躬自搏战，破之。(《元史》卷三《宪宗纪》)

辛丑蒙古太宗十三年，宋理宗淳祐元年，西历一二四一年，太宗命诸王拔都等，讨兀鲁思部主也烈班，为其所败，围秃里思哥城，不克。拔都奏遣速不台督战，速不台选哈必赤军，怯怜口等五十人赴之，一战获也烈班。进攻秃里思哥城，三日克之，尽取兀鲁思所部而还。(《元史》卷一二一《速不台传》)

钦察与阿罗斯被征服后，重组军队，分三军西征。欧洲为之大震，会太宗讣音至，乃班师。

兀良合台……继从诸王拔都征钦察、兀鲁思、阿孛烈儿即波兰诸部。丙午蒙古定宗元年，宋理宗淳祐六年，西历一二四六年，又从拔都讨孛烈儿及捏迷思部即德意志，平之。(《元史》卷一二一《兀良合台传》)

经哈咂里山，攻马札儿即匈牙利部主怯怜。速不台为先锋，与诸王拔都、吁里兀、昔班、哈丹五道分进。众曰："怯伶军势盛，未可轻进。"速不台出奇计，诱其军至漷宁河。诸王军于上流，水浅马可涉，中复有桥。下流水深，速不台欲结筏潜渡，绕出敌后。未渡，诸王先涉河与战。拔都军争桥，反为所乘，没甲士三十人，并亡其麾下将八哈秃。既渡，诸王以敌尚众，欲要速不台还，徐图之。速不台曰："王欲归自归，我不至秃纳河即多脑河马茶城匈牙利京城不还也。"乃驰至马茶城，诸王亦至，遂攻拔之而还。……壬寅，太宗崩。癸卯宋理宗淳祐二年，西历一二四二年，诸王大会，拔都欲不往。速不台曰："大王于族属为兄，安得不往？"甲辰，遂会于也只里河。(《元史》卷一二一《速不台传》)

至是西域之地，只有木剌夷与报答未服。宪宗时，遣旭烈兀等将兵往征之。

二年壬子宋理宗淳祐十二年，西历一二五二年正月……遣乞都不花亦作怯的不花攻末来即木剌夷、吉儿都怯寨木剌夷要塞……七月，命……乞都不花征没里奚亦作木剌夷，旭烈兀征西域素丹亦作算滩诸国。(《元史》卷三《宪宗纪》)

三年癸丑宋理宗宝祐元年，西历一二五三年六月，命诸王旭烈兀及兀良合台等,帅师征西域哈里发即报达、八哈塔《元史·地理志》西北地附录作八吉打等国。(《元史》卷三《宪宗纪》)

七年丁巳宋理宗宝祐五年，西历一二五七年春……乞都不花等讨平末来吉儿都怯寨。(《元史》卷三《宪宗纪》)

侃……从宗王旭烈兀西征。癸丑，至木乃兮即木剌夷。其国堑道置毒水中，侃破其兵五万，下一百二十八城，斩其将忽都答而兀朱算滩。算滩，华言王也。丙辰蒙古宪宗六年，宋理宗宝祐四年，西历一二五六年，至乞都卜。其城在檐寒山上，悬梯上下，守以精兵悍卒，乃筑夹城围之，莫能克。侃架炮攻之，守将卜者纳失儿开门降。旭烈兀遣侃往说兀鲁兀乃算滩来降。其父阿力据西城，侃攻破之，走据东城，复攻破杀之。(《元史》卷一四九《郭侃传》)

新得国曰木乃奚即木剌夷……所属山城，三百六十，已而皆下，唯檐寒西一山。城名乞都不，孤峰峻绝，不能矢石。丙辰年，王师至城下，城绝高险，仰视之，帽为坠，诸道并进。敌大惊，令相大者纳失儿来纳款，已而兀鲁兀乃算滩出降。……其父领兵别据山城，令其子取之，七日而陷。(刘郁《西使记》)

按：以上为蒙古征服波斯北部之事。

师还，西南至石罗子，今树离斯坦，敌人来拒，侃直出掠阵，一鼓败之，换斯干阿答毕算滩降。(《元史》卷一四九《郭侃传》)

按：以上为蒙古征服波斯西部之事。

丁巳……至乞石迷部，西戎大国也，地方八千里，父子相传四十二世，胜兵数千万。侃兵至，破其兵七万，屠西城，又破其东城。东城殿宇皆构以沉檀木，举火焚之，香闻百里，得七十二弦琵琶、五尺珊瑚灯檠。两城间有大河，侃预造浮梁以防其遁。城破，合里法算滩登舟，睹河有浮梁扼之，乃自缚，诣军门降。其将纣答儿遁去，侃追之。至暮，诸军欲顿舍，侃不听，又行十余里乃止。夜暴雨，先所欲舍处，水深数尺。明日获纣答儿，斩之，拔三百余城。(《元史》卷

一四九《郭侃传》)

又西行三千里，至大房，其将住石致书请降，左右以住石之请为信然，易之不为备，侃曰："欺敌者亡，军机多诈，若中彼计，耻莫大焉。"乃严备以待。住石果来邀我师，侃与战，大败之，巴儿算滩降，下其城一百八十五。(《元史》卷一四九《郭侃传》)

又西行四十里,至密昔儿今麦西。……可乃算滩……遂降。戊午蒙古宪宗八年，宋理宗宝祐六年，西历一二五八年，旭烈兀命侃西渡海,收富浪今塞普洛斯岛。侃喻以祸福,兀都算滩……即来降。师还…… 西域平。侃以捷告，至钓鱼山，会宪宗崩，乃还。(《元史》卷一四九《郭侃传》)

按：以上为蒙古侵入阿刺伯半岛之事。

八年戊午二月……诸王旭烈兀，讨回回哈里发平之，禽其王，遣使来献捷。(《元史》卷三《宪宗纪》)

至此，西域俱为所据。然蒙古实行分封制度，所得西域之地，以封有功，遂成立四汗国，皆太祖之子孙也。

四汗国简表

国名	领地	都治		备考
		原称	今释	
钦察汗国	东自吉利吉思荒原，西至匈牙利，举欧洲东北之地尽有之	萨来	苏联窝瓦河下流之地	后来其国分裂为金党、白党、青党、克里米诸汗西历一四八〇年，即明宪宗成化十六年，为俄莫斯科大公伊凡三世所灭
窝阔台汗国	阿尔泰山一带及新疆北部之地	也米里	新疆塔城县境	国为元所灭，以其地并于察合台汗国
察合台汗国	阿母河以东，至天山附近一带之地	阿穆尔	新疆伊犁西境	元亡之年，即明洪武二年，西历一三六九年，帖木儿建立帝国，其国统遂绝
伊儿汗国	苏联中亚南部、伊朗高原西及小亚西亚一带之地皆有之	玛拉固阿	伊朗西北乌罗米亚湖畔	亦为帖木儿所灭

成吉思汗（太祖）
- （一）朮赤……………………拔都……………………（钦察汗国）
- （二）察合台…………………………………………………（察合台汗国）
- （三）窝阔台（太宗）…………贵由（定宗）…（窝阔台汗国）
- （四）拖雷……
  - 蒙哥（宪宗）
  - 忽必烈（世祖）…元
  - 旭烈兀……………伊儿汗国

（乙）高　丽

高丽……以平壤城为国邑……唐……高宗命李勣征之，遂拔其城，分其地为郡县。唐末，中原多事，遂自立君长。后唐同光、天成中，其主高氏累奉职贡。长兴中，权知国事王建承高氏之位，遣使朝贡，以建为玄菟州都督，充大义军使，封高丽国王。（《宋史》卷四八七《高丽传》）

高丽……其国都曰平壤城……后辟地益广，并古新罗、百济、高句丽三国而为一。其主姓高氏，自初立国至唐乾封初而国亡。垂拱以来，子孙复封其地，后稍能自立。至五代时，代主其国、迁都松岳者，姓王氏名建。自建至焘，凡二十七王，历四百余年，未始易姓。（《元史》卷二〇八《高丽传》）

按：新罗自臣服于唐后，至唐文宗时，子弟争立，国内乱。唐昭宗时，女主曼在位，委政佞幸，刑政紊乱，民不聊生，事变纷乘，疆宇日蹙。有弓裔者，叛于北原朝鲜江原道原州，取西北诸州；有甄萱者，据完山朝鲜全罗道全州称王，号后百济。弓裔亦建国号曰摩震，然残虐骄恣，不为众所服。五代时，王建破之，弓裔走死。建定都松岳朝鲜京畿道开城府，国号后高丽。半岛之地，复成鼎足之势。后高丽以平壤为西京，国势甚盛，与新罗及后百济，战争常不绝。后百济攻陷新罗首都，新罗降于高丽，高丽复讨灭后百济。于是王建奄有古朝鲜及三韩之地，为高丽一统建国之始。

晋……开运二年西历九四五年，建死，子武袭位。汉乾祐末，武死，子昭权知国事。……宋太祖建隆三年西历九六二年，十月，昭遣……使……来朝贡。四年春，降制曰……爰致宾王，宣优锡命。开府仪同三司、检校太师、玄菟州都督、充大义军使、高丽国王。(《宋史》卷四八七《高丽传》)

太宗淳化五年西历九九四年，六月，遣使元郁来乞师，诉以契丹寇境。朝廷以北鄙甫宁，不可轻动干戈，为国生事，但赐诏慰抚，厚礼其使，遣还。自是受制于契丹，朝贡中绝。(《宋史》卷四八七《高丽传》)

圣宗统和二十八年宋真宗大中祥符三年，西历一〇一〇年……五月，高丽西京留守康肇弑其主诵，擅立诵从兄询。八月，圣宗自将伐高丽……十一月……询弃城遁走，遂焚开京，至清江而还。……开泰九年宋真宗天禧四年，西历一〇二〇年，耶律资忠还，以询降表进，释询罪。(《辽史》卷一一五《高丽传》)

按：高丽虽称臣于辽，然亦兼用宋、辽年号。辽灭，复臣事于金。其后国内频乱，王室无权，强臣相继，而崔氏最强，累世执政，殆及百年。当金末之际，辽东守官乘机独立，地方遂陷于混乱。

七年壬申宋宁宗嘉定五年，西历一二一二年正月，故辽人耶律留哥取金辽东诸境，自号都元帅，遣使来附。(邵远平《元史类编》卷一《太祖纪》)

契丹人金山元帅禄格即留哥等领众九万余，窜入其国……

攻拔江东城据之。(《元史》卷二〇八《高丽传》)

十年乙亥宋嘉定八年，西历一二五一年十月，金宣抚布希万努亦作蒲鲜万奴据辽东，僭称天王，国号大真。……十一年十月，布希万努降……既而复叛，僭称东夏。(《元史》卷一《太祖纪》)

元太祖欲肃清辽东，遣兵征讨东夏，乃与高丽结好。

十三年宋嘉定十一年，西历一二一八年，帝遣哈斋济、札拉等，领兵征之。国人洪大宣诣军中降，与哈斋济等同攻围之。高丽王瞮亲奉牛酒，出迎王师，且遣……赵冲，共讨灭禄格。札拉与冲约为兄弟。(《元史》卷二〇八《高丽传》)

但后因杀使者问题，致起事端，高丽不能抗，复请和。

十九年宋嘉定十七年，西历一二二四年二月，札古雅等复使其国;十二月，又使焉，盗杀之于途，自是连七岁绝信使矣。太宗三年宋理宗绍定四年，西历一二三一年八月，命萨里台征其国，国人洪福源迎降于军……旁近州郡，亦有来归者。萨里台即与福源攻未附州郡，又使阿尔图与福源抵王京，招其主王瞮。瞮遣其弟怀安公侹请和，许之。置京、府、州、县，达噜噶齐七十二人监之,遂班师。(《元史》卷二〇八《高丽传》)

因高丽权臣崔瑀，尽杀蒙古所置之达鲁花赤，兵衅复起。

太宗四年六月，瞮尽杀朝廷所置达噜噶齐七十二人以叛，遂率王京及诸州县民，窜海岛。……八月，复遣萨里台领兵讨之……十月，瞮遣……金宝鼎……赵瑞章上表陈情……十二年宋理宗嘉熙四年，西历一二四〇年三月……奉表入贡……十三年秋，瞮以族子綧为己子入质。当定宗、宪宗之世，岁贡不入，故自定宗二年宋淳祐七年，西历一二四七年至宪宗八年宋理宗宝祐六年，西历一二五八年，凡四命将征之，共拔其城十有四。(《元史》卷二〇八《高丽传》)

高丽屡受兵祸，遂臣服于元。

宪宗末，瞮遣其世子倎入朝。世祖中统元年宋理宗景定元年，西历一二六〇年三月，瞮卒，命倎归国为高丽国王，以兵卫送之……至元六年宋度宗咸淳五年，西历一二六九年，八月，世子愖入朝，奏本国臣下擅废祯倎所更之名，立其弟安庆公淐。……十月，帝以祯、淐废置，乃林衍所为，遣……诏祯、淐、衍等……同诣阙下，面陈情实，审听其是非。又遣国王特讷克等率兵压境，如逾期不至，即当穷治首恶，进兵剿戮。……十一月……祯受诏复立……奉表入朝。(《元史》卷二〇八《高丽传》)

至元七年正月，诏西京内属，改东宁府。画慈悲岭朝鲜平安南道平壤东南为界，置安抚使，率兵戍之。……十一年五月，皇女和塔拉都哩默色下嫁于愖。七月，祯薨，子愖袭……二十年西历一二八三年五月，立征东行中书省，以高丽国王与安塔哈共事。(《续通考》卷二三七《四裔考一》)

按：元以高丽为内属国，置行省以统治之。自此一切内政，为元人所操持，直至元亡，始脱羁绊。

（丙）日 本

日本为国，去中土殊远，又隔大海，自后汉历魏、晋、宋、隋皆来贡。唐永徽、显庆、长安、开元、天宝、上元、贞元、元和、开成中，并遣使入朝。(《元史》卷二〇八《日本传》)

按：自唐时，日本慕中国文化，使臣来者甚多。五代及宋，使聘中绝，所来者仅僧侣、商而已。当高丽崔瑀擅权时，日本频扰朝鲜近海，高丽苦之。

元世祖之至元二年西历一二六五年，以高丽人赵彝等言，日本国可通，择可奉使者。三年八月，命兵部侍郎赫德给虎符，充国信使，礼部侍郎殷弘给金符，充国信副使，持国书使日本。……不至而还。……五年九月，命赫德、弘复持书往。至对马岛，日本人拒而不纳，执其塔二郎、弥二郎二人而还。六年……十二月，又命秘书监赵良弼往……八年……九月，高丽王禃遣其通事……导送良弼使日本，日本始遣弥四郎者入朝。……九年……五月，高丽王又以书往，令必通好大朝，皆不报。十年六月，赵良弼复使日本，至太宰府而还。(《元史》卷二〇八《日本传》)

世祖屡欲通日本而不得，始有用兵征讨之举。

十一年宋度宗咸淳十年，西历一二七四年三月，命凤州经略使实都、高丽军民总管洪茶丘，以……舟……九百艘，载士卒一万五千……征日本。十月，入其国，败之。而官军不整又矢尽，惟虏掠四境而归。……十八年西历一二八一年正月，命日本行省右丞相阿喽罕、右丞范文虎及实都征东元帅、洪茶丘等，率十万人征日本。(《元史》卷二〇八《日本传》)

八月，诸将未见敌，丧全师以还，乃言："至日本，欲攻太宰府，暴风破舟，犹欲议战，万户厉德彪、招讨王国佐、水手总管陆文政等，不听节制辄逃去。"……败卒于阊脱归言："官军六月入海，七月，至平壶岛，移五龙山。八月一日，风破舟。五日，文虎等诸将，各自择坚好船乘之，弃士卒十余万于山下。众议推张百户者为主帅，号之曰张总管，听其约束。方伐木作舟欲还，七日，日本人来战，尽死。余二三万，为其虏去。九日，至八角岛，尽杀蒙古、高丽、汉人，谓新附军为唐人，不杀而奴之，阊辈是也。"盖行省官议事不相下，故皆弃军归。久之，莫青与吴万五亦逃还。十万之众，得还者三人耳。(《元史》卷二〇八《日本传》)

按：忻都、范文虎宋降将东征，一偕高丽兵发合浦，一发江南，约会于壹岐、平户即平壶等岛。忻都兵先至对马，进攻壹岐，至宗像洋，与文虎兵会，泊于能古、志贺二岛。元将多苦航海，士气不振，不肯即行进攻，于是移泊鹰岛即五龙山。遇飓风，文虎等弃军而逃，遂致惨败。世祖议再出师，诏各路集水手，造船舰，以群臣多谏，又适用兵于安南，遂不果再讨。

（丁）大理与吐蕃

二年壬子宋理宗淳祐十二年，西历一二五二年七月，命呼必赉征大理。(《元史》卷三《宪宗纪》)

六月，入觐宪宗……奉命帅师征云南……八月，师次临洮甘肃岷县。……九月，师次塔拉，分三道以进。大将乌兰哈达，率西道兵由晏当路；诸王察罕伊兆尔，帅东道兵由白蛮；帝由中道。至满陀城，留辎重。十月，过大渡河，又经行山谷二千余里，至金沙江，乘革囊及筏以渡。摩娑蛮主迎降，其地在大理北四百余里。十一月……师至白蛮打郭寨，其主将出降，其侄坚壁拒守，攻拔杀之……次三甸。白蛮送款。十二月，军薄大理城。初大理主段氏微弱，国事皆决于高祥、高和兄弟。是夜祥率众遁去，命大将伊克及巴图尔追之。帝既入大理……西道兵亦至……南出龙首城……获高祥，斩于姚州。留大将乌兰哈达戍守，以刘时中为宣抚使，与段氏同安辑大理，遂班师。(《元史》卷四《世祖纪一》)

宪宗即位之明年，世祖以皇弟总兵讨西南夷、乌蛮、白蛮、鬼蛮诸国，以兀良合台总督军事。……自出师至此凡二年，平大理五城、八府、四郡、洎乌白等蛮三十七部。兵威所加，无不款附。丁巳蒙古宪宗七年，宋理宗宝祐五年，西历一二五七年，以云南平，遣使献捷于朝，且请依汉故事，以西南夷悉为郡县，从之。(《元史》卷一二一《兀良合台传》)

分兵取附都鄯阐、乌爨等部，进入吐番，渠长唆火脱惧，出降。(邵远平《元史类编》卷二《世祖纪一》)

大军自旦当岭入云南境。摩步二部酋长唆火脱、因塔里马来迎降。(《元史》卷一二一《兀良合台传》)

当世祖攻大理之时，并分兵征服吐蕃。吐蕃自唐玄宗后，喇嘛教传播日盛，威势或陵其主。是时喇嘛扮底达之威令，行于全国，闻蒙古军至，与其酋唆火脱同出降。自此蒙古人信奉喇嘛教，而蒙古文之制作，亦得吐蕃人八思巴之力而成。

(戊)安南与占城

安南国，古交趾也。……唐始分岭南为东、西二道，置节度立五管，安南隶焉。宋封丁部领为交趾郡王，其子琏亦为王，传三世，为李公蕴所夺，即封公蕴为王。李氏传八世至昊旵，陈日煚为昊旵婿，遂有其国。(《元史》卷二〇九《安南传》)

遣使招降交趾，不报……进兵压境。(《元史》卷一二一《兀良合台传》)

七年丁巳西历一二五七年十一月，乌兰哈达即兀良合台伐交趾，败之，入其国。安南主陈日煚，窜海岛，遂班师……八年二月，陈日煚传国于长子光昺。光昺遣婿与其国人，以方物来见，乌兰哈达送诣行在所。(《元史》卷三《宪宗纪》)

世祖中统二年宋理宗景定二年，西历一二六一年……光昺遣其族人……诣阙上书，乞三年一贡。帝从其请，遂封光昺为安南国王……至元四年宋度宗咸淳三年，西历一二六七年九月……复下诏谕以六事：一君长亲朝，二子弟入质，三编民数，四出军役，五输纳税赋，六仍置达噜噶齐统治之。……十二年正月，光昺上表请罢本国达噜噶齐……二月，复降诏……谕以六事，且遣阿萨尔哈雅充达噜噶齐，仍令子弟入侍。(《元史》卷二〇九《安南传》)

十四年西历一二七七年，光昺卒，国人立其世子日烜……十五年八月……谕日烜入朝受命……十八年西历一二八一年十月，立安南宣慰司，以巴延特穆尔为参知政事，行宣慰使都元帅，别设僚佐有差。是月，诏以光昺既殁，其子日烜不请命而自立，遣使往召，又以疾为辞，止令其叔遗爱入觐，

故立遗爱代为安南国王。(《元史》卷二〇九《安南传》)

安南既臣服，元人遂进兵攻占城。

占城近琼州，顺风舟行，一日可抵其国。世祖至元十五年西历一二七八年，左丞索多以宋平遣人至占城，还言其王失里咱牙信合八剌哈迭瓦，有内附意……十七年西历一二八〇年二月，占城国王……遣使贡方物，奉表降。十九年西历一二八二年十月，朝廷以占城国王孛由补剌者吾，曩岁遣使来朝，称臣内属，遂命左丞索多等，即其地立省，以抚安之。既而其子补的专国，负固弗服……使……舟经占城，皆被执，故遣兵征之。……十一月，占城行省官，率兵自广州航海至占城港。(《元史》卷二一〇《占城传》)

十九年，率战船千艘出广州，浮海伐占城，占城迎战……唆都即索多率敢死士击之……又败之于大浪湖……占城降。(《元史》卷一二九《唆都传》)

兵出广州，航海至占城港。港口北连海，旁有小港五，通其国大州，东南止山，西傍木城。官军依海岸屯驻，蛮兵治木城，四面约二十余里，起楼棚，立炮百余座；又木城西十里，建行宫，其国王亲率重兵屯守……以兵由水路攻木城北面……东面……南面……蛮兵开木城南门……迎敌，战良久，败之。官军入木城，复与东北二军合击，其王弃行宫……与其臣逃入山谷……官军入大州。(邵远平《元史类编》卷四二《占城传》)

水路军已破占城，其陆路军为假道问题，与安南发生战事。

初，镇南王脱欢，奉命征占城，遣荆湖行省左丞唐兀䚟、右丞唆都将兵来会。帝疑安南通谋占城，令军行假道于其国，且责日烜运粮至占城助军。比官军至衡山县，闻日烜从兄兴道王陈峻，提兵拒守境上，言本国至占城水陆非便，愿献粮退军……至禄州，闻日烜阻兵……遂分军两道并进……官军……进攻至万劫江，尽破诸隘……峻败走。官军乘间缚筏为桥，渡富良江。日烜沿江立栅，布战具。比官军至……日烜弃城遁……大军既渡江，壁于安南城下……入其国都……时交兵弃船登岸者犹众，日烜引宗族官吏于天长长安屯聚。峻复领兵船，聚万劫江口，整军以待。会唐兀䚟、唆都、等兵回自占城，与大军合，自入其境，大小凡七战，略地二千余，燔皇宫四所。分遣右丞宽彻……由陆路，左丞李恒……由水路，败其兵船。日烜逃去，追至胶海口，不知所往……占城无粮，军难久驻，王命唆都引本军于长安就粮……诸将以交人虽数败散，然增兵转盛，我军暑雨疫作，死伤亦众，占城既不可达，欲决计退兵。脱欢不得已，引军还至如月江，日烜遣兵蹑其后。行至册江，未及渡，林箐伏发，唆都、李恒皆中流矢死。官军力战，始护脱欢得出境，亡者过半，此至元二十二年西历一二八五年之一败也。(邵远平《元史类编》卷四二《安南传》)

世祖闻败大怒，乃罢征日本之兵，大举伐安南，竟不成功。

以阿八赤为征交阯行省左丞，发江淮、江西、湖广三省蒙古汉券军七万人，船五百艘，云南兵六千人，海外四州黎兵万五千人，海道万户张文虎等运粮十七万石，分道讨安南。……并受镇南王节制……王师诸军渡富良江，次城下，败其守兵。日烜弃城走……入海，诸军追之不及，遣乌马儿由大滂口迓文虎船粮，会文虎船至屯山，遇交兵，杀略相当。至绿水洋，贼船益众，度不支，且船胶不可行，已沉米于海。而自趋琼州，时官军已乏食，分道入山求粮……诸将……言……天时已热，粮且尽，宜还师，脱欢从其言……日烜分兵……守女儿关及邱急岭……遏归路，诸军且战且行。交人乘高发毒矢，樊楫、张玉、阿八赤皆死之，脱欢……间道出，次思明州，命奥鲁赤以诸军北还……此至元二十五年西历一二八八年之再败也。（邵远平《元史类编》卷四二《安南传》）

世祖再举，会日烜死，子日燇立，奉表请降。未几，世祖亦崩，成宗嗣，命罢安南之征。日燇乃奉职，占城亦内附。

（己）缅甸与暹罗

世祖至元八年西历一二七一年，大理、鄯阐等路宣慰司都元帅府，遣……使缅，招谕其王内附。四月……导其使博来以闻。……十二年四月……金齿头目阿郭……云……至元九年三月，缅王恨父阿必，故领兵数万来侵，执父阿必而去。不得已厚献其国，乃得释之。……云南省因言缅王无降心，去使不返，必须征讨。……十四年三月，缅人以阿禾内附怨之，攻其地，欲立寨腾越、永昌之间。时大理路蒙古万户忽都……奉命伐永昌之西，腾越、蒲骠、阿昌、金齿未降部族，驻扎南甸。阿禾告急，忽都等昼夜行，与缅军遇……贼败走……追之至千额，不及而还。（《元史》卷二一〇《缅传》）

云南省遣本省宣慰使都元帅尼雅斯拉鼎，率蒙古、爨、僰、摩些军三千八百四十余人征缅，至江头……以天热还师。(《元史》卷二一〇《缅传》)

二十年，王师伐缅，克之。先是帝听纳速剌丁言，发四川军万人……暨佥思播叙三州军，及亦奚不薛诸蛮兵征缅，不果行。至是诏宗王相答吾儿、右丞太卜、参知政事也罕的斤，将兵征之。大军发中庆，至南甸，太卜由罗碧甸进军，王命也罕的斤取道阿昔江，达镇西阿禾江，造舟二百艘，顺流至江头城，断缅人水路。自将一军，从骠甸径抵其国，与太卜军会，令诸将分地攻取……二十二年，缅王……纳款……乞降，旨许其悔过。(邵远平《元史类编》卷四二《缅传》)

二十四年西历一二八七年正月，缅王为其庶子不速速古里所执，囚于昔里怯答剌之地。又害其嫡子三人，与大官木浪周等四人，为逆……二月……云南王与诸王进征至蒲甘……缅始平，乃定岁贡方物。(《元史》卷二一〇《缅传》)

暹国，在占城极南……其国土瘠，不宜耕种。有罗斛国者，土地平衍多稼，暹人岁仰给之。元世祖至元二十六年西历一二八九年，罗斛遣使入贡。成宗元贞初，暹人亦遣使入贡。……顺帝至正间，暹始降于罗斛，因合为暹罗国。(邵远平《元史类编》卷四二《占城传附暹国》)

按：缅甸，即汉之掸人，唐曰骠，宋以后曰缅，其国之部落曰甸，有大甸、中甸等名，故曰缅甸。元初，其王强盛，西并阿剌干孟加拉湾沿海地，**南并白古**仰光北境地，**进略暹罗，威振后印度，所以恃强与元相抗。**

（庚）南洋群岛

海外诸番国，以……奉诏招谕……来降。诸国凡十：曰马八儿，曰须门那，曰僧急里，曰南无力，曰马兰丹，曰那旺，曰丁呵儿，曰来来，曰急兰亦鯓，曰苏木都剌，皆遣使贡方物。(《元史》卷二一〇《马八儿等国传》)

按：马八儿即今之麻打拉萨，马兰丹即麻六甲，苏木都剌即苏门答腊，可以译音推求。其余《元史》不载其道里，位置、风俗、物产与事迹，未详何地。至于曾经用兵者则有瓜哇，欲用兵而不果者则有琉球。

至元二十九年西历一二九二年，拜……福建等处行中书省平章政事，往征瓜哇，以亦黑迷失、高兴副之……弼以五千人，合诸军发泉州。……时瓜哇与邻国葛郎构怨，瓜哇主哈只葛达那加剌，已为葛郎主哈只葛当所杀，其婿土罕必阇耶，攻哈只葛当不胜，退保麻喏八歇。闻弼等至，遣使以其国山川、户口，及葛郎国地图迎降求救。弼与诸将进击葛郎兵，大破之，哈只葛当走归国。高兴言："瓜哇虽降，倘中变，与葛郎合，则孤军悬绝，事不可测。"弼遂分兵三道，与兴及亦黑迷失，各将一道攻葛郎。至答哈城……遂围之，哈只葛当出降，并取其妻子官属以归。(《元史》卷一六二《史弼传》)

世祖至元二十八年西历一二九一年九月，海船副万户杨祥，请以六千军往降之，不听命则遂伐之，朝廷从其请。继有书生吴志斗者上言，生长福建，熟知海道利病，以为若欲收附，且就彭湖发船往谕，相水势地利，然后兴兵未晚也。十月，乃命杨祥充宣抚使……往使琉求……二十九年四月二日，至

彭湖……而还。(《元史》卷二一〇《琉求传》)

(2)元之疆域

自封建变为郡县，有天下者，汉、隋、唐、宋为盛，然幅员之广，咸不逮元。汉梗于北狄，隋不能服东夷，唐患在西戎，宋患常在西北。若元则起朔漠，并西域，平西夏，灭女真，臣高丽，定南诏，遂下江南，而天下为一。故其地北逾阴山，西极流沙，东尽辽左，南越海表。盖汉东西九千三百二里，南北一万三千三百六十八里；唐东西九千五百一十一里，南北一万六千九百一十八里；元东南所至不下汉、唐，而西北则过之，有难以里数限者矣。(《元史》卷五八《地理志序》)

立中书省一，行中书省十有一：曰岭北，曰辽阳，曰河南，曰陕西，曰四川，曰甘肃，曰云南，曰江浙，曰江西，曰湖广，曰征东……唐以前以郡领县而已，元则有路、府、州、县四等。大率以路领州、领县，而腹里或有以路领府、府领州、州领县者。(《元史》卷五八《地理志序》)

元疆域简表

区别	名称	辖地	治所		备考
			原名	今释	
中书省	腹里	（路） 大都、上都、兴和、永平、德宁、净州、泰宁、集宁、应昌、全宁、宁昌、保定、真定、顺德、广平、彰德、大名、怀庆、卫辉、河间、东平、东昌、济宁、益都、济南、般阳府、大同、冀宁、晋宁。 （直隶省之州） 曹、濮、高唐、泰安、德、恩、冠、宁海。 凡为路二十九，州八，属府三，属州九十一，属县三百四十六	京师	北京	《元史·地理志》，中书省统山东西河北之地，谓之腹里
行中书省	岭北	（路） 和宁。 和宁路总管府	和林	蒙古人民共和国喀喇和林山之北	
	辽阳	（路） 辽阳、广宁府、大宁、东宁、沈阳、开元、合兰府水达达等路。 （直隶省之府） 咸平。 凡为路七，府一，属州十二，属县十，徒存其名而无城邑者，不在此数	辽阳	辽宁辽阳县	

区别	名称	辖地	治所		备考
			原名	今释	
行中书省	河南江北	(路) 汴梁、河南府、襄阳、蕲州、黄州、庐州、安丰、安庆、扬州、淮安、中兴、峡州。 (直隶省之府) 南阳、汝宁、归德、高邮、安陆、沔阳、德安。 (直隶省之州) 荆门。 凡为路十二，府七，州，属州三十四，属县一百八十二	汴梁	河南开封县	
	陕西	(路) 奉元、延安、兴元、河州、图沙玛。 (直隶省之府) 凤翔、巩昌、平凉、临洮、庆阳。 (直隶省之州) 邠、泾、开成、庄浪、秦、陇、宁、定西、镇原、西和、环、金、静宁、兰、会、徽、阶、成、金洋、雅、黎、洮、贵德、茂、岷、铁、文。 凡为路五，府五，州二十七，属州十二，属县八十八	奉天	陕西乾县	

区别	名称	辖地	治所		备考
			原名	今释	
行中书省	四川	（路） 成都、嘉定府、广元、顺庆、永宁、重庆、夔、叙州、马湖。 （直隶省之府） 潼川、绍庆、怀德。 凡为路九，府三，属府二，属州三十六，军一，属县八一，蛮夷种落，不在其数	成都	四川成都县	
	甘肃	（路） 甘州、永昌、肃州、沙州、额齐纳、宁夏府、乌拉海。 （直隶省之州） 山丹、西宁。 凡为路七，州二，属州五	甘州	甘肃张掖县	
	云南	（路） 中庆、威楚、开南、武定、鹤庆、云远、广南西、丽江、东川、茫部、孟杰、普安、曲靖、澂江、普定、建昌、德昌、会川、临安、广西、元江、大理、蒙怜、蒙莱、柔远、茫施、镇康、镇西、平缅、麓川、木连、蒙光、木邦、孟定、谋粘、孟隆、木朵、蒙兀。 （直隶省之府） 仁德、柏兴。 凡为路三十七，府二，属府三，属州五〇四，属县四十七，其余甸寨军民等府，不在此数	中庆	云南昆明县	

<table>
<tr><th rowspan="2">区别</th><th rowspan="2">名称</th><th rowspan="2">辖地</th><th colspan="2">治所</th><th rowspan="2">备考</th></tr>
<tr><th>原名</th><th>今释</th></tr>
<tr><td rowspan="2">行中书省</td><td>江浙</td><td>(路)
杭州、湖州、嘉兴、平江、常州、镇江、建德、庆元、衢州、婺州、绍兴、温州、台州、处州、宁国、徽州、饶州、集庆、太平、池州、信州、广德、福州、建宁、泉州、兴化、邵武、延平、汀州、漳州。
(直隶省之府)
松江。
(直隶省之州)
江阴、铅山。
凡为路三十，府一，州二，属州二十六，属县一百四十三</td><td>杭州</td><td>浙江杭县</td><td></td></tr>
<tr><td>江西</td><td>(路)
龙兴、吉安、瑞州、袁州、临江、抚州、江州、南康、赣州、建昌、南安、广州、韶州、惠州、南雄、潮州、德庆、肇庆。
(直隶省之州)
南丰、英德、梅、南恩封、新、桂阳、连、循。
凡为路十八，州九，属州十三，属县七十八</td><td>龙兴</td><td>江西南昌县</td><td></td></tr>
</table>

区别	名称	辖地	治所		备考
			原名	今释	
行中书省	湖广	（路） 武昌、岳州、常德、澧州、辰州、沅州、兴国、靖州、天临、衡州、道州、永州、郴州、全州、宝庆、武冈、桂阳、静江、南宁、梧州、浔州、柳州、思明、太平、田州、来安、镇安、雷州、化州、高州、钦州、廉州。 （直隶省之府） 汉阳、平乐、定远。 （直隶省之州） 归、茶陵、耒阳、常宁、郁林、容、象、宾、横、融、藤、贺、贵。 凡为路三十二，府三，州十三，属府三，属州十七，属县一百五十	武昌	湖北武昌县	
	征东	（路） 统高丽国。 （直隶省之府） 沈阳，耽罗	开城	朝鲜开城	
附记	一 元疆域极广，本表所列限于东方 。 一 太祖建都于和林，世祖初都于开平。中统五年，迁都燕京，以开平为上都，燕京为大都，而和林置行中书省，为岭北要地				

（3）元之制度

（甲）官 制

元太祖起自朔土，统有其众，部落野处，非有城郭之制，国俗淳厚，非有庶事之繁，惟以万户统军旅，以断事官官曰扎鲁忽赤，位在三公上，丞相曰大必阇赤，治政刑，任用者不过一二亲贵重臣耳。及取中原，太宗始立十路宣课司，选儒术用之。金人来归者，因其故官，若行省，若元帅，则以行省元帅授之。草创之初，固未暇为经久之规矣。世祖即位，登用老成，大新制作……遂命刘秉忠、许衡，酌古今之宜，定内外之官。其总政务者曰中书省，秉兵柄者曰枢密院，司黜陟者曰御史台。体统既立，其次在内者，则有寺、有监、有卫、有府；在外者，则有行省、有行台、有宣慰司、有廉访司。其牧民者，则曰路、曰府、曰州、曰县。(《元史》卷八五《百官志序》)

元内外官制简表

区分	机关与官员		职掌与任用	备考
中央省	三公	太师 太傅 太保	元袭其名号，特示尊崇	《元史·百官志》，太祖十二年，以国王置太师一员。太宗即位，建三公。世祖之世，其职常缺，而仅置太保一员。至成宗、武宗而后，三公并建而无虚位矣，又有所谓大司徒、司徒、太尉之属，或置或不置，其置者或开府，或不开府

<table>
<tr><th>区分</th><th colspan="3">机关与官员</th><th>职掌与任用</th><th>备考</th></tr>
<tr><td rowspan="3">中央省</td><td rowspan="3">中书省</td><td>宰执</td><td>中书令
右左丞相
平章政事
右左丞
参知政事</td><td>中书令，典领百官，会决庶务，太宗以相臣为之，世祖以皇太子兼之。左右丞相，统六官，率百司，居令之次，令缺则总省事，佐天子理万机。平章政事，掌机务，贰丞相，凡军国重事，无不由之。
右左丞，副宰相，裁成庶务，号左右辖。
参政，副宰相以参大政，而其职亚于右左丞</td><td>《续通典·职官典》，元之相职，较前代独多，虽分长贰，皆佐天子出令</td></tr>
<tr><td>参议府</td><td>参议中书省事</td><td>参议典右左司文牍，为六曹之管辖，军国重事，咸预决焉</td><td></td></tr>
<tr><td>六部</td><td>吏部 尚书
侍郎
户部 尚书
侍郎
礼部 尚书
侍郎
兵部 尚书
侍郎
刑部 尚书
侍郎
工部 尚书
侍郎</td><td></td><td></td></tr>
</table>

区分	机关与官员			职掌与任用	备考
	枢密院		枢密使 枢密副使 知枢密院事 同知枢密院事 佥书枢密事	掌天下兵甲机密之务，凡宫禁宿卫，边庭军翼，征讨戍守，简阅差遣，举功转官，节制调度，无不由之	《元史·百官志·行枢密院》，国初有征伐之事，则置行枢密院；大征伐则止曰行院；为一方一事而设，则称某处行枢密院，或与行省代设，事已则罢
	御史台		御史大夫 御史中丞 侍御史 治书侍御史	掌纠察百官善恶，政治得失	《元史·百官志》，江南诸道行御史台，设官品秩同内台，至元十四年，始置江南行御史台于扬州。 《元史类编》，至元十四年七月，初立行御史台于扬州。（注：初置行台，其秩如内台。） 二十七年，专莅江南之地，号南台，西行台初由云南廉访司升。大德初，移治陕西，号西台，其秩如南台
中央官	诸院	翰林院	翰林兼国史院 置学士承旨侍读等官		
			蒙古翰林院 置学士承旨直学士等官	掌译写一切文字，及颁降玺书，并用蒙古新字，仍各以其国字副之	

区分	机关与官员			职掌与任用	备考
中央官	诸院	集贤院	大学士 学士	掌提调学校，征求隐逸，召集贤良，凡国子监、玄门道教，阴阳祭祀，占卜祭遁之事悉隶焉	《元史·百官志》，国初集贤与翰林国史院，同一官署，至元二十二年，分置两院。《续通考·职官考》，国子监，属集贤院
		宣政院	院使 副使 同知	掌释教僧徒，及吐蕃之境，而隶治之。遇吐蕃有事，则分为院往镇，亦别有印，如大征伐，则会枢府议，其用人则自为选，僧俗并用	
		宣徽院	院使 同知 副使 佥院	掌供玉食，燕享宗戚宾客之事，及诸王宿卫怯怜口粮食，蒙古万户千户合纳差发等事	《续通典·职官典》，光禄寺隶宣徽院
		太常礼仪院	卿 少卿	掌大礼乐祭享宗庙社稷，封赠谥号等事	《续通考·职官考》，世祖中统元年，中都立太常寺，武宗至大元年。改升院
		太史院	院使 同知 佥院	掌天文历数之事	《元史·百官志》，至元十五年，始立院
		太医院	院使 同知 佥院	掌医事，制奉御药物，领各属医职	《元史·百官志》，中统元年置

区分	机关与官员			职掌与任用	备考
		将作院	院使 同知 佥院	掌成造金玉珠翠犀象宝贝，冠佩，器皿，织造刺绣缎匹纱罗，异样百色造作	《元史·百官志》，至元三十年始置
		通政院		国初置驿，以给使传	《元史·百官志》，至元七年，初立诸站都统领使司以总之。十三年，改通政院
地方官	监司	行中书省	丞相 平章政事 右丞 左丞 参知政事	掌国庶务，统郡县，镇边鄙与都省。为表里，凡钱粮，兵甲，屯种，漕运，军国重事无不领之	
		行御史台	设官职掌同内台		《元史·百官志》，国初立提刑按察司。至元二十八年，改按察司曰肃政廉访司。三十年，定为二十二道，内道八隶御史台，江南十道隶江南行台，陕西四道隶陕西行台
		宣慰使司	使 同知 副使	掌军民之务，分道以总郡县，凡六道，行省有政令，则布于下，郡县有请，则为达于省，有边陲军旅之事，则兼都元帅府，其次则止为元帅府	《续通考·职官考》，六道，山东东西道，益都路置；河东山西道，大同路置；淮东道，扬州置；浙东道，庆元路置；荆湖北道，中兴路置；湖南道，天临置

区分	机关与官员			职掌与任用	备考
地方官	路府	府	达鲁花赤一员 知府或府尹一员	掌府事	《元史·百官志》，至元三年，定万五千户之上者为上州，六千户之上者为中州，六千户之下者为下州。江南既平，二十年，又定其地五万户之上者为上州，三万户之上者为中州，不及三万户者为下州
		州	达鲁花赤一员 州尹一员	掌州事	
	县	州	达鲁花赤一员 知州一员	掌州事	《元史·百官志》，至元三年，合并江北州县，六千户之上者为上县，二千户之上者为中县，不及二千户者为下县。二十年，又定江淮以南三万户之上者为上县，一万户之上者为中县，一万户之下者为下县
		县	达鲁花赤一员 尹一员	掌县事	
附记	元之官制多仿唐宋，兹表所记，为其改革上之重要者，其余从略。 元官制特异之点有四:（1）诸官或蒙汉并置。（2）宗教官较前朝为重，宣政院权颇大，因崇信喇嘛故也。（3）工艺官，设置甚多，如大都及各路，均有诸色人匠总管府，此外又随处设局，各置专官。（4）理财官，亦较前朝为详密，《元史·百官志》，户部属官之多，可以知之				

元制百官，皆蒙古人为之长，汉人、南人为之贰。

世祖……定内外之官……官有常职，位有常员，其长则蒙古人为之，而汉人、南人贰焉。（《元史》卷八五《百官志序》）

故一代之制，未有汉人、南人为正官者，中书省为政本之地。太祖、太宗时，以契丹人耶律楚材为中书令，宏州人杨惟中继之，楚材子铸，亦为左丞相元制尚右。此在未定制以前,至世祖时,惟史天泽以元勋宿望为中书右丞相。仁宗时，欲以回回人哈散为相，哈散以故事丞相必用蒙古勋旧，故力辞。帝乃以伯荅沙为右丞相……太平本姓贺，名惟一，顺帝欲以为御史大夫，故事台端非国姓不授，惟一固辞。帝乃改其姓名曰太平，后仕至中书省左丞相。终元之世，非蒙古而为丞相者,止此三人。……丞相之下,有平章政事,有左右丞,有参知政事，则汉人亦得为之。……然中叶后，汉人为之者亦少。《顺帝纪》，至正十三年，始诏南人有才学者，依世祖旧制，中书省、枢密院、御史台皆用之。是时江淮兵起，故以是收拾人心,然亦可见久不用南人,至是始特下诏也。……中书省分设于外者曰行省，初本不设丞相，后以和林等处多勋戚,行省官轻不足以镇之,乃设丞相,而他处行省遂皆设焉。《董文用传》，行省长官素贵，同列莫敢仰视，跪起禀白如小吏。文用至则坐堂上，侃侃与论，可见行省中蒙古人之为长官者,虽同列不敢与讲钧礼也。(赵翼《廿二史劄记》卷三〇《元制百官皆蒙古人为之长》)

(乙)兵 制

种类:

若夫军士，则初有“蒙古军”、“探马赤军”，蒙古军皆国人,探马赤军则诸部族也。……既平中原,发民为卒,是为“汉军”……继得宋兵,号“新附军”。(《元史》卷九八《兵志序》)

又有辽东之“乣军”“契丹军”“女直军”“高丽军”，云

南之“寸白军”，福建之“畲军”，则皆不出戍他方者，盖乡兵也。(《元史》卷九八《兵志序》)

又有以技名者，曰“炮军”“弩军”“水手军”。(《元史》卷九八《兵志序》)

征调：

蒙古军，探马赤军。……其法家有男子，十五以上，七十以下，无众寡尽佥为兵。十人为一牌，设牌头，上马则备战斗,下马则屯聚牧养。孩幼稍长,又籍之曰“渐丁军”。(《元史》卷九八《兵志序》)

汉军，或以贫富为甲乙，户出一人，曰“独户军”，合二三而出一人则为“正军户”，余为“贴军户”。或以男丁论，尝以二十丁出一卒，至元七年，十丁出一卒。或以户论，二十户出一卒，而限年二十以上者充。士卒之家为富商大贾，则又取一人，曰“余丁军”。(《元史》卷九八《兵志序》)

或取匠为军，曰“匠军”。或取诸侯将校之子弟充军，曰“质子军”，又曰“秃鲁华军”。(《元史》卷九八《兵志序》)

天下既平，尝为军者，定入尺籍，伍符不可更易。“诈增损丁产”者，觉则更籍其实，而以印印之。“病死戍所”者，百日外役次丁；“死阵”者，复一年。贫不能役，则聚而一之曰“合并”；贫甚者、老无子者，落其籍。“户绝”者，别以民补之。(《元史》卷九八《兵志序》)

统辖：

国初典兵之官，视兵数多寡为爵秩崇卑，长万夫者为“万户”,千夫者为“千户”,百夫者为“百户”。(《元史》卷九八《兵

志序》)

太祖功臣博尔忽、博尔朮、木华黎、赤老温，时号“掇里班曲律”,犹言四杰也,太祖命其世领怯薛之长。“怯薛”者，犹言番直宿卫也。(《元史》卷九九《兵志二·宿卫》)

世祖时，颇修官制，“内”立五卫以总宿卫诸军，卫设亲军都指挥使;“外”则万户之下置总管，千户之下置总把，百户之下置弹压,立枢密院以总之。遇方面有警,则置行枢密院，事已则废。(《元史》卷九八《兵志序》)

驻防：

元制，宿卫诸军在内，而镇戍诸军在外，内外相维，以制轻重之势。(《元史》卷九九《兵志二·宿卫》)

其镇戍之制，所以压制汉族，与当时政治，颇有关系。

世祖之时，海宇混一，然后命宗王将兵镇边徼襟喉之地，而河洛、山东，据天下腹心，则以蒙古、探马赤军，列大府以屯之。淮、江以南，地尽南海，则名藩列郡，又各以汉军及新附等军戍焉。皆世祖……与二三大臣之所共议。(《元史》卷九九《兵志二·镇戍》)

至元十五年十一月……先是以李璮叛，分军民为二，而异其属，后因平江南，军官始兼民职……凡以千户守一郡，则率其麾下从之，百户亦然，不便至是令军民各异属如初制。(《元史》卷九九《兵志二·镇戍》)

元制，各路立万户府，各县立千户所，其所部之军，每岁第迁口粮。府县关支,而各道以宣慰司元帅总之。(《续通考》

卷一二八《兵考八》）

国制，郡邑镇戍士卒，皆更相易置。……既平江南，以兵戍列城，其长军之官，皆世守不易。故多与富民树党，因夺民田宅居室，蠹有司政事。（《元史》卷九九《兵志二·镇戍》）

按：蒙古初起，兵力震荡一世，其控制中国，纯用兵力镇压。江淮镇戍，历久废弛，故元末东南先乱。

兵籍系军机重务，汉人不阅其数。虽枢密近臣职专军旅者，惟长官一二人知之。故有国百年，而内外兵数之多寡，人莫有知之者。（《元史》卷九八《兵志序》）

卒之，承平既久，将骄卒情，军政不修，而天下之势，遂至于不可为。（《元史》卷九九《兵志二·镇戍》）

（丙）刑　法

元兴，其初未有法守，百司断理狱讼，循用金律，颇伤严刻。及世祖平宋，疆理混一，由是简除繁苛，始定新律，颁之有司，号曰《至元新格》。仁宗之时，又以格例条画，有关于风纪者，类集成书，号曰《风宪宏纲》。至英宗时，复命宰执儒臣，取前书而加损益焉，书成，号曰《大元通制》。其书之大纲有三：一曰诏制，二曰条格，三曰断例。……大概纂集世祖以来法制事例而已。（《元史》卷一〇二《刑法志序》）

但元朝用法，颇失之于宽纵。

古者以墨、劓、剕、宫、大辟为五刑，后世除肉刑，乃以笞、杖、徒、流、死，备五刑之数。元因之，更用轻典……凡郡国有疑狱，必遣官覆谳而从轻，死罪审录无冤者，亦必待报，然后加刑。……笞、杖十减为七……其君臣之间，惟知轻典之为尚……然其弊也，南北异制，事类繁琐，挟情之吏，舞弄文法，出入比附，用谲行私，而凶顽不法之徒，又数以赦宥获免；至于西僧岁作佛事，或恣意纵囚，以售其奸宄，俾善良者喑哑而饮恨，识者病之。(《元史》卷一〇二《刑法志序》)

宗教徒，在法律上享有特权。

诸僧道儒人有争，有司勿问，止令三家所掌会问。(《元史》卷一〇二《刑法志一·职制上》)

诸僧人但犯奸盗、诈伪，致伤人命及诸重罪，有司归问。其自相争告，从各寺院住持本管头目归问。若僧俗相争田土与有司约会，约会不至，有司就便归问。(《元史》卷一〇二《刑法志一·职制上》)

又对待蒙古人与汉人，亦不平等。

诸蒙古人因争及乘醉驱死汉人者，断罚出征，并全征烧埋银。(《元史》卷一〇五《刑法志四·杀伤》)

(丁)服　色

属于百官者：

公服，制以罗，大袖盘领，俱右衽。一品，紫大独科花，径五寸。二品，小独科花，径三寸。三品，散荅花，径二寸，无枝叶。四品、五品，小杂花，径一寸五分。六品、七品，绯罗，

小杂花，径一寸。八品、九品，绿罗无文。(《元史》卷七八《舆服志一》)

幞头，漆纱为之，展其角。(《元史》卷七八《舆服志一》)

笏，制以牙，上圆下方，或以银杏木为之。(《元史》卷七八《舆服志一》)

偏带，正从一品以玉，或花或素。二品以花犀。三品、四品，以黄金为荔枝。五品以下以乌犀。并八胯，鞓用朱革。(《元史》卷七八《舆服志一》)

靴，以皂皮为之。(《元史》卷七八《舆服志一》)

至于"命妇"衣服，亦有规定。

衣服，一品至三品，服浑金。四品、五品，服金荅子。六品以下，惟服销金，并金纱荅子。(《元史》卷七八《舆服志一》)

首饰，一品至三品，许用金珠宝玉。四品、五品，用金玉珍珠。六品以下用金，惟耳环用珠玉。(《元史》卷七八《舆服志一》)

属于庶人者：

帽子系腰，元服也，庶民服之。(《续通考》卷九二《王礼考六》)

官民帽檐，或圆，或前圆后方。其发或辫，或打纱练，惟庶民椎髻，服用深金。缘为纳奇实，或腰线绣通神襕，上下均服焉。(《续通考》卷九二《王礼考六》)

庶人除不得服赭黄，惟许服暗花纻丝紬绫罗毛毳，帽笠

不许饰用金玉，靴不得裁制花样。首饰许用翠花，并金钗錍各一事，惟耳环用金珠碧甸，余并用银。(《元史》卷七八《舆服志一》)

内外有出身，考满应入流……服用与九品同。(《元史》卷七八《舆服志一》)

诸乐艺人等，服用与庶人同。(《元史》卷七八《舆服志一》)

娼家出入，止服皂褙子，不得乘坐车马，余依旧例。(《元史》卷七八《舆服志一》)

(戊)学　校

国子学：

世祖至元二十四年，立国子学而定其制。设博士通掌学事，分教三斋生员……复设助教同掌学事，而专守一斋……其生员之数，定二百人，先令一百人及伴读二十人入学。其百人之内，蒙古半之，色目、汉人半之。(《元史》卷八一《选举志一·学校》)

乃酌旧制，立升斋、积分等法：每季考其学行，以次递升，既升上斋，又必逾再岁，始与私试；孟月、仲月，试经疑经义，季月，试古赋诏诰章表策，蒙古、色目，试明经策问；辞理俱优者一分，辞平理优者为半分，岁终积至八分者充高等，以四十人为额；然后集贤、礼部定其艺业，及格者六人，以充岁贡；三年不通一经，及在学不满一岁者，并黜之。(《元史》卷一七二《齐履谦传》)

此外又特设蒙古与回回国子学。

世祖至元八年春正月，始下诏立京师蒙古国子学，教习诸生，于随朝蒙古、汉人百官及怯薛歹官员，选子弟俊秀者入学，然未有员数。以《通鉴节要》，用蒙古语言译写教之，俟生员习学成效，出题试问，观其所对精通者，量授官职。（《元史》卷八一《选举志一·学校》）

至元二十六年，尚书省臣言，伊斯提斐文字，宜施于用。今翰林院伊普迪哈鲁鼎，能通其字学，乞授以学士之职，凡公卿大夫与富民之子，皆依汉人入学之制，日肄习之。帝可其奏，乃置回回国子监。（《续通志》卷一四三《选举略四》）

地方学：

至元六年……定制命诸路府官子弟入学，上路二人，下路二人，府一人，州一人；余民间子弟，上路三十人，下路二十五人。愿充生徒者，与免一身杂役。以蒙古字译写《通鉴节要》，颁行各路，俾肄习之。……大德五年十月，又定生员，散府二十人，上中州十五人，下州十人。（《续通考》卷五〇《学校考四》）

至元二十八年，令江南诸路学及各县学内，设立小学，选老成之士教之，或自愿招师，或自受家学于父兄者，亦从其便。其他先儒过化之地，名贤经行之所，与好事之家，出钱粟赡学者，并立为书院。（《元史》卷八一《选举志一·学校》）

督学官员，设置如下：

元世祖中统二年……时翰林学士承旨王鹗，请于各路选委博学老儒一人，提举本路学校，因立十道提举学校官……

至元二十四年……浙西道儒学提举叶李，召至京师奏言……请复立提举司，专令提调学官，课诸生……上其成材于太学，以备录用……帝可其奏。是年闰二月，设江南各道儒学提举司。二十六年九月，置高丽国儒学提举司。至仁宗皇庆延祐间，辽阳、甘肃、四川、云南，并置儒学提举司。(《续通考》卷五〇《学校考四》)

凡师儒之命于朝廷者，曰教授……命于礼部及行省及宣慰司者，曰学正、山长、学录、教谕……路设教授、学正、学录各一员，散府上中州，设教授一员，下州设学正一员，县设教谕一员，书院设山长一员。中原州县学正、山长、学录、教谕，并受礼部付身。各省所属州县学正、山长、学录、教谕，并受行省及宣慰司札付。(《元史》卷八一《选举志一·学校》)

除国学与地方学外，特设者有“医学”与“阴阳学”两种。

医学：

世祖中统二年夏五月……诸路设立医学。(《元史》卷八一《选举志一·学校》)

官医提举司……至元二十五年置。(《元史》卷八八《百官志四》)

至元二十二年四月，定选试太医法，每三年一次……试十三科……十三科者，大方脉杂医科，小方脉科，风科，产科，眼科，口齿兼咽喉科，正骨兼金疮科，疮肿科，针灸科，祝由书禁科。其法考较医经，辨验药味，合试经书，则《素问》《难经》《圣济录》《木草》《千金翼方》也。(《续通考》卷四二《选举考九》)

阴阳学：

至元十三年正月，诏凡儒学卜筮及通晓天文历数之士，所在官司具以名闻。(《续通考》卷四二《选举考九》)

世祖至元二十八年，夏六月，始置诸路阴阳学。其在腹里、江南，若有通晓阴阳之人，各路官司详加取勘，依儒学、医学之例，每路设教授以训诲之。其有术数精通者，每岁录呈省府，赴都试验……延祐初，令阴阳人依儒、医例，于路府州设教授员，凡阴阳人皆管辖之，而上属于太史焉。(《元史》卷八一《选举志一·学校》)

元为通行蒙古字，遂有“蒙古学”之设立。

至元六年二月……诏以新制蒙古字，颁行天下……七月……立诸路蒙古字学。(《元史》卷六《世祖纪三》)

至元十九年，定路设教授国字，在诸字之右。(《续通考》卷五〇《学校考四》)

按：元对于学校，颇知注重，所定制度，亦颇完备。虽在元世，未发生若何之效果，而实开明、清两代学校制度之先声焉。

（己）选　举

科举：

仁宗皇庆二年十月，中书省臣奏科举事……十一月，乃下诏曰……三代以来，取士各有科目，要其本末，举人宜以德行为首，试艺则以经术为先，词章次之……爰命中书，参酌古今，定其条制。其以皇庆三年八月，天下郡县，兴其贤者能者，充赋有司。次年二月，会试京师……考试程式，“蒙古、色目人”，第一场，经问五条……第二场，策一道……“汉人、南人”，第一场，明经经疑二问……经义一道……第二场，古赋、诏、诰、章表，内科一道……第三场，策一道。（《元史》卷八一《选举志一·科目》）

蒙、汉考试上难易已不同，而待遇上亦厚薄各异。

延祐二年三月，始开科，分进士为左右榜，蒙古、色目人为右，汉人、南人为左……凡蒙古由科举出身者，授从六品；色目、汉人，递降一级。（《续通考》卷二一四《选举考一》）

选官：

当时仕进有多歧，铨衡无定制，其出身于“学校”者，有国子监学，有蒙古字学、回回国学，有医学，有阴阳学。其策名于“荐举”者，有遗逸，有茂异，有求言，有进书，有童子。其出于“宿卫勋臣”之家者，待以不次。其用于“宣徽、中政”之属者，重为内官。又“荫叙”有循常之格，而“超擢”有选用之科。由“直省侍仪”等入官者，亦名清望。以“仓庾赋税”任事者，例视冗职。“捕盗”者以功叙，“入粟”者以资进，至“工匠”皆入班资，而“舆隶”亦跻流品。诸王、公主，宠以投下，俾之保任。远夷、外徼，授以长官，俾之世袭。凡若此类，殆所谓吏道杂而多端者欤！矧夫“儒”有岁贡之名，“吏”有补用之法，曰掾史、令史，曰书写、铨写，曰书吏、典吏，所设之名，未易枚举，曰省、台、院、部，曰路、府、州、县，所入之途，难以指计。……故其铨选之备，考核之精，曰随朝、外任，曰省选、部选，曰文官、武官，曰考数，曰资格，一毫不可越。而或援例或借资，或优升，或回降，其纵情破律，以公济私，非至明者不能察焉。是皆文繁吏弊之所致也。(《元史》卷八一《选举志序》)

（十三）元之衰亡

（1）帝位之纷争

（甲）蒙古之分裂

蒙古初制，大汗之立，开会推举，所谓“忽烈而台”是也。成吉斯汗死，大位继承，亦遵此制，唯所推者必其血胤。大汗遗命，亦可以预定继承者，故宪宗之立，遂成纠纷。

定宗崩宋理宗淳祐八年，西历一二四八年，至是三岁无君皇后斡兀立海迷失氏，抱皇太孙失烈门临朝称制，中外人心咸属意于帝。诸王拔都、莫哥、阿里不哥及大将兀良合台等，咸会议所立。拔都首先推戴，时定宗后所遣使者八剌在坐争曰：失烈门，皇孙也，先帝尝言其可君天下，今故在而议他属，将置之何地？莫哥曰：太宗有命，谁敢违之？然拔都固亦遵先帝遗言也，初帝之幼也，太宗雅爱之，尝命坐膝上，抚其首曰：是可以君天下，他日用特按豹。皇孙失烈门在侧曰：以特按豹，则犊将何恃？太宗以为有仁心，亦曰：是可以为君，至是二人各举以为言。八剌语塞，兀良合台曰：蒙哥即宪宗聪明睿智，人所共知，拔都之言良是。议遂定。（邵远平《元史类编》卷一《宪宗纪》）

元年辛亥宋理宗淳祐十一年，西历一二五一年六月，西方诸王伯尔克、托海特穆尔，东方诸王伊克、托欢、伊逊克、阿齐台、塔齐尔、伯勒格台，西方诸大将巴哩济等，东方诸大将伊苏布哈等，复大会于奎腾敖拉之地，共推帝即皇帝位于鄂诺河。（《元史》卷三《宪宗纪》）

二年夏，帝驻和林，以诸王欲立失烈门者多后言，乃分迁合丹太宗第六子于别失八里地，蔑里太宗第七子于叶儿的石河，海都太宗孙于海押立地……脱脱太宗孙于叶密立地，蒙哥都太宗孙及太宗三皇后乞里吉忽帖尼于扩端所居之西。定宗后及失烈门母，以厌禳事觉，并赐死，禁锢失烈门于没脱赤之地。（邵远平《元史类编》卷一《宪宗纪》）

按宪宗为太祖派系，诸王为太宗派系，既处置如是，两系蕴仇益深，内争遂不可解。至世祖竟破成例，不经大会推举，自立于开平，而世祖弟阿里不哥不服。首先称兵，复与宪宗一系合，战端一发，响应者纷起。垂四十余年而后底定，然蒙古之业衰矣。

阿里不哥，当宪宗南伐，命留守和林。宪宗崩于蜀时宋理宗开庆元年，西历一二五九年，世祖以太弟渡淮，围宋鄂州，国内虚，诸大臣各观望所立。陕西行省丞相阿蓝答儿等，谋立阿里不哥为帝，遣脱忽思括民兵。世祖北还……阿里不哥……闻世祖既即位，乃命阿蓝答儿发兵漠北，分遣腹心，易置将佐，散金帛以赉士卒。又命行尚书省刘太平、霍鲁怀，拘收关中钱谷。时浑都海屯军六盘，太平等相与结纳为表里，阿里不哥遂称帝于和林……世祖命廉希宪安抚陕西，比至……即遣人捕诛太平、鲁怀等。既而浑都海、阿蓝答儿合军而东，官兵追斩之。中统二年宋理宗景定二年，西历一二六一年，十一月，帝自将讨阿里不哥，遇于昔木土脑儿之地，命……前锋歼其兵三千人，追北五十余里。帝亲率诸军蹑其后，降其部将，阿里不哥乃北遁。至元元年宋理宗景定五年，西历一二六四年七月，与诸王玉龙答失、阿速带、昔里吉来归，世祖以诸王皆太祖之裔，并释不问。（邵远平《元史类编》卷三〇《拖雷附阿里不哥传》）

继此而起者，有北边之变，而海都实煽诱之。

海都以太宗孙，世居北方，久蓄叛志，方俟衅而起，未九果反。帝将亲征，又念懿亲之故，犹欲怀之以德，遣尚书昔班往谕，令罢兵入朝。海都已听命退军，会丞相安童率兵先破其部曲……海都惧，不敢至，自后屡寇边，叛者又附海都为名。（邵远平《元史类编卷》三〇《合失附海都传》）

初海都称兵内向，诏以右丞相安童，佐皇子北平王那木罕，统诸军于阿力麻里备之。至元十四年西历一二七七年诸王昔里吉，劫北平王，拘安童，胁宗王以叛，命伯颜帅师讨……破之，昔里吉走死。（《元史》卷一二七《伯颜传》）

至元二十四年西历一二八七年，四月……诸王乃颜反，五月……帝自将征……六月……至撒儿都鲁之地，乃颜党塔不带，率所部六万，逼行在而阵，遣前军败之……车驾驻干大利斡鲁脱之地，获乃颜……七月，乃颜党失都儿犯咸平，宣慰塔出，从皇子爱牙亦，合兵出沈州进讨，宣慰亦儿撒合，分兵趣懿州，其党悉平。（《元史》卷一四《世祖纪一一》）

十八年二月，命从燕王真金，抚军北边……二十六年，进知枢密院事，镇和林。二十九年，宗王明里铁木儿，附海都叛，诏伯颜往讨……明里铁木儿……来降，未几海都复犯边，留伯颜拒守。廷臣或谮其久居北边，与海都通好，帝以御史大夫玉昔帖木儿代之。（邵远平《元史类编》卷一九《伯颜传》）

大德成宗三年西历一二九九年，成宗命兄子海山即武宗，往镇北边，数败海都于阔别列之地。五年，海都与笃哇伊儿汗诸部大举入寇。海山亲督钦察军奋击，大破之，射笃哇中膝，号遁去，海都不得志，旋走死。当笃哇之败也，诸叛王相聚谋曰……连年遘兵，致相残杀，是自隳祖宗业也……吾谁与争哉，遂与海都子察八儿，笃哇子款彻，群请罢兵，通一家之好，帝嘉之，诏安西王……饬军士安置驿传，以俟其来……武宗至大三年，察八儿入朝，诏赦其罪。（邵远平《元史类编》卷三〇《合失附海都传》）

（乙）权臣之拥立

宪宗之立……已启大臣拥立之端，世祖有鉴于此，故预立珍戬旧作真金为皇太子，其后珍戬早薨，未及即位。世祖崩后，成宗珍戬子方抚军北边，以长幼而论，则母兄晋王噶玛拉旧名甘麻剌当立。而伊实特穆尔旧名玉昔帖木儿以成宗在军时，世祖曾以皇太子旧玺付之，遂告晋王曰：昔储闱之玺，既有所归，王为宗盟长，奚俟而不言。晋王乃曰：皇帝践阼，愿北面事之。于是成宗遂即位。是"成宗"之立，由伊实特穆尔之力也。成宗崩，太子德寿先卒，丞相阿固岱旧名阿忽台等，欲奉皇后称制，以诸王阿南达旧名阿难答辅之。丞相哈剌哈斯旧名哈剌哈孙则以武宗、仁宗皆珍戬之孙，理宜继统。而武宗方抚军北边，仁宗亦在怀州，乃先迎仁宗入京，诛阿固岱等，而趣武宗入即位。是“武宗”“仁宗”之相继御极，皆哈剌哈斯之力也。仁宗既为帝，立子英宗为皇太子，故英宗继立之际，朝臣亦无异言。迨英宗为特克实旧名铁失所弑，特克实即遣使迎泰定帝入即位。是“泰定帝”之立，由特克实之力也。泰定帝崩于上都，丞相都尔苏旧名例剌沙立其皇太子喇实晋巴旧名阿速吉八为皇帝，固亦父子相传之正理。而枢密使雅克特穆尔旧名燕铁木儿，私念武宗旧恩，欲立其子明宗、文宗。时明宗远在沙漠，文宗亦在江陵，乃先迎文宗入即位。其时上都诸王方举兵入讨，雅克特穆尔力战胜之，而文宗之立遂定。及明宗归，雅克特穆尔，又害之于途，文宗旋复为帝。是“文宗”之立，由雅克特穆尔之力也。厥后文宗、宁宗相继崩，皇后布达实哩旧名卜答失里已遣人迎明宗长子托欢特穆尔即顺帝入京，欲付以位，而雅克特穆尔不愿，遂不得立。迨雅克特穆尔死，始立焉。倘不死，则顺帝之立不立，尚未可知也。是则宪宗、成宗、武宗、仁宗、泰定帝、明宗、文宗，皆大臣所立。（赵翼《廿二史劄记》卷二九《元诸帝多由大臣拥立》）

(2) 政治之不良

元起朔漠，入主中夏，为历史上一大变局。溯其初起，以武功震耀一世，除租税、站赤、达鲁花赤而外，无所谓政治。迨取金灭宋，知儒术可以羁縻全国，太祖用耶律楚材，至世祖用许衡、姚枢，尊优孔儒，粉饰为政。考有元一代诏令，率用蒙古文。蒙古、色目，尽居显位，与汉人隔阂，故政治施设，罕有足观。然劝农桑，兴水利，北方当金源大乱之后，户口减少，得此亦稍稍休息。后来逐渐开发，北方繁盛，蒙元不为无功，唯赋敛烦数，刑政废弛，种族见解过深，不百年而亡，盖有由矣。

（甲）崇信番僧

帝师帕克斯巴亦作八思巴者，土番……人……相传自其祖……以其法佐国主霸西海者十余世。帕克斯巴生七岁，诵经数十万言，能约通大义，国人号圣童，故名帕克斯巴。……年十有五，谒世祖于潜邸，与语大悦，日见亲礼。中统元年，世祖即位，尊为国师……至元十一年，请告西还，留之不可，乃以其弟琳沁亦作亦怜嗣焉。(《元史》卷二〇二《释老传》)

世祖崇信番僧，原为利用之，以怀柔西土。

元起朔方，固已崇尚释教。及得西域，世祖以其地广而险远，民犷而好斗，思有以因其俗而柔其人，乃郡县土番之地，设官分职，而领之于帝师。乃立宣政院，其为使位居第二者，必以僧为之，出帝师所辟举，而总其政于内外者，帅臣以下，亦必僧俗并用，而军民通摄。于是帝师之命，与诏敕并行于西土。(《元史》卷二〇二《释老传》)

但因待遇过优，转遗政治上无穷之害。

百年之间，朝廷所以敬礼而尊信之者，无所不用其至。虽帝后妃主，皆因受戒而为之膜拜。正衙朝会，百官班列，而帝师亦或专席于坐隅。且每帝即位之始，降诏褒护，必敕章佩监络珠为字以赐，盖其重之如此。其未至而迎之，则中书大臣，驰驿累百骑以往，所过供亿送迎。……虽其昆弟子姓之往来，有司亦供亿无乏。泰定间，以帝师弟衮噶伊实戬将至，诏中书持羊酒郊劳；而其兄索诺木藏布，尚公主，封白兰王……其弟子之号司空、司徒、国公、佩金玉印章者，前后相望。其徒怙势恣睢，日新月盛，气焰熏灼，延于四方，为害不可胜言。(《元史》卷二〇二《释老传》)

其肆扰之情况，实为从来所未有。

二年冬，以西域僧那摩为国师，总天下释教。(邵远平《元史类编》卷一《宪宗纪》)

有嘉木扬喇勒智者亦作杨琏真珈，世祖用为江南释教总统，发掘故宋赵氏诸陵之在钱塘、绍兴者，及其大臣冢墓，凡一百一所；戕杀平民四人；受人献美女宝物无算；且攘夺盗取财物，计金一千七百两，银六千八百两，玉带九，玉器大小百一十有一，杂宝贝百五十有二，大珠五十两，钞一十一万六千二百锭，田二万三千亩；私庇平民不输公赋者二万三千户。(《元史》卷二〇二《释老传》)

杨琏真珈，西番僧也……为江南释教总统。及桑哥专政，相与表里为奸，怙恩横肆，威焰烁人，穷骄极淫，不可具状。(邵远平《元史类编》卷四一《杨琏真珈传》)

其所给地亩，率多强占民业。僧徒犹贪利无厌，营结近侍，奏请布施莽斋要求百端，岁需费以千万计。且因好事奏释罪囚，凡杀人作奸之徒，悉皆夤缘幸免。甚或取空名宣敕用为布施，而任其人，赏罚皆由其手……武宗至大元年西历一三〇八年，上都开元僧强夺民薪，民诉诸留守李璧。璧方询其由，僧遽率党持白挺入公府，隔案引璧发摔诸地，曳归幽之空室，久乃得脱。奔诉诸朝，僧竟遇赦免。未几其徒龚柯等，与诸王合儿八剌妃争道，拉妃堕车，棰扑交下，事闻亦释不问。而宣政院方取旨,凡驱西僧者截其手,詈者断其舌,赖仁宗……奏寝其令。（邵远平《元史类编》卷四一《按语》）

泰定二年，西台御史李昌，言尝经平凉府、静会、定西等州，见西番僧佩金字圆符，络绎道途，驰骑累百，传舍至不能容，则假馆民舍，因迫逐男子，奸污女妇。奉元一路，自正月至七月，往返者百八十五次，用马至八百四十余匹，较之诸王行省之使，十多六七。驿户无所控诉，台察莫得谁何。且国家之制圆符，本为边防警报之虞，僧人何事而辄佩之？乞更正僧人给驿法，且令台宪得以纠察。不报。（《元史》卷二〇二《释老传》）

其作多尔康者，或一所二所，以至七所；作擦擦者以泥作小浮屠，或十万二十万，以至三十万。又尝造浮屠二百一十有六，实以七宝珠玉，半置海畔，半置水中，以镇海灾。延祐四年，宣徽使会每岁内廷佛事所供，其费以斤数者，用面四十三万九千五百、油七万九千、酥二万一千八百七十、蜜二万七千三百，自至元三十年间，醮祠佛事之目，仅百有二。大德七年，再立功德司，遂增至五百有余。僧徒贪利无已，营结近侍，欺昧奏请，布施莽斋，所需非一，岁费千万，较之大德，不知几倍。又每岁必因好事，奏释轻重囚徒，以为福利。（《元史》卷二〇二《释老传》）

(乙)重用计臣

元代赏赐特多，后以振济为姑息之政，费用不给，钞法易敝，故不能不用聚敛之臣。若卢世荣所为，颇有计划，非阿合玛特辈所能比也。

太宗引西域商人奥都剌合蛮扑买课税……帝崩……皇后乃马真氏称制，崇信奸回，庶政多紊。奥都剌合蛮以货得政柄，廷中悉畏附之。……后以御宝空纸付奥都剌合蛮，使自书填行之。……又有旨："凡奥都剌合蛮所建白，令史不为书者，断其手。"(《元史》卷一四六《耶律楚材传》)

阿哈玛特，回纥人。……世祖中统三年西历一二六二年，始命领中书左右部，兼诸路都转运使，财赋之任专委之。……至元元年西历一二六四年，八月，罢领中书左右部，并入中书，超拜阿哈玛特为中书平章政事……三年正月，立制国用使司，阿哈玛特又以平章政事领使职。……阿哈玛特多智巧言，以功利成效自负，众咸称其能。世祖急于富国，试以行事，颇有成绩。……授以政柄，言无不从，而不知其专愎益甚矣。……阿哈玛特在位日久，益肆贪横，援引奸党……骤升同列，阴谋交通，专事蒙蔽，逋赋不蠲，众庶流移，京兆等路，岁办课至五万四千锭，犹以为未实。民有附郭美田，辄取为己有。内通货贿，外示威刑，廷中相视，无敢论列。……十九年西历一二八二年三月，世祖在上都，皇太子从。有益都千户王著者，素志疾恶，因人心愤怨，密铸大铜锤，誓愿击阿哈玛特首。……诈称皇太子还都作佛事……即牵去，以所袖铜锤碎其脑，立毙。(《元史》卷二〇五《阿哈玛特传》)

卢世荣，大名人也。阿哈玛特专政，世荣以贿进……阿哈玛特死，廷臣讳言财利事，皆无以副世祖裕国足民之意。有僧格者，荐世荣有才术，谓能救钞法，增课额……世祖召见，奏对称旨。……安图奏："世荣所陈数事，乞诏示天下。"……乃下诏云："金银系民间通行之物，自立平准库，禁百姓私相买卖，今后听民间从便交易。怀孟诸路竹货，系百姓栽植，有司拘禁发卖，使民重困，又致南北竹货不通；今罢各处竹监，从民货卖收税。江湖鱼课已有定例，长流采捕，贫民恃以为生，所在拘禁，今后听民采用。军国事务往来，全资站驿，马价近增，又令各户供使臣饮食，以致疲弊，今后除驿马外，其余官为支给。"既而中书省又奏："盐每引十五两，国家未尝多取，欲便民食。今官豪诡名罔利，停货待价，至一引卖八十贯，京师一百二十贯，贫者多不得食。议以二百万引给商，一百万引散诸路，立常平盐局，或贩者增价，官平其直以售，庶民用给而国计亦得。"……世荣言："京师富豪户酿酒酤卖，价高味薄，且课不时输，宜一切禁罢，官自酤卖。"……世荣奏："臣言天下岁课钞九十三万二千六百锭之外，臣更经画，不取于民，裁抑权势所侵，可增三百万锭。"……世荣奏："……自王文统诛后，钞法虚弊，为今之计，莫若依汉、唐故事，括铜铸至元钱，及制绫券，与钞参行。"……又奏："于泉、杭二州立市舶都转运司，造船给本，令人商贩，官有其利七，商有其三。禁私泛海者……产铁之所，官立炉鼓铸，为器鬻之，以所得利合常平盐课，籴粟积于仓，待贵时粜之……各路立平准周急库，轻其月息，以贷贫民……又随朝官吏增俸，州郡未及，可于各都立市易司，领诸牙侩人，计商人物货四十分取一，以十为率，四给牙侩，六为官吏俸。……以九事说世祖诏天下：其一，免民间包银三年；其二，官吏俸免民间带纳；其三，免大都地税；其四，江淮民失业贫困鬻妻子以自给者，所在官为收赎，使为良民；其五，逃移复业者，免其差税；其六，乡民造醋者免收课；其七，江南田主收佃客租课，减免一分；其八，添支内外官吏俸五分；其九，定百官考课升擢之法。……世荣居中书才数月，恃委任之专，肆无忌惮，视丞相犹虚位也。……监察御史陈天祥，上章劾之，大概言其“苛刻诛求，为国敛怨，将见民间凋耗，天下空虚。考其所行，与所言者已不相副：始言能令钞法如旧，今弊愈甚;始言能令百物自贱，今百物愈贵;始言课程增至三百万锭，不取于民，今迫胁诸路，勒令如数虚认而已；始言令民快乐，今所为无非扰民之事。若不早为更张，待其自败，正犹蠹虽除而木已病矣”。……遂下世荣于狱。……有旨诛世荣。(《元史》卷二〇五《卢世荣传》)

僧格，丹巴国师之弟子也……为人狡黠豪横，好言财利事，世祖喜之。……至元二十四年西历一二八七年闰二月，复置尚书省，遂以僧格与特穆尔为平章政事。……僧格以理算为事，毫分缕析，入仓库者无不破产，及当更代，人皆弃家避之。……以……王巨济……等十二人，理算江淮、江西、福建、四川、甘肃、安西六省……当是时天下骚然,江淮尤甚,而谀佞之徒，方且讽都民……为僧格立石颂德……题曰《王公辅政之碑》。……僧格既专政……久而言者益众，世祖始决意诛之。……下狱究问。……乃伏诛。(《元史》卷二〇五《僧格传》)

阿合马……奏括天下户口，下至药材、榷茶，亦纤屑不遗。其所设施，专以掊克敛财为事……阿合马既死，又用卢世荣，亦以增多岁入为能，盐铁、榷酤、商税、田课，凡可以罔利者，益务搜括。……又用桑哥……遣忻都、阿散等十二人，理算六省钱谷，天下骚然……计帝在位三十余年，几与此三人者相为终始，此其嗜利贪得，牢固而不可破也。（赵翼《廿二史劄记》卷三〇《元世祖嗜利黩武》）

按：世祖开苛敛之端，后世踵而行之。成宗之世，贪官污吏，其发觉者，至万数千人，其未发觉者，尚不可知。武宗之世，复置尚书省，重用托克托，亦以聚敛，流毒百姓。仁宗时，用张闾经理浙江、江西、河南三省民田，限民四十日，以所有田自实于官。期限猝迫，贪刻用事，富民黠吏并缘为奸，于是民不聊生，多自杀者，变乱纷起，田野荒芜。虽旋罢之，而民生之困苦已极矣。

（3）治河之役

元代特重治河，水利交通，俱有成效，内立都水监，外设各处河渠司。

至正四年西历一三四四年夏五月，大雨二十余日，黄河暴溢，水平地深二丈许，北决白茅堤。六月，又北决金堤，并河郡邑济宁、单州、虞城、砀山、金乡、鱼台、丰、沛、定陶、楚丘、武城，以至曹州、东明、巨野、郓城、嘉祥、汶上、任城等处，皆罹水患，民老弱昏垫，壮者流离四方。……省臣以闻，朝廷患之……九年西历一三四九年冬，脱脱既复为丞相，慨然有志于事功，论及河决，即言于帝，请躬任其事……都漕运使贾鲁……以二策进献：一议修筑北堤，以制横溃，其用功省；一议疏塞并举，挽河使东行，以复故道，其功费甚大。……脱脱韪其后策。议定，乃荐鲁于帝，大称旨。十一年西历一三五一年四月初四日，下诏中外，命鲁以工部尚书，为总治河防使……发汴梁、大名十有三路民十五万人，庐州等戍十有八翼军二万人，供役一切……是月二十二日鸠工，七月疏凿成，八月决水故河，九月舟楫通行，十一月水土工毕，诸埽诸堤成。河乃复故道，南汇于淮，又东入于海。……先是岁庚寅，河南北童谣云："石人一只眼，挑动黄河天下反。"及鲁治河，果于黄陵冈得石人一眼，而汝、颍之妖寇，乘时而起。议者往往以谓天下之乱，皆由贾鲁治河之役，劳民动众之所致。(《元史》卷六六《河渠志二·黄河》)

按：贾鲁疏浚黄河，用土、用石、用铁、用木、用草、用絙之法，后世治河者多遵用之，且亦无劳扰实迹。江南、汀州、汴梁、关中、京畿等处，水灾甚重，民不聊生，汝、颍不过乘机发难耳。

(4) 人民之反抗

(甲)压制政策

太祖之世，岁有事西域，未暇经理中原，官吏多聚敛自私……而官无储偫。近臣别迭等言："汉人无补于国，可悉空其人，以为牧地。"……旧制，凡攻城邑，敌以矢石相加者，即为拒命，既克，必杀之。汴梁将下，大将速不台遣使来言："金人抗拒持久，师多死伤，城下之日，宜屠之。"……楚材曰："奇

巧之工，厚藏之家，皆萃于此，若尽杀之，将无所获。”帝然之，诏罪止完颜氏，余皆勿问。（《元史》卷一四六《耶律楚材传》）

议籍中原民，大臣忽都虎等，议以丁为户。……争之再三，卒以户定。时将相大臣，有所驱获，往往寄留诸郡，楚材因括户口，并令为民。（《元史》卷一四六《耶律楚材传》）

东平将校，占民为部曲户，谓之“脚寨”，擅其赋役。（《元史》卷一五九《宋子贞传》）

德辉遂起为山西宣慰使，权势之家籍民为奴者，咸按而免之。（《元史》卷一六三《李德辉传》）

先是荆湖行省阿里海牙，以降民三千八百户，没入为家奴，自置吏治之，岁责其租赋……雄飞入朝奏其事，诏还籍为民。（《元史》卷一六三《张雄飞传》）

兵后，孱民多依庇豪右，及有以身佣借衣食，岁久掩为家奴，悉遣还之为民。（《元史》卷一六三《张德辉传》）

江南新附，诸将市功，且利俘获，往往滥及无辜，或强籍新民以为奴隶。膺出令，得还为民者以数千计。（《元史》卷一七〇《雷膺传》）

都元帅塔海，抑巫山县民数百口为奴，民屡诉不决，利用承檄覆问，尽出为民。（《元史》卷一七〇《王利用传》）

南京总管刘克兴，掠良民为奴隶。（《元史》卷一七〇《袁裕传》）

中统二年四月，听儒士被俘者，赎为民。（邵远平《元史类编》卷二《世祖纪一》）

世祖至元十八年闰八月，以江南民户，分赐诸王、贵戚、功臣。时先后受赐者，诸王十六人，后妃、公主九人，勋臣三十六人，凡先朝勋戚亦加赐。诸王自一二万户以上，有多

至十万户者，勋臣自四万户以下，至数千、数百、数十户不等。(《续通考》卷一三《户口考二》)

元平江南以后，亦尝以缓恤人民为言，然种族见解，分别过严，人民受种族歧视，江南尤甚。兹据王光鲁《元史备忘录》所记氏族等级，录之如下：

氏族第一，蒙古七十二种：

阿剌剌	扎剌儿歹	忽神忙兀歹	瓮吉剌歹
晃忽摊	永吉列思	兀鲁兀	郭儿剌思
别剌歹	怯烈歹	秃别歹	八鲁剌忽
曲吕律	也里吉斤	扎剌只剌	脱里别歹
塔塔儿	哈答吉	散儿歹	乞要歹
列朮歹	颜不花歹	歹列里养赛	散朮兀歹
灭里吉歹	阿大里吉歹	兀罗歹	别帖里歹
蛮歹	也可抹合剌	那颜吉歹	阿塔里吉歹
亦乞列歹	合忒乞歹	木里乞	外兀歹
外抹歹	阿儿剌歹	伯要歹	担吉歹
外剌歹	末里乞歹	许大歹	晃兀摊
别速歹	颜不草歹	木温塔歹	忙兀歹
塔塔歹	那颜乞台	阿塔力吉歹	忽神
塔一儿	兀鲁歹	撒朮歹	灭里吉
阿火里力歹	扎马儿歹	兀罗罗歹	别帖乞乃蛮歹
苔苔儿歹	也可林合剌	瓮吉歹	木里歹
忙古歹	外抹歹乃	朵里别歹	入怜

察里吉歹	八鲁忽歹	哈荅歹	外剌

氏族第二，色目三十一种：

哈剌鲁	钦察	唐兀	阿速
秃八	康里	苦里鲁	剌乞歹
赤乞歹	畏兀儿	回回	乃蛮歹
阿儿浑	合鲁歹	火里剌	撒里哥
秃伯歹	雍古歹	密赤思	夯力
苦鲁丁	贵赤	匣剌鲁	秃鲁花
哈剌吉荅歹	拙儿察歹	秃鲁八歹	火里剌
甘木鲁	彻儿哥	迄失迷儿	

陶宗《仪辍耕录》卷一所列氏族，汉人、女真人各有支族。

汉人八种：

契丹	高丽	女直	竹因歹
朮里阔歹	竹温	竹亦歹	渤海（女直同）

金人姓氏：

完颜汉姓曰王	乌古论曰商	乞石烈曰高
徒单曰杜	女奚烈曰郎	兀颜曰朱
蒲察曰李	颜盏曰张	温迪罕曰温
石抹曰萧	奥屯曰曹	孛朮鲁曰鲁
移剌曰刘	斡勒曰石	纳剌曰康

夹谷曰仝	裴满曰麻	尼忙古曰鱼
斡准曰赵	阿典曰雷	阿里侃曰何
温敦曰空	吾鲁曰惠	抹颜曰孟
都烈曰强	散答曰骆	呵不哈曰由
乌林荅曰蔡	仆散曰林	朮虎曰董
古里甲曰汪		

四等人，权利义务，极不平等，而防制汉人南人为尤甚。

中统四年正月……申禁民家兵器。……二月……诏："诸路置局造军器，私造者处死；民间所有不输官者，与私造同。"(《元史》卷五《世祖纪二》)

诸汉人、南人，投充宿卫士，总宿卫官辄收纳之，并坐罪。(《元史》卷一〇二《刑法志一·卫禁》)

诸民间，有藏铁尺、铁骨朵及含刀铁、柱杖者，禁之。诸私藏甲全副者，处死……枪，若刀，若弩，私有十件者处死。(《元史》卷一〇五《刑法志四·禁令》)

四等之外，且有强分人民为十级之说。

一官，二吏，三僧，四道，五医，六工，七猎，八民，九儒，十丐。(《郑所南集》)

大元制典，夫有十等，一官，二吏，先之者贵之也……七匠，八娼，九儒，十丐，后之者贱之也。(谢枋得《叠山集》卷二《送方伯载归三山序》)

又有编二十家为甲，置甲主之说。

诸出入宫禁，各有从者，男女止以十人为朋，出入毋得相杂。军中凡十人置甲长，听其指挥。(《元史》卷二《太宗纪》)

鼎革后，编二十家为甲，以北人为甲主，衣服、饮食惟所欲，童男少女惟所命……鼎革后，城乡遍设甲主，孥人妻女，有志者皆自裁……欲求两全者……竟出下策为舟妓，以舟人不设甲主，舟妓向不辱身也。(徐大焯《烬余录》乙编)

（乙）群雄并起

武宗至大元年西历一三〇八年五月，禁白莲社，毁其寺宇，以其民还隶民籍。仁宗延祐六年十月，省臣言："白云宗总摄沈明仁诳诱愚俗十万人，请汰其徒。"从之。(《续通考》卷一三《户口考二》)

按：白莲教出于佛教之白莲宗，先是晋沙门慧远结白莲社，以皈依净土为宗；后之白莲宗，本此而出，延至元时，其教尤盛。顺帝荒淫乱政，于是韩山童等，遂假借白莲教首先发难，而群雄纷起。

韩山童：

韩林儿，真定栾城人。父山童，自其先以白莲会烧香惑众，谪徙永平。顺帝至正初，山童倡言天下将乱，弥勒佛下生，明王出，愚民翕然信之。……颍州妖人刘福通，因诡言山童实宋徽宗八世孙，走海外得还，当为中国主。……与其党杜遵道、盛文郁、罗文素、韩咬儿聚众于白鹿庄……谋为乱……十一年西历一三五一年五月，福通遂起兵，以红巾为号。官兵捕之急，山童被禽，其妻杨氏及子林儿，逃匿武安山。……惟福通党尤盛……不数月，拔颍州，据朱皋，破罗山、上蔡、真阳、确山、舞阳、叶县及汝宁、光、息等州，众至十万……十五年西历一三五五年，福通自砀山夹河，求得林儿，立为帝，又号小明王，都亳州，伪号宋，改元龙凤。……遵道、文郁称丞相，福通与文素称平章……遵道得宠，专威福。福通使甲士挝杀之，自为丞相，称太保。（邵远平《元史类编》卷四一《韩林儿传》）

李二：

萧县人李二，亦以烧香聚众，与其党赵均用、彭早住，攻陷徐州……明年至正十二年，帝命脱脱亲征徐州，李二败死，早住、均用走濠州，一称鲁淮王，一称永义王，二人互争雄长。未几，早住中流矢死，均用寻依福通。（邵远平《元史类编》卷四一《韩林儿传》）

徐寿辉：

徐寿辉……罗田人，又名真一，业贩布。元末盗起，袁州僧彭莹玉以妖术与麻城邹普胜聚众为乱，用红巾为号，奇寿辉状貌，遂推为主。至正十一年九月，陷蕲水及黄州路……遂即蕲水为都，称皇帝，国号天完，建元治平，以普胜为太师。未几陷饶、信，明年十二年，分兵四出，陷湖广、江西诸郡县。遂破昱岭关，陷杭州。别将赵普胜等陷太平诸路。势大振。……明年十三年，为元师所破，寿辉走免。已而复炽，迁都汉阳，为其丞相倪文俊所制。十七年西历一三五七年九月，文俊谋弑寿辉，不克，奔黄州。时陈友谅隶文俊麾下，数有功，为领兵元帅，遂乘衅杀文俊，并其兵，自称宣慰司，寻称平章政事。明年十八年，陷安庆，又破龙兴、瑞州，分兵取邵武、吉安，而自以兵入抚州。已又破建昌、赣、汀、信、衢。……始友谅破龙兴，寿辉欲徙都之，友谅不可。未几寿辉遽发汉阳，次江州。江州友谅治所也，伏兵郭外，迎寿辉入，即闭城门，悉杀其所部。即江州为都，奉寿辉以居，而自称汉王……挟寿辉东下攻太平。……克之。……进驻采石矶，遣部将阳白事寿辉前，戒壮士挟铁挝，击碎其首。寿辉既死……即皇帝位，国号汉，改元大义。(《明史》卷一二三《陈友谅传》)

方国珍：

方国珍，黄岩人。……世以贩盐浮海为业。元至正八年西历一三四八年，有蔡乱头者，行剽海上，有司发兵捕之。国珍怨家告其通寇，国珍杀怨家，遂与兄国璋、弟国瑛、国珉亡入海，聚众数千人，劫运艘，梗海道。……先是天下承平，国珍兄弟始倡乱海上，有司惮于用兵，一意招抚。……国珍既授官，据有庆元、温、台之地，益强不可制。(《明史》卷一二三《方国珍传》)

张士诚：

张士诚，小字九四，泰州白驹场亭人。有弟三人，并以操舟运盐为业，缘私作奸利。颇轻财好施，得群辈心。常鬻盐诸富家，富家多陵侮之，或负其直不酬。而弓手邱义，尤窘辱士诚甚。士诚忿，即帅诸弟及壮士李伯昇等十八人，杀义，并灭诸富家，纵火焚其居。入旁郡场，招少年起兵。盐丁方苦重役，遂共推为主。陷泰州、高邮……自称诚王，僭号大周，建元天祐。是岁至正十三年也。明年十四年，元右丞相脱脱总大军出讨，数败士诚，围高邮……解脱脱兵柄……以他将代之。士诚乘间奋击，元兵溃去，由是复振。逾年，淮东饥，士诚乃遣弟士德，由通州渡江，入常熟。十六年二月，陷平江，并陷湖州、松江及常州诸路。改平江为隆平府，士诚自高邮来都之。……士诚为明元兵所扼，兵不得四出，势渐蹙。……遂决计请降。江浙右丞相达识帖睦迩，为言于朝，授士诚太尉，官其将吏有差。……士诚虽去伪号，擅甲兵土地如故。达识帖睦迩在杭，与杭守将杨完者有隙，阴召士诚兵。士诚遣史文炳袭杀完者，遂有杭州。……二十三年西历一三六三年九月，士诚复自立为吴王……当是时士诚所据，南抵绍兴，北逾徐州，达于济宁之金沟，西距汝、颍、濠、泗，东薄海，二千余里，带甲数十万。(《明史》卷一二三《张士诚传》)

郭子兴：

郭子兴，其先曹州人。父郭公，少以日者术游定远，言祸福辄中。邑富人有瞽女，无所归，郭公乃娶之，家日益饶。生三子，子兴其仲也。……及长任侠，喜宾客。会元政乱，子兴散家资，推牛酾酒，与壮士结纳。至正十二年春，集少年数千人袭据濠州。太祖朱元璋往从之。……子兴奇太祖状貌……收帐下。为十夫长，数从战有功。子兴喜……乃妻以所抚马公女……子兴同起事者，孙德崖等四人，与子兴而五，各称元帅不相下。四人……合谋倾子兴。……元师破徐州，徐帅彭大、赵均用帅余众奔濠。德崖等以其故盗魁有名，乃共推奉之，使居己上。……元师围濠州……五阅月围解，大、均用皆自称王，而子兴及德崖等为元帅如故。未几大死……

均用专狠益甚，挟子兴攻盱眙、泗州，将害之。太祖已取滁……均用闻太祖兵甚盛，心惮之……子兴用是得免，乃将其所部万余，就太祖于滁。……未几发病卒……韩林儿檄子兴子天叙为都元帅，张天祐及太祖副之。（《明史》卷一二二《郭子兴传》）

明玉珍：

明玉珍，随州人。……徐寿辉起，玉珍与里中父老，团结千余人，屯青山。及寿辉称帝，使人招玉珍，曰："来则共富贵，不来举兵屠之。"玉珍引众降……玉珍帅斗船五十艘，掠粮川、峡间……元右丞完者都……与右丞哈麻秃不相能……玉珍……袭重庆，走完者都，执哈麻秃……寿辉授玉珍陇蜀行省右丞。至正十七年也。……于是诸郡县相次来附。二十年，陈友谅弑徐寿辉自立。玉珍……命以兵塞瞿塘，绝不与通。……自立为陇蜀王……二十二年春，僭即皇帝位于重庆，国号夏，建元天统。……玉珍……性节俭，颇好学，折节下士。既即位……定赋税，以十分取一。蜀人悉便安之。（《明史》卷一二三《明玉珍传》）

(5) 元对义师与内讧

汝、颍之间，妖寇聚众反，以红巾为号，襄、樊、唐、邓，皆起而应之。至正十一年，脱脱乃奏以弟御史大夫也先帖木儿为知枢密院事，将诸卫兵十余万讨之。克上蔡。既而驻兵沙河，军中夜惊。也先帖木儿尽弃军资器械，北奔汴梁，收散卒，屯朱仙镇。朝廷以也先帖木儿不习兵，诏别将代之。……十二年，红巾有号芝麻李者即李二，据徐州。脱脱请自行讨之……九月，师次徐州，攻其西门。……贼不能支，城破，芝麻李遁去。……遂屠其城。……十四年，张士诚据高邮，屡招谕之不降。诏脱脱总制诸王诸省军讨之。……十一月，至高邮。……连战皆捷。……贼势大蹙。俄有诏罪其老师费财，以……太不花……代将其兵，削其官爵，安置淮安。先是脱脱之西行也，别儿怯不花欲陷之死。顺帝幸臣哈麻屡言于帝召还近地，脱脱深德之，至是引为中书右丞。而是时脱脱信用汝中柏……见其议事，莫敢异同，惟哈麻不为之下。汝中柏因谮之脱脱，改为宣政院使，位居第三，于是哈麻深衔之。……脱脱将出师也……遂谮脱脱于皇太子及皇后奇氏。……监察御史袁赛因不花等，承哈麻风旨，上章劾之，三奏乃允……而脱脱亦有淮安之命。……十五年三月，台臣犹以谪轻……于是诏流脱脱于云南。十二月，哈麻矫诏，遣使鸩之死。(《元史》卷一三八《脱脱传》)

脱脱既死，民兵益得进展。

元师大败福通于太康，进围亳，福通挟林儿走安丰。未几兵复盛，遣其党分道略地。至正十七年，李武、崔德陷商州，遂破武关，以图关中，而毛贵陷胶、莱、益都、滨州，山东郡邑多下。是年六月，福通帅众攻汴梁，且分军三道：关先生、破头潘、冯长舅、沙刘二、王士诚趋晋冀；白不信、大刀敖、李喜喜趋关中；毛贵出山东北犯。(《明史》卷一二二《韩林儿传》)

其战况撮录如下：

（甲）西　路

白不信、大刀敖、李喜喜陷兴元，遂入凤翔，屡为察罕帖木儿、李思齐所破，走入蜀。（《明史》卷一二二《韩林儿传》）

察罕帖木儿……系出北庭。曾祖阔阔台，元初随大军收河南。至祖乃蛮台、父阿鲁温，皆家河南，为颍州沈丘人。……至正十一年，盗发汝、颍……不数月，江淮诸郡皆陷。朝廷征兵致讨，卒无成功。十二年，察罕帖木儿乃奋义起兵，沈丘之子弟从者数百人。与信阳之罗山人李思齐合兵，同设奇计袭破罗山。事闻朝廷，授……汝宁府达鲁花赤。于是所在义士，俱将兵来会，得万人，自成一军，屯沈丘……转战而北，遂戍虎牢……十七年，贼寻出襄樊，陷商州，攻武关……遂直趋长安，至灞上，分道掠同、华诸州，三辅震恐。……察罕帖木儿即领大众入潼关，长驱而前，与贼遇，战辄胜……贼余党皆散溃，走南山，入兴元。朝廷嘉其复关陕有大功，授……陕西行省左丞。未几，贼出自巴蜀，陷秦、陇，据巩昌，遂窥凤翔。察罕帖木儿……击之。……贼大溃……关中悉定。（《元史》卷一四一《察罕帖木儿传》）

（乙）中　路

关先生、破头潘等，又分其军为二，一出绛州，一出沁州。逾太行，破辽、潞，遂陷冀宁；攻保定不克，陷定州，掠大同、兴和塞外诸郡，至陷上郡，毁诸宫殿，转掠辽阳，抵高丽。至正十九年，陷辽阳……二十年，关先生等陷大宁，复犯上都。……二十一年……李喜喜、关先生等东西转战，已多走死，余党自高丽还寇上都，孛罗复击降之。(《明史》卷一二二《韩林儿传》)

(丙)东　路

田丰者，元镇守黄河义兵万户也，叛附福通，陷济宁，寻败走。……至正十八年，田丰复陷东平、济宁、东昌、益都、广平、顺德。毛贵亦数败元兵，陷清、沧，据长芦镇，寻陷济南；益引兵北，杀宣慰使董抟霄于南皮，陷蓟州，犯漷州，略柳林，以逼大都。顺帝征四方兵入卫，议欲迁都避其锋……贵旋被元兵击败，还据济南。……毛贵稍有智略。其破济南也，立宾兴院，选用元故官姬宗周等分守诸路。又于莱州立屯田三百六十所，每屯相距三十里，造挽运大车百辆，凡官民田十取其二。多所规画，故得据山东者三年。(《明史》卷一二二《韩林儿传》)

当三路出兵时，刘福通自将，经略河南。

至正十七年……其秋，福通兵陷大名，遂自曹、濮陷卫辉。……十八年……福通出没河南北，五月，攻下汴梁，守将竹贞遁去，遂迎林儿都焉。(《明史》卷一二二《韩林儿传》)

福通锐意攻汴梁，守将竹贞弃城走，福通入城，迎林儿于安丰居之，以为都。(邵远平《元史类编》卷四一《韩林儿传》)

元察罕帖木儿既平关陕，又定河东，遂进兵攻汴。

至正十八年，山东贼分道犯京畿。朝廷征四方兵入卫，诏察罕帖木儿，以兵屯涿州。察罕帖木儿即留兵……屯潼关……而自将锐卒往赴召。而曹、濮贼方分道逾太行，焚上党，掠晋、冀，陷云中、雁门、代郡……复大掠南且还。察罕帖木儿……击之，贼皆弃辎重走……河东悉定。……乃诏察罕帖木儿守御关陕、晋、冀，抚镇汉、沔、荆、襄，便宜行阃外事。(《元史》卷一四一《察罕帖木儿传》)

至正十九年五月……察罕帖木儿大发秦晋诸军讨汴梁，围其城。(《元史》卷四五《顺帝纪八》)

至正十九年，察罕帖木儿图复汴梁。五月，以大军次虎牢。先发游骑，南道出汴南，略归、亳、陈、蔡，北道出汴东，战船浮于河，水陆并下，略曹南，据黄陵渡。乃大发秦兵出函关，过虎牢；晋兵出太行，逾黄河，俱会汴城下……八月……各分门而攻。……遂拔之。刘福通奉其伪主……出东门遁走。(《元史》卷一四一《察罕帖木儿传》)

察罕帖木儿数破贼，尽复关、陇，是年至正十九年五月，大发秦、晋之师，会汴城下，屯杏花营，诸军环城而垒。林儿兵出战辄败，婴城守百余日，食将尽。福通计无所出，挟林儿，从百骑，开东门遁还安丰。(《明史》卷一二二《韩林儿传》)

是时山东刘福通部将，自相攻杀，察罕乘势进兵平定之。

至正十九年四月……毛贵为赵君用所杀。……七月……赵君用既杀毛贵，其党续继祖自辽阳入益都，杀君用，遂与其所部，自相雠敌。(《元史》卷四五《顺帝纪八》)

时毛贵已为其党赵均用所杀，有续继祖者，又杀均用，所部自相攻击。独田丰据东平，势稍强。(《明史》卷一二二《韩林儿传》)

河南既定……谋大举以复山东。……谍知山东群贼，自相攻杀……察罕帖木儿乃舆疾自陕抵洛，大会诸将，与议师期。发并州军出井陉，辽、沁军出邯郸，泽、潞军出磁州，怀、卫军出白马，及汴、洛军水陆俱下，分道并进。而自率铁骑，建大将旗鼓，渡孟津，逾覃怀，鼓行而东，复冠州、东昌。……遣其子扩廓帖木儿亦作库库帖木儿及诸将等，以精卒五万捣东平。……以田丰据山东久，军民服之，乃遗书谕……丰及王士诚皆降。遂复东平……进逼济南城……郡邑闻风皆送款。攻围济南……城乃下。……遂移兵围益都……时山东俱平，独益都孤城犹未下。……田丰、王士诚阴结贼，复图叛。……察罕帖木儿……至丰营，遂为王士诚所刺。……扩廓帖木儿……袭总其父兵。……攻城益急……拔其城……于是山东悉平。(《元史》卷一四一《察罕帖木儿传》)

经察罕之扫荡，黄河流域几于肃清，惟帝、后分党，内讧屡起，以致无暇南顾。

博啰特穆尔亦作孛罗帖木儿……从父讨贼，屡立功……至正十九年……三月……诏博啰特穆尔移兵至大同，置大都督兵农司，专督屯种，以博啰特穆尔领之。(《元史》卷二〇七《博啰特穆尔传》)

扩廓帖木儿……察罕帖木儿甥也。察罕养为子……初察罕定晋、冀，孛罗帖木儿在大同，以兵争其地，数相攻，朝

廷下诏和解，终不听。扩廓既平齐地，引军还驻太原，与孛罗构难如故。（《明史》卷一二四《扩廓帖木儿传》）

扩廓帖木儿与孛罗帖木儿二人，互攻不已，而帝、后分党，各倚为援，嫌怨益深。

完者忽都皇后，奇氏，高丽人，生皇太子爱猷识理达腊。……时帝颇怠于政治，后与皇太子……遽谋内禅。（《元史》卷一一四《后妃传》）

哈玛尔即哈麻尝阴进西天僧，以运气术媚帝，帝习之，号延彻尔法。……华言大喜乐也。哈玛尔之妹婿集贤学士图噜特穆尔，故有宠于帝……亦荐西番僧且琳沁于帝。僧善秘密法……帝又习之，其法亦名双修法。……皆房中术也。……君臣宣淫，而群僧出入禁中，无所禁止，丑声秽行，著闻于外……皇太子年日以长，尤深疾图噜特穆尔等所为，欲去之未能也。……托克托即脱脱……贬逐以死……哈玛尔遂拜中书左丞相……哈玛尔既为相……以皇太子年长，……不若立以为帝，而奉上为太上皇，其妹闻之，归告其夫图噜特穆尔，恐皇太子为帝，则己必先见诛，即闻于帝……遂诏哈玛尔于惠州安置……比行，俱杖死。（《元史》卷二〇五《哈玛尔传》）

至正十七年五月，召为中书左丞相。……二皇后奇氏，与皇太子谋欲内禅，遣宦者……朴不花，谕意于太平，太平不答。皇后又召太平至宫中，举酒申前意，太平依违而已。……益决意去太平。（《元史》卷一四〇《太平传》）

至正二十年三月，复拜中书右丞相继太平为相……时帝益厌政，而宦者资政院使保布哈即朴布花乘间用事……吹斯戬即搠思监因与结构相表里，四方警报，及将臣功状，皆壅不上闻。博啰特穆尔、库库特穆尔各拥强兵于外，以权势相轧……吹斯戬与保布哈党于库库特穆尔。(《元史》卷二〇五《吹斯戬传》)

于是监察御史也先帖木儿……等，乃劾奏朴不花……奸邪，当屏黜。御史大夫老的沙以其事闻，皇太子执不下，而皇后庇之尤固，御史皆坐左迁……老的沙执其事颇力，皇太子因恶之,而皇后因谮之于内。帝以老的沙母舅故,封为雍王，遣归国。(陈邦瞻《元史纪事本末》卷二七)

初朝廷既黜御史大夫鲁达实即老的沙，安置东胜州，帝别遣宦官密谕博啰特穆尔，令留军中。而皇太子累遣官索之，博啰特穆尔匿不发。……皇太子以博啰特穆尔握兵跋扈……又匿不轨之臣，遂与丞相吹斯戬议，请削其官……博啰特穆尔谓非帝意,故不听命。(《元史》卷二〇七《博啰特穆尔传》)

朝臣老的沙、秃坚，获罪于太子，出奔孛罗，孛罗匿之。诏削孛罗官，解其兵柄。孛罗遂举兵反，犯京师，杀丞相搠思监，自为左丞相，老的沙为平章，秃坚知枢密院。太子求援于扩廓，扩廓遣其将白锁住以万骑入卫，战不利，奉太子奔太原。逾年扩廓以太子令，举兵讨孛罗，入大同，进薄大都。顺帝乃袭杀孛罗于朝。扩廓从太子入觐，以为太傅、左丞相。……扩廓……起行间，骤至相位，中朝旧臣多忌之者。而扩廓久典军，亦不乐在内……即请出治兵，南平江、淮。诏许之，封河南王，俾总天下兵，代皇太子出征，分省中官属之半以自随。……乃驻军河南，檄关中四将军，会师大举。四将军者，李思齐、张思道、孔兴、脱列伯也。思齐，罗山人，与察罕同起义兵，齿位略相埒。得檄大怒曰："吾与若父交，若发未燥，敢檄我耶！”令其下一甲不得出武关。思道等亦皆不听调。扩廓……自引兵西入关攻思齐等。……乃遣其骁将貊高趋河中，欲出不意捣凤翔，覆思齐巢穴。貊高所将，多孛罗部曲，行至卫辉军变，胁貊高叛扩廓，袭卫辉、彰德据之，罪状扩廓于朝。初太子之奔太原也，欲用唐肃宗灵武故事自立。扩廓不可。及还京师，皇后谕指令以重兵拥太子入城，胁顺帝禅位。扩廓……以数骑入朝。由是太子衔之，而顺帝亦心忌扩廓。……及貊高奏至，顺帝乃……分其军隶诸将，而以貊高知枢密院事……太子开抚军院于京师，总制天下兵马，专备扩廓。……诏李思齐等东出关，与貊高合攻扩廓，而令关保以兵戍太原。扩廓愤甚，引军据太原，尽杀朝廷所置官吏。于是顺帝下诏，尽削扩廓官爵，令诸军四面讨之。是时明兵已下山东，收大梁。……余皆望风降遁，无一人抗者。既迫潼关，思齐等仓皇解兵西归，而貊高、关保皆为扩廓所擒杀。顺帝大恐，下诏归罪于太子，罢抚军院，悉复扩廓官，令与思齐等分道南讨。诏下一月，明兵已逼大都，顺帝北走时元顺帝至正二十九年，明太祖洪武二年，西历一三六九年。……明兵已定元都，将军汤和等自泽州徇山西。扩廓遣将御之，战于韩店，明师大败。会顺帝自开平命扩廓复大都，扩廓乃北出雁门，将由保安径居庸以攻北平。徐达、常遇春，乘虚捣太原，扩廓还救。部将豁鼻马潜约降于明。明兵夜劫营，营中惊溃。扩廓仓卒……北走，明兵遂西入关，思齐以临洮降。思道走宁夏，其弟良臣以庆阳降，既而复叛，明兵破诛之。于是元臣皆入于明，惟扩廓拥兵塞上，西北边苦之。（《明史》卷一二四《扩廓帖木儿传》）

太祖洪武元年，大将军徐达率师取元，元主自北平遁出塞，居开平……明年二年，常遇春击败之，师进开平……时元主奔应昌多伦县之东，其将王保保即扩廓帖木儿据定西为边患。三年春，以徐达为大将军，使出西安捣定西；李文忠为左副将军，冯胜为右副将军，使出居庸捣应昌。……大破元兵于骆驼山，遂趋应昌。未至，知元主已殂，进围其城，克之。获元主孙买的里八剌，及其妃嫔、大臣、宝玉、图籍。太子爱猷识理达腊独以数十骑遁去。而徐达亦大破王保保兵于沈儿峪口，走之。(《明史》卷三二七《鞑靼传》)

当时朔漠略定，惟元遗臣梁王把匝剌瓦尔密据云南。洪武十四年，遣傅友德、沐英、蓝玉讨平之。而辽东方面，复有元遗臣纳哈出，出没为患。洪武二十年，命冯胜、蓝玉往讨，纳哈出降。于是即命蓝玉为大将军，移军北征。

王保保拥太子爱猷识理达腊居和林……洪武十一年西历一三七八年夏，故元太子爱猷识理达腊卒……子脱古思帖木儿继立。……二十年西历一三八七年……纳哈出既降，帝以故元遗寇，终为边患，乃即军中拜蓝玉为大将军，冯胜、郭英副之……率师十五万往征之。……明年二十一年春，玉以大军由大宁至庆州，闻脱古思帖木儿在捕鱼儿海内蒙古克什克腾旗西北，从间道驰进……大破其军……脱古思帖木儿，以其太子天保奴……等数十骑遁去，获其次子地保奴……脱古思帖木儿既遁，将依丞相咬住于和林，行至土剌河，为其下也速迭儿所袭……缢杀之……自脱古思帖木儿后，部帅纷拏，五传至坤帖木儿，咸被弑，不复知帝号。有鬼力赤者，篡立称可汗，去国号，遂称鞑靼云。(《明史》卷三二七《鞑靼传》)

自鬼力赤篡立，改称鞑靼可汗，蒙古大汗之统系，于是中绝。兹依《蒙古源流》卷五，列顺帝以后世次于下：

顺帝以后世次表

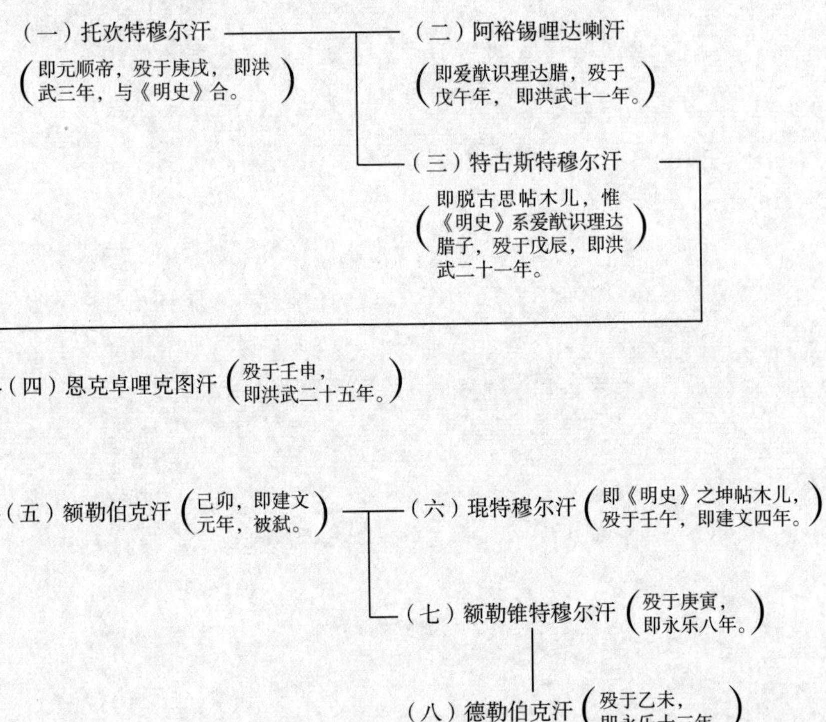

宋辽金元之社会

(一) 民生状况

(1) 田　赋

(甲) 宋

宋制岁赋，其类有五：曰“公田之赋”，凡田之在官，赋民耕而收其租者是也。曰“民田之赋”,百姓各得专之者是也。曰“城郭之赋”，宅税、地税之类是也。曰“丁口之赋”，百姓岁输身丁钱米是也。曰“杂变之赋”，牛革蚕盐之类，随其所出，变而输之是也。岁赋之物，其类有四：曰谷，曰帛，曰金铁，曰物产是也。“谷”之品七：一曰粟，二曰稻，三曰麦，四曰黍，五曰穄，六曰菽，七曰杂子。“帛”之品十：一曰罗，二曰绫，三曰绢，四曰纱，五曰絁，六曰紬，七曰杂折，八曰丝线，九曰棉，十曰布葛。“金铁”之品四：一曰金，二曰银，三曰铁、镴，四曰铜铁钱。“物产”之品六:一曰六畜，二曰齿、革、翎、毛，三曰茶、盐，四曰竹木、麻草、蒭菜，五曰果、药、油、纸、薪、炭、漆、蜡，六曰杂物。其输有常处，而以有余补不足，则移此输彼，移近输远，谓之“支移”。其入有常物,而一时所输,则变而取之,使其直轻重相当，谓之“折变”。其输……之期……开封府等七十州，“夏税”旧以五月十五日起纳，七月三十日毕。河北、河东诸州，气候差晚，五月十五日起纳，八月五日毕。颍州等一十三州及淮南、江南、两浙、福建、广南、荆湖、川陕，五月一日起纳，七月十五日毕。“秋税”自九月一日起纳，十二月十五日毕。(《宋史》卷一七四《食货志上二》)

按：宋制田税与丁税，本于唐之两税法，然两税已将“租庸调”包括在内。自唐中叶以至于宋，始有所谓“力役”者，是于庸之外复取庸；又有所谓杂变之赋者，是于调之外又额外征取之。故宋之赋税，较唐初为重也，其中最扰民者，莫过于“支移”与“折变”。

重和元年，献言者曰：“物有丰匮，价有低昂，估丰贱之物，俾民输送……而州县之吏，但计一方所乏，不计物之有无，责民所无，其费无量。至于支移……豪民赇吏，故徙歉以就丰，赍挟轻货，以贱价输官，其利自倍；而贫下户各免支移，估值既高，更益脚费，视富户反重。因之逋负困于追胥。”(《宋史》卷一七四《食货志上二》)

观此知折变既费无量，支移更须别出脚费，而担负重重矣。

国朝混一之初，天下岁入缗钱千六百余万，太宗皇帝以为极盛，两倍唐室矣。天禧之末，所入又增至二千六百五十余万缗。嘉祐间，又增至三千六百八十余万缗，其后月增岁广，至熙、丰间，合苗、役、易、税等钱所入，乃至六千余万。元祐之初，除其苛急，岁入尚四千八百余万。渡江之初，东南岁入不满千万，逮淳熙末，遂增六千五百三十余万焉。今东南岁入之数，独上供钱二百万缗，此祖宗正赋也；其六百六十余万缗，号“经制”，盖吕元直在户部时复之；七百八十余万缗，号“总制”，盖孟富文秉政时创之；四百余万缗，号“月桩钱”，盖朱藏一当国时取之。自经制以下钱，皆增赋也。合茶、盐、酒、算、坑冶、榷货、籴本、和买之入，又四千四百九十余万缗，宜民力之困矣。……景祐中，天下岁收，商税钱四百五十余万缗，酒课四百二十八万余缗，盐课三百五十五万余缗，和买绢二百万匹。庆历中，商税钱一千九百七十五万余缗，酒课一千七百一十万余缗，盐课七百一十五万余缗，和买绢三百万匹。绍兴末，东南及四川酒课一千四百余万缗，盐课二千一百余缗万，折帛绢三百余万匹。（李心传《建炎以来朝野杂记》甲集卷一四）

据此，知南宋增赋，较正供不啻数倍，而南方富源尽辟，始能供此重敛，亦可互参焉。

（乙）辽

辽赋税之制，自太祖任韩延徽，始制国用。太宗籍五京户丁，以定赋税。圣宗太平七年宋仁宗天圣五年，西历一〇二七年，诏诸在屯者力耕公田，不输税赋，此“公田”制也。十五年，募民耕滦河旷地，十年始纳租，此“在官间田”制也。又诏山前后，未纳税户，并于密云、燕乐两县，占田置业入税，此“私田”制也。各部大臣，从上征伐，俘掠人户，自置郛郭，为头下军州，凡市井之赋即归之，此“头下军州赋”制也。其余若南京岁纳三司盐铁钱折绢，大同岁纳三司税钱折粟。又开远军民岁输税，向例斗粟折五钱，耶律穆济守郡时，表请折六钱，各随地异宜，当时称为利民之政焉。（《续通典》卷九《食货志九》）

按：辽之田赋制度，史文简略，无从详知。

（丙）金

租赋，金制官地输“租”，私田输“税”，租之制不传。大率分田之等为九而差次之。“夏税”亩取三合，“秋税”亩取五升，又纳秸一束，束十有五斤。夏税六月，止八月，秋税十月，止十二月，为初、中、末三限，州三百里外，纾其期一月。（《金史》卷四七《食货志二》）

牛头税，即牛具税，猛安、谋克部女直户所输之税也。其制每耒牛三头为一具，限民口二十五，受田四顷四亩有奇，岁输粟，大约不过一石，官民占田，无过四十具。（《金史》卷四七《食货志二》）

按：金之田赋制度，史亦不详。

（丁）元

元之取民，大率以唐为法。其取于内郡者，曰“丁税”，曰“地税”，此仿唐之租庸调也。取于江南者，曰“秋税”，曰“夏税”，此仿唐之两税也。丁税、地税之法，自太宗始行之。初太宗每户科粟二石，后又以兵食不足，增为四石。至丙申年蒙古太宗八年，宋理宗端平三年，西历一二三六年，乃定科征之法，令诸路验民户成丁之数，每丁岁科粟一石，驱丁五升，新户丁驱各半之，老幼不与。其间有耕种者，或验其牛具之数，或验其土地之等征焉。丁税少而地税多者，纳地税，地税少而丁税多者，纳丁税。（《元史》卷九三《食货志一》）

元初算赋之制，中原以户，西域以丁，蒙古以马、牛、羊，

至世祖定户籍之制。(《续通考》卷一三《户口考二》)

至元十七年西历一二八〇年，遂命户部，大定诸例："全科户"丁税，每丁粟三石，驱丁粟一石，地税，每亩粟三升。"减半科户"丁税，每丁粟一石。"新收交参户"，第一年五斗，第三年一石二斗五升，第四年一石五斗，第五年一石七斗五升，第六年入丁税。"协济户"丁税，每丁粟一石，地税，每亩粟三升。随路近仓输粟……富户输远仓，下户输近仓……每石带纳鼠耗三升，分例四升。……输纳之期，分为三限：初限十月，中限十一月，末限十二月。……初世祖平宋时，除江东、浙西，其余独征秋税而已。至元十九年，用姚元之请，命江南税粮，依宋旧例，折输绵绢杂物。是年二月，又用耿左丞言，令输米三之一，余并入钞以折焉。(《元史》卷九三《食货志一》)

元代税户简表

户	丁税		地税
	丁	驱丁	
全科户	粟三石	粟一石	每亩粟三升
减半科户	一石		
协济户	一石		每亩粟三升
新收交参户	第一年至第五年减收其数，至第六年入丁税		

(2) 职　役

宋初役法，扰民滋甚，王安石变法，改为雇役，一时称便。及司马光执政，复差役，旧党亦颇非之，最后议定折衷之法，但因施行滞碍，又屡有变更焉。

(甲)宋

于是役人，悉用见数为额，惟衙前，用坊场、河渡钱雇募，不足方许揭簿定差。其余役人，惟该募者得募，余悉定差。遂罢官户、寺观、单丁、女户出助役法……寻以衙前不皆有雇直，遂改雇募为招募。凡熙、丰尝立法，禁以衙前及役人非理役使，及令陪备圆融之类，悉申行之……如一州钱不供用，许移别州钱用之，一路不足，许从户部通他路移用；其或有余，毋得妄用，其或不足，毋得减募。(《宋史》卷一七七《食货志上五》)

绍兴以来，讲究"推割""推排"之制最详。应人户典卖产业、推割税赋，即与物力一并推割。至于推排，则因其资产之进退，与之升降，三岁一行，固有资产百倍于前，科役不增于今者。其如贫乏下户，资产既竭，物力犹存，朝夕经营，而应酬之不给者，非推排不可也。然当时推排之弊，或以小民粗有米粟，仅存屋宇，凡耕耨刀斧之器，鸡豚犬彘之畜，纤微细琐，皆得而籍之。吏视其赂之多寡，以为物力之低昂。又有计田家口食之余，尽载之物力者上之人忧之，于是又为之限制，除质库、房廊、停塌、店铺、租牛、赁船等外，不得以猪羊杂色估纽，其贫民求趁衣食不为浮财，后耕牛、租牛，亦与蠲免。若夫江之东西以田地亩头计税，亦有不待推排者。(《通考》卷一三《职役考二》)

宋孝宗乾道五年，处州松阳县首倡"义役"，众出田谷助役，户轮充……自是所在推行浸广。……十一年，御史谢谔言：

“义役之行，当从民便，其不愿义役者，乃行差役。”上然之。（《通考》卷一三《职役考二》）

按：义役之利有三：（一）役户既无破产之苦；（二）官吏又不能借升降物力，以肆扰害；（三）一处役费，均摊之于众，既由人民自办，可得公平也。

常平、苗、役之制，自熙宁始。建炎初遂罢之。其二年冬吕元直、叶少蕴、张达明、孙仲益，在从班奉诏讨论常平法。元直等以为此法不宜废，如免役、坊场亦可行，惟青苗、市易当罢。上曰：“青苗敛散，永勿施行。”遂置诸路主管官，追还籴本。绍兴八年冬，李泰发参政复为上言：“常平法本于汉耿寿昌，岂可以王安石而废之。”九年，遂复提举官使掌其政。然自军兴后，常平窠名，往往拨以赡军，无复如曩时之封桩矣。免役钱，自熙宁以来，已有宽剩之数。建炎元年，既增射士，议者恐费不给，明年二年夏，乃诏官户役钱勿复减半，而民户役钱概增三分。三年，复减之。其后命拨已增钱赴行在。绍兴二十九年，又用赵直阁议，诏品官子孙名田减父祖之半，余同编户差役，其诡名寄产皆并之。乾道二年，李侍郎复请令官户全纳役钱。上初不可，既而卒行。耆、户长雇钱者，旧以免役钱给之，建炎四年，广西漕司请罢户长，而用熙、丰法，每三十户逐料轮甲头催租。绍兴初，遂尽取其庸钱隶提刑司，既而言者以差甲头不便者五，乃不复行。而耆、户长雇钱，因不复给。五年，诏其钱分季起发赴行在。后遂为总制窠名焉。（李心传《建炎以来朝野杂记》甲集卷一五）

（乙）辽

圣宗乾亨间，以上京云，为户訾具实饶，善避徭役，遗害贫民，遂勒各户，凡子钱到本，悉送归官，与民均差。统和中，耶律昭言，西北之众，每岁农时，一夫侦候，一夫治公田，二夫给糺官之役。（《辽史》卷五九《食货志上》）

辽兴宗重熙初……诏天下言治道之要，制问："……今之徭役，何者最重？何者尤苦？何所蠲省，则为便益？补役之法，何可以复？……"韩家奴对曰："臣伏见比年以来……选富民防边，自备粮糗。道路修阻，动淹岁月；比至屯所，费已过半；只牛单毂，鲜有还者。其无丁之家，倍直佣僦，人惮其劳，半途亡窜，故戍卒之食，多不能给。求假于人，则十倍其息，至有鬻子割田，不能偿者。或逋役不归，在军物故，则复补以少壮。……富者从军，贫者侦候。……民以日困，盖势使之然也。方今最重之役，无过西戍。如无西戍，虽遇凶年，困弊不至于此。若能徙西戍稍近，则往来不劳，民无深患。……诸部皆有补役之法。昔补役始行，居者、行者，类皆富实，故累世从戍，易为更代。近岁边虞数起，民多匮乏，既不任役事，随补随缺。苟无上户，则中户当之。旷日弥年，其穷益甚，所以取代为艰也。非惟补役如此，在戍边兵亦然。……欲为长久之便，莫若使远戍疲兵，还于故乡，薄其徭役，使人人给足，则补役之道，可以复故也"（《辽史》卷一〇三《萧韩家奴传》）

当时民所甚患者，驿递、马牛、旗鼓、乡正、厅隶、仓司之役，至破产不能给。人望使民出钱，官自募役，时以为便。（《辽史》卷一〇五《马人望传》）

按:《辽史》文不详，观上所举，知颇采差役制度。

（丙）金

金制，男女二岁以下为黄，十五以下为小，十六为中，十七为丁，六十为老，无夫为寡妻妾，诸笃废疾不为丁。户主推其长充，内有物力者，为“课役户”，无者为“不课役户”。令民以五家为保。泰和六年……从唐制，五家为邻，五邻为保，以相检察。京府州县郭下，则置“坊正”，村社则随户众寡为乡，置“里正”，以按比户口，催督赋役，劝课农桑。村社三百户以上，则设“主首”四人，二百以上三人，五十户以上二人，以下一人，以佐里正禁察非违。置“壮丁”以佐主首，巡警盗贼。猛安谋克部村寨，五十户以上，设寨使一人，掌同主首。寺观则设纲首。凡坊正、里正以其户十分内取三分，富民均出顾钱，募强干有抵保者充，人不得过百贯，役不得过一年。(《金史》卷四六《食货志一》)

天会十年宋高宗绍兴二年，西历一一三二年正月……诏曰：“昔辽人分士庶之族，赋役皆有等差，其悉均之。”(《金史》卷三《太宗纪》)

金之役法，于官地输租、私田输税之外，计民“田园”“邸舍”“车乘”“牧畜”“种植”之资，“藏镪”之数，征钱有差，谓之“物力钱”。遇差科，必按版籍，先及富者，势均则以丁多寡定甲乙；有横科，则视物力，循大至小均科；其或不可分摘者，率以次户济之。(《续通考》卷一五《职役考一》)

物力之征，上自公卿大夫，下逮民庶，无苟免者。近臣出使外国，归必增物力钱，以其受“馈遗”也。(《金史》卷四六《食货志序》)

金自国初占籍之后，至大定四年宋孝宗隆兴二年，西历一一六四年，承正隆师旅之余，民之贫富变更，赋役不均，世宗下诏……遣……张弘信等十三人，分路“通检”天下物力而差定之，以革前弊……又命：“凡监户事产，除官所拨赐之外，余凡置到百姓有税田宅，皆在通检之数。”时诸使往往以苛酷多得物力为功，弘信检山东州县，尤为酷暴……五年，有司奏诸路通检不均，诏再以户口多寡、富贵轻重适中定之。既而又定通检地土等第税法。十五年宋孝宗淳熙二年，西历一一七五年九月，上以天下物力，自通检以来十余年，贫富变易，赋调轻重不均，遣……二十六人分路“推排”。（《金史》卷四六《食货志一》）

按：宋高宗以推排物力法，行于江南，金世宗从而效之。自大定以迄泰和，朝议纷纭，使车旁午，间阎之劳扰滋甚。

（丁）元

科差之名有二，曰“丝料”，曰“包银”，其法各验其户之上下而科焉。丝料之法，太宗丙申年始行之。每二户出丝一斤，并随路丝线、颜色输于官；五户出丝一斤，并随路丝线、颜色输于本位此系诸王、后妃、公主、功臣等之收入，但不得私征，仍由地方有司，代行征收给与，故曰输本位。包银之法，宪宗乙卯年始定之。……汉民科纳包银……四两，二两输银，二两折收丝绢、颜色等物。逮及世祖，而其制益详。中统元年宋理宗景定元年，西历一二六〇年，立十路宣抚司，定户籍科差条例。然其户大抵不一，有“元管户”“交参户”“漏籍户”“协济户”。于诸户之中，又有“丝银全科户”“减半科户”“止纳丝户”“止纳钞户”；外又有“摊丝户”“储也速解儿所管纳丝户”“复业户”，并“渐成丁户”。户既不等，数亦不同。……然丝料、包银之外，又有俸钞之科，其法亦以户之高下为等……于是以合科之数，作“大门摊”，分为三限输纳。……二年，复定科差之期，丝料限八月，包银初限八月，中限十月，末限十二月。……至元二十八年西历一二九一年，以《至元新格》，定科差法，诸差税皆司县正官，监视人吏，置局均科。诸夫役皆先富强，后贫弱；贫富等者，先多丁，后少丁。（《元史》卷九三《食货志一》）

其户之区别，与所纳丝银之数目，兹据《元史·食货志》卷九三所载，为元代科差户别表。

元代科差户别简表

户别	丝银全科户		减半科户	止纳丝户		止纳钞户
	甲	乙		甲	乙	
元管户	系官丝一斤六两四钱。 包银四两	系官丝一斤。 五户丝六两四钱。 包银四两	系官丝八两。 五户丝三两二钱。 包银二两	上都、隆兴、西京等路，系官丝十户十斤者，每户一斤；大都以南等路，十户十四斤者，每户一斤六两四钱	系官丝一斤。 五户丝六两四钱	

户别	丝银全科户		减半科户	止纳丝户		止纳钞户
	甲	乙		甲	乙	
交参户	系官丝 一斤六两四钱。包银四两					
漏籍户				系官丝一斤六两四钱		初年一两五钱，以后每年增五钱，增至四两止
协济户	系官丝十两二钱。包银四两			系官丝十两二钱		
摊丝户	每户摊丝四斤					
储也速解儿所管户	每户摊丝四斤					
复业户	初年免，第二年减半，第三年全科，与旧户等					
渐成丁户	同上					

(3) 官卖品

(甲)宋

宋之官卖物品约五：盐、茶、酒、香、矾。

盐：

盐之类有二：引池而成者曰颗盐，《周官》所谓盬盐也；鬻海、鬻井、鬻鹻而成者曰末盐，《周官》所谓散盐也。宋自削平诸国，天下盐利，皆归县官。官鬻、通商，随州郡所宜，然亦变革不常，而尤重私贩之禁。引池为盐，曰解州解县、安邑两池。垦地为畦，引池水沃之，谓之种盐，水耗则盐成。籍民户为"畦夫"，官廪给之，复其家。(《宋史》卷一八一《食货志下三》)

鬻海为盐，曰京东、河北、两浙、淮南、福建、广南，凡六路。其鬻盐之地，曰"亭场"，民曰"亭户"，或谓之"灶户"。户有盐丁，岁课入官，受钱或折租赋，皆无常数，两浙又役军士，定课鬻焉。诸路盐场废置，皆视其利之厚薄，价之赢缩，亦未尝有一定之制。(《宋史》卷一八一《食货志下三》)

凡禁榷之地，官立标识、候望以晓民。其通商之地，"京西"则蔡、襄、邓、随、唐、金、房、均、郢州、光化、信阳军，"陕西"则京兆、凤翔府、同华、耀、乾、商、泾、源、邠、宁、仪、渭、鄜、坊、丹、延、环、庆、秦、陇、凤、阶、成州、保安镇戎军，及澶州诸县之在"河北"者。颗、末盐，皆以五斤为斗，颗盐之直，每斤自四十四至三十四钱，有三等。(《宋史》卷一八一《食货志下三》)

国朝盐策，旧有三路：解盐行于关中，东北盐行于东西畿甸，东南盐行于江、淮。东南盐者，通、泰煎盐也，旧为江、湖六路漕计。蔡京为政，始行钞法，取其钱以赡中都。自是淮、浙之盐，则官给亭户本钱，诸州置仓，许商人买钞算请。闽广盐则官买官卖，以助岁计。其后亦行钞法，然罢复不常。旧淮盐息钱岁八百余万缗，绍兴初才三十五万缗而已。以后朝廷益修其政，至绍兴末年，东南岁产盐二万七千八百六十万斤。自福建外，每五十斤为一石，淮、浙盐六石为一袋，钞钱十有八千。绍兴四年正月，增三千。九月，以入纳迟，遂罢之。今六路二十二州，通收息钱约一千九百二十余万。（李心传《建炎以来朝野杂记》甲集卷一四）

茶：

榷茶之制，择要会之地，曰江陵府，曰真州，曰海州，曰汉阳军，曰无为军，曰蕲州之蕲口，为榷货务六。……自为场置吏，总之谓之“山场”……采茶之民皆隶焉，谓之“园户”。岁课作茶输租，余则官悉市之。其售于官者，皆先受钱而后入茶，谓之“本钱”；又民岁输税，愿折茶者，谓之“折税”。……茶有二类，曰“片茶”，曰“散茶”。……凡民茶折税外，匿不送官，及私贩鬻者，没入之，计其直论罪。园户辄毁败茶树者，计所出茶，论如法。……主吏私以官茶贸易，及一贯五百者死。（《宋史》卷一八三《食货志下五》）

东南茶，旧法官买官卖。天禧三年，合六榷货务、十三山场所收茶钱十三万缗，除买茶本钱外，止有息钱三万缗而已。天圣中，稍改其法，岁所得亦不过数十万缗，人多盗贩抵罪，上下苦之。嘉祐中，韩魏公当国，遂弛其禁，但收茶租净利钱三十三万八千余缗，时以为便。元丰复榷，辇致都下，即汴流为水磨，官自鬻之。政和初，蔡京欲尽笼天下钱，实中都，乃创引法，即汴京置都茶场，印卖茶引，许商人赴官算请，就园户市茶，赴所在合同场秤发，岁收息钱至四百余万缗。建炎渡江，不改其法，至绍兴末年，东南十路

六十州二百四十二县，岁产茶一千五百九十余万斤，收钞钱二百七十余万。（李心传《建炎以来朝野杂记》甲集卷一四）

酒：

榷酤之法，诸州城内皆置“务”酿酒，县、镇、乡、闾，或许民酿而定其“岁课”……太宗……淳化五年西历九九四年，诏募民自酿，输官钱减常课三之二，使其易办；民有应募者，检视其资产，长吏及大姓共保之，后课不登则均偿。……渡江后，绌于养兵，随时增课，名目杂出……建炎三年西历一一二九年……赵开遂大变酒法：自成都始，先罢公帑，实供给酒，即旧扑买初令民承办酿酒，更易时，令出价竞争谓之扑买坊场所置“隔酿”，设官主之，民以米入官自酿，斛输钱三十，头子钱二十二。明年四年，遍下其法于四路，岁递增至六百九十余万缗……于是东南之酒额，亦日增矣。……自赵开行隔槽法……然隔槽之法始行，听就务分槽酤卖，官计所入之米而收其课，若未病也。行之既久，酤卖亏欠，则责入米之家认输，不复核其米，而第取其钱，民始病矣。（《宋史》卷一八五《食货志下七》）

三京官造曲，听民纳直以取。……仁宗天圣以后，北京售曲，如三京法，官售酒曲，亦画疆界，戒相侵越，犯皆有法。（《宋史》卷一八五《食货志下七》）

矾：

唐于晋州置平阳院，以收其利。……五代以来，复创“务”，置官吏，宋因之。……设官典领，有“镬户”鬻造入官市。……私售矾，禁如私售茶法。（《宋史》卷一八五《食货志下七》）

矾，国朝旧制，晋州矾行于河东北、京畿，淮南矾行于东南九路，今独无为军昆山场为盛，岁额白矾六十万斤。韶州岑水场十万斤，信州铅山场青胆、黄矾无定额。其法自榷货务给引赴场，许客人算请，每百斤为一大引，输引钱十二千，头子、市利、雇人、工墨钱二百七十六，又许增二十斤勿算以优之。五十斤为中引，三十斤为小引，引钱及加货，以是为差。十四年，以商贩利薄，减为十千。十四年，又增一千。昆山矾则民间自煮，官置场买纳，岁收息钱四万缗有奇。铅山矾则官自煎，以十分为率，四分充工本，六分赴榷货务焉。（李心传《建炎以来朝野杂记》甲集卷一四）

香:

宋之经费，茶、盐、矾之外，惟香之为利博，故以官为市焉。建炎四年，泉州抽买乳香，一十三等……诏取赴榷货务，打套给卖，陆路以三千斤、水路以一万斤为一纲。（《宋史》卷一八五《食货志下七》）

太宗时，置榷署于京师，诏诸蕃“香药”“宝货”至广州、交阯、两浙、泉州，非出官库者，无得私相贸易。（《宋史》卷一八六《食货志下八》）

榷货务都茶场者，旧东京有之。建炎二年春，始置于扬州。明年三年，又置于江宁。绍兴三年，又置于镇江及吉州。五年冬，省吉州务，而行在务场随移临安，以都司提领。其始岁收茶、盐、香息钱六百九万余缗。六年九月，诏岁收及一千三百万缗，许推赏，时以为极盛矣。休兵寖久，岁课倍增。乾道三年三月，诏以二千四百万缗为额，建康千二百万缗，临安八百万缗，镇江四百万缗。于是淮东总领所实在镇江，因指榷货钱

三十万缗，为赡军之用。淳熙中，三务场官吏互争课赏，始禁镇江务钞引，不得至临安。（李心传《建炎以来朝野杂记》甲集卷一七）

官卖物品，与边防经费，多有关连，辄因弊生而变革之。

自元昊反，聚兵西鄙，并边“入中”“刍粟”者寡。县官急于兵食，调发不足，因听入中刍粟予券，趋京师榷货务受钱。（《宋史》卷一八一《食货志下三》）

太宗雍熙后用兵，切于馈饷，多令商人入刍粮塞下，酌地之远近而为其直，取市价而厚增之，授以要券，谓之“交引”，至京师给以缗钱。（《宋史》卷一八三《食货志下五》）

按：“入中”者，商人输钱于京师榷货务，官给以券，至一定之地方，取一定之官卖品。“入刍粟”者，则商人纳刍粟于边塞，给以券，或至京师与其他积钱之地取钱，或偿之以官卖品。

真宗乾兴以来，西北兵费不足，募商人入中、刍粟，如雍熙法给券，以茶偿之。后又益以东南缗钱、香药、犀齿，谓之“三说”；而塞下急于兵食，欲广储偫，不爱“虚估”，入中者以虚钱得实利，人竞趋焉。及其法既弊，则虚估日益高，茶日益贱，入实钱金帛日益寡。而入中者非尽行商，多其土人，既不知茶利厚薄，且急于售钱得券，则转鬻于茶商，或京师“交引铺”，获利无几；茶商及交引铺，或以券取茶，或收蓄贸易，以射厚利。由是虚估之利，皆入豪商巨贾，券之滞积，虽二三年，茶不足以偿，而入中者，以利薄不趋，边备日蹙。

（《宋史》卷一八三《食货志下五》）

天圣元年，命三司使李谘等，较茶、盐、矾税，岁入登耗，更定其法。……首考茶法……罢三说，行“贴射法”。其法以十三场茶，买卖本息，并计其数，罢官给本钱，使商人与园户，自相交易，一切定为中估，而官收其息。如鬻舒州罗源场茶，斤售钱五十有六，其本钱二十有五，官不复给，但使商人输息钱三十有一而已。然必辇茶入官，随商人所指予之，给券为验，以防私害，故有贴射之名。……商人入当粟塞下者，随所在实估，度地里远近，量增其直。……一切以缗钱偿之，谓之“见钱法”；愿得金帛，若他州钱，或茶盐、香药之类者听。大率使茶与边籴，各以实钱出纳，不得相为轻重，以绝虚估之敝。（《宋史》卷一八三《食货志下五》）

仁宗庆历八年西历一〇四八年，三司盐铁判官董沔，亦请复三说法，三司以为然“……请如沔议，以茶、盐、香药、缗钱四物如之”。于是有“四说”之法。初诏止行于并边诸州……自是三说、四说二法，并行于河北，不数年间，茶法复坏。……至和二年西历一〇五五年，河北提举籴便粮草薛向建议：“……请罢并边入粟，自京辇钱帛至河北，专以见钱和籴。”时杨察为三司使，请用其说。……自是茶法不复为边籴所须，而“通商”之议起矣。（《宋史》卷一八四《食货志下六》）

仁宗嘉祐四年西历一〇五九年，弛茶禁，取租钱，谓之“嘉祐通商法”，历英宗、神宗、哲宗三朝，无甚改革。

初所遣官既议弛禁，因以三司岁课，均赋茶户……岁输县官。……为损其半……谓之“租钱”，与诸路本钱，悉储

以待边籴。自是唯腊茶禁如旧，余茶肆行天下矣。(《宋史》卷一八四《食货志下六》)

徽宗时，蔡京建议，重行禁榷之法。

崇宁元年西历一一〇二年，右仆射蔡京言:“祖宗立禁榷法，岁收净利，凡三百二十余万贯，而诸州商税七十五万贯有奇，食茶之算不在焉，其盛时几五百余万缗。庆历之后，法制寖坏，私贩公行，遂罢禁榷，行通商之法。自后商旅所至，与官为市，四十余年，利源寖失。谓宜……仍旧禁榷官买，勿复科民，即产茶州郡，随所置场，申商人园户私易之禁，凡置场地园户租折税仍旧。产茶州军，许其民赴场输息，量限斤数，给“短引”，于旁近郡县便鬻;余悉听商人于榷货务入纳金银、缗钱，或并边粮草，即本务给“钞”，取便算，请于场别给“长引”，从所指州军鬻之。商税自场给长引，沿道登时批发，至所指地，然后计税尽输，则在道无苛留。……诏悉听焉。……四年，京复议更革，遂罢官置场，商旅并即所在州县，或京师，给“长”“短”引，自买于园户。茶贮以笼篰，官为抽盘循第叙输息讫，批引贩卖，茶事益加密矣。……政和二年西历一一一二年，大增损茶法。……初客贩茶用旧引者，未严斤重之限，影带者众。于是……“合同场”之法出矣。场置于产茶州军，而薄给于都茶场。凡不限斤重茶，委官司秤制，毋得止凭批引为定，有赢数即没官，别定新引限程，及重商旅规避秤制之禁，凡十八条……建炎元年，成都转运判官赵开……仿蔡京都茶场法，以引给茶商，即园户市茶，百斤为一大引……置合同场，以讥其出入，重私商之禁，为茶市以

通交易。(《宋史》卷一八四《食货志下六》)

蔡京于盐法，亦有改革。

东南末盐钱，为河北之备，东北盐为河东之备，解池盐为陕西之备，其钱并积于京师，随所积多寡，给钞于三路。如河北粮草钞，至京并支见钱，号“飞钞法”；河东三路，至京半支见钱，半支银、䌷、绢，陕西解盐钞，则支请解盐，或有“泛给钞”,亦以京师钱支给。为钱积于京师,钞行于三路，至则给钱,不复滞留。当时商旅皆悦,争运粮草入于边郡。……边境仓廪，所在盈满。自熙宁来，钞法屡更，人不敢信，京师无见钱之积，而给钞数倍于昔年。钞至京师，无钱可给，遂至钞直十不得一。……法既屡变，蔡京更欲巧笼商贾之利，乃议措置十六条，裁定买官盐价……大抵……欺夺民利……初盐钞法之行，积盐于解池，积钱于京师榷货务，积钞于陕西沿边诸郡。商贾以物斛至边，入中请钞以归。物斛至边有数倍之息，惟患无回货，故极利于得钞，径请盐于解池，而解盐通行地甚宽；或请钱于京师，每钞六千二百，整时给与，但输头子等钱数十而已。以此所由州县,贸易者甚众。崇宁间，蔡京始变法，俾商人先输钱请钞，赴产盐郡授盐，欲囊括四方之钱，尽入中都，以进羡要宠，钞法遂废，商贾不通，边储失备;东南盐禁加密，犯法被罪者多。民间食盐，杂以灰土。解池天产美利，乃与粪壤俱积矣。大概常使见行之法，售给才通，辄复变易，名“对带法”。季年，又变对带为“循环”。循环者，已卖钞未授盐，复更钞；已更钞盐未给，复贴输钱，凡三输钱，始获一直之货。民无资更钞，已输钱悉干没，数

十万券，一夕废弃，朝为豪商，夕侪流丐，有赴水投缳而死者。（《宋史》卷一八二《食货志下四》）

（乙）辽

辽制不详，官卖品盐、酒两项，尚可考见。

盐：

自太祖以所得汉民数多，即八部中分古汉城，别为一部治之。城在炭山南，有盐池之利，即后魏滑盐县也，八部皆取食之。及征幽、蓟还，次于鹤剌泺，命取盐给军。自后泺中盐益多，上下足用。会同初，太宗有大造于晋，晋献十六州地，而瀛、莫在焉，始得河间煮海之利，置榷盐院于香河县，于是燕、云迤北，暂食沧盐。一时产盐之地，如渤海、镇城、海阳、丰州、阳洛城、广济湖等处，五京计司，各以其地领之。（《辽史》卷六〇《食货志下》）

酒：

辽自神册以来，未有榷酤之法，自冯延休、韩绍勋建议，乃兴酒税。东辽之地，与南京诸路一例，然诸税皆纳于头下军州，唯酒税课纳上京。（《续通志》卷一五五《食货略四》）

（丙）金

金制多沿仿于宋，其榷货之目有十，酒、曲、茶、醋、香、矾、丹、锡、铁，而盐为称首。

盐：

海陵王贞元初，蔡松年为户部尚书，始复钞引法，设官置库，以造钞、引。钞，合盐司簿之符。引，会司县批缴之数。七年一厘革之。初辽、金故地滨海，多产盐，上京、东北二路，食肇州盐，速频路食海盐，临潢之北有大盐泺，乌古里石垒部有盐池，皆足以食境内之民，尝征其税。及得中土，盐场倍之，故设官立法加详焉。……世宗大定二十五年宋孝宗淳熙十二年，西历一一八五年，更狗泺为西京盐司。是后惟置山东、沧、宝坻、莒、解、北京、西京七盐司。山东、沧、宝坻斤三百为袋，袋二十有五为“大套钞引”，公据三者俱备，然后听鬻。“小套”袋十，或五或一，每套钞一引，如袋之数。宝坻零盐，较其斤数，或六之三，或六之一，又为“小钞引”给之，以便其鬻。解盐斤二百有五十为一席，席五为套钞引，则与陕西转运司同鬻，其输粟于陕西军营者，许以公牒易钞引。西京等场盐，以石计，大套之石五，小套之石三。北京大套之石四，小套之石一。辽宁大套之石十，皆套一钞，石一引。零盐积十石,亦一钞而十引。其行盐之界,各视其地宜。(《金史》卷四九《食货志四》)

世宗大定三年二月，定军私煮盐，及盗官盐之法，命猛安谋克巡捕。(《金史》卷四九《食货志四》)

酒:

金榷酤，因辽、宋旧制，太宗天会三年宋徽宗宣和七年，西历一一二五年始命榷官，以周岁为满。世宗大定三年，诏宗室私酿者，从转运司鞫治。……命设军百人，隶兵马司，同酒使副，合千人巡察，虽权要家，亦许搜索。奴婢犯禁，杖其主百。……承安五年四月，省奏:“旧随处酒税务所设杓栏人，以射粮军历过随朝差役者充，大定二十六年罢去，其随朝应役军人，各给添支钱粟，酬其劳。今拟将元收杓栏钱，以代添支，令各院务验所收之数，百分中取三，随课代输，更不入比……”泰和四年宋宁宗嘉泰四年，西历一二〇四年九月，省奏：“……宜依旧法，以八年通核课程，均其一年之数，仍取新增诸物之分税钱，并入通为课额。以后之课，每五年一定其制。”又令随处酒务元额上，通取三分，作糟酵钱。六年，制院务卖酒数各有差，若数外卖，及将带过数者罪之。(《金史》卷四九《食货志四》)

醋：

醋税自大定初，以国用不足，设官榷之……二十三年，以府库充牣，遂罢之。章宗明昌五年宋光宗绍熙五年，西历一一九四年，以有司所入不充所出，言事者请榷醋息，遂令设官榷之，其课额，俟当差官定之。后罢。承安三年宋宁宗庆元四年，西历一一九八年三月，省臣以国用浩大，遂复榷之。五百贯以上设都监，千贯以上设同监一员。(《金史》卷四九《食货志四》)

茶：

茶自宋人岁贡之外，皆贸易于宋界之榷场。世宗大定十六年，以多私贩，乃更定香茶罪赏格。章宗承安三年八月，以为费国用而资敌，遂命设官制之。……四年三月，于淄、密、宁海、蔡州，各置一坊造新茶，依南方例，每斤为袋，直六百文。以商旅卒未贩运，命山东、河北四路转运司，以各路户口，均其袋数，付各司县鬻之。买引者，纳钱及折物，各从其便。(《金史》卷四九《食货志四》)

（丁）元

元制，属于官卖者，约有盐、茶、酒、醋四种。

盐：

太宗庚寅年二年，宋理宗绍定三年，西历一二三〇年，始行盐法。每盐一引，重四百斤……至元十三年，既取宋，而江南之盐，所入尤广……凡伪造盐引者，皆斩，籍其家产……行盐各有郡邑，犯界者……以其盐之半没官，半赏告者。（《元史》卷九四《食货志二·盐法》）

茶：

世祖至元五年宋度宗咸淳四年，西历一二六八年，用运使白赓言，榷成都茶，于京兆、巩昌置局发卖，私自采卖者，其罪与私盐法同。六年，始立西蜀四川监榷茶场使司掌之。……十三年宋端宗景炎元年，西历一二七六年，定"长引""短引"之法，以三分取一。长引每引计茶一百二十斤……短引计茶九十斤……十七年，置榷茶都转运司于江州，总江淮、荆湖、福广之税，而遂除长引，专用短引。……三十年……每茶商货茶，必令赍引，无引者，与私茶同。引之外，又有"茶由"以给卖零茶者。……自三斤至三十斤，分为十等。（《元史》卷九四《食货志二·茶法》）

酒醋：

元之有酒醋课，自太宗始。其后皆著定额，为国赋之一焉……初太宗辛卯年三年，立酒醋务坊场官，榷酤办课，仍以各州府司县长官充提点官，隶征收课税收，其课额，验民户多寡定之。甲午年六年，颁酒曲醋货条禁，私造者依条治罪。……世祖至元二十二年，诏免农民醋课。是年二月，命随路酒课，依京师例，每石取一十两。三月，用右丞卢世荣等言，罢上都醋课，其酒课亦改榷沽之制，令酒户自具工本，官司拘卖，每石止输钞五两。(《元史》卷九四《食货志二·酒醋课》)

(4) 杂　税

（甲）宋

宋之杂税，列举如下：

征商：

商税，凡州县皆置“务”，关镇亦或有之；大则专置官监临，小则“令”、“佐”兼领，诸州仍令“都监”、“监押”同掌。行者赍货，谓之“过税”，每千钱算二十；居者市鬻，谓之“住税”，每千钱算三十，大约如此。然无定制，其名物，各随地宜而不一焉。……应算物货而辄藏匿，为官司所捕获，没其三分之一，以半畀捕者。贩鬻而不由官路者罪之。有官须者，十取其一，谓之“抽税”。……光宗、宁宗以降，亦屡与放免商税……而贪吏并缘，苛取百出。私立税场，算及缗钱、斗米、束薪、菜茹之属，擅用稽察、措置，添置专栏收检。……闻者咨嗟，指为大小法场……而其弊有不可胜言矣。(《宋史》卷一八六《食货志下八》)

按：所税之物品，据《宋史·食货志》所载，先后蠲免者，有“耕牛”“鱼鸡”“果蔬”“竹木”“柴炭”“力胜钱”载果商船所出“典卖牛畜舟车”“农器”“衣履”“谷粟”“油面”等等，殊近于苛敛。

互市舶法……太祖开宝四年西历九七一年，置“市舶司”于广州，后又于杭、明州置司。凡大食、古逻、阇婆、占城、勃泥、麻逸、三佛齐诸蕃，并通货易，以金、银、缗钱、铅、锡、杂色帛、瓷器、市香药、犀象、珊瑚、琥珀、珠琲、镔铁、鼊皮、玳瑁、玛瑙、车渠、水精、蕃布、乌樠苏木等物。太宗时，置榷署于京师，诏诸蕃香药宝货至广州、交阯、两浙、泉州，非出官库者，无得私相贸易。……雍熙中，遣内侍八人，赍敕书金帛，分四路招致南海诸蕃。商人出海外蕃国贩易者，令并诣两浙司市舶司，请给官券，违者没入其宝货。……大抵海船至，十先征其一，价直酌蕃货轻重而差给之……哲宗元祐三年西历一〇八八年……置密州板桥市舶司。……建炎元年，诏：“市舶多以无用之物费国用，自今有博买笃耨香环、玛瑙、猫儿眼睛之类，皆置于法；惟宣赐臣僚象笏、犀带，选可者输送。”（《宋史》卷一八六《食货志下八》）

胡人谓三百斤为一“婆兰”，凡舶舟最大者曰“独樯”，载一千婆兰。次者曰“牛头”，比独樯得三之一。又次曰“木舶”，曰“料河”，递得三之一。（《宋史》卷一八六《食货志下八》）

孝宗隆兴二年西历一一六四年，臣僚言：“熙宁初立市舶，以通货物。旧法抽解有定数，而取之不苛，输税宽其期，而使之待价……迩来抽解既多，又迫使之输，致货滞而价减。”（《宋史》卷一八六《食货志下八》）

按：以上国外贸易。

契丹在太祖时，虽听缘边市易，而未有官署。太平兴国二年辽景宗保宁九年，西历九七七年，始令镇、易、雄、霸、沧州，各置榷务，辇香药、犀象及茶与交易。……凡官鬻物如旧，而增缯帛、漆器、粳糯，所入者，有银钱、布、羊马、橐驼，岁获四十余万。……熙宁九年辽道宗太康二年，西历一〇七六年，立与化外人私贸易罪赏法。河北四榷场，自英宗治平四年辽道宗咸雍三年，西历一〇六七年，其货物专掌于三司之催辖司，而度支赏给案，判官置簿督计之。至是以私贩者众，故有是命。（《宋史》卷一八六《食货志下八》）

西夏自真宗景德四年西历一〇〇七年，于保安军置榷场，以缯帛、罗绮易驼马、牛羊、毡毯、甘草，以香药、瓷漆器、姜桂等物易蜜蜡、麝脐、毛褐、羱羚角、硇砂、柴胡、苁蓉、红花、翎毛。非官市者，听与民交易，入贡至京者，纵其为市。仁宗天圣中，陕西榷场二，并代路亦请置场和市，许之。及元昊反，即诏陕西、河东绝其互市……治平四年夏毅宗拱化五年，西历一〇六七年……乃复许之。（《宋史》卷一八六《食货志下八》）

绍兴四年夏崇宗正德八年，西历一一三四年，诏、川陕即永兴军、威茂州，置博易场……十二年，盱眙军置榷场官监，与北商金人博易，淮西、京西、陕西榷场亦如之。（《宋史》卷一八六《食货志下八》）

按：以上南北贸易。

坑冶:

坑冶，凡金、银、铜、铁、铅、锡，监冶场务二百有一……大率山泽之利有限，或暴发辄竭，或采取岁久，所得不偿其费，而岁课不足，有司必责主者取盈。……宋初旧有坑冶，官置场监，或民承买，以分数中卖于官。初隶诸路转运司，本钱亦资焉，其物悉归之内帑。崇宁已后，广搜利穴，榷赋益备。凡属之提举司者，谓之新坑冶，用常平息钱，与剩利钱为本，金银等物，往往皆积之大观库，自蔡京始。政和间，数罢数复，然告发之地，多坏民田，承买者立额重，或旧有今无，而额不为损。钦宗即位，诏悉罢之。(《宋史》卷一八五《食货志下七》)

政和间，臣僚言:“诸路产铁多，民资以为用，而课息少，请仿茶、盐法榷而鬻之。”于是户部言:“详度官置炉冶，收铁给引，召人通市。苗脉微者，令民出息承买，以所收中卖于官，毋得私相贸易。”从之。(《通考》卷一八《征榷考五》)

高宗建炎七年，工部言:“知台州黄岩县刘觉民，乞依熙宁法，以金银坑冶，召百姓采取，自备物料烹炼，十分为率，官收二分，其八分许坑户自便货卖。江西运司相度、江州等处金银坑冶，亦乞依熙、丰法。”从之。(《通考》卷一八《征榷考五》)

金银坑冶，湖、广、闽、浙皆有之。祖宗时，除沙石中所产黄金外，岁贡额银至一千八百六十余万两。渡江后，停闭金坑一百四十二，银坑八十四。绍兴七年，诏江、浙金银坑冶，并依熙、丰法，召百姓采取，自备物料烹炼，十分为率，官收二分。然民间得不偿课，本州县多责取于民，以备上用。三十年，用提点官李植言，更不定额。饶州旧贡黄金千两，孝宗时诏损三之一。今诸道上供银两，皆置场买发。蜀中银每法秤一两，用本钱六引，而行在左藏库折银才直三千三百云。然民间之直，又不满三千。高宗尝谕辅臣，以非刘晏懋迁之术，欲更革之。户部以铁钱折半为词而止。其实吴、蜀钱币不能相通，舍银帛无以致远，故莫如之何。（李心传《建炎以来朝野杂记》甲集卷一六）

牙契：

税契始于东晋，历代相承，史文简略，不能尽考。宋太祖开宝二年**西历九六九年**，始收民印契钱，令民典卖田宅，输钱印契，税契限两月。（《通考》卷一九《征榷考六》）

徽宗崇宁三年**西历一一〇四年**，敕："诸县典卖牛畜契书，并税租钞旁等印卖田宅契书，并从官司印卖。除纸笔墨工费外，量收息钱……其收息不得过一倍。"（《通考》卷一九《征榷考六》）

孝宗乾道七年**西历一一七一年**，户部言："每交易一千贯，纳正税钱一贯……违限不纳，或于契内减落价贯，规免税钱，许牙人并出产户陈首，将物业半给赏，半没官。每正税钱一百文，带纳头子钱二十一文二分，州县过数拘收，公人邀阻作弊，并重置典宪。"从之。（《通考》卷一九《征榷考六》）

臣僚言："乞诏有司，应民间交易，并令先次过割，而后税契。凡进产之家，限十日缴，连小契自陈，令本县取索两家砧基赤契，并以三色官簿**夏税簿、秋苗簿、物力簿**，令主簿点对批凿。如不先经过割，不许投税。"（《通考》卷一九《征榷考六》）

和买：

宋承前代之制，调绢、紬、布、丝、绵以供军须，又就所产折科、和市。…… 太宗太平兴国中 …… 马元方为三司判官，建言："方春乏绝时，预给库钱贷民，至夏秋冬输绢于官。"真宗大中祥符三年西历一〇一〇年，河北转运使李士衡又言："…… 请预给帛钱，俾及时输送，则民获利，而官亦足用。"诏优予其直。自是诸路亦如之。或蚕事不登，许以大小麦折纳，仍免仓耗及头子钱。……初"预买"紬绢，务优直以利民，然犹未免烦民，后或令民折输钱，或物重而价轻，民力寖困，其终也，官不给直，而赋取益甚矣。…… 建炎三年春，高宗初至杭州 …… 两浙转运副使王琮言："本路上供、和买、夏税紬绢 …… 每匹折输钱二千以助用。诏许之，东南折帛钱自此始。"(《宋史》卷一七五《食货志上三》)

江、浙四路民苦折帛和买重输，大中曰："有产则有税，于税绢而科折帛，犹可言也，如和买折帛，则重为民害。盖自咸平马元方建言，于春预支本钱，济其乏绝，至夏秋使之输纳，则是先支钱而后输绢。其后则钱盐分给，又其后则直取于民，今又令纳折帛钱，以两缣折一缣之直，大失立法初意。"(《宋史》卷三九三《林大中传》)

和籴：

和籴，宋岁漕以广军储，实京邑。河北、河东、陕西三路及内郡，又自籴买，以息边民飞挽之劳，其名不一。建隆初，河北连岁大稔，命使置场，增价市籴，自是率以为常。……熙宁八年西历一〇七五年，河东察访使李承之言："太原路二税外有和籴，粮草官虽量予钱、布，而所得细微，民无所济，遇岁凶不蠲，最为弊法。”……神宗元丰元年西历一〇七八年……其后……有司议，以岁和籴见数十分之，裁其二，用八分为额，随户色高下裁定，毋更给钱；岁灾同秋税蠲放，以转运司应给钱补之，灾不及五分，听以久例支移。遂易和籴之名为“助军粮草”。……南渡，三边馈饷，籴事所不容已。绍兴间，于江、浙、湖南博籴，多者给官告，少者给度牒，或以钞引，类多不售，而吏缘为奸，人情大扰。……理宗绍定五年西历一二三二年，臣僚言：“若将民间合输缗钱，使输斛斗，免令贱粜输钱，在农人亦甚有利，此广籴之良法也。”从之。(《宋史》卷一七五《食货志上三》)

按：“和买”与“和籴”，其初乃官与民交易，预给民钱，其后弊病丛生，强配勒取，人民遂加重一层担负。至南渡后，和买变为“折帛钱”，竟成为一种税制矣。此外南宋创兴之税，又有“经总制钱”“月桩钱”“板帐钱”等，前于南宋兵费，略已论列，兹不复赘。

(乙) 辽

辽之杂税，列举如下：

征商：

征商之法，则自太祖置羊城于炭山北，起榷务以通诸道市易。太宗得燕置南京，城北有市，百物山偫，命有司治其征；余四京及它州县，货产懋迁之地，置亦如之。东平郡城中置看楼，分南、北市，禺中交易市北，午漏下交易市南。雄州、高昌、渤海，亦立互市，以通南宋西北诸郡、高丽之货，故女直以金、帛、布、蜜、蜡诸药材，及铁离、靺鞨、于厥等部以蛤珠、青鼠、貂鼠、胶鱼之皮、牛羊驼马、毳罽等物，来易于辽者，道路繦属。圣宗乾亨间，燕京留守司言民艰食，请弛居庸关税，以通山西籴易。又令有司谕诸行宫布帛短狭不中为度首，不鬻于市。明年，诏以南、北府市场人多，宜率当部车百乘赴集，开奇峰路，以通易州贸易。二十三年宋真宗景德二年，西历一〇〇五年，振武军及保州并置榷场。时北院天王耶律室鲁，以俸羊多阙，部人贫乏，请以羸老之羊及皮毛，易南中之绢，上下为便。至天祚之乱，赋敛既重，交易法坏，财日匮而民日困矣。(《辽史》卷六〇《食货志下》)

开泰元年宋真宗大中祥符五年，西历一〇一二年，十二月贵德、龙化、仪坤、双、辽、同、祖七州，至是诏始征商。(《辽史》卷一五《圣宗纪六》)

坑冶:

坑冶则自太祖始并室韦，其地产铜、铁……又有曷朮部者多铁……置三冶:曰柳湿河，曰三黜古斯，曰手山。神册初，平渤海……地亦多铁。东平县……产铁丱，置采炼者三百户，随赋供纳。以诸坑冶多在国东，故东京置户部司，长春州置钱帛司。太祖征幽、蓟，师还次山麓，得银、铁丱，命置冶。圣宗太平间，于潢河北阴山，及辽河之源，各得金、银丱，兴冶采炼。自此以讫天祚，国家皆赖其利。(《辽史》卷六〇《食货志下》)

（丙）金

金之杂税，列举如下：

征商：

世宗大定二年宋高宗绍兴三十二年，西历一一六二年，制院务，创亏及功酬格。……二十年宋孝宗淳熙七年，西历一一八〇年正月，定商税法，金银百分取一，诸物百分取三。章宗……明昌元年宋光宗绍熙元年，西历一一九〇年正月，敕尚书省，定院务课商税额，诸路使司院务，千六百一十六处。（《金史》卷四九《食货志四》）

对宋夏高丽，皆置榷场，互通贸易。

榷场，与敌国互市之所也。皆设场官，严厉禁，广屋宇，以通二国之货……熙宗皇统二年宋高宗绍兴十二年，西历一一四二年五月，许宋人之请，遂各置于两界。九月，命寿州、邓州、凤翔府等处皆置。海陵正隆四年宋绍兴二十九年，西历一一五九年，正月，罢凤翔府、唐、邓、颍、蔡、巩、洮等州，并胶西县所置者，而专置于泗州。……泰和八年八月，以与宋和，宋人请如旧置之，遂复置于唐、邓、寿、泗、息州及秦、凤之地。（《金史》卷五〇《食货志五》）

国初于西北招讨司之燕子城北、羊城之间，尝置之，以易北方牧畜。世宗大定三年，市马于夏国之榷场。（《金史》卷五〇《食货志五》）

兴定二年宋宁宗嘉定十一年，西历一二一八年四月……侍御史……完颜素阑，请宣谕高丽，复开互市，从之。（《金史》

卷一五《宣宗纪中》)

坑冶：

金银之税，大定三年，制金银坑冶，许民开采，二十分取一为税。(《金史》卷四九《食货志四》)

正隆而降，始议鼓铸，民间禁铜，甚至铜不给用，渐兴窑冶。凡产铜地脉，遣吏境内访察无遗，且及外界。而民用铜器不可阙者，皆造于官而鬻之。既而官不胜烦，民不胜病，乃听民冶铜造器，而官为立价以售，此铜法之变也。(《续通考》卷二三《征榷考六》)

世宗大定二十七年，尚书省奏，听民于农隙采银，承纳官课。(《续通考》卷二三《征榷考六》)

苛敛：

物力之外，又有铺马、军须、输庸、司吏、河夫、桑皮故纸等钱，名目琐细，不可殚述。……金季……括粟、阑籴，一切掊克之政，靡不为之。加赋数倍，豫借数年，或欲得钞，则豫卖下年差科。高琪为相，议至榷油。进纳滥官，辄售空名宣敕，或欲与以五品正班。僧道入粟，始自度牒，终至德号、纲副威仪、寺观主席，亦量其资而鬻之。甚而丁忧鬻以求仕，监户鬻以从良，进士出身鬻至及第。(《金史》卷四六《食货志序》)

海陵军兴，为一切之赋，有菜园、房税、养马钱。(《金史》卷七三《宗尹传》)

世宗大定三年，以尚书工部令史刘行义言，定城郭出赁房税之制。(《续通考》卷二四《征榷考七》)

（丁）元

元之杂税，列举如下：

征商：

商贾之有税……太宗甲午年六年，宋理宗端平元年，始立征收课税所，凡仓库院务官并合干人等，命各处官司，选有产有行之人充之。其所办课程，每月赴所输纳。(《元史》卷九四《食货志二·商税》)

太宗初立，楚材……乃奏立燕京等十路征收课税使。(《元史》卷一四六《耶律楚材传》)

世祖至元七年，遂定三十分取一之制。(《元史》卷九四《食货志二·商税》)

元时海外贸易，较宋为盛。

自世祖定江南，凡邻海诸郡，与番国往还，互易舶货者，其货以十分取一，粗者十五分取一，以市舶官主之。其发舶回帆，必著其所至之地，验其所易之物，给以公文，为之期日……至元十四年，立市舶司泉州、上海、澉浦、温州、广东、杭州、庆元七处……时客舡自泉、福贩土产之物者，其所征亦与番货等，上海市舶司提控……以为言，于是定“双抽”“单抽”之制。双抽者番货也，单抽者土货也。……二十年，遂定抽分之法。……二十一年，设市舶都转运司于杭、泉二州，官自具船、给本，选人入番，贸易诸货。其所获之息，以十分为率，官取其七，所易人得其三。凡权势之家，皆不得用已钱入番为贾，犯者罪之，仍籍其家产之半。其诸番客旅，就官船卖买者，依例抽之。……二十九年，命市舶验货抽分。……中书省定抽分之数，及漏税之法。凡商旅贩泉、福等处，已抽之物，于本省有市舶司之地卖者，细色于二十五分之中取一，粗色于三十分之中取一，免其输税。其就市舶司买者，止于卖处收税，而不再抽。漏舶物货，依例断没。三十年,又定市舶抽分杂禁,凡二十一条。(《元史》卷九四《食货志二·市舶》)

铁冶：

世祖中统三年正月，诸王塔齐尔，请置高丽铁冶，从之。……四年正月，领部阿哈玛，特请兴河南等处铁冶，从之。四月，以漏籍户一万一千八百，附籍四千三百，于各处起冶,岁课铁四百八十万七千斤。(《续通考》卷二三《征榷考六》)

成宗元贞元年西历一二九五年，又置河东、山西铁冶提举司。武宗至大元年西历一三〇八年，罢顺德、广平铁冶提举司，听民自便，有司税之如旧。后各路所设铁冶官，或归中政院，或仍以其事隶有司，或以年饥而免其课，皆因时制宜，无定制也。(《续通典》卷一四《食货一四》)

此外有额外课，名目至多，大半皆为苛税。

元有额外课。谓之额外者，岁课皆有额，而此课不在其额中也。……课之名，凡三十有二：其一曰历日，二曰契本，三曰河泊，四曰山场，五曰窑冶，六曰房地租，七曰门摊，八曰池塘，九曰蒲苇，十曰食羊，十一曰荻苇，十二曰煤炭，十三曰撞岸，十四曰山查，十五曰曲，十六曰鱼，十七曰漆，十八曰酵，十九曰山泽，二十曰荡，二十一曰柳，二十二曰牙例，二十三曰乳牛，二十四曰抽分，二十五曰蒲，二十六曰鱼苗，二十七曰柴，二十八曰羊皮，二十九曰磁，三十曰竹苇，三十一曰姜，三十二曰白药。（《元史》卷九四《食货志·二额外课》）

(5) 币　制

宋、金、元皆亡于钞法，大约钱少始用钞，钞弊遂通用银矣。

（甲）银

《宋史》仁宗景祐二年西历一〇三五年，诏：福建、二广，岁输缗钱易以银。此银为"岁赋征银"之始。绍熙中，臣僚言，今之为绢者，一倍折而为钱，再倍折而为银，银愈贵，钱愈难得。此又南宋时"折绢收银"之始。金章宗承安五年宋宁宗庆元六年，西历一二〇〇年，以旧例银每锭重五十两，一其直钱百贯，民间或有截凿用之者，其价亦随轻重为低昂，乃更铸承安宝货，一两至十两，分五等，凡官俸、军须，皆银、钞兼支。此"朝廷用银"之始。宣宗兴定三年宋宁宗嘉定十二年，西历一二一九年，省臣奏，向来犯赃者，计钱论罪则太重，于是以银为则，每两作钱二贯。今受通宝赃钞也至三十贯者，已得死刑，若准以金银价，才为钱四百有奇，则当杖，实觉轻重悬殊，遂准犯时银论罪。此以银计赃之始。是时又诏除市易用银，及银与宝泉相易之禁。其后哀宗正大间，民间但以银市易，并钱钞亦废矣。元宪宗五年，定汉民包银额，征四两者，以半输银，半折丝绢等物。因张晋亨言，五方土产各异，必责以输银，有破产不能办者，乃诏民听输土物，不复征银。(赵翼《陔馀丛考》卷三〇)

（乙）钱

钱有铜、铁二等，而折二、折三、当五、折十，则随时立制。行之久者，唯小平钱。夹锡钱最后出，宋之钱法，至是而坏。……太祖初铸钱，文曰宋通元宝。……太宗改元太平兴国,更铸太平通宝,淳化更铸,又亲书淳化元宝,作真、行、草三体。后改元更铸，皆曰元宝，而冠以年号……熙宁四年，陕西转运副使皮公弼……请以旧铜铅尽铸。诏听之。自是"折二"钱遂行于天下。……熙、丰间，铜铁钱常并行，铜钱千，易铁钱千五百……及后铜钱日少,铁钱滋多。绍圣初,铜钱千，遂易铁钱二千五百，铁钱寖轻。……蔡京当政……令陕西及江、池、饶、建州，以岁所铸"小平钱"增料，改铸"当五"大铜钱……继而并令舒、睦、衡、鄂钱监……铸"折十钱"……募私铸人一为官匠，并其家，设营以居之，号"铸钱院"……崇宁四年,立钱纲验样法。……缗用铜九斤七两有奇,铅半之，锡居三之一。诏颁其式于诸路……蔡京主行"夹锡钱"……其法以夹锡钱一，折铜钱二，每缗用铜八斤，黑锡半之，白锡又半之。……夹锡钱既复推行，钱轻不与铜等，而法必欲其重，乃严擅易抬减之令。凡以金银、丝帛等物贸易，有弗受夹锡，须要铜钱者，听人告论，以法惩治。市井细民，朝夕鬻饼饵熟食以自给者,或不免于告罚。(《宋史》卷一八〇《食

货志下二》）

鼓铸之法，先代撒剌的为夷离堇，以土产多铜，始造钱币。……太宗置五冶太师，以总四方钱铁。……景宗以旧钱不足于用，始铸“乾亨新钱”……圣宗……铸“太平钱”，新旧互用。……道宗之世，钱有四等：曰“咸雍”，曰“太康”，曰“大安”，曰“寿隆”……天祚之世，更铸“乾统”“天庆”，二等新钱，而上下穷困，府库无余积。（《辽史》卷六〇《食货志下》）

金初用辽、宋旧钱……正隆二年，历四十余岁，始议鼓铸。……三年宋高宗绍兴二十八年，西历一一五八年二月，中都置钱监二，东曰宝源，西曰宝丰。京兆置监一，曰利用。三监铸钱，文曰“正隆通宝”，轻重如宋小平钱，而肉好，字文峻整过之，与旧钱通用。……章宗泰和四年……铸大钱，一直十，篆文曰“泰和重宝”。（《金史》卷四八《食货志三》）

元之交钞、宝钞，虽皆以钱为文，而钱则弗之铸也。武宗至大三年西历一三一〇年，初行钱法，立资国院、泉货监以领之。其钱曰“至大通宝”者，一文准至大银钞一厘；曰“大元通宝”者，一文准至大通宝钱一十文。历代铜钱，悉依古例，与至大钱通用。其当五、当三、折二，并以旧数用之。明年，仁宗复下诏，以鼓铸弗给，新旧资用，其弊滋甚，与银钞皆废不行，所立院、监，亦皆罢革，而专用至元、中统钞云。（《元史》卷九三《食货志一·钞法》）

当时使用之钱数目，虚而不足。

自唐天祐中，兵乱窘乏，以八十五钱为百。后唐天成中，减五钱，汉乾祐初，复减三钱。宋初凡输官者，亦用八十，或八十五为百，然诸州私用，则各随其俗，至有以四十八钱为百者。至是诏所在用七十七钱为百。(《宋史》卷一八〇《食货志下二》)

民间以八十为陌，谓之“短钱”，官用足陌，谓之“长钱”：大名男子斡鲁补者上言，谓官司所用钱，皆当以八十为陌，遂为定制。(《金史》卷四八《食货志三》)

（丙）钞

交子之法，盖有取于唐之飞钱。真宗时，张咏镇蜀，患蜀人铁钱重，不便贸易，设“质剂”之法，一交一缗，以三年为一界而换之。六十五年，为二十二界，谓之“交子”，富民十六户主之。后富民资稍衰，不能偿所负，争讼不息。转运使薛田、张若谷，请置益州交子务，以榷其出入，私造者禁之。仁宗从其议。界以百二十五万六千三百四十缗为额。……神宗熙宁二年，乃诏置交子务于潞州。……遂……罢之。四年，复行于陕西……未几竟罢。五年，交子二十二界将易，而后界给用已多，诏更造二十五界者百二十五万，以偿二十三界之数，交子有两界自此始。时交子给多而钱不足，致价大贱，既而竟无实钱，法不可行。……绍圣以后，界率增造，以给陕西沿边籴买，及募兵之用，少者数十万缗，多者或至数百万缗；而成都之用，又请印造，故每岁书放，亦无定数。……崇宁四年，令诸路更用“钱引”，准新样印制，四川如旧法。……时钱引通行诸路，惟闽、浙、湖、广不行，赵挺之以为闽乃蔡京乡里，故得免焉。……大观元年，诏改四川交子务为钱引务。自用兵取湟、廓、西宁，籍其法以助边费，较天圣一界，逾二十倍，而价愈损。及更界年，新交子一当旧者四……大凡旧造一界，备本钱三十六万缗，新旧相因。大观中，不蓄本钱，而增造无艺，至引一缗，当钱十数。(《宋史》卷一八一《食货志下三》)

高宗绍兴元年，有司因婺州屯兵，请桩办合用钱，而路不通舟，钱重难致。乃造“关子”，付婺州，召商人入中，执关子于榷货务请钱，愿得茶、盐、香货钞引者听。……六年……罢交子务，令榷货务储见钱，印造关子。二十九年，印“公据”、“关子”，付三路总领所：淮西、湖广关子各八十万缗，淮东公据四十万缗，皆自十千至百千凡五等。内“关子”作三年行使，“公据”二年，许钱银中半入纳。(《宋史》卷一八一《食货志下三》)

绍兴三十年，户部侍郎钱端礼，被旨造“会子”，储见钱于城，内外流转；其合发官钱，并许兑会子，输左藏库。……初行止于两浙，后通行于淮、浙、湖北、京西。除亭户盐本用钱，其路不通舟处，上供等钱，许尽输会子；其沿流州军，钱、会中半；民间典卖田宅、马牛、舟车等如之，全用会子者听。孝宗隆兴元年，诏……更造五百文会，又造二百、三百文会。……宁宗嘉定二年西历一二〇九年，以三界会子数多，“称提”收回也无策……诏封桩库拨金……度牒……官告陵纸、乳香……收易旧会，品搭入输。以旧会之二，易新会之一。……理宗淳祐七年，以……会子更不立限，永远行使。(《宋史》卷一八一《食货志下三》)

以上宋之钞法。

海陵庶人贞元二年宋高宗绍兴二十四年，西历一一五四年，迁都之后，户部尚书蔡松年，复钞引法，遂制交钞，与钱并用。……初贞元间，既行钞引法，遂设印造钞引库及交钞库……印一贯、二贯、三贯、五贯、十贯五等，谓之“大钞”；一百、二百、三百、五百、七百五等，谓之“小钞”。与钱并行，以七年为限，纳旧易新。犹循宋张咏四川交子之法，而纾其期尔，盖亦以铜少权制之法也。时有欲罢之者，至是大定二十九年二监既罢，有司言：“交钞旧同见钱，商旅利于致远，往往以钱买钞，盖公私俱便之事，岂可罢去！止因有厘革年限，不能无疑，乞削七年厘革之法，令民得常用。若岁久字文磨灭，许于所在官库，纳旧换新，或听便支钱。”遂罢七年厘革之限，交钞字昏方换，法自此始，而收敛无术，出多入少，民寖轻之。厥后其法屡更，而不能革弊，亦始于此焉。(《金史》卷四八《食货志三》)

交钞之制，外为阑，作花纹，其上衡书贯例，左曰：“某字料。”右曰：“某字号。”料号外，篆书曰：“伪造交钞者斩，告捕者，赏钱三百贯。”料号衡阑下曰：“中都交钞库，准尚书户部符，承都堂札付户部覆点勘，令史姓名押字。”又曰：“圣旨印造逐路交钞，于某处库纳钱换钞，更许于某处库纳钞换钱，官私同见钱流转。”其钞不限年月行用，如字文故暗，钞纸擦磨，许于所属库司，纳旧换新。若到库支钱，或倒换新钞，每贯克工墨钱若干文。库掐、攒司、库副、副使、使各押字，年月日。印造钞引库库子、库司、副使各押字，上至尚书户部官亦押字。其搭印支钱处合同，余用印，依常例。(《金史》卷四八《食货志三》)

章宗明昌五年宋光宗绍熙五年，西历一一九四年三月，宰臣奏："民间钱所以艰得，以官豪家多积故也。……"定制令官民之家以品从物力限见钱，多不过三万贯，猛安谋克则以牛具为差，不得过万贯，凡有所余，尽令易诸物收贮之。有能告数外留钱者……以十之一为赏，余皆没入。……国虚民贫，经用不足，专以交钞愚百姓，而法又不常……以至泰和三年**宋宁宗嘉泰三年，西历一二〇三年**，其弊弥甚，乃谓宰臣曰："大定间钱至足，今民间钱少，而又不在官，何耶？"……七年……七月……敕："民间之交易、典质，一贯以上，并用交钞，毋得用钱。须立契者，三分之一用诸物。……商旅赍见钱，不得过十贯。"……濮王守纯……奏曰："自古军旅之费，皆取于民，向朝廷以小钞殊轻……复禁用钱。小民浅虑，谓楮币易坏，不若钱可久，于是得钱则珍藏，而券则亟用之，惟恐破裂而至于废也。今朝廷知支而不知收，所以钱日贵，而券日轻。"（《金史》卷四八《食货志三》）

章宗寻崩，卫绍王继立。大安二年**宋宁宗嘉定三年，西历一二一〇年**，溃河之役，至以八十四车为军赏，兵衄国残，不遑救弊，交钞之轻，几于不能市易矣。至宣宗贞祐二年**宋嘉定七年，西历一二一四年**二月，思有以重之，乃更作二十贯至百贯例交钞，又造二百贯至千贯例者。然自泰和以来……至是则愈更而愈滞矣。南迁之后，国蹙民困，军旅不息，供亿无度，轻又甚焉。三年……七月，改交钞名为"贞祐宝券"……平章高琪奏："军兴以来，用度不赀，惟赖宝券，然所入不敷所出，是以寖轻，今千钱之券，仅直数钱。"……造"贞祐通宝"。兴定元年二月，始诏行之，凡一贯当千贯……五年闰十二月，宰臣奏："向者宝券既弊，乃造贞祐通宝以救之，迄今五年，其弊又复如宝券之末。初通宝四贯，为银一两，今八百余贯矣。

宜复更造‘兴定宝泉’……每贯当通宝四百贯，以二贯为银一两……”元光元年二月，始诏行之。二年五月，更造每贯当通宝五十，又以绫印制“元光珍货”，同银钞及余钞行之。行之未久，银价日贵，宝泉日贱，民但以银论价。至元光二年，宝、泉几于不用，乃定法，银一两不得过宝泉三百贯，凡物可直银三两以下者，不许用银，以上者三分为率，一分用银，二分用宝泉及“珍货重宝”。京师及州郡，置平准务，以宝、泉银相易，其私易及违法，而能告者罪赏有差。是令既下，市肆昼闭，商旅不行，朝廷患之，乃除市易用银，及银、宝泉私相易之法。然上有限用之名，而下无从令之实，有司虽知，莫能制矣。义宗正大间，民间但以银市易。(《金史》卷四八《食货志三》)

以上金之钞法。

世祖中统元年，始造交钞，以“丝”为本。每银五十两，易丝钞一千两，诸物之直，并从丝例。是年十月，又造“中统元宝钞”。其文以十计者四：曰一十文、二十文、三十文、五十文。以百计者三：曰一百文、二百文、五百文。以贯计者二：曰一贯文、二贯文。每一贯同交钞一两，两贯同白银一两。又以文绫织为“中统银货”。其等有五：曰一两、二两、三两、五两、十两。每一两，同白银一两，而银货盖未及行云。……至元十二年，添造“厘钞”。其例有三：曰二文、三文、五文。……十五年，以厘钞不便于民，复命罢印。然元宝、交钞，行之既久，物重钞轻。二十四年，遂改造“至元钞”，自二贯至五文，凡十有一等，与中统钞通行。每一贯文，当中统钞五贯。……随路设立官库贸易金银，平准钞法。每花银一两入库，其价至元钞二贯……赤金一两入库二十贯……”至大二年，武宗复以物重钞轻，改造“至大银钞”，自二两至二厘，定为一十三等。每一两准至元钞五贯，白银一两，赤金一钱。……大抵至元钞五倍于中统，至大钞又五倍于至元。然未及期年，仁宗即位，以倍数太多，轻重失宜，遂有罢银钞之诏。而中统至元二钞，终元之世，盖常行焉。（《元史》卷九三《食货志一·钞法》）

至正十年西历一三五〇年十一月……更定钞法，诏曰：“爰自世祖颁行中统、交钞，以钱为文，厥后造至元宝钞，以一当五，名曰子母相权，而钱实未用。历岁滋久，钞法偏虚，物价腾踊，民用匮乏。其以中统、交钞一贯文，省权铜钱一千文，准至元宝钞二贯，仍铸至正通宝钱，与历代铜钱并用，以实钞法，可颁示天下。”（邵远平《元史类编》卷一〇《顺帝纪》）

中书左丞叶公亦愚李，钱塘人，宋太学生。上书诋贾似道公田关子不便，专权误国。似道怒，嗾林德夫告公泥金饰斋扁不法，令狱吏鞫之。云：“只要你做一个麻糊。”……遂遭黥，流岭南。……归附后入京，上书言时相，并献“至元钞样”。此样在宋时固尝进呈，请以代关子。朝廷不能用，故今别改年号而复献之。世皇嘉纳，使用铸板。（陶宗仪《辍耕录》卷一九）

以上元之钞法。

(6) 江浙官田

建炎元年西历一一二七年,籍蔡京、王黼等庄,以为“官田”,诏见佃者就耕,岁减租二分。……开禧三年西历一二〇七年,韩侂胄既诛,金人讲解。明年嘉定元年,用廷臣言,置安边所,凡侂胄与其他权幸没入之田,及围田、湖田之在官者皆隶焉。输米七十二万二千七百斛有奇,钱一百三十一万五千缗有奇,籍以给行人金、缯之费。……理宗景定四年元世祖中统四年,西历一二六三年,殿中侍御史陈尧道、右正言曹孝庆、监察御史虞虑、张晞颜等,言廪兵、和籴、造楮之弊,“乞依祖宗限田,议自两浙、江东西,官民户逾限之田,抽三分之一,买充公田。得一千万亩之田,则岁有六七百万斛之入,可以饷军,可以免籴,可以重楮,可以平物而安富,一举而五利具矣”。有旨从其言。……丞相贾似道奏:“救楮之策,莫切于住造楮,住造楮莫切于免和籴,免和籴莫切于买逾限田。”因历诋异议者之非。(《宋史》卷一七三《食货志上一》)

买公田以罢和籴,浙西田亩有值千缗者,似道均以四十缗买之。数稍多,予银绢;又多予度牒,告身。吏又恣为操切,浙中大扰。有奉行不至者,提领刘良贵劾之。有司争相迎合,务以买田多为功,皆缪以七八斗为石。其后田少与硗瘠、亏租,与佃人负租而逃者,率取偿田主。六郡之民,破家者多。包恢知平江,督买田,至以肉刑从事。(《宋史》卷四七四《贾似道传》)

贾似道行公田，为一代大政，世多加以非议，独周密言其经制甚详，持论亦颇公允。

景定二年壬寅，贾师宪丞相欲行富国强兵之策。是时刘良贵为都漕尹天府，吴势卿饷淮东，入为浙漕，遂交赞公田之事。欲先行之浙右，候有端绪，则诸路仿行之。于是殿院陈尧道、正言曹孝庆等合奏，谓限田之法，自昔有之。买官户逾限之田，严归并飞走之弊，回买官田可得一千万亩，则每岁六七百万之入，其于军饷沛然有余。可免和籴，可以饷军，可以住造楮币，可平物价，可安富室。一事行而五利兴，实为无穷之利。御笔批依，而买田之事起矣。时势卿已死，良贵独任提领之职，以太府丞陈訔为检阅官以副之。且乞内批下都省，严立赏罚，究归并之弊。然上意终出勉强，内批云："永免和籴，无如买逾限之田为良法。然东作方兴，权俟秋成，续议施行。"则上意盖可见矣。贾相愤然以去就争之，于是再降圣旨云："买田永免和籴，自是良法美意，要当始于浙西，庶他路视为则也。所在利病各有不同，行移难于一律，可令三省照此施行。"既而贾相内引入札，力言其便，御笔遵依，转札侍从、台谏、给舍、左右司、三省奉行惟谨焉。贾相遂先以自己浙西万亩为官田表倡，嗣荣王继之，浙西师机赵孟奎，亦申省自陈投卖。自是朝野卷舌，噤不敢发一语。独礼书夕郎徐经孙一疏，力陈买田之害，言多剀切，竟不付外。遂四乞休致，而寂无和之者。先是议以官品逾限田外，"回买"立说，此犹有抑强嫉富之意。既而转为"派买"之说，除二百亩已下免行派买外，余悉各买三分之一，及其后也，虽百亩之家亦不免焉。立价以租一石者，偿十八界四十楮，不及石者，价随以减。买数少者则全支楮券，稍多则银券各半，又多则副以度牒，至多则加以登仕、将仕、校尉、承信、承节、安人、孺人告身。准直以登仕三千楮，将仕千楮，许赴漕试，校尉万楮，承信万五千，承节二万，则理为进纳，安人四千，孺人二千，此则几于白没矣。遂檄府丞陈訔往湖、秀，将作丞廖邦杰往常、润，任督催之职。六郡则又有专官：平江则知郡包恢，抚参成公策；嘉兴则知郡潘墀，抚干李补，寓公焦焕炎；安吉则知郡谢弈焘，寓公赵与訔，抚干王唐珪；临安察判马元演；常州则知郡洪穮，运属刘子耕；镇江则知郡章坰，漕司准遣郑梦熊；江阴则知军杨珏，准遣谢司户黄伸。并俟竣事各转一官。选人减一，前守臣并以主管公田系衔。既而提领刘佐司，劾罢嘉兴宰段浚、宜兴宰叶慹佐以不即奉行之罪。又按长洲宰何九龄，追毁告身，永不收叙。以不合出给官由，令田主包纳，失田业相维之初意。至五月，乃命江阴、平江隶浙西宪司，安吉、嘉兴隶两浙漕司，常州、镇江隶总所。每岁秋租输之官仓，特与减饶二分，或水旱则别议收数。遂立四分司：王大吕，平江；方梦玉，嘉兴；董楷，安吉；黄震，镇江、常州、江阴三郡。初以选人为之，任满理为须入。州、县、乡、都，则分差庄官，以富饶者充应，两年一替。每乡创官庄一所，每租一石，明减二斗，不许多收斛面。约束虽严详，而民之受害亦不少。其间毗陵、澄江，一时迎合，止欲买数之多。凡六斗、七斗者，皆作一石。及收租之际，元额有亏，则取足于田主，以为无穷之害。或内有硗瘠，及租佃顽恶之处，又从而责换于田主，其害尤惨。时中书刘震孙与京尹魏克愚湖边倡和，词语偶犯时忌，则随命劾去之。甲子秋，彗见求言。公卿、大夫、士庶始得以伸田里愁叹不平于上，然至此业已成矣。贾相遂力辨人言，丐辞相位。御笔答云：“言事易，任事难，自古然也。使公田之策不可行，则卿建议之始，朕已沮之矣。惟其上可以免朝廷造楮币之费，下可以免浙右和籴之扰，公私兼济，所以命卿决意举行之。今业已成矣，一岁之军饷，皆仰给于此。若遽因人言而罢之，虽可以快一时之异议，其如国计何？如军饷何？卿既任事，亦当任怨，礼义不愆，何恤人言。卿宜安心奉职，毋孤朕倚毗之意。”自此公沦颇沮，而刘良贵以人言藉藉，遂陈“括田”之劳，乞从罢免，不允。至咸淳戊辰正月，遂罢庄官，改为召佃。或一二千，或数百亩，召人承佃，自耕自种，自运自纳，止令分司任责拘催。凡承佃之家，复以二分优之。且以既罢庄官，则分司恐难任责，平江增差催督官三员，安吉、嘉兴各一员，常州二员，镇江、江阴共一员，从各分司奏辟。时提领官编修黄梦炎也。既而常、润分司刘子澄，力陈毗陵向来多买虚数之弊，遂下提领所，径将常州公租，拨隶淮东总领所催纳。殊不知朝廷既不可催，总所又可催乎？当是时，人不敢言而敢怨，南康江天锡以入奏而罢言职，教授谢枋得以发策而遭贬斥，大社令杜渊、太常簿陆逵、国子簿谢章皆于轮对及之，或逐去，或补外。至乙亥春，贾既去国，北军已抵昇、润，察院季可奏乞罢公田之籍以收农心。谓“此事苛扰，民皆破家荡产，怨入骨髓。若尽还原主，免索原钱，而除其籍，庶使浙西之人，永绝公田之苦”。然而仅放欠租，季遂再奏，始有旨云：“公田之创，非理宗之本意。稔祸召怨，最为民苦，截日住罢。其田尽给付原佃主，仰率租户、义兵，会合防拓。”其后勘会，谓招兵非便。且其田当还业主，于种户初无相干。

秋成在迩，饷军方急，合且收租一年。其还田指挥，候秋成后，集议施行。有旨将平江、嘉兴、安吉公田，照指挥蠲放，却从朝廷照净催米数回籴。其钱一半给佃主，一半给种户，以溥实惠，然则业主竟无与矣。只业主、佃主之分，当时用事者，亦不能晓，况大于此者？然边遽日急，是时仍收公租，还田之事，竟不及行，呜呼悲哉！昔隋凿汴渠以召民怨，乃为宋漕运之利。今宋夺民田以失人心，乃为大元饷军之利。古今害民兴利之事，于此亦可鉴矣，於戏悲哉！（周密《齐东野语》卷一七）

此种官田，至元时颁赐之于臣下。

江苏田粮之重……比他处独重……今检宋、元二《史》，究其由来。……元代所赐臣下之田，……即南宋之入官田，内府庄田即贾似道创议所买之公田也。《宋史》朱勔败，籍其家田至三十万亩。建炎元年，籍蔡京、王黼等庄以为官田。……共收米七十二万一千七百斛，钱一百三十一万五千缗。后理宗又诏华亭奉宸庄，亦助边费。景定四年，陈尧道……倡议买公田，贾似道主之。平江、江阴、安吉、常州、镇江六郡，共买田三百五十余万亩。德祐元年，又以阎贵妃集庆寺田、贾贵妃演福寺田皆入安边所。元之有天下也，此等田皆别领于官。其赏赐臣下，则有如世祖赐郑温常州田三十顷，叶李平江田四顷，又以王积翁使日本被害于途，赐其子都中平江田八千亩。武宗赐雕阿不剌平江田一千五百顷。仁宗赐丑驴答剌罕平江田百顷。英宗赐拜珠平江田万亩。文宗赐雅克特穆尔平江官地五百顷……又赐鲁国大长公主平江等处官田三百顷。雅克特穆尔又奏："松江淀山湖田五百顷，当入官粮七千七百石，臣愿增为万石入官，令人佃种，以所得余米，赡臣弟萨敦。"顺帝以完者铁木儿苏州田二百顷，赐郯王彻彻秃，又赐公主不答昔你平江田五十顷。此皆见于《元史》本纪，及各本传者。……可见皆宋末官田，平宋后仍入于官，故得任意赏赐。……元时，又籍宋后妃田以供太后，曰江淮财赋都总管府；又籍朱清、张瑄等田，以供中宫，曰江浙财赋府；又籍朱国珍、管明等田，以赐丞相托克托，曰稻田提领所；又有拨赐庄，领宋亲王及新籍明庆、妙行二寺田，并白云宗僧田，皆不隶州县，此又元时所增官田也。（赵翼《廿二史劄记》卷三〇《元代以江南田赐臣下》）

天下官田……累朝以是田分赐诸王、公主、驸马及百官、宦者、寺观之属……其受田之家，各任土著奸吏为赃官，催甲斗级，巧名多取；又且驱迫邮传，征求饩廪，折辱州县，闭偿逋负，至仓之日，变鬻以归。官司交忿，农民窘窜。（《元史》卷一七五《张珪传》）

(7) 物　产

（甲）农产最著者为茶与棉花

茶:

茶有二类，曰片茶，曰散茶。"片茶"蒸造实卷模中串之，惟建、剑则既蒸而研，编竹为格，置焙室中，最为精洁，他处不能造。有"龙凤""石乳""白乳"之类十二等，以充岁贡及邦国之用。其出虔、袁、饶、池、光、歙、潭、岳、辰、沣州、江陵府、兴国临江军，有“仙芝”“玉津”“先春”“绿芽”之类二十六等，两浙及宣、江、鼎州，又以上、中、下或第一至第五为号。“散茶”出淮南、归州、江南、荆湖，有“龙溪”“雨前”“雨后”之类十一等，江、浙又有以上、中、下或第一至第五为号者。(《宋史》卷一八三《食货志下五》)

茶之产于东南者，浙东西、江东西、湖南北、福建、淮南、广东西，路十，州六十有六，县二百四十有二。雪川顾渚生石上者，谓之“紫笋”，毗陵之“阳羡”，绍兴之“日铸”，婺源之“谢源”，隆兴之“黄龙”“双井”，皆绝品也。……建宁腊茶，北苑为第一，其最佳者曰“社前”，次曰“火前”，又曰“雨前”，所以供玉食，备赐予。……大观以后，制愈精，数愈多，胯式屡变，而品不一……蜀茶之细者，其品视南方已下，惟广汉之“赵坡”，合州之“水南”，峨眉之“白牙”，雅安之“蒙顶”，土人亦珍之，但所产甚微，非江、建比也。(《宋史》卷一八四《食货志下六》)

棉:

古时未有棉布，凡布皆麻为之。《记》曰:“治其麻丝，以为布帛”是也。木棉作布，邱文庄谓元时始入中国……棉花布惟交广有之，其种其法，俱未入中土。……陶九成《辍耕录》，记松江乌泥泾，土田硗瘠，谋食不给，乃觅木棉种于闽广，初无踏车推弓之制，率用手去其子，线弦竹弧，按掉而成，其功甚艰。有黄道婆自崖州来，教以纺织，人遂大获其利。未几道婆卒，乃立祠祀之。三十年祠毁，乡人赵愚轩重立云。九成元末人，当时所记立祠始末如此，益可见黄道婆之事未远，而松江之有木棉布，实自元始也。《琅邪代醉编》，又谓棉花乃番使黄始所传，今广东人立祠祀之。合诸说观之，盖其种本来自外番，先传于粤，继及于闽，元初始至江南，而江南又始于松江耳。《元世祖本纪》：至元二十六年，置浙东、江东、江西、湖广、福建木棉提举司，责民岁输木棉布十万匹。……木棉特设专官，则其初为民利可知。（赵翼《陔馀丛考》卷三〇）

（乙）矿　产

"白矾"出晋、慈、坊州，无为军及汾州之灵石县，"绿矾"出慈、隰州及池州之铜陵县。（《宋史》卷一八五《食货志下七》）

"金"产商、饶、歙、抚四州，南安军。"银"产凤、建、桂阳三州……饶、信、虔、越、衢、处、道、福、汀、漳、南剑、韶、广、英、连、恩、春十七州，建昌、邵武、南安三军……秦、陇、兴元三州……"铜"产饶、处、建、英、信、汀、漳、南剑八州，南安、邵武二军……"铁"产徐、兖、相三州……河南、凤翔、同、虢、仪、蕲、黄、袁、英九州，兴国军……晋、磁、凤、沣、道、渠、合、梅、陕、耀、坊、虔、汀、吉十四州……信、鄂、连、建、南剑五州，邵武军……"铅"产越、建、连、英、春、韶、衢、汀、漳、南剑十州，南安、邵武二军……"锡"产河南、南康、虔、道贺、潮、循七州，南安军……"水银"产秦、阶、商、凤四州……"硃砂"产商、宜二州。（《宋史》卷一八五《食货志下七》）

广西诸洞产生金，洞丁皆能淘取。其碎粒如蚯蚓泥，大者如甜瓜子，故世名"瓜子金"。其碎者如麦片，则名"麸皮金"，金色深紫，比之寻常金色，复加二等，此金之绝品也。银之品，有纹如罗甲者，有松纹者，有中洼而郭高者，皆为精银，其绝品则色青。故官品有金紫银青之目，盖金至于紫，银至于青，为绝品也。（周密《癸辛杂识续集下》）

铜铁铅锡坑冶者，闽、蜀、湖、广、江、淮、浙路皆有之。祖宗时，天下岁产铜七百五万斤，铁一百十六万斤，铅三百二十一万斤，锡七十六万斤，皆有奇。渡江后，其数日减，至绍兴末，江东西、福建、广西、湖南、潼川府、利路十四州，岁产铜二十六万三千一百六十九斤九两。江东西、广西、湖南、福建二十州，产铁八十八万三百二斤十三两，而蜀中所产不与焉。江、湖、闽、广、浙东二十州，产铅十九万一千二百四十斤十三两。湖、广、四川，产锡二万五百四十八斤六两。视祖额，铁才及四分余，铅及六厘，铜及四厘，锡及三厘，皆弱。东南铁锡，输岑水、铅山、永兴、兴利四场，浸铜为泉司之用。惟川铁以铸钱云。旧婺州铜，融、福、峡州、南安军铅，赣、宜州、南安军锡坑皆废。胆铜者，盖以铁为片，浸之胆水中，后数十日即成铜。凡铜场十四，铁场三十八，铅场二十四，锡场五云。（李心传《建炎以来朝野杂记》甲集卷一六）

（二）学术思想

（1）理　学

（甲）理学之起源

周子《太极图》，创自河上公，乃方士修炼之术也……周子更为《太极图》，穷其本而反于老、庄……但缀《说》于图，而又冒为《易》之太极，则不侔矣。……考河上公本图，名《无极图》，魏伯阳得之以著《参同契》，钟离权得之以授吕洞宾。洞宾后与陈图南同隐华山，而以授陈抟，陈刻之华山石壁，陈又得《先天图》于麻衣道者，皆以授种放。放以授穆修与僧寿涯，修以《先天图》授李挺之，挺之以授邵天叟，天叟以授子尧夫。修以《无极图》授周子，周子又得先天地之偈于寿涯。其图自下而上，以明逆则成丹之法。（黄宗羲《宋元学案》卷一二）

至宋中叶，周敦颐出于舂陵，乃得圣贤不传之学，作《太极图说》《通书》，推明阴阳五行之理，命于天而性于人者，了若指掌。张载作《西铭》，又极言理一分殊之情，然后道之大原，出于天者，灼然而无疑焉。仁宗明道初年，程颢及弟颐实生，及长受业周氏，已乃扩大其所闻，表章《大学》《中庸》二篇，与《语》《孟》并行……融会贯通，无复余蕴。迄宋南渡，新安朱熹得程氏正传，其学加亲切焉。大抵以格物致知为先，明善诚身为要，凡《诗》《书》、六艺之文，与夫孔、孟之遗言，颠错于秦火，支离于汉儒，幽沉于魏晋六朝者，至是皆焕然而大明，秩然而各得其所。……邵雍高明英悟，程氏实推重之。(《宋史》卷四二七《道学传序》)

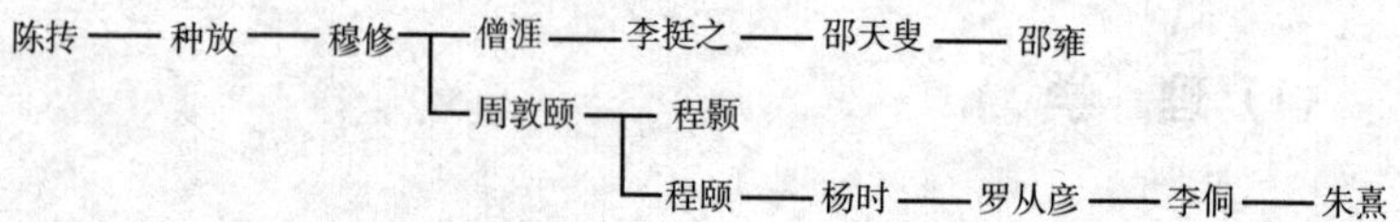

按：理学有表里二端，以儒家为表，而以释道为里。儒家自汉学琐碎、六朝空虚以后，孔孟之道已若存若亡；自王通、韩愈，论道论性，其义稍彰；宋儒继之，究心修己治平之道。起于人伦，终于万物，舍传注而言经，以疑古为翻案，此其表也；论其里，则混合禅宗及《参同契》之说，以言心言性，由致知格物而归本于太极、无极，标举主敬主静之说，以为为学之方。冶儒、释、道为一炉，集中国、印度思想之大成。自宋迄清，理学之思想规律，深入上层社会，影响甚巨。

（乙）理学派别

周敦颐，字茂叔，道州湖南道县营道人。家庐山莲花峰下。前有溪，合于湓江，取营道所居濂溪以名之。……博学力行，著《太极图》，明天理之根源，究万物之终始。其说曰："无极而太极。太极动而生阳，动极而静，静而生阴，静极复动，一动一静，互为其根，分阴分阳，两仪立焉。阳变阴合……五气顺布，四时行焉。五行一阴阳也，阴阳一太极也。太极本无极也。五行之生也，各一其性。无极之真，二五之精，妙合而凝，乾道成男，坤道成女。二气交感，化生万物……

惟人也得其秀而最灵，形既生矣，神发知矣，五性感动，而善恶分，万事出矣。圣人定之以中正仁义，而主静，立人极焉。……故曰：'立天之道，曰阴与阳。立地之道，曰柔与刚。立人之道，曰仁与义。'又曰：'原始反终，故知死生之说。'大哉《易》也，斯其至矣。"又著《通书》四十篇，发明太极之蕴。(《宋史》卷四二七《周敦颐传》)

程颢，字伯淳，世居中山，后从开封徙河南。……自十五六时，与弟颐闻汝南周敦颐论学，遂厌科举之习，慨然有求道之志。泛滥于诸家，出入于老、释者几十年，返求诸《六经》，而后得之。……教人自致知至于知止，诚意至于平天下，洒扫应对至于穷理尽性，循循有序。病学者厌卑近而骛高远，卒无成焉，故其言曰："……昔之害近而易知，今之害深而难辨。昔之惑人也乘其迷暗，今之惑人也因其高明。自谓之穷神知化，而不足以开物成务，言为无不周遍，实则外于伦理，穷深极微，而不可以入尧、舜之道。天下之学，非浅陋固滞，则必入于此。自道之不明也，邪诞妖妄之说竞起，涂生民之耳目，溺天下于污浊，虽高才明智，胶于见闻，醉生梦死，不自觉也。是皆正路之榛芜，圣门之蔽塞，辟之而后可以入道。"颢之死……文彦博采众论，题其墓曰明道先生。(《宋史》卷四二七《程颢传》)

程颐，字正叔。……胡瑗问……学之道如何？曰：天地储精，得五行之秀者为人，其本也，真而静，其未发也。五性具焉，曰仁、义、礼、智、信。形既生矣，外物触其形而动其中矣，其中动而七情出焉，曰喜、怒、哀、乐、爱、恶、欲。情既炽而益荡，其性凿矣。是故觉者，约其情，使合于中，正其心，养其性……然学之道，必先明诸心，知所养；然后力行以求至，所谓自明而诚也。诚之之道，在乎信道笃，信道笃则行之果，行之果则守之固，仁义忠信不离乎心，造次必于是，颠沛必于是，出处语默必于是，久而弗失，则居之安，动容周旋中礼，而邪僻之心无自生矣。……颐于书无所不读，其学本于诚，以《大学》《语》《孟》《中庸》为标指，而达于《六经》。……著易、春秋《传》，以传于世。……平生诲人不倦，故学者出其门最多……世称为伊川先生。(《宋史》卷四二七《程颐传》)

张载，字子厚，长安人。……谒范仲淹……因劝读《中庸》。载读其书，犹以为未足，又访诸释、老，累年究极其说……反而求之《六经》。……为祁州司法参军、云岩令。政事以敦本善俗为先，每月吉，具酒食，召乡人高年会县庭，亲为劝酬。使人知养老事长之义，因问民疾苦，及告所以训戒子弟之意。……与诸生讲学，每告以知礼成性、变化气质之道……故其学尊礼、贵德、乐天、安命，以《易》为宗，以《中庸》为体，以《孔》《孟》为法，……又论定井田、宅里、发敛、学校之法，皆欲条理成书，使可举而措诸事业。……载学古力行，为关中士人宗师，世称为横渠先生。著书号《正蒙》，又作《西铭》。(《宋史》卷四二七《张载传》)

邵雍，字尧夫。……河南人。……北海李之才摄共城令，闻雍好学……乃事之才，受《河图》、《洛书》、《宓羲》八卦、六十四卦图像。之才之传，远有端绪，而雍探赜索隐，妙悟神契，洞彻蕴奥，汪洋浩博，多其所自得者。……遂衍宓羲先天之旨，著书十余万言行于世……元祐中，赐谥康节。……所著书曰《皇极经世》《观物内外篇》《渔樵问对》，诗曰《伊川击壤集》。(《宋史》卷四二七《邵雍传》)

杨时，字中立，南剑将乐人。……河南程颢与弟颐，讲孔、孟绝学于熙、丰之际，河、洛之士翕然师之。时调官不赴，以师礼见颢于颍昌……又见程颐于洛……关西张载，尝著《西铭》，二程深推服之。时疑其近于兼爱，与其师颐辨论往复，闻理一分殊之说，豁然无疑。……四方之士，不远千里从之游，号曰龟山先生。……既渡江，东南学者，推时为程氏正宗。……朱熹、张栻之学得程氏之正，其源委脉络，皆出于时。（《宋史》卷四二八《杨时传》）

罗从彦，字仲素，南剑人。……闻同郡杨时得河南程氏学，慨然慕之……遂徒步往学焉。……朱熹谓："龟山倡道东南，士之游其门者甚众，然潜思力行、任重诣极如仲素，一人而已。"……学者称之曰豫章先生。（《宋史》卷四二八《罗从彦传》）

李侗，字愿中，南剑州剑浦人。……闻郡人罗从彦得河洛之学，遂以书谒之……其言曰："学问之道，不在多言，但默坐澄心，体认天理。若是虽一毫私欲之发，亦退听矣。"……又曰："读书者知其所言，莫非吾事，而即吾身以求之，则凡圣贤所至，而吾所未至者，皆可勉而进矣。若直求之文字以资诵说，其不为玩物丧志者几希。"……吏部员外郎朱松，与侗为同门友，雅重侗，遣子熹从学，熹卒得其传。（《宋史》卷四二八《李侗传》）

朱熹，字元晦，一字仲晦，徽州婺源人。……家故贫，少依父友刘子羽，寓建之崇安福建崇安县，后徙建阳福建建瓯县之考亭……熹少时，慨然有求道之志。父松病亟，尝属熹曰："籍溪胡原仲、白水刘致中、屏山刘彦冲，三人学有渊源，吾所敬畏，吾即死，汝往事之，而惟其言是听。"三人谓胡宪、刘勉之、刘子翚也。故熹之学，既博求之经传，复遍交当世有识之士。延平李侗老矣，尝学于罗从彦，熹归自同安，不远数百里，徒步往从之。其为学，大抵穷理以致其知，反躬以践其实，而以居敬为主。尝谓圣贤道统之传，散在方册，圣经之旨不明，而道统之传始晦。于是竭其精力，以研穷圣贤之经训。所著书，有《易本义》《启蒙》《蓍卦考误》《诗集传》,《大学》《中庸》章句,《或问》,《论语》《孟子》集注,《太极图》《通书》《西铭解》,《楚辞》集注、辩证,《韩文考异》;所编次有《论孟集议》《孟子指要》《中庸辑略》《孝经刊误》《小学书》《通鉴纲目》《宋名臣言行录》《家礼》《近思录》《河南程氏遗书》《伊洛渊源录》,皆行于世。熹没，朝廷以其《大学》《语》《孟》《中庸》训说，立于学官。(《宋史》卷四二九《朱熹传》)

按：宋之理学，向分濂、洛、关、闽四派。所谓濂、洛、关、闽者，周敦颐、程颢与弟颐、张载、朱熹也。周居濂溪，二程洛阳人，张载关中人，朱熹侨居建州，故云。其学说之主张，撮志如下。

宗羲案：周子之学，以诚为本，从寂然不动处，握诚之本，故曰主“静”立极。(黄宗羲《宋元学案》卷一二)

唐一庵曰：“明道之学，嫡衍周派，一天人，合内外，主于‘敬’而行之以恕，明于庶物而察于人伦，务于穷神知化而能开物成务。”(黄宗羲《宋元学案》卷一四)

宗羲案：明道、伊川，大旨虽同，而其所以接人，伊川已大变其说，故朱子曰：“明道宏大，伊川亲切。大程夫子，当识其明快中和处，小程夫子，当识其初年之严毅，晚年又济以宽平处。”是自周元公主静、立人极开宗；明道以静字稍偏，不若专主于敬，然亦唯恐以把持为敬有伤于静，故时时提起。伊川则以敬字未尽，益之以穷理之说，而曰："涵义须用敬，进学在致知"，又曰："只守一个敬字，不知集义却是都无事也然"随曰:"敬以直内，义以方外"……义是敬之著，敬是义之体……自此皆一立，至朱子又加详焉。（黄宗羲《宋元学案》卷一六）

横渠先生，"精思力践"，毅然以圣人之事为己任。凡所议论，率多超卓。至于变化气质，谓:"形而后有气质之性。善反之，则天地之性存焉。故气质之性，君子有弗性焉。"此尤自昔圣贤之所未发，警教后学最为切至者也。（黄震《黄氏日抄》卷三三）

古人所以从事于学者，其果何为而然哉？天之生斯人也，则有常性。人之立于天地之间也,则有常事。在身有一身之事，在家有一家之事，在国有一国之事。……弗胜其事，则为弗有其性；弗有其性，则为弗克若天矣。克保其性而不悖其事，所以顺乎天也。然则舍讲学其能之哉！凡天下之事，皆人之所当为。君臣、父子、兄弟、夫妇、朋友之际，人事之大者也。以至于视听言动，周旋食息，至纤至悉，何莫非事者。一事之不贯，则天性之陷溺也。然则讲学其可不汲汲乎！学所以明万事而奉天职也。虽然事有其理而著于吾心。心也者，万事之宗也。惟人放其良心，故事失其统纪。学也者，所以收其放而存其良也。夏葛而冬裘，饥食而渴饮，理之所固有，而事之所当然者，凡吾于万事，皆见其若是也，而后为当其可。学者，求乎此而已。（黄宗羲《宋元学案》卷四八）

与朱熹同时，有陆九渊一派，与之立异。

陆九渊，字子静。……谓人曰：“闻人诵伊川语，自觉若伤我者。”又曰：“伊川之言，奚为与孔子、孟子之言不类？近见其间多有不是处。”初读《论语》，即疑有子之言支离。他日读古书，至宇宙二字，解者曰“四方上下曰宇，往古来今曰宙”，忽大省曰：“宇宙内事，乃己分内事；己分内事，乃宇宙内事。”又尝曰：“东海有圣人出焉，此心同也，此理同也。至西海、南海、北海有圣人出，亦莫不然。千百世之上，有圣人出焉，此心同也，此理同也。至于千百世之下，有圣人出，此心此理，亦无不同也。”……还乡，学者辐凑，每开讲席，户外屦满，耆老扶杖观听。自号象山翁，学者称象山先生。尝谓学者曰：“汝耳自聪，目自明，事父自能孝，事兄自能弟，本无欠阙，不必它求，在乎自立而已。”又曰：“此道与溺于利欲之人言犹易，与溺于意见之人言却难。”或劝九渊著书，曰：“《六经》注我，我注《六经》。”又曰：“学苟知道，《六经》皆我注脚。”……初九渊尝与朱熹会鹅湖江西铅山县，论辨所学，多不合。……至于无极而太极之辨，则贻书往来论难不置焉。(《宋史》卷四三四《陆九渊传》)

按：自程颐以下，大抵主“格物”“致知”之说，至南宋朱熹，乃集此派学说之大成。陆九渊主张与朱氏不同，朱主道问学，陆主尊德性；朱以“穷理为始事，以理已明，则可以诚意正心”，陆欲“先发人之本心，而后使之博览，以应万物之变”；朱以陆为“太简”，陆以朱为“支离”，始终相诋而不能相容，世所谓朱陆异同是也。

（丙）理学之变迁

古之公卿，皆自幼时便教之，以为异日之用。（吕祖谦《周礼说》）

今世之儒士，自以为得“正心”“诚意”之学者，皆风痹不知痛痒之人也。举一世安于君父之雠，而方低头拱手以谈性命，不知何者谓之性命乎？……尝曰：“研穷义理之精微，辨析古今之同异，原心于杪忽，较礼于分寸，以积累为工，以涵养为正，睟面盎背，则于诸儒诚有愧焉。至于堂堂之阵，正正之旗，风雨云雷，交发而并至，龙蛇虎豹，变现而出没，推倒一世之智勇，开拓万古之心胸，自谓差有一日之长。”亮意盖指朱熹、吕祖谦等云。（《宋史》卷四三六《陈亮传》）

仁人正谊不谋利，明道不计功，此语初看极好，细看全疏阔。古人以利与人而不自居其功，故道义光明……既无功利，则道义者，乃无用之虚语尔。（叶适《习学记言》卷二三）

金履祥，字吉父，婺之兰溪人。……凡天文、地形、礼乐、田乘、兵谋、阴阳、律历之书，靡不毕究。及壮，知向濂、洛之学，事同郡王柏，从登何基之门。基则学于黄榦，而榦亲承朱熹之传者也。……会襄樊之师日急……履祥因进牵制捣虚之策，请以重兵由海道直趋燕、蓟，则襄樊之师将不攻而自解。且备叙海舶所经，凡州郡县邑，下至巨洋别坞，难易远近，历历可据以行。宋终莫能用。及后朱瑄、张清，献海运之利，而所由海道，视履祥先所上书，咫尺无异者。（《元史》卷一八九《金履祥传》）

按：理学家之立说，多偏重修养，自朱、陆好重事功；与朱熹同时友善之吕祖谦，讲理学而兼治史学，教人必以致用为事；其同受学程门之陈亮、叶适，则颇诋理学而昌言事功；金履祥固传朱子之学者，而有海道图燕之建议。是南宋学者之思想，一变北宋理学之面目，而趋于事功，盖因金元之逼，士大夫皆志切恢复，有以使之然也。吕、陈、叶皆浙东人，故后人谓之浙学或永嘉学。

（丁）理学之影响

自理学创兴，人以传道自命，故又称为道学。皆自以为直接于孔门，而得其心传者也。

其弟颐序之曰："周公没，圣人之道不行；孟轲死，圣人之学不传。道不行，百世无善治；学不传，千载无真儒。无善治，士犹得以明夫善治之道，以淑诸人，以传诸后；无真儒则贸贸焉莫知所之，人欲肆而天理灭矣。先生生于千四百年之后，得不传之学于遗经，以兴起斯文为己任……使圣人之道焕然复明于世，盖自孟子之后，一人而已。"（《宋史》卷四二七《程颢传》）

淳祐元年正月……诏以张、周、二程及熹，从祀孔子庙。黄榦曰："道之正统，待人而后传，自周以来，任传道之责者，不过数人，而能使斯道章章较著者，一二人而止耳。由孔子而后，曾子、子思继其微，至孟子而始著。由孟子而后，周、程、张子继其绝，至熹而始著。（《宋史》卷四二九《朱熹传》）

不唯不受古经籍拘束，且发生疑义。

初安石训释《诗》《书》《周礼》既成，颁之学官，天下号曰“新义”。晚居金陵，又作《字说》，多穿凿傅会。其流入于佛、老。一时学者，无敢不传习……先儒传注，一切废不用。黜《春秋》之书，不使列于学官，至戏目为“断烂朝报”。（《宋史》卷三二七《王安石传》）

童子问曰：“《系辞》非圣人之作乎？”曰：“何独《系辞》焉，《文言》《说卦》而下，皆非圣人之作，而众说淆乱，亦非一人之言也。”（《欧阳修全集》卷七八《易童子问三》）

又曰：“今《诗》三百五篇，岂尽定于夫子之手？所删之诗，容或有存于闾巷浮薄之口，汉儒取于补亡。”乃定二《南》各十有一篇，两两相配。退《何彼秾矣》《甘棠》，归之《王风》，削去《野有死麕》，黜郑、卫淫奔之诗。又作《春秋发挥》。又曰：“《大学》致知格物章，未尝亡。”还《知止》章于《听讼》之上。谓“《中庸》古有二篇，诚明可为纲，不可为目”。定《中庸》诚明各十一章。（《宋史》卷四三八《王柏传》）

五季风俗败坏，廉耻扫地，宋儒专讲修养，砥砺名节，有“饿死事小，失节事大”之说，婞阿之习，始为之一变。妇人女子，夫死守节不嫁，亦自斯而盛，则为有伤人道，明清有旌表节妇之事，流弊实多。

士大夫忠义之气，至于五季，变化殆尽。宋之初兴，范质、王溥，犹有余憾，况其他哉。艺祖首褒韩通，次表卫融，足示意向。……真、仁之世，田锡、王禹偁、范仲淹、欧阳修、唐介诸贤，以直言谠论倡于朝。于是中外缙绅，知以名节相高，廉耻相尚，尽去五季之陋矣。（《宋史》卷四四六《忠义传序》）

无愧于口，不若无愧于身；无愧于身，不若无愧于心。（邵雍《皇极经世书》）

人之生不幸不闻过，大不幸无耻。必有耻，则可教……实胜，善也；名胜，耻也。故君子……德业有未著，则恐恐然畏人知，远耻也。（周敦颐《通书》）

按：宋儒主躬行实践，是其特长，然持论太过，论人则失之“苛刻”，论事则失之“负气”，矫激沽名，此党祸之所由起。至于南宋胡安国《春秋传》一派，主张尊王攘夷，是又因外力压迫，发愤而兴者矣。

（戊）理学之北传

元初姚枢、许衡，师事赵复，理学遂大盛于北方。

赵复，字仁甫，德安人也。太宗乙未岁七年，命太子阔出帅师伐宋，德安以尝逆战，其民数十万，皆俘戮无遗。……姚枢奉诏即军中求儒、道、释、医、卜士，凡儒生挂俘籍者，辄脱之以归，复在其中。……不欲北……枢晓以……“随吾而北，必可无他。”复强从之。先是南北道绝，载籍不相通；至是复以所记程、朱所著诸经传注，尽录以付枢。自复至燕，学子从者百余人。……杨惟中闻复论议，始嗜其学，乃与枢谋建太极书院……选取遗书八千余卷，请复讲授其中。复以周、程而后，其书广博，学者未能贯通，乃原羲、农、尧、舜所以继天立极，孔子、颜、孟所以垂世立教，周、程、张、朱氏所以发明绍续者，作《传道图》，而以书目条列于后；别著《伊洛发挥》，以标其宗旨。……又取伊尹、颜渊言行，作《希贤录》…… 枢既退隐苏门，乃即复传其学，由是许衡、郝经、刘因，皆得其书而尊信之。北方知有程、朱之学，自复始。……复家江汉之上，以江汉自号，学者称之曰江汉先生。（《元史》卷一八九《赵复传》）

姚枢，字公茂，柳城人，后迁洛阳。少力学……从惟中……拔德安，得名儒赵复，始得程颐、朱熹之书。……因弃官去。携家来辉州，作家庙，别为室，奉孔子及宋儒周敦颐等象，刊诸经惠学者……时许衡在魏，至辉，就录程、朱所注书以归。（《元史》卷一五八《姚枢传》）

许衡，字仲平，怀之河内人也。……往来河、洛间，从柳城姚枢，得伊洛程氏及新安朱氏书，益大有得。寻居苏门，与枢及窦默相讲习。凡经传、子史、礼乐、名物、星历、兵刑、食货、水利之类，无所不讲。（《元史》卷一五八《许衡传》）

吴澄，字幼清，抚州崇仁人。……既长，于经传皆通之……乃著《孝经章句》，校定《易》《书》《诗》《春秋》《仪礼》及大、小《戴记》。……先是许文正公衡为祭酒，始以朱子《小学》等书授弟子，久之渐失其旧。澄至旦燃烛堂上，诸生以次受业，日昃退燕居之室，执经问难者，接踵而至。澄各因其材质反覆训诱之，每至夜分，虽寒暑不易也。……又尝为学者言："朱子于'道问学'之功居多，而陆子静以'尊德性'为主。问学不本于德性，则其敝必偏于言语训释之末，故学必以德性为本，庶几得之。"议者遂以澄为陆氏之学，非许氏尊信朱子本意，然亦莫知朱、陆之为何如也。……尝著说曰："道之大原，出于天，神圣继之，尧、舜而上，道之元也；尧、舜而下，其亨也；洙、泗、邹、鲁，其利也；濂、洛、关、闽，其贞也。分而言之，上古则羲、黄其元，尧、舜其亨，禹、汤其利，文、武、周公其贞乎！中古之统：仲尼其元，颜、曾其亨乎，子思其利，孟子其贞乎！近古之统：周子其元，程、张其亨也，朱子其利也，孰为今日之贞乎？未之有也。然则可以终无所归哉！”其早以斯文自任如此。……四方之士……来学山中者，常不下千数百人。少暇即著书……于《易》《春秋》《礼记》，各有纂言，尽破传注穿凿，以发其蕴，条归纪叙，精明简洁，卓然成一家言。作《学基》《学统》二篇，使人知学之本，与为学之序……又校正《老子》《庄子》《太玄经》《乐律》及《八阵图》、郭璞《葬书》。初澄所居草屋数间，程钜夫题曰“草庐”，故学者称之为草庐先生。(《元史》卷一七一《吴澄传》)

按：姚、许推衍朱熹之说，吴则颇融合朱、陆，然元世祖笼络汉人之政策，皆自姚、许诸人启之。

(2) 史 学

宋代史学，最为发皇，学者多精于史学，考证与记载同重，故撰作极富。官修前史而外，国史亦有成书，南宋以后野史，若《三朝北盟会编》《建炎以来系年要录》《齐东野语》《四朝闻见录》诸书，皆能记当代之事。会要一体，尤能贯串一朝掌故，其风播于元、明。三史体例流传，旧闻不至放失，即缘公私留心史事，秉笔者得有依据，非近代知古而不知今者，可得仰望也。

(甲) 正 史

《唐书》：

唐代屡经修撰国史，已具有规模，五季之际，历朝加以征集补缀，至后晋出帝时，书始告成，凡本纪二十、志三十、列传一百五、共二百卷，所谓《旧唐书》者是也。

开运二年六月……监修国史刘昫、史官张昭远等，以新修《唐书》纪、志、列传并目录，凡二百三卷上之，赐器帛有差。(《旧五代史》卷八四《晋少帝纪》四)

至宋仁宗，以刘昫等所撰《唐书》多阙漏，命宋祁、欧阳修等重删撰之，历十七年而书成，凡本纪十、志五十、表十五、列传百五十，共二百二十五卷，世称《新唐书》。

祁，字子京……初贾昌朝建议修《唐书》，始令馆职日供《唐书》所未载者二事，附于本传。命祁与王尧臣、杨察、张方平为修撰，又命范镇、邵必、宋敏求、吕夏卿为编修，而以昌朝提举。昌朝举王畴编修，必以为史出众手非是，辞之。昌朝罢相，以丁度兼领，度卒，刘沆代之，沆罢，王尧臣代之，尧臣卒，曾公亮代之。《唐书》初修，而尧臣以忧去，方平、察相继出外，祁遂独秉笔。虽外官，亦以稿自随，久之又命欧阳修刊修，分作纪志，刘羲叟修律历、天文、五行志，将卒业，而梅尧臣入局，修方镇，百官表。祁与范镇在局一十七年，王畴一十五年，宋敏求、吕夏卿并各十年。(王偁《东都事略》卷六五《宋祁传》)

修《唐书》十余年，自守亳州，出入内外，尝以稿自随，为列传百五十卷。(《宋史》卷二八四《宋祁传》)

奉诏修《唐书》纪、志、表。(《宋史》卷三一九《欧阳修传》)

与修唐书者，皆一时闻人，其可考者如下。

刘羲叟，字仲更，泽州晋城人也。欧阳修……荐其学术该博，留修《唐书》。羲叟强记，于经史百家，无不通晓，至于国朝典故、财赋、刑名、兵械、钟律，皆知其要，其乐律、星历、数术尤过人。（王偁《东都事略》卷六五《刘羲叟传》）

梅尧臣，字圣俞，宣城人也。……所撰《唐载》二十六卷，多补正旧史阙谬，乃命编修《唐书》，书成未奏而卒。（王偁《东都事略》卷一一五《梅尧臣传》）

敏求，字次道。……王尧臣修《唐书》，以敏求习唐事，奏为编修官。……补唐武宗以下《六世实录》百四十八卷。（《宋史》卷二九一《宋敏求传》）

吕夏卿，字缙叔，泉州晋江人。……学长于史，贯穿唐事，博采传记、杂说数百家，折衷整比。又通谱学，创为世系诸表，于《新唐书》最有功云。（《宋史》卷三三一《吕夏卿传》）

赵邻几，字亚之，郓州须城人……常欲追补唐武宗以来实录，孜孜访求遗事，殆废寝食，会疾革，惟以书未成为恨。至淳化中，参知政事苏易简因言及邻几追补《唐实录》事……太宗遣直史馆钱熙往取其书，得邻几所补《会昌以来日历》二十六卷。（《宋史》卷四三九《赵邻几传》）

孙甫，字之翰，许州阳翟人。少好学，日诵数千言，慕孙何为古文章。……著《唐史记》七十五卷，每言唐君臣行事，以推见当时治乱，若身履其间，而听者晓然如目见之。时人言："终日读史，不如一日听孙论也。"《唐史》藏秘阁。（《宋史》卷二九五《孙甫传》）

陈彭年，字永年，抚州南城人。……所著……《唐纪》四十卷。(《宋史》卷二八七《陈彭年传》)

赵瞻，字大观……著……《唐春秋》五十卷。(《宋史》卷三四一《赵瞻传》)

新旧两书，详略互见，要为不可偏废，新书志较详。

五代纷乱之时，唐之遗闻往事，既无人记述，残编故籍，亦无人收藏，虽悬诏购求，而所得无几，故《旧唐书》援据较少。至宋仁宗时，则太平已久，文事正兴，人间旧时记载，多出于世，故《新唐书》采取转多。今第观《新书·艺文志》所载，如吴兢《唐书备阙记》，王彦威《唐典》，蒋乂《大唐宰辅录》，凌烟功臣、秦府十八学士史臣等《传》，凌璠《唐录政要》，南卓《唐朝纲领图》，薛璠《唐圣运图》，刘肃《大唐新语》，李肇《国史补》，林恩《补国史》等书，无虑数十百种，皆《旧唐书》所无者，知《新书》之“文省于前，而事增于旧”，有由然也。试取《旧书》各传相比较，《新书》之增于旧书者有二种：一则有关于当日之事势，古来之政要，及本人之贤否，所不可不载者；一则琐言碎事，但资博雅而已。(赵翼《廿二史劄记》卷一七《新书增旧书处》)

惟欧、宋不喜骈文，删改诏诰章疏，使一代典制不传，是其失也。

欧、宋二公，不喜骈体，故凡遇诏诰、章疏、四六行文者，必尽删之。……夫一代自有一代文体……今以其骈体而尽删之，遂使有唐一代馆阁台省之文，不见于世，究未免偏见也。……其他如章疏之类，有关政体治道者，或就四六改为散文，或节其要语存之。（赵翼《廿二史劄记》卷一八《新书尽删骈体旧文》）

《五代史》

宋太祖命薛居正等，修梁、唐、晋、汉、周五朝史，逾年而成，凡本纪六十一、志十二、列传七十七，共一百五十卷，所谓旧《五代史》者是也。

薛居正，字子平，开封浚仪人。……又监修《五代史》，逾年毕，锡以器币。（《宋史》卷二六四《薛居正传》）

其后欧阳修，私撰《五代史记》，凡本纪十二、列传四十五、考三、世家年谱十、附录三及目录，共七十五卷，世称《新五代史》。

自撰《五代史记》，法严词约，多取《春秋》遗旨。（《宋史》卷三一九《欧阳修传》）

新、旧二《史》撰修之经过，传布之显晦，与内容之特点，略记于下。

宋太祖开宝六年四月，诏修梁、唐、晋、汉、周书。其曰《五代史》者，乃后人总括之名也。七年闰十月，书成，凡一百五十卷，目录二卷。监修者为司空同中书门下平章事薛居正，同修者为卢多逊、扈蒙、张澹、李昉、刘兼、李穆、李九龄见《宋史》及《晁公武读书志》,《玉海》所引《中兴书目》。皆本各朝实录为稿本，此官修之史也。其后欧阳修私撰《五代史记》七十五卷，藏于家。修没后，熙宁五年，诏求其书刊行见《宋史》。于是薛、欧二史，并行于世。至金章宗泰和七年，诏止用欧史，于是薛史渐湮。惟前明《永乐大典》，多载其遗文，然已割裂淆乱，非薛史篇第之旧。……开四库馆，命诸臣就《永乐大典》中，甄录排纂，其缺逸者，则采宋人书中之征引薛史者补之。于是薛史复为完书……今覆而案之，虽文笔迥不逮欧史，然事实较详。盖欧史专重书法，薛史专重叙事，本不可相无。（赵翼《廿二史劄记》卷二一《薛居正<五代史>》）

宋初记五代事者颇众，欧阳得以参用之，较旧五代史固为精核。然笔削自负，自立门目，学究气过重，其事亦嫌缺略，不足以尽五代之事也。

范质，字文素，大名宗城人。……又述朱梁至周五代，为《通录》六十五卷，行于世。(《宋史》卷二四九《范质传》)

王溥，字齐物，并州祁人。……溥好学，手不释卷，尝集苏冕《会要》及崔铉《续会要》，补其阙漏，为百卷，曰《唐会要》。又采朱梁至周，为三十卷，曰《五代会要》。(《宋史》卷二四九《王溥传》)

郑向，字公明，开封陈留人。……五代乱亡，史册多漏失，向著《开皇纪》三十卷，摭拾遗事，颇有补焉。(《宋史》卷三〇一《郑向传》)

子融，字熙仲……又集五代事，为《唐余录》六十卷以献。

(《宋史》卷三一〇《王子融传》)

路振，字子发，永州祁阳人……又尝采五代末，九国君臣行事，作世家、列传，书未成而卒。(《宋史》卷四四一《路振传》)

此外又有孙光宪《北梦琐言》,陶岳《五代史补》,王禹偁《五代史阙文》，刘恕《十国春秋》，龚颖《运历图》，见于《宋·艺文志》及《晁公武读书志》者，皆在欧公之前，足资考订。其出自各国之书，如钱俨之《吴越备史》《备史遗事》，汤悦之《江南录》，徐铉之《吴录》，王保衡之《晋阳见闻要录》，又皆流布。而徐无党注中所引证之《唐摭言》《唐新纂》《九国志》《五代春秋》《鉴戒录》《纪年录》《三楚新编》《纪年通谱》《闽中实录》等书，又皆欧所参用者。盖薛史第据各朝实录，故成之易，而记载或有沿袭失实之处。欧史博采群言，旁参互证……卷帙虽不及薛史之半，而订正之功倍之，文直事核，所以称良史也。(赵翼《廿二史劄记》卷二一《欧史不专据薛史旧本》)

《宋史》:

本纪四十七、志一百六十二、表三十二、列传世家二百五十五，凡四百九十六卷。

《辽史》:

本纪三十、志三十一、表八、列传四十六，凡一百十六卷。

《金史》:

本纪十九、志三十九、表四、列传七十三，凡一百三十五卷。

辽、宋、金三《史》，皆元人所修。《辽史》，至正四年三月，中书右丞相都总裁脱脱等表进；《金史》，至正四年十一月，中书右丞相领三史事阿鲁图等表进；《宋史》，至正五年十月，阿鲁图等表进。（王鸣盛《蛾术编》卷一〇）

初元世祖立国史院，首命王鹗修辽、金二《史》。宋亡，又命史臣通修三史。延祐仁宗年号、天历文宗年号之间，屡诏修之，以义例未定，竟不能成。顺帝至正三年，命托克托元史作脱脱为都总裁，特穆尔达实《元史》作铁木儿塔识、张起岩、欧阳玄、吕思诚、揭傒斯为总裁官，修之。或欲如《晋书》例，以宋为世纪，而辽、金为载记。或又谓辽立国先于宋五十年，宋南渡后，常称臣于金，以为不可。待制王理者，著《三史正统论》，欲以辽、金为北史，太祖至靖康为宋史，建炎以后为南宋史，一时持论不决。诏辽、宋、金各为史，凡再阅岁，书成上之，举例论赞表奏，多玄属笔云。（《续通考》卷一六一《经籍考二一》）

元顺帝时，命托克托等修辽、宋、金三史。自至正三年三月开局，至正五年十月告成。以如许卷帙，成之不及三年……实皆有旧本，非至托克托等始修也。各朝本有各朝旧史，元世祖时，又已编纂成书，至托克托等，已属第二三次修辑，故易于告成耳。《辽史》在辽时，已有耶律俨本，在金时又有陈大任本，此《辽史》旧本也。金亡后，《累朝实录》在顺天张万户家，后据以修史，此《金史》旧本也。宋亡后，董文炳在临安，主留事，曰："国可灭，史不可灭。"遂以宋史馆诸记注，尽归于元都，贮国史院见《元史·董文炳传》，此《宋史》旧本也。元世祖中统二年，王鹗请修辽、金二史，诏左丞相耶律铸、平章政事王文统监修，寻又诏史天泽亦监修。

其金朝《卫绍王记注》已亡失，则王鹗采当时诏令，及杨云翼等所记足成之。及宋亡，又命史臣通修三史，此元世祖时纂修三史之本也。故至正中，阿鲁图、托克托等《进辽史表》云：“耶律俨语多避忌，陈大任词乏精详，世祖皇帝敕词臣撰次三史，首及于辽。”《进金史表》云：“张柔归《金史》于先，王鹗采金事于后。”《进宋史表》云：“世祖皇帝，拔宋臣而列政途，载《宋史》而归秘府，既编戡定之勋，寻奉纂修之旨。”可见元世祖时，三史俱以修订。而《元史·托克托传》，并谓延祐天历间，又屡诏修之。则不惟修之于世祖时，而世祖后，又频有修辑矣。……其所以未有成书者……以义例未定……各持论不决故耳。至顺帝时，诏宋、辽、金各为一史，于是据以编排，而纪、传、表、志，本已完备，故不三年遂竣事。（赵翼《廿二史劄记》卷二三《宋、辽、金三史》）

耶律俨，字若思，析津人。本姓李氏。道宗寿隆六年……迁知枢密院事……封越国公，修《皇朝实录》七十卷……又善伺人主意。妻邢氏，有美色，尝出入禁中。俨教之曰：“慎勿失上意！”由是权宠益固。（《辽史》卷九八《耶律俨传》）

好问字裕之。……以金源氏有天下，典章法度，几及汉、唐，国亡史作，己所当任。时金国实录，在顺天张万户家，乃言于张，愿为撰述，既而为乐夔所阻而止。好问曰：“不可令一代之迹，泯而不传。”乃构亭于家，著述其上，因名曰野史。凡金源君臣遗言往行，采摭所闻，有所得辄以寸纸细字为纪录，至百余万言。今所传者，有《中州集》，及《壬辰杂编》若干卷。（《金史》卷一二六《元好问传》）

顺帝至正三年，诏修辽、金、宋三史，命脱脱为都总裁官。（《元史》卷一三八《脱脱传》）

铁木儿塔识，字九龄，国王脱脱之子。资禀宏伟，补国子学诸生，读书颖悟绝人。……修辽、金、宋三史，铁木儿塔识为总裁官，多所协赞云。(《元史》卷一四〇《铁木儿塔识传》)

揭傒斯，字曼硕，龙兴富州人。……特授翰林国史院编修官。时平章李孟监修国史,读其所撰《功臣列传》,叹曰:“是方可名史笔,若他人直誊吏牍尔。”……诏修辽、金、宋三史,傒斯与为总裁官……且与僚属言:“欲求作史之法，须求作史之意。古人作史，虽小善必录，小恶必记。不然何以示惩劝！”由是毅然以笔削自任，凡政事得失，人材贤否，一律以是非之公。至于物论之齐，必反覆辩论，以求归于至当而后止。至正四年,《辽史》成，有旨奖谕，仍督早成金、宋二史。傒斯留宿史馆,朝夕不敢休,因得寒疾,七日卒。(《元史》卷一八一《揭傒斯传》)

张起岩，字梦臣。……诏修辽、金、宋三史，复命入翰林为承旨，充总裁官……起岩熟于金源典故，宋儒道学源委，尤多究心，史官有露才自是者，每立言未当，起岩据理窜定，深厚醇雅，理致自足。(《元史》卷一八二《张起岩传》)

欧阳玄，字原功……诏修辽、金、宋三史，召为总裁官，发凡举例，俾论撰者有所据依。史官中有悻悻露才，论议不公者，玄不以口舌争，俟其呈稿，援笔窜定之，统系自正。至于论赞表奏，皆玄属笔。(《元史》卷一八二《欧阳玄传》)

吕思诚，字仲实，平定州人。……总裁辽、金、宋三史。(《元史》卷一八五《吕思诚传》)

(乙)通 史

通史之中，以司马光之《资治通鉴》，贯串古今，精博详审，为史家之创体，朱子纲目，不足道也。

光常患历代史繁，人主不能遍览，遂为《通志》八卷以献。英宗悦之，命置局秘阁续其书。至是，神宗名之曰《资治通鉴》，自制《序》授之。(《宋史》卷三三六《司马光传》)

光有……《资治通鉴》二百九十四卷，《目录》三十卷，《考异》三十卷……初光患历代史繁重，学者不能综，况于人主。遂约战国至秦二世，如左氏体为《通志》以进。英宗命光续其书，置局秘阁，以其素所贤者刘攽、刘恕、范祖禹为属，凡十九年而成。神宗尤重其书，以为贤于荀悦，亲为制叙，赐名《资治通鉴》。(王偁《东都事略》卷八七《司马光传》)

攽，字贡父……尤邃史学。作《东汉刊误》，为人所称颂。司马光修《资治通鉴》，专职汉史。(《宋史》卷三一九《刘攽传》)

刘恕，字道原，筠州人。……笃好史学，自太史公所记，下至周显德末，纪传之外，至私记杂说，无所不览，上下数千载间，巨微之事，如指诸掌。司马光编次《资治通鉴》，英宗命自择馆阁英才共修之。光对曰："馆阁文学之士诚多，至于专精史学，臣得而知者，唯刘恕耳。"即召为局僚，遇史事纷错难治者，辄以诿恕。恕于魏晋以后事，考证差谬，最为精详。……著《五代十国纪年》，以拟《十六国春秋》，又采太古以来，至周威烈王时事，《史记》《左氏传》所不载者，为《通鉴外纪》。(《宋史》卷四四四《刘恕传》)

祖禹，字淳甫，一字梦得。……从司马光编修《资治通鉴》，在洛十五年，不事进取。书成，光荐为秘书省正字。（《宋史》卷三三七《范祖禹传》）

鼂氏曰："皇朝治平中，司马光奉诏编集历代君臣事迹，许自辟官属，借以馆阁书籍，在外听以书局自随。至元丰七年，凡十七年，始奏御上。上起战国始于周威烈王二十三年命魏、赵、韩为诸侯，下终五代，凡一千三百六十二年。又略举事目，年经国纬，以备检阅，别为《目录》；参考异同，俾归一途，别为《考异》，各一编。（《通考》卷一九三《经籍考二〇》）

公子康公休，告其友鼂说之曰，此书成，盖得人焉。《史记》前、后《汉》，则刘贡父；《三国》历九朝而《隋》，则刘道原；《唐》迄《五代》，则范淳甫。（《通考》卷一九三《经籍考二〇》）

致堂胡氏曰：司马公六任冗官，皆以书局自随……高氏《纬略》曰：公与宋次道书曰："某自到洛以来，专以修《资治通鉴》为事，于今八年，仅了得晋、宋、齐、梁、陈、隋六代以来奏御。唐文字尤多，托范梦得将诸书依年月编次为草卷，每四丈截为一卷，自课三日删一卷，有事故妨废则追补。自前秋始删，到今已二百余卷，至大历末年耳。向后卷数，又须倍此，共计不减六七百卷，更须三年，方可粗成编，又须细删，所存不过数十卷而已。"其费工如此。温公居洛十五年，故能成此书。……一事用三四处出处纂成，是其为功大矣。不观正史精熟，未易决《通鉴》之功绩也。《通鉴》采正史之外，其用杂史诸书，凡二百二十二家。（《通考》卷一九三《经籍考二〇》）

李焘仿《资治通鉴》之体，记北宋一祖八宗之事，不敢言续，

自居于《长编》。其体既尊，事亦详尽，诚一代巨制，惟其书缺佚，使言宋事者无可据依，深为可惜。

李焘，字仁甫，眉州丹棱人……博极载籍，搜罗百氏，慨然以史自任,本朝典故,尤悉力研核。仿司马光《资治通鉴》例，断自建隆，迄于靖康，为编年一书，名曰《长编》。……淳熙七年,《长编》全书成，上之，诏藏秘阁。焘自谓此书宁失之繁，无失之略，故一祖八宗之事，凡九百七十八卷，卷第总目五卷。依熙宁修三经例，损益修换四千四百余事，上孝宗谓其书无愧司马迁。焘尝举汉石渠、白虎故事，请上称制临决，又请冠序，上许之，竟不克就。……张栻尝曰，李仁甫……《长编》一书,用力四十年。(《宋史》卷三八八《李焘传》)

《续通鉴长编》一百六十八卷，陈氏曰：礼部侍郎眉山李焘仁父撰。《长编》云者，司马公之为《通鉴》也，先命其属丛目，丛目既成，乃修长编，然后删之以成书。唐长编六百卷，今《通鉴》惟八十卷耳。焘所上表，自言未可谓之“通鉴”，止可谓之“长编”。故其书虽繁芜，而不嫌也。其卷数虽如此,而册数至余三百,盖逐卷又自分子卷,或至十余。(《通考》卷一九三《经籍考二〇》)

袁枢因司马光《资治通鉴》，分类排纂，各详起讫，而有《纪事本末》之作。于史家二体之外，自为一体，迄今不可磨灭。

袁枢，字机仲，建之建安人。……枢常喜诵司马光《资治通鉴》，苦其浩博，乃区别其事而贯通之，号《通鉴纪事本末》。参知政事龚茂良得其书，奏于上，孝宗读而嘉叹，以赐东宫，及分赐江上诸帅，且令熟读曰："治道尽在是矣。"（《宋史》卷三八九《袁枢传》）

《通鉴纪事本末》四十二卷，陈氏曰：工部侍郎袁枢机仲撰。……杨诚斋为之序。朱子曰：……司马温公，受诏纂述《资治通鉴》，然后一千三百六十二年之事，编年系日，如指诸掌。……然一事之首尾，或散出于数十百年之间，不相缀属，读者病之。今建安袁机仲，乃以暇日，作为此书，以便学者。其部居门目，始终离合之间，又皆曲有微意，于以错综温公之书，其亦《国语》之流矣。（《通考》卷一九三《经籍考二〇》）

元胡三省之《通鉴音注》，亦称博洽，为《通鉴》功臣。

胡三省《资治通鉴音注》一百九十四卷，《资治通鉴释文辨误》十二卷。（《续通考》卷一六一《经籍考二一》）

胡三省，字身之，浙江天台人。博学能文章，尤笃于史学。登宋宝祐四年进士……宋亡，隐居不仕。著《资治通鉴音注》及《释文辨误》百余卷，今行于世。其《音注序》曰："……是书依陆德明《经典释文》，厘为《广注》九十七卷；著《论》十篇，自周讫五代，略叙兴亡大致。以《考异》及所注者，散入《通鉴》各文之下；历法、天文，则随《目录》所书而附注焉。凡纪事之本末，地名之同异，州县之建置离合，制度之因革损益，悉疏其所以然。若《释文》之舛谬，悉改正之，别著《辨误》十二卷。"……其《释文辨误序》曰，《通鉴释文》行世，有史炤本，有公休本。史炤本，冯时行为之序；

公休本温公修《通鉴》，公休为检阅文字官刻于海陵乡斋，前无序，后无跋，直署公休官位姓名于卷首而已；又有成都府广都县费氏进修堂版行。《通鉴》于正文下附注，多本之史炤，间以已意附之，世人以其有注，遂谓之善本，号《龙爪通鉴》。要之海陵释文、龙爪注，大同而小异，皆蹈袭史炤者也，讹谬相传。而海陵本，乃托之公休以欺世，适所以诬玷公休，此不容不辨也。（邵远平《元史类编》卷三四《胡三省传》）

郑樵《通志》，以通史自居，时有新论，以评泊见长，然其二十略，亦多及文献掌故。

郑樵，字渔仲，兴化军莆田人。好著书，不为文章，自负不下刘向、杨雄。居夹漈山，谢绝人事。久之，乃游名山大川，搜奇访古，遇藏书家，必借留读尽乃去。赵鼎、张浚而下，皆器之。初为经旨，礼乐、文字、天文、地理、虫鱼、草木、方书之学，皆有论辨，绍兴十九年上之，诏藏秘府。樵归益厉所学，从者二百余人。……授右迪功郎，礼、兵部架阁，以御史叶义问劾之，改监潭州南岳庙，给札归钞所著《通志》。书成，入为枢密院编修官……高宗幸建康，命以《通志》进，会病卒……学者称夹漈先生。（《宋史》卷四三六《郑樵传》）

自序略曰："江淹有言，修史之难，无出于志。诚以志者，宪章之所系，非老于典故者，不能为也。不比纪、传，纪以年包事，传以事系年，儒学之士，皆能为之。……臣今总天下之大学术，而条其纲目，名之曰略。凡二十略，百代之宪章，学者之能事，尽于此矣。其五略，汉唐诸儒所得而闻，其十五略，汉、唐诸儒所不得而闻也。曰氏族略、六书略、七音略、天文略、地理略、都邑略、谥略、器服略、乐略、艺文略、校雠略、图谱金石略、灾祥略、昆虫草木略，凡十五略，出臣胸臆，不涉汉、唐诸儒议论。曰礼略、职官略、选举略、刑罚略、食货略，凡前五略，虽本诸前人之典，亦非诸史之文也。”（《通考》卷二〇一《经籍考二八》）

按：郑氏此书，名之曰《通志》，其该括甚大。卷首序论，讥诋前人，高自称许，盖自以为无复遗憾矣。然夷考其书，则氏族、六书、七音等《略》，考订详明，议论精到，所谓出臣胸臆，非诸儒所得闻者，诚是也。至于天文、地理、器服，则失之太简……若礼及职官、选举、刑罚、食货五者……杜岐公《通典》之书，五者居十之八。然杜公生贞元间，故其所记述，止于唐天宝。今《通志》既自为一书……天宝以后，则竟不复陆续。（《通考》卷二〇一《经籍考二八》）

（丙）政 史

政史名著，有马端临《文献通考》，昔人以拟《通鉴》，谓为二通。其书虽录《通典》，而自具面目，缀辑宋事，尤足以补宋史之阙。

马端临，字贵与，江西乐平人。……宋亡不仕，著《文献通考》，自唐虞至南宋，补杜佑《通典》之阙，二十余年而成。其自序曰：“……考制度，审宪章，博闻而强识之，固通儒事也。……是以忘其固陋，辄加考评，旁搜远绍，门分汇别，曰田赋、曰钱币、曰户口、曰职役、曰征榷、曰市籴、曰土贡、曰国用、曰选举、曰学校、曰职官、曰郊社、曰宗庙、曰王礼、曰乐、曰兵、曰刑、曰舆地、曰四裔，俱仿《通典》之成规。自天宝以前，则增益其事迹之所未备，离析其门类之所未详；自天宝以后，至宋嘉定末，则续而成之。曰经籍、曰帝系、曰封建、曰象纬、曰物异，则《通典》元未有论述，而采摭诸书以成之者也。凡叙事则本之经史，而参以历代会要，及百家传记之书，信而有证者从之，乖异传疑者不录，所谓文也。凡论事，则先取当时臣僚之奏疏，次及近代诸儒之评论，以至名流之燕谈、稗官之纪录，凡一话一言，可以订典故之得失，证史传之是非者，则采而录之，所谓献也。其载诸史传之纪录而可疑，稽诸先儒之论辨而未当者，研精覃思，悠然有得，则窃以己意附其后焉。命曰《文献通考》，为门二十有四，为卷三百四十有八，其每门著述之成规，考订之新意，则各以小序详之。……”仁宗延祐四年，遣真人王寿衍，寻访有道之士，至饶州路，录其书上进，诏官为锓版，以广其传。（邵远平《元史类编》卷三四《马端临传》）

(3) 文　学

(甲) 文

通行文字体裁，有古文、骈俪、制艺之区分，兹分别列叙之。

古文：

自唐末历五代，文格卑弱。至宋初，柳开始为古文，洙与穆修复振起之。(《宋史》卷二九五《伊洙传》)

国初杨亿、刘筠，犹袭唐人声律之体，柳开、穆修志欲变古，而力弗逮。庐陵欧阳修出，以古文倡，临川王安石、眉山苏轼、南丰曾巩，起而和之，宋文日趋于古矣。南渡文气不及东都，岂不足以观世变欤！（《宋史》卷四三九《文苑传序》）

柳开，字仲涂，大名人。……既就学，喜讨论经义。五代文格浅弱，慕韩愈、柳宗元为文，因名肖愈，字绍元。既而改名字，以为能开圣道之涂也。著书自号东郊野夫，又号补亡先生，作二传以见意。……范杲好古学，大重开文，世称为柳范。(《宋史》卷四四〇《柳开传》)

穆修，字伯长，郓州人。……自五代文敝，国初柳开，始为古文。其后杨亿、刘筠尚声偶之辞，天下学者，靡然从之。修于是时，独以古文称，苏舜钦兄弟，多从之游。修虽穷死，然一时士大夫，能称文者，必曰穆参军。(《宋史》卷四四二《穆修传》)

柳穆提倡古文，排斥骈偶，然矫枉过正，而流于艰涩难通。

往岁士人，多尚对偶为文。穆修、张景辈，始为平文，当时谓之古文。穆、张尝同造朝，待旦于东华门外，方论文次，适见有奔马，践死一犬，二人各记其事，以较工拙。穆修曰："马逸，有黄犬遇蹄而毙。"张景曰："一犬死奔马之下。"时文体新变，二人之语皆拙涩。当时已谓之工。（沈括《梦溪笔谈》卷一四）

嘉祐中，士人刘几，累为国学第一人。骤为怪崄之语，学者翕然效之，遂成风俗。政阳公深恶之。会公主文，决意痛惩，凡为新文者，一切弃黜。时体为之一变，欧阳之力也。有一举人论曰："天地轧，万物茁，圣人发。"公曰："此必刘几也。"戏续之曰："秀才刺，试官刷。"乃以大朱笔横抹之，自首至尾，谓之"红勒帛"，判大纰缪字榜之。既而果几也。（沈括《梦溪笔谈》卷九）

自欧阳修起，法度细密，所谓古文者始盛。

尹洙，字师鲁，河南人也……博学有识度，通六经，尤深于《春秋》。为文章，简而有法。（王偁《东都事略》卷六四《尹洙传》）

欧阳修，字永叔，庐陵人。……幼敏悟过人……及冠，嶷然有声。宋兴且百年，而文章体裁，犹仍五季余习。锼刻骈偶，淟涊弗振，士因陋守旧，论卑气弱。苏舜元、舜钦、柳开、穆修辈，咸有意作而张之，而力不足。修游随，得唐韩愈遗稿于废书簏中，读而心慕焉。苦志探赜……必欲并辔绝驰而追与之并。举进士……调西京推官。始从尹洙游，为古文议论当世事，迭相师友，与梅尧臣游，为歌诗相倡和，遂以文章名冠天下。……知嘉祐二年贡举。时士子尚为险怪奇涩之文，号太学体，修痛排抑之，凡如是者辄黜。……场屋之习，从是遂变。……奖引后进，如恐不及，赏识之下，率为闻人。曾巩、王安石、苏洵、洵子轼、辙，布衣屏处，未为人知，修即游其声誉，谓必显于世。（《宋史》卷三一九《欧阳修传》）

景祐初，欧阳文忠公与尹师鲁，专以古文相尚，而公得之自然……超然独骛，众莫能及……于是文风一变，时人竞为模范。（朱熹《三朝名臣言行录》卷二）

修之在滁也，自号醉翁，作亭琅琊山，以醉翁名之。晚年又自号六一居士，曰："吾《集古录》一千卷，藏书一万卷，有琴一张，有棋一局，而尝置酒一壶，吾老于其间，是为'六一'。"自为传刻石，居颍一年而卒。（王偁《东都事略》卷七二《欧阳修传》）

欧氏汲引后进，于是曾、王、三苏之文风行一时。

曾巩，字子固，建昌南丰人。生而警敏……甫冠，名闻四方。欧阳修见其文奇之。……为文章上下驰骋，愈出而愈工，本原六经，斟酌于司马迁、韩愈，一时工作文词者，鲜能过也。少与王安石游，安石声誉未振，巩导之于欧阳修，及安石得志，遂与之异。（《宋史》卷三一九《曾巩传》）

王安石，字介甫，抚州临川人。……其属文，动笔如飞，初若不经意，既成，见者皆服其精妙。友生曾巩，携以示欧阳修，修为之延誉。（《宋史》卷三二七《王安石传》）

苏洵，字明允，眉州眉山人。年二十七，始发愤为学，岁余举进士，又举茂才异等，皆不中。悉焚常所为文，闭户益读书，遂通六经、百家之说，下笔顷刻数千言。至和嘉祐间，与其二子轼、辙，皆至京师，翰林学士欧阳修上其所著书二十二篇，既出，士大夫争传之，一时学者，竞效苏氏为文章。（《宋史》卷四四三《苏洵传》）

欧阳修得洵书二十篇，大爱其文辞，以为贾谊、刘向不过也。……父子隐然名动京师，而苏氏文章，遂擅天下，一时学者……皆学其文，以为师法。以其父子俱知名，号为老苏。（王偁《东都事略》卷一一四《苏洵传》）

苏轼，字子瞻，眉州眉山人。……比冠，博通经史，属文日数千言，好贾谊、陆贽书。既而读庄子，叹曰："吾昔有见，口未能言，今见是书，得吾心矣。"嘉祐二年，试礼部。方时文磔裂诡异之弊胜，主司欧阳修思有以救之，得轼《刑赏忠厚论》，惊喜，欲擢冠多士……后以书见修，修语梅圣俞曰："吾当避此人出一头地。"闻者始哗不厌，久乃信服。……轼与弟辙师父洵为文，既而得之于天。尝自谓："作文如行云流水，初无定质，但当行于所当行，止于所不可不止。"虽嬉笑怒骂之辞，皆可书而诵之。其体浑涵光芒，雄视百代，有文章以来，盖亦鲜矣。……一时文人，如黄庭坚、晁补之、秦观、张耒、陈师道，举世未之识，轼待之如朋俦，未尝以师资自予也。(《宋史》卷三三八《苏轼传》)

苏辙，字子由，年十九，与兄轼，同登进士科……致仕。筑室于许，号颍滨遗老。自作传万余言……性沉静简洁，为文汪洋澹泊，似其为人，不愿人知之，而秀杰之气终不可掩，其高处殆与兄轼相近。(《宋史》卷三三九《苏辙传》)

南宋之文，皆不能纯，唯朱熹不以文名，而文自雄奇，效法韩、曾，毫无萎薾之气，实一大家也。

王十朋，字龟龄，温州乐清人。资颖悟，日诵数千言。及长，有文行，聚徒梅溪，受业者以百数。(《宋史》卷三八七《王十朋传》)

叶適，字正则，温州永嘉人。为文藻思英发。(《宋史》卷四三四《叶适传》)

陈亮，字同父，婺州永康人。……为人才气超迈，喜谈兵，论议风生，下笔数千言立就。……亮自以豪侠，屡遭大狱，归家益厉志读书，所学益博。(《宋史》卷四三六《陈亮传》)

吕祖谦，字伯恭……自其祖始居婺州。祖谦之学，本之家庭，有中原文献之传。长从林之奇、汪应辰、胡宪游，既又友张栻、朱熹，讲索益精。……晚年会友之地，曰丽泽书院，

在金华城中。(《宋史》卷四三四《吕祖谦传》)

陈傅良，字君举，温州瑞安人。……为文章，自成一家，人争传诵，从者云合，由是其文擅当世。当是时，永嘉郑伯熊、薛季宣，皆以学行闻，而伯熊于古人经制治法，讨论尤精，傅良皆师事之，而得季宣之学为多。及入太学，与广汉张栻、东莱吕祖谦友善。祖谦为言本朝文献相承条序，而主敬集义之功，得于栻为多。……傅良为学，自三代秦、汉以下，靡不研究，一事一物，必稽于极而后已。(《宋史》卷四三四《陈傅良传》)

金文大率取法苏轼，而以金石文字擅场者为大家，赵秉文、元好问，其尤著者也。

蔡珪，字正甫，松年子也。……珪博物，且识古文奇字……朝廷稽古礼文之事，取其议论为多。(宇文懋昭《大金国志》卷二八《蔡珪传》)

赵秉文，字周臣，磁州滏阳人也。幼颖悟，读书若夙习。……金自泰和、大安以来，科举之文其弊益甚。盖有司惟守格法，所取之文，卑陋陈腐，苟合程度而已，稍涉奇峭，即遭黜落，于是文风大衰。……秉文之文，长于辨析，极所欲言而止，不以绳墨自拘。(《金史》卷一一〇《赵秉文传》)

元德明，系出拓拔魏，太原秀容人。……子好问……字裕之。……从陵川郝晋卿学，不事举业，淹贯经传百家，六年而业成。下太行，渡大河，为《箕山》《琴台》等诗。礼部赵秉文见之，以为近代无此作也。于是名震京师。……金亡不仕。为文有绳尺，备众体。……好问蔚为一代宗工，四方

碑板铭志，尽趋其门。……晚年尤以著作自任。(《金史》卷一二六《元德明传》)

元文更颓薾不振，然纪事之文，常窥见元事。

戴表元，字帅初，一字曾伯，庆元奉化州人。七岁学古诗文，多奇语。稍长，从里师习词赋，辄弃不肯为。……初表元闵宋季文章，气萎薾而辞骩骳，疲弊已甚，慨然以振起斯文为己任。时四明王应麟、天台舒岳祥，并以文学师表一代，表元皆从而受业焉。故其学博而肆，其文清深雅洁，化陈腐为神奇，蓄而始发，间事摹画，而隅角不露，施于人者多，尤自秘重，不妄许与。至元、大德间，东南以文章大家名重一时者，唯表元而已。(《元史》卷一九〇《戴表元传》)

姚燧，字端甫柳城人，后迁洛阳……生三岁而孤，育于伯父枢。枢隐居苏门……年十三，见许衡于苏门。十八，始受学于长安。时未尝为文，视流辈所作，惟见其不如古人，则心弗是也。二十四，始读韩退之文，试习为之，人谓有作者风。稍就正于衡，衡亦赏其辞……燧之学，有得于许衡，由穷理致知，反躬实践……为文闳肆该洽，豪而不宕，刚而不厉，舂容盛大，有西汉风，宋末弊习，为之一变。盖自延祐以前，文章大匠，莫能先之。……当时孝子顺孙，欲发挥其先德，必得燧文，始可传信；其不得者，每为愧耻。故三十年间，国朝名臣世勋、显行盛德，皆燧所书。每来谒文，必其行业可嘉，然后许可，辞无溢美。又稍广置燕乐，燧则为之喜，而援笔大书，否则弗易得也。时高丽沈阳王父子，连姻帝室，倾资结朝臣。一日欲求燧诗文，燧靳不与，至奉旨乃与之。……然颇恃才，轻视赵孟頫、元明善辈……所著有《牧庵文集》五十卷行于世。(《元史》卷一七四《姚燧传》)

其门人最著名者，曰袁桷。桷之文，其体裁议论一取法于表元者也。(《元史》卷一九〇《戴表元传》)

袁桷，字伯长，庆元人。幼学文，脱去凡近，长益留心典故。常谓宋末文缛滥，克自奋厉，希古作者。(邵远平《元史类编》卷二二《袁桷传》)

马祖常，字伯庸，世为雍古部，居靖州天山。……父润，同知漳州路总管府事，家于光州。祖常七岁知学，得钱即以市书。……既长益笃于学。蜀儒张𢸣讲道仪真，往受业其门，质以疑义数十，𢸣甚器之。……祖常工于文章，宏赡而精核，务去陈言，专以先秦两汉为法，而自成一家之言。……有文集行于世。(《元史》卷一四三《马祖常传》)

赵孟頫，字子昂，宋太祖子秦王德芳之后也。……赐第于湖州，故孟頫为湖州人。……幼聪敏，读书过目辄成诵，为文操笔立就。……仁宗在东宫，素知其名，及即位，召除集贤侍讲学士……拜翰林学士承旨、荣禄大夫。帝眷之甚厚，以字呼之而不名。帝尝与侍臣论文学之士，以孟頫比唐李白、宋苏子瞻。又尝称孟頫操履纯正，博学多闻，书画绝伦，旁通佛、老之旨，皆人所不及。……诗文清邃奇逸，读之使人有飘飘出尘之想。……前史官杨载称孟頫之才，颇为书画所掩，知其书画者，不知其文章，知其文章者，不知其经济之学。人以为知言云。(《元史》卷一七二《赵孟頫传》)

虞集，字伯生，宋丞相允文五世孙也。……集与弟槃，皆受业家庭，出则以契家子从吴澄游，授受具有源委。……集学虽博洽，而究极本原，研精探微，心解神契，其经纬弥纶之妙，一寓诸文，蔼然庆历乾淳风烈。尝以江左先贤甚众，其人皆未易知，其学皆未易言，后生晚进，知者鲜矣，欲取太原元好问《中州集》遗意，别为《南州集》以表章之，以病目而止。平生为文万篇，稿存者十二三。早岁与弟槃同辟书舍为二室，左室书陶渊明诗于壁，题曰陶庵，右室书邵尧夫诗，题曰邵庵，故世称邵庵先生。……游其门见称许者，莆田陈旅，旅亦有文行世。国学诸生若苏天爵、王守诚辈，终身不名他师，皆当世称名卿者。(《元史》卷一八一《虞集传》)

杨载，字仲弘，其先居建之浦城，后徙杭，因为杭人。少孤，博涉群书，为文有跌宕气。……初吴兴赵孟𫖯在翰林，得载所为文，极推重之。由是载之文名，隐然动京师，凡所撰述，人多传诵之。其文章一以气为主，博而敏，直而不肆，自成一家言。(《元史》卷一九〇《杨载传》)

范梈，字亨父，一字德机……梈天资颖异，所诵读，辄记忆……耽诗工文，用力精深……所著诗文，多传于世。……持身廉正……吴澄以道学自任，少许可，尝曰："若亨父，可谓特立独行之士矣。"为文志其墓学者称文白先生。(《元史》卷一八一《范梈传》)

揭傒斯，字曼硕，龙兴富州人。……幼贫，读书尤刻苦，昼夜不少懈……贯通百氏，早有文名。……为文章，叙事严整，语简而当……朝廷大典册，及元勋茂德当得铭辞者，必以命焉。殊方绝域，咸慕其名，得其文者，莫不以为荣云。(《元史》卷一八一《揭傒斯传》)

黄溍，字晋卿，婺州义乌人。……长以文名于四方。……视弟子如朋交，未始以师道自尊……而来学者滋益恭……溍之学，博极天下之书，而约之于至精，剖析经史疑难，及古今因革制度名物之属，旁引曲证，多先儒所未发。文辞布置谨严，援据精切，俯仰雍容，不大声色，譬之澄湖不波，一碧万顷，鱼鳖蛟龙，潜伏不动，而渊然之光，自不可犯。（《元史》卷一八一《黄溍传》）

同郡柳贯、吴莱，皆浦阳人。贯字道传……自幼至老，好学不倦。凡六经、百氏、兵刑、律历、数术、方技、异教外书，靡所不通。作文沉郁舂容，涵肆演迤，人多传诵之。……与溍及临川虞集、豫章揭傒斯齐名。（《元史》卷一八一《黄溍传附传》）

吴莱，字立夫……辈行稍后于贯、溍。天资绝人，七岁能属文，凡书一经目，辄成诵……莱尤喜论文，尝云："作文如用兵，兵法有正有奇。正是法度，要部伍分明；奇是不为法度所缚，举眼之顷，千变万化，坐作进退击刺，一时俱起，及其欲止，什伍各还其队，元不曾乱。"闻者服之。贯平生极慎许与，每称莱为绝世之才。溍晚年谓人曰："莱之文崭绝雄深，类秦、汉间人所作，实非今世之士也。吾纵操觚一世，又安敢及之哉！"其为前辈所推许如此。……卒……私谥曰渊颖先生。（《元史》卷一八一《黄溍传附传》）

骈体文：

宋人继六朝唐后，别创四六一体，代言之作如制诰，述恩之作如笺表，以隶事为工，对仗为巧，亦自创一风格。工此者每能得盛名显位，杨、刘、二宋，称为首出，沉博艳丽；欧、王、苏轼，继

以昌大，而意无不尽，语无不工，尤尽四六之能事。宋代最重宏词，所习者即此也。

杨亿，字大年，建州浦城人。……天性颖悟，自幼及终，不离翰墨。文格雄健，才思敏捷……当时学者，翕然宗之。而博览强记，尤长典章制度，时多取正。喜诲诱后进，以成名者甚众。人有片辞可纪，必为讽诵。手集当世之述作，为《笔苑时文录》数千篇。(《宋史》卷三〇五《杨亿传》)

刘筠，字子仪，大名人。……其文辞善对偶，尤工为诗。初为杨亿所识拔，后遂与齐名，时号杨刘。(《宋史》卷三〇五《刘筠传》)

宋庠初名郊，字公序，安州安陆人，后徙开封之雍丘。……自应举时，与祁俱以文学名擅天下，俭约不好声色，读书至老不倦。善正讹谬。(《宋史》卷二八四《宋庠传》)

祁，字子京，与兄庠同时举进士……人呼曰二宋，以大小别之。……祁兄弟皆以文学显，而祁尤能文，善议论，然清约庄重不及庠……论曰……庠明练故实，文藻虽不逮祁，孤风雅操，过祁远矣。(《宋史》卷二八四《宋祁传》)

大抵史近古，对偶宜今，以对偶之文入史策，如粉黛饰壮士，笙匏佐鼙鼓。(《宋祁笔记》上)

欧阳修以古文排寡之调为四六。

臣闻神功不宰，而万物得以曲成者，惟各从其欲；天鉴孔昭，而一言可以感动者，在能致其诚。敢倾虔至之心，再渎高明之听。(《欧阳修全集》卷九三《亳州乞致仕第二表》)

王安石，喜运经史语入文，谓之典雅。

懋昭贤业，寅亮圣时，伯夷之直惟清，仲山之明且哲。所居之名赫赫，岂独后思；尔瞻之节岩岩，方当上辅。（王安石《临川集》卷七九《贺致政赵少保启》）

苏轼制表，驱遣经史语文，如出诸已。在欧、王二家之外，尤号雄杰，涵造化之妙，尽笔端之巧。南宋古文益衰，工四六者愈众，以流丽稳妥为能事，体乃愈卑矣。

汪藻，字彦章，饶州德兴人。……徽宗亲制《君臣庆会阁诗》，群臣皆赓进，惟藻和篇，众莫能及。时胡伸亦以文名，人为之语曰："江左二宝，胡伸、汪藻。"……高宗……时多事，诏令类出其手。……藻通显三十年，无屋庐以居。博极群书，老不释卷，尤喜读《春秋左氏传》及《西汉书》。工俪语，多著述，所为制词，人多传诵。（《宋史》卷四四五《汪藻传》）

綦崇礼，字叔厚，高密人……幼颖迈，十岁能作邑人墓铭……太学诸生溺于王氏新说，少能词艺者。徽宗幸太学，崇礼出二表，祭酒与同列，大称其工。……高宗时，再入翰林，凡五年，所撰诏命数百篇，文简意明，不私美，不寄怨，深得代言之体。……崇礼妙龄秀发，聪敏绝人，不为崖岸斩绝之行。廉俭寡欲，独覃心辞章，洞晓音律，酒酣气振，长歌慷慨，议论风生，亦一时之英也。……楼钥尝叙其文，以为气格浑然天成，一旦当书命之任，明白洞达，虽武夫远人，晓然知上意所在云。（《宋史》卷三七八《綦崇礼传》）

适，字景伯番阳人…… 幼敏悟，日诵三千言。…… 以文学闻望，遭时遇主。(《宋史》卷三七三《洪适传》)

遵，字景严 …… 从师业文，不以岁时寒暑辍。(《宋史》卷三七三《洪遵传》)

迈，字景卢 …… 幼读书，日数千言 …… 博极载籍，虽稗官虞初，释老傍行，靡不涉猎。…… 迈兄弟皆以文章取盛名，跻贵显，迈尤以博洽受知，孝宗谓其文备众体。迈考阅典故，渔猎经史，极鬼神事物之变 …… 有《容斋五笔》《夷坚志》行于世，其他著述尤多。(《宋史》卷三七三《洪迈传》)

周必大,字子充,一字洪道,其先……倅庐陵,因家焉。……高宗读其策曰:“掌制手也。”…… 必大在翰林几六年，制命温雅，周尽事情，为一时词臣之冠。(《宋史》卷三九一《周必大传》)

杨万里，字廷秀，吉州吉水人。…… 精于诗，尝著《易传》，行于世。光宗尝为书诚斋二字，学者称诚斋先生。(《宋史》卷四三三《杨万里传》)

真德秀，字景元，后更为景希，建之浦城人。…… 立朝不满十年，奏疏无虑数十万言，皆切当世要务 …… 四方人士，诵其文，想见其风采。(《宋史》卷四三七《真德秀传》)

魏了翁，字华甫，邛州蒲江人。…… 年十五，著韩愈论，抑扬顿挫,有作者风。……进华文阁待制……上章论十弊……疏列万言，先引故实，次陈时弊，分别利害，粲若白黑。(《宋史》卷四三七《魏了翁传》)

制艺文:

宋熙宁中，王安石始废诗赋用经义，元祐后复罢。迨元仁宗

延祐中，定科举考试法，于是王克耘始造八比一法，名书义矜式。遂为八股滥觞，学者俯就绳式，推敲揣摩，有害于学术文学者甚大。

自宋以来，以取中士子所作之文，谓之程文。金史承安五年，诏考试词赋官，各作程文一道，示为举人之式，试后，赴省藏之。（顾炎武《日知录》卷一六《程文》）

唐之取士以赋，而赋之末流，最为冗滥。宋之取士以论策，而论策之弊，亦复如之。（顾炎武《日知录》卷一六《程文》）

宋季有魏天应论学绳尺一书，皆当时应举文字，有破题、接题、小讲、大讲、入题、原题诸式。（顾炎武《日知录》卷一六《试文格式注》）

（乙）诗

宋诗初学西昆晚唐，欧阳修、王安石锐意学韩学杜，苏、王不主一格，巍然大家，宋诗体格，至是始成。

王禹偁，字元之，济州巨野人。……赋咏人多传诵。……太宗亲试贡士，召禹偁赋诗立就。上悦曰："此不逾月，遍天下矣。"……禹偁词学敏赡，遇事敢言……所与游必儒雅，后进有词艺者，极意称扬之。……有……诗三卷。（《宋史》卷二九三《王禹偁传》）

丞相莱国寇忠愍公，名准，字平仲，华州下邽人。……平生著述，于章疏尤工，旨粹言简，多所开益……好为诗，警策清悟，有刘梦得、元微之风格，其气焰奇拔，则又过之。

（朱熹《五朝名臣言行录》卷四）

魏野，字仲先，陕州陕人也。……及长嗜吟咏，不求闻达。居州之东郊，手植竹树，清泉环绕，旁对云山，景趣幽绝。凿土袤丈，曰乐天洞，前为草堂，弹琴其中，好事者，多载酒肴从之游，啸咏终日。……野不喜巾帻，无贵贱皆纱帽白衣以见，出则跨白驴。过客居士往来，留题命话，累宿而去。野为诗精苦，有唐人风格，多警策句。……有《草堂集》十卷。（《宋史》卷四五七《魏野传》）

林逋，字君复，杭州钱塘人。少孤力学，不为章句。……初放游江、淮间，久之，归杭州，结庐西湖之孤山，二十年，足不及城市。……自为墓于其庐侧。临终为诗，有“茂陵他日求遗稿，犹喜曾无《封禅书》”之句。既卒，州为上闻，仁宗嗟悼，赐谥和靖先生……逋善行书，喜为诗，其词澄浃峭特，多奇句。既就稿随辄弃之。或谓：“何不录以示后世？”逋曰：“吾方晦迹林壑，且不欲以诗名一时，况后世乎！”然好事者，往往窃记之，今所传，尚三百余篇。（《宋史》卷四五七《林逋传》）

杨亿，字大年……六岁学吟诗……年十一，以童子召对，试诗赋五篇，下笔立成。太宗叹异……太宗观华后苑，召命赋诗。明年，苑中曲宴，亿复以诗献。……有《西昆酬倡》等集……真宗尝谓王旦曰：“亿辞学无比，后学皆师慕之。文章有贞元、元和风格，自亿始也。”旦曰：“后学皆师慕亿，唯李宗谔久与之游，终不得其鳞甲。”谓其体弱，不宗经典云。（王偁《东都事略》卷四七《杨亿传》）

刘筠……善对偶，尤工为诗。初为杨亿所识拔，后遂与齐名，时号杨刘。（《宋史》卷三〇五《刘筠传》）

石延年，字曼卿……家于宋城。延年为人跌宕任气节……于诗最工。(《宋史》卷四四二《石延年传》)

苏舜钦，字子美……当天圣中，学者为文，多病偶对，独舜钦与河南穆修，好为古文、歌诗，一时豪俊多从之游。……舜钦既放废，寓于吴中，其友人韩维，责以……去离都下，隔绝亲交。舜钦报书曰："……三商而眠，高舂而起，静院明窗之下，罗列图史琴樽以自愉悦，有兴则泛小舟，出盘、阊二门，吟啸览古于江山之间。渚茶、野酿，足以消忧，莼鲈、稻蟹，足以适口。又多高僧隐君子，佛庙胜绝，家有园林，珍花奇石，曲池高台，鱼鸟留连，不觉日暮。……以彼此较之，孰为然哉！……"在苏州买水石，作沧浪亭，益读书，时发愤懑于歌诗，其体豪放，往往惊人。(《宋史》卷四四二《苏舜钦传》)

梅尧臣，字圣俞，宣州宣城人……工为诗，以深远古淡为意，间出奇巧，初未为人所知。……为河南主簿，钱惟演留守西京，特嗟赏之，为忘年交，引为酬倡，一府尽倾。欧阳修与为诗文，自以为不及。尧臣益刻厉，精思苦学，由是知名于时。宋兴以诗名家为世所传，如尧臣者盖少也。尝语人曰："凡诗意新语工，得前人所未道者，斯为善矣。必能状难写之景，如在目前，含不尽之意，见于言外，然后为至也。"世以为知言。……尧臣家贫喜饮酒，贤士大夫多从之游，时载酒过门。善谈笑，与物无忤，诙嘲讥刺托于时，晚益工。(《宋史》卷四四三《梅尧臣传》)

与梅尧臣游，为歌诗相倡和……苏轼叙其文曰……诗赋似李白。(《宋史》卷三一九《欧阳修传》)

苏轼、王安石，叠为诗家宗主，苏门有黄、晁、秦、张诸人尤盛。

黄庭坚，字鲁直，洪州分宁人。……苏轼尝见其诗文，以为超轶绝尘，独立万物之表，世久无此作，由是声名始震。……庭坚学问文章，天成性得，陈师道谓其诗得法杜甫，学甫而不为者。……与张耒、晁补之、秦观俱游苏轼门，天下称为四学士。而庭坚于文章，尤长于诗，蜀、江西君子以庭坚配轼，故称苏黄。轼为侍从时，举庭坚自代，其词有“瑰伟之文，妙绝当世……”之语，其重之也如此。初游灊皖山谷寺、石牛洞，乐其林泉之胜，因自号山谷道人云。(《宋史》卷四四四《黄庭坚传》)

晁补之，字无咎，济州巨野人……父端有工于诗。补之聪敏强记，才解事，即善属文……十七岁，从父官杭州，倅钱塘，山川风物之丽，著《七述》以谒州通判苏轼。轼先欲有所赋，读之叹曰：“吾可以阁笔矣。”又称其文博辩隽伟，绝人远甚，必显于世。由是知名。……补之才气飘逸，嗜学不知倦，文章温润典缛，其凌丽奇卓，出于天成。尤精《楚词》，论集屈、宋以来赋咏，为《变离骚》等三书。(《宋史》卷四四四《晁补之传》)

秦观，字少游，一字太虚，扬州高邮人。少豪隽慷慨，溢于文词……见苏轼于徐，为赋黄楼，轼以为有屈、宋才。又介其诗于王安石，安石亦谓清新似鲍、谢。……放还。至藤州，出游华光亭，为客道梦中长短句，索水欲饮，水至，笑视之而卒。先自作挽词，其语哀甚，读者悲伤之。(《宋史》卷四四四《秦观传》)

张耒，字文潜，楚州淮阴人。幼颖异，十三岁能为文，十七时作《函关赋》，已传人口。游学于陈，学官苏辙爱之，因得从轼游，轼亦深知之，称其文汪洋冲澹，有一倡三叹之声。……耒仪观甚伟，有雄才，笔力绝健，于骚词尤长。……作诗晚岁亦务平淡，效白居易体，而乐府效张籍。（《宋史》卷四四四《张耒传》）

陈师道，字履常，一字无己，彭城人。少而好学苦志，年十六，蚤以文谒曾巩，一见奇之，许其以文著，时人未之知也……元祐初，苏轼、傅尧俞、孙觉荐其文行……喜作诗，自云学黄庭坚，至其高处或谓过之，然小不中意，辄焚去，今存者才十一。世徒喜诵其诗文，至若奥学至行，或莫之闻也。（《宋史》卷四四四《陈师道传》）

李廌，字方叔，其先自郓徙华。……长以学问称乡里。谒苏轼于黄州，贽文求知。轼谓其笔墨澜翻，有飞沙走石之势……又数年，再见轼，轼阅其所著，叹曰："张耒、秦观之流也。"（《宋史》卷四四四《李廌传》）

南宋诗，以尤、杨、范、陆为四大家，宋元之际，若真山民、汪水云为诗，凄凉感叹，虽为亡国遗音，而可窥见当时史事。

尤袤，字延之，常州无锡人。……入太学，以词赋冠多士……上……使人密察，民诵其善政不绝口，乃录其《东湖》四诗归奏。上读而叹赏，遂以文字受知。……尝取孙绰遂初赋以自号。（《宋史》卷三八九《尤袤传》）

范成大，字致能，吴郡人。……素有文名，尤工于诗。……自号石湖，有《石湖集》。（《宋史》卷三八六《范成大传》）

杨万里，字廷秀，吉州吉水人。……名读书之室曰诚斋。……精于诗。(《宋史》卷四三三《杨万里传》)

陆游，字务观，越州山阴人。……范成大帅蜀，游为参议官，以文字交，不拘礼法，人讥其颓放，因自号放翁。……游才气超逸，尤长于诗。(《宋史》卷三九五《陆游传》)

金诗多学苏黄一派，至元好问而大。中州一集，汾河诸老稍嫌浅率，然征金事者，所不废也。

察松年……文词清丽，尤工乐府，与吴激齐名，时号吴蔡体。(《金史》卷一二五《蔡松年传》)

赵秉文……七言长诗，笔势纵放，不拘一律，律诗壮丽，小诗精绝，多以近体为之，至五言古诗，则沉郁顿挫。(《金史》卷一一〇《赵秉文传》)

党怀英，字世杰……能属文……当时称为第一，学者宗之。……上章宗谓宰臣曰："郝俣赋诗颇佳，旧时刘迎能之，李晏不及也。"(《金史》卷一二五《党怀英传》)

刘昂，字之昂，兴州人。……律赋自成一家，作诗得晚唐体，尤工绝句。(《金史》卷一二六《刘昂传》)

李汾，字长源，太原平晋人。……工诗，雄健有法。……平生诗甚多，不自收集，世所传者，十二三而已。(《金史》卷一二六《李汾传》)

其诗奇崛而绝雕刿，巧缛而谢绮丽。五言高古沉郁。七言乐府，不用古题，特出新意。歌谣慷慨，挟幽、并之气，其长短句，揄扬新声以写恩怨者，又数百篇。(《金史》卷一二六《元好问传》)

元诗颇矫江西派粗犷之病，虞集以高亢胜，萨都剌以秾丽胜，末流或失之于纤，杨维桢读史乐府当行，别开一体，亦有足多。

虞伯生先生集、杨仲弘先生载同在京日，杨先生每言伯生不能作诗。虞先生载酒请问作诗之法，杨先生酒既酣，尽为倾倒。虞先生遂超悟其理，继……以所作诗介他人质诸杨先生。先生曰："此诗非虞伯生不能也。"或曰："先生尝谓伯生不能作诗，何以有此？"曰："伯生学问高，余曾授以作诗法，余莫能及。"……故国朝之诗称虞、赵、杨、范、揭焉。范即德机先生梈，揭即曼硕先生傒斯也。尝有问于虞先生曰："仲弘诗如何？"先生曰："仲弘诗如百战健儿。""德机诗如何？"曰："德机诗如唐临晋帖""曼硕诗如何？"曰："曼硕诗如美女簪花。""先生诗如何？"笑曰："虞集乃汉廷老吏。"盖先生未免自负，公论以为然。（陶宗仪《辍耕录》卷四）

张翥，字仲举，晋宁人。……留杭，又从仇远字仁近，钱塘人先生学。远于诗最高，翥学之，尽得其音律之奥，于是翥遂以诗文知名一时。……翥长于诗，其近体长短句尤工。（《元史》卷一八六《张翥传》）

萨都剌，字天锡，别号直斋，本答失蛮氏……有诗名……晚年寓居武林。每风日晴好，辄肩一杖挂瓢笠踏芒𪨗，凡深岩邃壑，人迹不到处，无不穷其幽胜，兴至则发为诗歌。（邵远平《元史类编》卷三六《萨都剌传》）

诗社之集，以元时为最盛。

元季士大夫，好以文墨相尚，每岁必联诗社，四方名士毕集，谳赏穷日夜，诗胜者，辄有厚赠。饶介为淮南行省参政，豪于诗，自号醉樵，尝大集诸名士，赋醉樵歌《明史·文苑传》……浦江吴氏，结月泉社，聘谢皋羽为考官……注见《怀麓堂诗话》。松江吕璜溪，尝走金帛，聘四方能诗之士，请杨铁崖为主考，第其甲乙，厚有赠遗，一时文人毕至，倾动三吴注：见《四友斋丛说》。又顾仲瑛玉山草堂，杨廉夫、柯九思、倪元镇、张伯雨、于彦成诸人，尝寓其家，流连觞咏，声光映蔽江表注：见《元诗选》。此皆林下之人，扬风扢雅，而声气所届，希风附响者，如恐不及。……有元之世，文学甚轻，当时有九儒十丐之谣，科举亦屡兴屡废，宜乎风雅之事，弃如弁髦。乃搢绅之徒，风流相尚如此。盖自南宋遗民故老，相与唱叹于荒江寂寞之滨，流风余韵，久而弗替，遂成风会。（赵翼《廿二史劄记》卷三〇《元季风雅相尚》）

（丙）词

词至宋而极盛。宋人填词，皆能被之乐府，北宋多小令，而气格浑成，南宋多为长调，而不免失之堆砌。苏、辛盛气汪洋，别为一体，周邦彦实为一代词宗，光前启后，其诗文亦有规律，故不同靡靡之作。

宋人编集歌词，长者曰慢，短者曰令，初无中调、长调之目。自顾从敬编《草堂词》，以臆见分之，后遂相沿。（朱彝尊《词综·发凡》）

晏殊，字同叔……有《珠玉词》一卷。（朱彝尊《词综》卷四）

晏幾道……殊幼子……有《小山词》一卷。（朱彝尊《词综》卷五）

柳永，初名三变，字耆卿……有《乐章集》九卷……叶少蕴云：尝见一西夏归朝官云，凡有井水饮处，即能歌柳词……黄叔旸云：耆卿长于纤艳之词。（朱彝尊《词综》卷五）

有客谓子野张先字曰："人皆谓公张三中，即心中事、眼中泪、意中人也。"（朱彝尊《词综》卷五）

晁无咎云："东坡居士词，人谓多不谐音律。然横放杰出，自是曲子内缚不住者。"……陆务观云："……东坡……词……但豪放不喜裁剪以就声律耳。……歌之曲终，觉天风海雨逼人。"（朱彝尊《词综》卷六）

贺铸，字方回……有《东山寓声乐府》三卷……妙绝一世……有'梅子黄时雨'之句，人谓之贺梅子……山谷有诗云："解道江南断肠句，只今惟有贺方回。"其为前辈推重如此。（朱彝尊《词综》卷七）

周邦彦，字美成……有《清真集》二卷，……张叔夏云："美成词浑厚和雅，善于融化诗句。"沈伯时云："作词当以清真为主。"（朱彝尊《词综》卷九）

辛弃疾，字幼安，齐之历城人……善长短句，悲壮激烈，有《稼轩集》行世。(《宋史》卷四〇一《辛弃疾传》)

刘克庄，字潜夫……有《后村别调》一卷。（朱彝尊《词综》卷一四）

姜夔，字尧章号白石。范石湖成大云："白石有裁云缝月之妙手，敲金戛玉之奇声。"……黄叔旸云："白石词极精妙，不减清真，其高处，有美成所不能及。"……张叔夏云："姜白石如野云孤飞，去留无迹。"（朱彝尊《词综》卷一五）

史达祖，字邦卿号梅溪。姜尧章云：“邦卿词奇秀清逸，融情景于一家，会句意于两得。”张功甫云：“……妥贴轻圆，辞情俱到。”（朱彝尊《词综》卷一七）

吴文英，字君特……有《梦窗甲乙丙丁稿》四卷。张叔夏云：“吴梦窗如七宝楼台，眩人眼目，碎折下来，不成片段。”……沈伯时云：“梦窗深得清真之妙，但用事下语太晦处，人不易知。”（朱彝尊《词综》卷一九）

张炎，字叔夏……有《玉田词》三卷……仇仁近云：“……意度超玄，律吕协洽，当与白石老仙相鼓吹。”（朱彝尊《词综》卷二一）

周密，字公谨……有《草窗词》二卷，一名《蘋洲渔笛谱》。（朱彝尊《词综》卷二〇）

高观国，字宾王号竹屋……张叔夏云：“竹屋、白石、邦卿、梦窗，格调不凡，句法挺异。”（朱彝尊《词综》卷一七）

朱淑真，钱塘人，有《断肠集》词一卷。（朱彝尊《词综》卷二五）

李清照，字易安，格非之女，嫁赵明诚，有《漱玉集》一卷。（朱彝尊《词综》卷二五）

（4）通俗文学

唐时佛教流行，因以俗文敷衍教义，传播既久，用之以作传记。至宋语体尤盛，出使专对则有口语，讲学则有语录，小说、戏曲之作，则雅俗并陈。元人《水浒传》，纯以语体行之，遂成章回说部一体。自此以后，小说、戏曲，深入人心，弥漫社会，风俗思想，为之一变。

（甲）宋元人小说

《五代史平话》：

宋巾箱本《五代史平话》，于梁、唐、晋、汉、周，各分上下二卷。惜《梁史》《汉史》皆缺下卷，虽上卷尚存回目，而《梁史》已敚去数叶，不能补矣。元忠于光绪辛丑游杭，得自常熟张大令敦伯家，以压归装，顾各家书目皆未著录。……偶忆《梦粱录》小说讲经史门，有云："讲史者，谓讲说《通鉴》汉、唐历代书史文传兴废争战之事。有戴书生、周进士、张小娘子、宋小娘子、丘机山、徐宣教。"疑此《平话》，或出南渡小说家所为，而书贾刻之，故目录及每卷首尾，辄大书新编五代某史平话也。（曹元忠《五代史平话跋》）

《京本通俗小说》：

余避难沪上，索居无俚。闻亲串按：即冯誉骥家妆奁中，有旧妙本书，类乎平话，假而得之……搜得四册，破烂磨灭，的是影元人写本。首行京本通俗小说第几卷按：缪刻本存第十，第十一，第十二，第十三，第十四，第十五，第十六，凡七卷，通体皆减笔小写，阅之令人失笑。三册尚有钱遵王图书，盖即也是园中物。《错斩崔宁》《冯玉梅团圆》二回，见于书目。而宋人词话标题，词字乃评字之讹耳按：词话与评话异，此说不然。所引诗词，皆出宋人，雅韵欲流，并有可考者。如《碾玉观音》一段，三镇节度使延安郡王指韩蕲王，秦州雄武军刘两府是刘锜，杨和王是杨沂中，官衔均不错。尚有《定州三怪》一回，破碎太甚;《金主亮荒淫》两卷，过于秽亵，未敢传摹。与《也是园》有合有不合,亦不知其故。(缪荃孙《京本通俗小说跋》)

《大唐三藏取经诗话》:

宋椠《大唐三藏取经诗话》三卷……阙卷上第一叶，卷中第一二三叶。卷末有“中瓦子张家印”款一行。中瓦子为宋临安府街名……此云中瓦子张家印，盖即《梦粱录》之张官人经史子文籍铺。……此书与《五代平话》《京本小说》及《宣和遗事》，体例略同。三卷之书，共分十七节，亦后世小说分章回之祖。其称诗话,非唐宋士夫所谓诗话,以其中有诗有话,故得此名;其有词有话者,则谓之词话。……皆《梦粱录》《都城纪胜》所谓说话之一种也。书中载元奘取经，皆出猴行者之力,即《西游演义》所本。(王国维《大唐三藏取经诗话跋》)

《宣和遗事》:

世所传《宣和遗事》，极鄙俚，然亦是胜国时间阎俗说。中有南儒及省元等字面，又所记宋江三十六人，卢俊义作李俊义，杨雄作王雄，关胜作关必胜，其余俱小不同。并花石纲等事，皆似是《水浒》事本。倘出《水浒》后，必不更创新名。(胡应麟《少室山房笔丛》卷四一)

余于戊辰冬，得宣和遗事二册，识是述古旧藏。……述《古堂书目》，宋人词话门，有《宣和遗事》四卷……后检之高儒《百川书志》，于史部传记类云:《宣和遗事》二卷，载徽、钦二帝屯泰二百七十余事。虽宋人所记，辞近瞽史，颇伤不文。(黄丕烈《宣和遗事跋》)

《水浒传》：

今世传街谈巷语，有所谓演义者，盖尤在传奇、杂剧下。然元人武林施某所编《水浒传》，特为盛行。世率以其凿空无据，要不尽尔也。余偶阅一小说序，称施某尝入市肆，细阅故书，于敝楮中得宋张叔夜禽贼招语一通，备悉其一百八人所由起，因润饰成此编。（胡应麟《少室山房笔丛》卷四一）

（乙）金人院本

两宋戏剧，均谓之杂剧，至金而始有院本之名。院本者，《太和正音谱》云："行院之本也。"初不知行院为何语，后读元刊《张千替杀妻》杂剧云："你是良人良人宅眷，不是小末小末行院。"则行院者，大抵金元人谓倡伎所居，其所演唱之本，即谓之院本云尔。院本名目六百九十种，见于陶九成《辍耕录》卷二十五者，不言其为何代之作。而院本之名，金元皆有之，故但就其名，颇难区别。以余考之，其为金人所作，殆无可疑者也。自此目观之，甚与宋官本杂剧段数相似，而复杂过之。其中又分子目若干，曰和曲院本者十有四本。其所著曲名，皆大曲法曲，则和曲殆大曲法曲之总名也。曰上皇院本者十有四本。其中如《金明池》《万岁山》《错入内》《断上皇》等，皆明示宋徽宗时事，他可类推，则上皇者，谓徽宗也。曰题目院本者二十本。按题目即唐以来合生之别名。高承《事物纪原卷九·合生》条，言：《唐书·武平一传》，平一上书：比来妖伎胡人，于御座之前，或言妃主情貌，或列王公名质，咏歌舞蹈，名曰合生。始自王公，稍及闾巷。即合生之原，起于唐中宗时也。今人亦谓之唱题目云云。此云题目，即唱题目之略也。曰霸王院本者六本，疑演项羽之事。曰诸杂大小院本者一百八十有九，曰院么者二十有一，曰诸杂院爨者一百有七。陶氏云："院本又谓之五花爨弄。"则爨亦院本之异名也。曰冲撞引首者一百有九，曰拴搐艳段者九十有二。案《梦粱录》卷二十云："杂剧先做寻常熟事一段，名曰艳段，次做正杂剧。"则引首与艳段，疑各相类。艳段《辍耕录》又谓之焰段，曰："焰段亦院本之意，但差简耳。取其如火焰易明而易灭也。"其所以不得为正杂剧者当以此，但不知所谓冲撞、拴搐作何解耳。曰打略拴搐者八十有八，曰诸杂砌者三十。案芦浦笔记，谓："街市戏谑有打砌、打调之类。"疑杂砌亦滑稽戏之流。然其目则颇多故事，则又似与打砌无涉。《云麓漫钞》卷八："近日优人作杂班，似杂剧而稍简略。金虏官制，有文班武班，若医卜倡优，谓之杂班。每宴集，伶人进，曰杂班上，故流传作此。"然《东京梦华录》，已有杂扮之名。《梦粱录》亦云："杂扮，或曰杂班，又名经当作纽元子，又谓之拔和，即杂剧之后散段也。顷在汴京时，村落野夫，罕得入城，遂撰此端，多是借装为山东河北村叟，以资笑端。"则自北宋已有之。今打略拴搐中，有和尚家门、先生家门、秀才家门、列良家门、禾下家门各种，每种各有数本，疑皆装此种人物，以资笑剧，或为杂扮之类；而所谓杂砌者，或亦类是也。（王国维《宋元戏曲史》）

（丙）元人杂剧

曲至元而盛。曲本词之余，宋人间用俚语。金元愈臻浅俗，杂以胡语，南人所作，谓之南曲以别之。南曲两人对唱，北曲一人独

唱，若易人必换宫，又南北之别也。

唐有传奇，宋有戏曲、唱诨、词说宋赵德邻取唐元微之《会真记》，或仍原文，或加删削。于吃紧处，则系以《蝶恋花》词，谓之诨词，金有院本、杂剧、诸公调。院本、杂剧，其实一也。国朝院本、杂剧始厘而二之。院本则五人：一曰副净，古谓之参军；一曰副末，古谓之苍鹘，鹘能击禽鸟，末可打副净故云；一曰引戏；一曰末泥；一曰孤装。又谓之五花爨弄。或曰：宋徽宗见爨国人来朝，衣装鞋履巾裹，傅粉墨，举动如此，使优人效之以为戏。又有焰段，亦院本之意，但差简耳。取其如火焰，易明而易灭也。（陶宗仪《辍耕录》卷二五）

稗官废而传奇作，传奇作而戏曲继。金季国初，乐府犹宋词之流，传奇犹宋戏曲之变，世传谓之杂剧。金章宗时，董解元所编《西厢记》，世代未远，尚罕有人能解之者，况今杂剧中曲调之冗乎？（陶宗仪《辍耕录》卷二七）

元人著北曲者至多，关汉卿、王实甫为最著。

关汉卿，解州人，工乐府，著北曲六十本，世称宋词元曲。然词在唐人，已优为之，惟曲自元始，有南北十七宫调……一时文人才士辈，所撰杂剧，计五百四十九种，皆精审于字之阴阳，韵之平仄，可以被管弦，协律吕……又曰升平乐。（邵远平《元史类编》卷三六《关汉卿传》）

马致远，《汉宫秋》等十三本，如鹏抟九霄；白仁甫，《梧桐雨》等十七本，如朝阳鸣凤；李寿卿，《临岐柳》等十一本，如春晓洞天；乔孟符，《金钱记》等八本，如神鳌鼓浪；费唐臣，《贬黄州》等三本,如三峡波涛……王实甫,《西厢记》等二十二本,如花间美人……郑德辉,《细柳营》等二十本,如碧汉晴云……并称杰构。(邵远平《元史类编》卷三六《关汉卿传注》)

南曲以高则诚《琵琶记》为称首。

自金元入中国,所用胡乐,嘈杂凄紧,缓急之间,词不能按,乃更为新声以媚之。而诸君如贯酸斋、马东篱……辈,咸富有才情……所谓宋词元曲,殆不虚也。但大江以北,渐染胡语……沈约四声,遂阙其一。……复变新体,号为南曲。高拭则成,遂掩前后。……凡曲北字多而调促……南字少而调缓……北宜和歌,南宜独奏。(王世贞《艺苑卮言·附录一》)

高明则诚者,温之永嘉人,以《春秋》中元至正乙酉榜,授处州录事……方国珍聘置幕下,不行。旅寓明州,以词曲自娱……有王四者,以学闻,则诚与之友善,劝之仕,登第即弃其妻,而赘于不花太师家,则诚恶之,故作此记以讽谏。名之曰《琵琶》者,取其头上四王,为王四云尔;元人呼牛为不花,故谓之牛太师。(何元朗《曲论》)

(5)书　画

(甲)书

宋:

句中正,字坦然,益州华阳人。……精于字学,古文、篆、隶、

行、草无不工。太平兴国二年,献八体书。(《宋史》卷四四一《句中正传》)

李建中,字得中,其先京兆人。……建中善书札,行笔尤工,多构新体，草、隶、篆、籀、八分亦妙，人多摹习，争取以为楷法。(《宋史》卷四四一《李建中传》)

陈尧佐……善古隶八分,为方丈字,笔力端劲,老犹不衰。(《宋史》卷二八四《陈尧佐传》)

李行简……家贫……聚木叶学书，笔法遒劲。(《宋史》卷三〇一《李行简传》)

王荆公书，清劲峭拔，飘飘不凡，世谓之横风疾雨。黄鲁直谓学王濛，米元章谓学杨凝式，以余观之，乃天然如此。(张邦基《墨庄漫录》卷一)

蔡襄,字君谟,兴化仙游人。……襄工于书,为当时第一,仁宗尤爱之，制《元舅陇西王碑文》，命书之。及令书《温成后父碑》，则曰:“此待诏职耳。”不奉诏。(《宋史》卷三二〇《蔡襄传》)

东坡……尺牍狎书，姿态横生……萧散容与，霏霏如零春之雨；森疏掩敛，熠熠如从月之星；纡徐婉转，缅缅如抽茧之丝,恐学者所未到也。(杨慎《升庵合集》卷一六九《书品》)

黄庭坚……善行草书，楷法亦自成一家。(《宋史》卷四四四《黄庭坚传》)

东坡题鲁直草书《尔雅》后云:“鲁直以真实心出游戏法，以平等观作欹侧字，以磊落人录细碎书，亦三反也。”(赵德麟《侯鲭录》卷三)

米芾，字元章，吴人也。……特妙于翰墨，沉著飞翥，得王献之笔意。(《宋史》卷四四四《米芾传》)

鲁公蔡京……授笔法于伯父君谟……字势豪健，痛快沉著。追绍圣间，天下号能书，无出鲁公之右者……晚……遂自成一法，为海内所宗焉。（蔡絛《铁围山丛谈》卷四）

吴激……米芾之婿也。工诗能文，字画俊逸，得芾笔意。（《金史》卷一二五《吴激传》）

金：

张即之……字温夫……其书当时所重。完颜有国时，每重购其迹。（文徵明《文待诏题跋》卷下）

王竟……博学而能文，善草隶书，工大字，两都宫殿榜题，皆竞所书，士林推为第一云。（《金史》卷一二五《王竞传》）

赵公秉文……有才藻，工书翰……字画则有晋魏以来风调，而草书尤警绝，殆天机所到，非学能至。（元好问《中州集》卷三）

赵沨……正书体兼颜、苏，行草备诸家体，其超放又似杨凝式，当处苏黄伯仲间。（《金史》卷一二六《赵讽传》）

王庭筠……书法学米元章，与赵沨、赵秉文、俱以名家。（《金史》卷一二六《王庭筠传》）

元：

巙巙，善真、行、草书，识者谓得晋人笔意，单牍片纸，人争宝之，不翅金玉。（《元史》卷一四三《巙巙传》）

赵孟頫……篆、籀、分、隶、真、行、草书，无不冠绝古今，遂以书名天下。天竺有僧，数万里来求其书归，国中宝之。（《元史》卷一七二《赵孟頫传》）

揭傒斯……善楷书、行、草。朝廷大典册……必以命焉。

（《元史》卷一八一《揭傒斯传》）

虞集……真、行、草篆，皆有法度，古隶为当代第一。（陶宗仪《书史会要》卷七）

（乙）画

宋：

荆浩山水，为唐末之冠，关仝尝师之……宋世山水超绝唐世者，李成、董元、范宽三人而已。尝评之：董元得山之神气，李成得山之体貌，范宽得山之骨法。故三家照曜古今，为百代师法。（汤厚《古今画鉴》）

江南中主时，有北苑使董源善画，尤工秋岚远景，多写江南真山，不为奇峭之笔。其后建业僧巨然，祖述源法，皆臻妙理。大体源及巨然画笔，皆宜远观。其用笔甚草草，近视之，几不类物象；远观则景物粲然，幽情远思，如睹异境。（沈括《梦溪笔谈》卷一七）

李成，字咸熙，唐宗室，避地营丘……画师关仝，凡烟云变灭，水石幽闲，树木萧森，山川险易，莫不曲尽其妙。（夏文彦《图绘宝鉴》卷三）

范宽，初名中正，字仲立……以其豁达，有大度，故以宽名之。……北宋时，天下为山水者，惟范宽与李成称绝。议者谓李成之笔，近视如千里之遥，范宽之笔，远望不离坐外，皆造乎神也。（陈仁锡《潜确居类书》卷八二）

李公麟，字伯时，舒州人。……病痹，遂致仕。既归老，肆意于龙眠山岩壑间。雅善画，自作《山庄图》，为世宝传。写人物尤精，识者以为顾恺之、张僧繇之亚。（《宋史》卷

四四四《李公麟传》)

米芾……画山水人物，自名一家，……子友仁，字元晖，……亦善书画，世号小米。(《宋史》卷四四四《米芾传》)

米芾，字元章，天姿高迈……作画喜写古贤像，山水其源出董源，天真发露，怪怪奇奇，枯木松石，自有奇思。(夏文彦《图绘宝鉴》卷三)

米友仁，字元晖，元章之子，能传家学……烟云变灭，林泉点缀，草草而成，不失天真……每自题其画曰墨戏。(夏文彦《图绘宝鉴》卷四)

文同，字与可，梓州梓潼人……苏轼，同之从表弟也。同又善画竹，初不自贵重，四方之人，持缣素请者足相蹑于门。同厌之，投缣于地，骂曰:“吾将以为袜。”好事者传之，以为口实。(《宋史》卷四四三《文同传》)

徽宗……好书画。兴学较艺，如取士法。……尤注意花鸟,点睛多用黑漆,隐然豆许,高出缣素。(夏文彦《图绘宝鉴》卷二)

金:

赤盏君实，女真人，居燕城。画竹学刘自然，颇有意趣。(夏文彦《图绘宝鉴》卷五)

蘧然子赵滋……画入能品。(元好问《中州集》卷一〇)

元:

赵孟頫……其画山水木石花竹人马尤精致。……子雍、弈并以书画知名。(《元史》卷一七二《赵孟頫传》)

元四大家:赵孟頫，字子昂，号松雪;吴镇，字仲圭，号

梅花道人；黄公望，字子久，号大痴，又号一峰老人；王蒙，字叔明，号黄鹤山樵。……以画名家。（陈仁锡《潜确居类书》卷八二）

倪迂画……可称逸品……元之能者虽多，然率承宋法，稍加萧散耳。吴仲圭大有神气，黄子久特妙风格，王叔明奄有前规，而三家未洗纵横习气，独云林古淡天然，米痴后一人而已。（陈继儒《妮古录》卷一。）

元人善画者多，其在大都，山水则刘融伯熙、乔达达之、韩绍晔子华、高克恭彦敬，李希闵克孝，竹石则李衎仲宾、于士行遵道、张德琪廷玉、李有仲方、刘德渊仲渊及张敏夫、高吉甫、刘广之，花果则谢佑之，人物则李士传，传写则焦善甫、冷起岩。（朱彝尊《日下旧闻》卷二一九《补遗·引粉墨春秋》）

按：宋元画家辈出，大抵规范唐人，然自元黄公望、倪瓒等，以简逸为天下倡，画风乃一变。

(6) 印　刷

五代雕板之术兴，官书家刻，同时并盛。印刷术日精，迨宋庆历间，活字版兴，文化臻进，裨益不少。

板印书籍，唐人尚未盛为之，自冯瀛王道始印五经，已后典籍，皆为板本。庆历中，有布衣毕昇，又为活板。其法用胶泥刻字，薄如钱唇，每字为一印，火烧令坚。先设一铁板，其上以松脂蜡和纸灰之类冒之。欲印则以一铁范置铁板上，乃密布字印。满铁范为一板，持就火炀之，药稍熔，则以一平板按其面，则字平如砥。若止印三二本，未为简易；若印数十百千本，则极为神速。常作二铁板，一板印刷，一板已自布字。此印者才毕，则第二板已具。更互用之，瞬息可就。每一字皆有数印，如之、也等字，每字有二十余印，以备一板内有重复者。不用则以纸帖之，每韵为一贴，木格贮之。有奇字素无备者，旋刻之，以草火烧，瞬息可成。不以木为之者，文理有疏密，沾水则高下不平，兼与药相黏不可取。不若燔土，用讫再火，令药熔，以手拂之，其印自落，殊不沾污。（沈括《梦溪笔谈》卷一八）

今世刻书，字体有一种横轻直重者，谓之为宋字；一种楷书圆美者，谓之为元字。……吾谓北宋蜀刻经史，及官刻监本诸书，其字皆颜柳体，其人皆能书之人。其时家塾书坊，虽不能一致，大都笔法整齐，气味古朴。……光宗以后，渐趋于圆活一派。……已近于今日之元体字。而有元一代官私刻本，皆尚赵松雪字，此则元体字之所滥觞也。……明季始有书工，专写肤廓字样，谓之宋体，庸劣不堪。（叶德辉《书林清话》卷二）

（三）工艺制造

(1) 纺 织

(甲) 宋

定州织刻丝，不用大机，以熟色丝，经于木挣上，随所欲作花草禽兽状，以小梭织纬时，先留其处，方以杂色线缀于经纬之上,合以成文……视之如雕镂之象……单州成武县，织薄缣，修广合于官度，而重才百铢，望之如雾……泾州……能拈茸毛为线，织方胜花一匹，重只十四两。(庄绰《鸡肋编》卷上)

宋之锦标，则有刻丝作楼阁者，刻丝作龙水者，刻丝作百花攒龙者，刻丝作龙风者，紫宝阶地者，紫大花者，五色簟文者一名山和尚，紫小滴珠方胜鸾鹊者，青绿簟文者一名阇婆，一名蛇皮，紫鸾鹊者一等紫地紫鸾鹊，一等白地紫鸾鹊，紫白花龙者，紫龟纹者，紫珠焰者，紫曲水者一名落花流水，紫汤荷花者，红霞云鸾者，黄霞云鸾者一名绛霄，青楼阁者阁一作台，青天落花者，紫滴珠龙团者，青樱挑者，皂方团白花者，褐方团白花者，方胜盘象者，球路者，衲者，柿红龟背者，樗蒲者，宜男者，宝照者，龟莲者，天下乐者，练鹊者，方胜练鹊者，绶带者，瑞草者，八花晕者，银钩晕者，细红花盘雕者，翠色狮子者，盘球者，水藻戏鱼者，红遍地杂花者，红遍地翔鸾者，红遍地芙蓉者，红七宝金龙者，倒仙牡丹者，白蛇龟纹者，黄地碧牡丹方胜者，皂木者。绫引首及托里，则有碧鸾者，白鸾者，皂鸾者，皂大花者，碧花者，姜牙者，云鸾者，樗蒲者，大花者，杂花盘雕者，涛头水波纹者，仙纹者，重莲者，双雁者，方旗者，龟子者，方毂纹者，鸂鶒者，枣花者，叠胜者，辽国白毛者，金国回文花者，高丽国白鹭者，花者。余未及尽识，殊以为恨。（董其昌《筠轩清閟录》卷下）

张贵妃又尝侍上元宴于端门，服所谓灯笼锦者。（邵伯温《河南邵氏闻见录》卷二）

靖康初，京师织帛，及妇人首饰衣服，皆备四时。如节物则春旛、灯球、竞渡、艾虎、云月之类，花则桃、杏、荷花、菊花、梅花，皆并为一景，谓之“一年景”。（陆游《老学庵笔记》卷二）

亳州出轻纱，举之若无，裁以为衣，真若烟雾。（陆游《老学庵笔记》卷六）

闽广多种木棉……纺绩为布，名曰吉贝……海南蛮人织为巾，上出细字，杂花卉，尤工巧。（方勺《泊宅编》卷三）

（乙）元

闽广多种木棉，纺绩为布……错纱配色，综线挈花，各有其法，以故织成被褥带帨。其上折枝团凤棋局字样，粲然若写。（陶宗仪《辍耕录》卷二四）

燕人何失世，以织纱縠为业，与张进忠制笔齐名。（朱彝尊《日下旧闻》卷三九《补遗·引宋元诗会笺》）

(2) 雕　漆

嘉兴斜塘杨汇髹工、鎗金、鎗银法，凡器用什物，先用黑漆为地，以针刻画，或山水树石，或花竹翎毛，或亭台屋宇，或人物故事，一一完整，然后用新罗漆。若枪金则调雌黄，若枪银则调铅粉。日晒后用挑挑嵌所刻缝罅，以金薄或银薄，依银匠所用纸糊笼罩，置金银薄在内，遂旋细切取，铺已施漆上，新绵揩拭牢实，但著漆者，自然黏住，其余金银都在绵上。于熨斗中烧灰置锅内熔锻，浑不走失。（陶宗仪《辍耕录》卷三〇）

螺钿器皿，出江西吉安府庐陵县。宋朝内府中物……俱是坚漆，或有嵌铜线者，甚佳。元朝时富家，不限年月做造，漆坚而人物细可爱。（曹昭《格古要论》卷八）

髹漆器用蚌蛤壳镶嵌，象人物花草，谓之螺填。吕蓝衍《言鲭》，谓：牂牁蛮国，其王号鬼王，其别帅曰罗殿，在贵州界内，世用其蛤饰器，谓之罗殿。此说非也。今贵州水西一带，即罗甸鬼国……皆崇山峻岭，并无江河，安得有蚌蛤之属？此器多出自广东沿海一带，按方勺《泊宅编》谓：螺填器本出倭国，而蓝衍讹为罗殿而附会之误矣。周密《驾幸张府记》：宋高宗幸张循王府，王所进有螺钿盒十具。又《癸辛杂识》，王棣谄贾似道，作螺钿卓面屏风十副，图贾相当国盛事，如鄂渚守城、鹿矶奏捷之类，贾相乃大喜。则螺填当作螺钿为是。（赵翼《陔馀丛考》卷三三）

(3) 瓷 器

仁宗一日幸张贵妃阁，见定州红瓷器。(邵伯温《河南邵氏闻见前录》卷二)

宋时，有章生一、生二兄弟，皆处州人，主龙泉之琉田窑，生二所陶青器，纯粹如美玉……生一所陶者色淡，故名哥窑。(陆深《春风堂随笔》)

宋时处州章生兄弟者，皆作窑，兄所作者，视弟色稍白而断纹多，号白圾碎，故曰哥窑。(王世贞《宛委馀编》卷一五)

宋叶寘《坦斋笔衡》云……本朝以定州白磁器有芒不堪用，遂命汝州造青窑器，故河北唐、邓、耀州悉有之，汝窑为魁。江南则处州龙泉县窑，质颇粗厚。政和间，京师自置窑烧造，名曰官窑。中兴渡江，有邵成章提举后苑，号邵局，袭故京遗制，置密于修内司，造青器，名内窑。澄泥为范，极其精制，油色莹彻，为世所珍。后郊坛下别立新窑，比旧窑大不侔矣。余如乌泥窑、余杭窑、续窑，皆非官窑比。若谓旧越窑，不复见矣。(陶宗仪《辍耕录》卷二九)

宋时江西窑器，出庐陵之永和市。有舒翁，工为玩具。翁之女尤善，号曰舒娇，其炉瓮诸色，几与哥窑等价。(施闰章《矩斋杂记》)

(4) 塑 像

鄜州田氏，作泥孩儿名天下……一对至直十缣，一床至三十千，一床者，或五或七也。小者二三寸，大者尺余……予家旧藏一对卧者，有小字云：“鄜畤田玘制。”（陆游《老学庵笔记》卷五）

阿尔尼格，尼博啰国人也……善画塑及铸金为像。……凡两京寺观之像，多出其手。……有刘元者，尝从阿尔尼格学西天梵相，亦称绝艺。元字秉元，蓟之宝坻人。始为黄冠，师事青州杞道录，传其艺非一。至元中，凡两都名刹、塑土、范金、抟换为佛像，出元手者，神思妙合，天下称之。其上都三皇尤古粹……后大都南城作东岳庙，元为造仁圣帝像……其所为西番佛像多秘，人罕得见者。……抟换者，漫帛土偶上而髹之，已而去其上髹帛，俨然成像云。（《元史》卷二〇三《阿尔尼格传》）

(5) 建　筑

营舍之法，谓之《木经》，或云喻皓所撰。凡屋有三分：自梁以上为上分，地以上为中分，阶为下分。凡梁长几何，则配极几何以为榱等。如梁长八尺，配极三尺五寸，则厅法堂也，此谓之上分。楹若干尺，则配堂基若干尺以为榱等。若楹一丈一尺，则配基阶四尺五寸之类。以至承栱榱桷，皆有定法，谓之中分。阶级有峻、平、慢三等，宫中则以御辇为法：凡自下而登，前竿垂尽臂，后竿展尽臂为峻道；前竿平肘，后竿平肩为慢道；前竿垂手，后竿平肩为平道，此之为下分。其书三卷，近岁土木之工，益为严善，旧《木经》多不用，未有人重为之，亦良工之一业也。（沈括《梦溪笔谈》

卷一八）

(6) 器　用

(甲) 文　具

笔:

笔盖出于宣州，自唐惟诸葛一姓，世传其业。治平、嘉祐前，有得诸葛笔者，率以为珍玩，云一枝可敌它笔数枝。熙宁后，世始用“无心散卓笔”，其风一变。（叶梦得《石林避暑录》话卷上）

纸:

宋颜方叔，尝创制诸色笺，有杏红、露桃红、天水碧，俱研花竹鳞羽、山林人物，精妙如画。亦有金缕五色描成者，士夫甚珍之。（陈继儒《妮古录》卷二）

“百硾纸”出高丽，以楮造，捣练极工，拟于茧。“凝霜纸”出黟歙，复有长纸，一幅可五十尺。（陈元龙《格致镜原》卷三七《引事物绀珠》）

天下皆以木肤为纸，而蜀中乃尽用蔡伦法，笺纸有“玉板”，有“贡余”，有“经屑”，有“表光”。玉板、贡余，杂以旧布破履乱麻为之，惟经屑表光，非乱麻不用。（费著《蜀笺谱》）

川纸取布头机余经不受纬者治作之，故名“布头笺”，此

纸冠天下。（苏轼《东坡志林》卷一一）

宋有……藤白纸、研光小本纸、蜡黄藏经笺有金粟山、转轮藏二种、白经笺、鹄白纸、白玉版匹纸、蚕茧纸，元有黄麻纸、铅山纸、常山纸、英山纸、上虞纸，皆可传之百世。（董其昌《筠轩清闷录》卷中）

墨：

宋熙丰间，张遇供御墨，用油烟入脑麝金箔，谓之“龙香剂”。（陈元龙《格致镜》原卷三七《引窗间纪闻》）

东坡先生在儋耳，令潘衡所造，铭曰“海南松煤，东坡法墨”者是也。其法或云，每笏用金花胭脂数饼，故墨色艳发，胜用丹砂也。（何薳《春渚纪闻》卷八）

潭州胡景纯，专取桐油烧烟，名“桐花烟”。其制甚坚薄，不为外饰以眩俗眼。……每磨研间，其光可鉴。画工宝之，以点目瞳子，如点漆云。（何薳《春渚纪闻》卷八）

陶九成载墨……宋张遇、潘衡、蒲大韶款曰：书窗轻煤，佛帐余韵、叶世英尝造德寿宫墨、朱知常朱知常香剂、梁果、李世英款曰：丛桂堂李世英、胡友直、潘秉彝衡孙、徐知常、叶邦宪尝造复古殷墨、雪斋款曰：雪斋宝墨、周朝式、李克恭世英子、乐温亦世英子、蒲彦辉、刘文通、郭忠厚、镜湖方氏、黄表之、齐峰、刘士先尝造缉熙殿墨、寓庵、俞林、邱放、谢东、徐禧、叶茂实三衢、翁彦卿、元潘云谷清江、胡文忠长沙、林松泉钱塘、於材仲宜兴、杜清碧武夷、卫学古松江、黄修之天台、朱万初豫章、邱可行金溪、邱世英、邱南杰并可行子、可谓详矣。然……宋不载常和、沈珪、陈相、张孜、沈晏、徐铉、张谷、潘谷、叶谷、常遇、潘遇、陈瞻、王迪、苏澥、陈昱、关珪、关瑱、郭遇明、江通、朱觐、胡景纯、梅瞻、耿德真，何也？士大夫如苏子瞻、晁季一、贺方回、张秉道、康为章皆能制墨，见何薳《春渚纪闻》。（董其昌《筠轩清闷录》卷下）

砚:

宋欧阳文忠公《砚谱》云:端石……以子石为上。子石者，在大石中生，盖精石也。（曹昭《格古要论》卷七）

作澄泥砚法：以墐泥令入于水中挪之，贮于瓮器内。然后别以一瓮贮清水，以夹布囊盛其泥，而摆之，俟其至细去清水，令其干，入黄丹团和，溲如面。作二模如造茶者，以物击之令至坚。以竹刀刻作砚之状，大小随意，微荫干。然后以利刀手刻削如法，曝过，间空垛于地，厚以稻糠并黄牛粪搅之，而烧一伏时。然后入墨蜡，贮米醋而蒸之，五七度，含津益墨，亦足亚于石者。（苏易简《文房四谱》卷三）

魏铜雀台遗址，人多发其古瓦，琢之为砚甚工，而贮水数日不滲。世传……其瓦，俾陶人澄泥，以絺滤过，碎胡桃油，方埏埴之，故与众瓦有异焉。（苏易简《文房四谱》卷三）

砚品中端石，人皆贵重之。载于谱记凡数家，取予各异。或佳其有眼为端，或以无眼为贵。然石之青脉者必有眼，嫩则多眼，坚则少眼。石嫩则细润而发墨，所以贵有眼，不特为石之验也。眼之品类不一，曰鸚哥眼，曰鸛鸲眼，曰丫哥眼，曰雀眼，曰鸡翁眼，曰猫眼，曰菉豆眼，各以形似名之。翠绿为上，黄赤为下。谚谓火黯为佳，然亦石之病。乾道癸巳，高庙尝书翰墨数说以赐曹勋。其一云:“端璞出下岩，色紫如猪肝。密理坚致，潴水发墨，呵之即泽。研试则如磨玉而无声，此上品也。中下品则皆砂壤相杂。不惟肌理既粗，复燥而色赤，

如后历新，皆不可用。制作既俗，又滑不留墨。（张世南《游宦纪闻》卷五）

（乙）舟 车

仁宗天圣五年，内侍卢道隆上“记里鼓车”之制：“独辕双轮，箱上为两重，各刻木为人，执木槌。……车行一里，下一层木人击鼓……车行十里，上一层木人击镯。”（《宋史》卷一四九《舆服志一》）

“龙肩舆”，一名棕檐子，一名龙檐子，舁以二竿，故名檐子，南渡后所制也。（《宋史》卷一五〇《舆服志二》）

成都诸名族，妇女出入，皆乘犊车。惟城北郭氏车最鲜华，为一城之冠，谓之“郭家车子”。（陆游《老学庵笔记》卷二）

今之民间锱车，重大推朴，以牛挽之。日不能行三十里，少蒙雨雪，则跬步不进，故俗谓之“太平车”。（邵博《河南邵氏闻见后录》卷二二）

所乘车，置龙首鸱尾，饰以黄金。又造“九龙辂”、“诸子车”，以白金为浮图，各有巧思。（《辽史》卷七一《圣宗仁德皇后萧氏传》）

召入商议中书省事，知枢密院事。大理国进“象牙金饰轿”，即以赐之。（《元史》卷一二八《床兀儿传》）

建议选锐兵于乾宁军，挽“刀鱼船”，自界河直趋平州境，以牵西面之势。（《宋史》卷二七三《何承矩传》）

上海总管罗壁、朱清、张瑄等，造“平底海船”六十艘……从海道至京师。（《宋史》卷九三《食货志一·海运》）

叙州守将，横截江津，军不得渡，按只聚军中牛皮作浑脱及“皮船”，乘之与战，破其军。（《元史》卷一五四《石抹

按只传》)

(丙)军 器

熙宁七年……是岁始造箭,曰“狼牙”,曰“鸭觜”,曰“出尖四楞”,曰“一插刃凿子”,凡四种,推行之。(《宋史》卷一九七《兵志一一》)

熙宁中,李定献偏架弩,似弓而施干镫。以镫距地而张之,射三百步,能洞重札,谓之“神臂弓”。(沈括《梦溪笔谈》卷一九)

郑华原……荐和铣于徽祖……铣因上制胜强远弓式,诏施行之。弓制实弩,极轻利,能破坚于三百步外,即边人所谓“凤凰弓”者。绍兴中,韩蕲王世忠因之,稍加损益,而为之新名曰“克敌”,亦诏起部通制,至今便焉。洪文敏《容斋三笔》,谓祖熙宁神臂之规,实不然也。(岳珂《桯史》卷五)

度宗咸淳九年六月……沿边州郡,因降式制回回炮,有触类巧思,别置炮远出其上。(《续通考》卷一三四《兵考一四》)

火枪……制以敕黄纸十六重为筒,长二尺许,实以柳炭、铁库、磁末、硫黄、砒霜之属,以绳系枪端。军士各悬小铁罐藏火,临阵烧之,焰出枪前丈余,药尽而筒不损。(《金史》卷一一六《蒲察官奴传》)

其攻城之具,有火炮名“震天雷”者,铁罐盛药,以火点之,炮起火发,其声如雷,闻百里外,所爇围半亩之上,火点著甲铁皆透。大兵又为牛皮洞,直至城下,掘城为龛,间可容人,则城上不可奈何矣。人有献策者,以铁绳悬震天雷者,顺城而下,至掘处火发,人与牛皮皆碎迸无迹。又“飞火枪”注药,

以火发之，辄前烧十余步，人亦不敢近。(《金史》卷一一三《赤盏合喜传》)

尝制甲……以献。至元十一年，别制“叠盾”，其制张则为盾，敛则合而易持。世祖以为古所未有。(《元史》卷二〇三《孙威传》)

阿喇卜丹，回回氏，西域茂萨里人也。至元八年，世祖遣使征炮匠于宗王额将布格，王以阿喇卜丹、伊斯玛音应诏……二十二年，枢密院奉旨，改元帅府为回回炮手军匠上万户府，以阿喇卜丹为副万户。(《元史》卷二〇三《阿喇卜丹传》)

伊斯玛音……善造炮。至元十年，从国兵攻襄阳……置炮于城东南隅，重一百五十斤，机发声震天地，所击无不摧陷，入地七尺。……十八年……加镇国上将军，回回炮手都元帅。明年十九年，改军匠万户府万户。(《元史》卷二〇三《伊斯玛音传》)

（丁）指南针

方家以磁石磨针锋，则能指南，然常微偏东，不全南也，水浮多荡摇。指爪及碗唇上，皆可为之，转运尤速，但坚滑易坠，不若缕悬为最善。其法取新纩中独茧缕，以芥子许蜡，缀于针腰，无风处悬之，则针常指南。其中有磨而指北者。予家指南北者皆有之。磁石之指南，犹柏之指西，莫可原其理。（沈括《梦溪笔谈》卷二四）

舟师识地理，夜则观星，昼则观日，晦阴观指南针。（朱彧《萍洲可谈》卷二）

（四）风　俗

（1）饮　食

（甲）宋

馔：

旧京工伎，固多奇妙，即烹煮槃案，亦复擅名，如王楼梅花包子、曹婆肉饼、薛家羊饭、梅家鹅鸭、曹家从食、徐家瓠羹、郑家油饼、王家乳酪、段家爊物、石逢巴子南食之类，皆声称于时。若南迁湖上，鱼羹宋五嫂、羊肉李七儿、奶房王家、血肚羹宋小巴之类，皆当行不数者。（百岁寓翁《枫窗小牍》卷上）

集英殿宴金国人使九盏：第一肉咸豉，第二爆肉双下角子，第三莲花肉油饼骨头，第四白肉胡饼，第五群仙炙太平毕罗，第六假圆鱼，第七柰花索粉，第八假沙鱼，第九水饭，咸豉旋鲊瓜姜。看食：枣锢子、髓饼、白胡饼、环饼。（陆游《老学庵笔记》卷一）

绍兴二十一年十月，高庙幸清河郡王张浚第，进奉筵宴目：绣花高饤果垒八色：香圆、真柑、石榴、枨子、鹅梨、乳梨、榠楂、花木瓜；乐仙干果叉袋儿十二色：荔枝、圆眼、香莲、榧子、榛子、松子、银杏、梨肉、枣圆、莲子肉、林檎旋、大蒸枣；缕金香药十色：脑子花儿、甘草花儿、硃砂圆子、木香丁香、水龙脑、史君子、缩砂花儿、官桂花儿、白朮人参、橄榄花儿；雕花蜜煎十二色：梅球儿、红消花、笋、蜜冬瓜鱼、红团花、木瓜大段、金橘、青梅、荷叶姜、蜜笋花儿、枨子、木瓜方花儿；砌香酸盐十二色：香药木瓜、椒梅、香药藤花、樱桃、紫苏奈香、菊花柳儿、葡萄、甘草花儿、姜丝梅、梅肉饼儿、水红姜、杂丝梅饼儿；脯肠十色：肉线条子、皂角铤子、云梦豝儿、鰕腊、肉腊、奶房、旋鲊、金山盐豉、酒醋肉、肉瓜虀；垂手盘子八色：陈蜂儿、番葡萄、香莲事件、巴榄子、大金橘、新椰子、小橄榄、榆柑子；再坐进四时果八色：春藕、鹅梨饼子、甘蔗、乳梨肉儿、红柿子、切枨子、切绿橘、生藕铤儿；时新果十二色：金橘、杨梅、新罗葛、切蜜蕈、切脆枨、榆柑子、新椰子、切宜母子、藕铤子、甘蔗奈香、新柑子、梨五花儿；珑缠果子十二色：荔枝甘露饼、荔枝葵花、荔枝好郎君、珑缠桃条、酥胡桃、缠枣圈、缠梨肉、香莲事件、香药葡萄、缠松子、糖霜玉蜂儿、白缠桃条；下酒三十味：花炊鹌子、荔枝白腰子、奶房签、三脆羹、羊舌签、萌芽肚胘、肫掌签、鹌子羹、肚胘脍、鸳鸯煠肚、炒沙鱼、衬汤、鳝血炒鲎、鹅肫掌汤虀、螃蟹酿枨、奶房玉蕊羹、鲜虾蹄脍、南炒鳝、洗手蟹、鯚鱼假蛤蜊、五珍脍、螃蟹清羹、鹌子水晶脍、猪肚假江蜛、鰕枨脍、鰕鱼汤虀、水母脍、二色茧儿羹、蛤蜊生、血粉羹；插食八色：炙肚胘、炒白腰子、炙鹌子脯、润鸡、润兔、炙炊饼、□□□□、鰕脔骨；劝酒果子库十番：砌香果子、调花蜜煎、时新果子、独装巴榄子、咸酸蜜煎、装大金橘小橄榄、独装新椰子、四时果四色、对装拣松番葡萄、对装春藕陈公梨；

厨劝酒十味：江鳐爠肚、江鳐生、蝤蛑签、姜醋香螺、香螺爠肚、姜醋假公权、煨牡蛎、牡蛎爠肚、假公权爠肚、蟑距爠肚案元阙名《馔史》，亦载此条，此下有对食十盏二十分：莲花鸭签、茧儿羹、三珍脍、南炒鳝、水母羹脍、鹌子羹、鲟鱼脍、三脆羹、洗手蟹、爠肚胘。对展每分时果五盘，晚食五十分，名件二色：茧儿小头羹饭、肚子羹、笑靥儿脯、腊鸡、脯鸭。（徐大焯《烬余录》甲编）

茶：

茶之品，莫贵于龙凤，谓之“团茶”。……庆历中，蔡君谟为福建路转运使，始造小片龙茶以进，其品绝精，谓之小团。（欧阳修《归田录》卷二）

茶芽，古人谓之雀舌、麦颗，言其至嫩也。今茶之美者，其质素良，而所植之土又美，则新芽一发，便长寸余，其细如针。惟芽长为上品，以其质干、土力皆有余故也。如“雀舌”、“麦颗”者，极下材耳。（沈括《梦溪笔谈》卷二四）

子由《煎茶诗》云：“煎茶旧法西出蜀，水声火态犹能谙。相传煎茶只煎水，茶性仍存偏有味。”……又云：“北方俚人茗饮无不有，盐酪椒姜夸满口。”茶出南方，北人罕得佳品，以味不佳，故仍以他物煎之。陈后《山茶诗》云：“愧无一缕破双团，惯下姜盐枉肺肝。”东坡《和寄茶诗》亦云：“老妻稚子不知爱，一手已入姜盐煎。”若茶品自佳，杂以他物，适败其味尔。茶性冷，盐导入下经，非养生所宜。山谷谓寒中瘠气，莫甚于茶，或济以盐，勾贼破家。薛能《乌觜茶诗》，亦有“盐损添当戒，姜宜著更夸”之句。（葛立方《韵语阳秋》卷一七）

太学生每路有“茶会”，轮日于讲堂集茶，无不毕至者，因以询问乡里消息。（朱彧《萍洲可谈》卷一）

茶见于唐时，味苦而转甘，晚采者为茗。今世俗客至则啜茶，去则啜汤。汤取药材甘香者屑之，或温或凉，未有不用甘草者，此俗遍天下。先公使辽，辽人相见，其俗先点汤，后点茶。至饮会，亦先水饮，然后品味以进。（朱彧《萍洲可谈》卷一）

酒：

安定郡王，以黄柑酿酒，曰“洞庭春色”。（邵博《河南邵氏闻见后录》卷一九）

东坡性喜饮，而饮亦不多。在黄州尝以蜜为酿，又作《蜜酒歌》。（张邦基《墨庄漫录》卷五）

旧得酿法极简易，盛夏三日辄成，色如湩醴，不减玉友。仆夫为作之，每晚凉即相与饮三杯而散，亦复盎然。（叶梦得《石林避暑录话》卷上）

寿皇时，禁中供御酒，名“蔷薇露”，赐大臣酒，谓之“流香酒”。分数旋取旨，盖酒户大小已尽察矣。（陆游《老学庵笔记》卷七）

寿皇忽问王丞相淮及执政：“近日曾得李彦颖信否？”“臣等方得李彦颖书，绍兴所造“蓬莱春酒”甚佳，各厅送三十樽。”（张端义《贵耳集》卷上）

郫人刳竹之大者，倾春酿于筒，苞以藕丝，蔽以蕉叶，信宿馨达于外，然后断之以献，俗号“郫筒酒”。（赵朴《成都古今记》）

(乙)辽

契丹主达鲁河钓牛鱼,以其得否,为岁占好恶。……牛鱼,云生东海,头如牛……冯道《使虏诗》曰:“曾叨腊月牛头赐。”(程大昌《演繁露》卷一三)

《渑水燕谈》载,契丹国产大鼠曰“毗狸”,形类大鼠而足短,极肥。其国以为殊味,穴地取之,以供国王之膳,自公相以下,皆不得尝,常以羊乳饲之。……近世乃不闻有此,扣之北客,亦多不知,何耶?(周密《齐东野语》卷一六)

辽于南京置栗园司,萧韩家奴为右通造,典南京栗园是也。(朱彝尊《日下旧闻》卷三八引《析津日记》)

(丙)金

饮食,甚鄙陋,以豆为浆,又嗜半生米饭,渍以生狗血及蒜之属,和而食之。嗜酒好杀。酿米为酒,醉则缚之俟其醒。不尔杀人。(宇文懋昭《大金国志》卷三九)

茶酒三行。虏法先汤后茶。……旋供晚食果飣,如南方斋筵,先设茶筵,一般若七夕乞巧。其瓦垄、桂皮、鸡肠、银铤、金刚镯、西施舌,取其形,密和面,油煎之,虏甚珍此茶食谓未行酒,先设此品,进茶一盏,又谓之茶筵。次供馒头、血羹、毕罗、肚羹、荡羊、饼子、解粥、肉虀羹、索面、骨头盘子,自后大同小异。酒味甚漓。……洗漱冠栉毕,点心已至。灌肺、油饼、枣糕、面粥、有供糕糜处。……燕山酒固佳,是日所饷,极为醇厚,名“金澜”,盖用金澜水以酿之也。(周煇《北辕录》)

（丁）元

今以早饭前及饭后，午前午后晡前小食，为点心。（陶宗仪《辍耕录》卷一七）

迤北八珍，醍醐、麈沆、野驼蹄、鹿唇、驼乳糜、天鹅炙，紫玉浆、玄玉浆即马奶子。（元阙名《馔史》）

国朝日进御膳，例用五羊。而上自即位以来，日减一羊。（陶宗仪《辍耕录》卷二）

宫中以玉板笋及白兔胎作羹极佳，名"换舌羹"，备载尤良名馔录。（陶宗仪《元氏掖庭记》）

酒有翠涛饮、露囊饮、琼华汁、玉团春、石凉春、葡萄春、凤子脑、蔷薇露、绿膏浆，醋有杏花酸、脆枣酸、润肠酸、苦苏浆，盐有水晶盐、苍霜盐、五色盐，酱有蚁子酱、鹤顶酱、提苏酱，油有苏合油、片脑油、腽肭脐油、猛火油。（陶宗仪《元氏掖庭记》）

（2）衣　饰

（甲）宋

太宗太平兴国七年，诏："以士庶车服，颇有逾僭。令翰林学士承旨李昉详定以闻。"昉奏：近年品官绿袍，及举子白襕，下皆服紫色，请禁之。其私第便服，许紫皂衣、白袍。旧制庶人服白，今请流外官及贡举人、庶人，通许服皂。从之。"帽衫"帽以乌纱，衫以皂罗为之，角带系鞋。东都士大夫交际常服之。"紫衫"本军校之服，中兴士大夫服之，以便戎事。高宗绍兴二十六年，禁以戎服临民。自是士大夫皆服凉衫，以为便服。“凉衫”制如紫衫，亦曰“白衫”。孝宗乾道初以其似凶服，禁之，便服仍许用紫衫。“深衣”用白细布，圆袂方领，曲裾黑缘，大带，缁冠幅巾，黑履，士大夫家冠昏、祭祀、宴居、交际服之。“襕衫”，亦白细布为之，圆领大袖，下施横襕为裳，腰间有襞积，进士及国子生、州县生服之。（《续通典》卷五九《礼一五》）

端拱二年，诏……庶人、商贾、伎术，不系官伶人，只许服皂白衣、铁角带，不得服紫。（《宋史》卷一五三《舆服志五》）

政和七年，臣僚上言：“辇毂之下，奔竞侈靡，有未革者。居室服用，以壮丽相夸，珠玑金玉，以奇巧相胜，不独贵近，比比纷纷，日益滋甚。”……丁瓘言：“衣服之制，尤不可缓。今闾阎之卑，娼优之贱，男子服带犀玉，妇人涂饰金珠，尚多僭侈，未合古制。……又诏敢为契丹服，若“毡笠”“钩墩”之类者，以违御笔论。钩墩今亦谓之袜袴，妇人之服也。（《宋史》卷一五三《舆服志五》）

妇人假髻，并宜禁断，仍不得作高髻及高冠。其销金、泥金、真珠、装缀衣服，除命妇许服外，余人并禁。……仁宗天圣三年，诏……妇女不得将白色、褐色毛段，并淡褐色匹帛，制造衣服……皇祐元年，诏妇人冠高毋得逾四寸，广毋得逾尺，梳长毋得逾四寸，仍禁以角为之。先是宫中尚白角冠梳，人争仿之，至谓之内样。冠名曰垂肩等，至有长三尺者；梳长亦逾尺。议者以为服妖，遂禁止之。（《宋史》卷一五三《舆服志五》）

淳化三年，京师里巷妇人竞剪黑光纸团靥，又装缕鱼腮中骨，号“鱼媚子”，以饰面。（《宋史》卷六五五《行志三》）

司马公……又说，妇人不服宽袴与襜，制旋裙必前后开胜，以便乘驴。其风始于都下妓女，而士大夫家反慕之。（江休复《醴泉笔录》卷上）

崇宁、大观间，衣服相尚短窄。宣靖之际，内及闺阁，外及乡僻，上衣逼窄称其体，襞开四缝而扣之，曰“密四门”；小衣逼管开缝而扣之，曰“便裆”，亦曰“任人便”；发髻大而扁，曰“盘福龙”，亦曰“便眠觉”。绍兴以后，此风稍息。景定以后，复若宣靖，识者知为服妖。（徐大焯《烬余录》乙编）

宣和末，妇人鞋底尖，以二色合成，名“错到底”。（陆游《老学庵笔记》卷三）

汴京闺阁妆抹凡数变。崇宁间，少尝记忆，作大鬅方额。政宣之际，又尚急扎垂肩。宣和已后，多梳云尖巧额，鬓襆金凤。小家至为翦纸衬发，膏沐芳香，花靴弓履，穷极金翠，一袜一领，费至千钱。今闻虏中闺饰复尔，如瘦金莲、方莹面丸、遍体香，皆自北传南者。（百岁寓翁《枫窗小牍》卷上）

理宗朝，宫妃系前后掩裙而长窣地，名“赶上裙”；梳高髻于顶，曰“不走落”；束足纤直，名“快上马”；粉点眼角，名“泪妆”；剃削童发，必留大钱许于顶左，名“偏顶”，或留之顶前，束以彩缯，宛若博焦之状，或曰“鹁角”。（《宋史》卷六五五《行志三》）

（乙）辽

国母与番官，皆番服，国主与汉官，则汉服。番官戴毡冠，上以金华为饰，或加珠玉翠毛，盖汉魏时，辽人步摇冠之遗象也。额后垂金花织成夹带，中贮发一总，服紫窄袍，加义襕，紫鞊鞢带以黄红色绦裹革为之，用金、玉、水晶、碧石缀饰。

又有纱冠，制如乌纱帽，无檐，不擫双耳，额前缀金花，上结紫带，带末缀珠。或紫皂幅中，紫窄袍，束带。丈夫或绿巾，绿花窄袍，中单多红绿色。贵者被貂裘，貂以紫黑色为责，青色为次，又有银鼠，尤洁白；贱者被貂毛、羊、鼠、沙狐裘。（叶隆礼《契丹国志》二）

（丙）金

金俗好衣白。辮发垂肩，与契丹异。垂金环，留颅后发，系以色丝。富人用珠金饰。妇人辮发盘髻，亦无冠。自灭辽侵宋，渐有文饰。妇人或裹“逍遥巾”，或裹头巾，随其所好。至于衣服，尚如旧俗。土产无桑蚕，惟多织布，贵贱以布之粗细为别。……富人春夏多以纻丝绵紬为衫裳，亦间用细布。秋冬以貂鼠、青鼠、狐貉皮，或羔皮为裘，或作纻丝四袖。贫者春夏并用布为衫裳，秋冬亦衣牛、马、猪、羊、猫、犬、鱼、蛇之皮，或獐、鹿皮为衫。袴袜皆以皮。至妇人衣，白大袄子，下如男子道服，裳曰锦裙。去左右，各阙二尺许，以铁条为圈，裹以绣帛，上以单裙笼之。（宇文懋昭《大金国志》卷三九）

男子衣皆小窄，妇女衫皆极宽大。有位者便服立，止用皂纻丝，或番罗，系版绦，与皂隶略无分别。绦反插垂头于腰，谓之有礼。无贵贱皆著尖头靴。所顶之巾，谓之“蹋鸱”。（周煇《北辕录》）

燕地……其良家士族女子皆髡首，许嫁方留发。冬月以括蒌涂面，谓之“佛妆”。但加傅而不洗，至春暖方涤去，久不为风日所侵，故洁白如玉也。（庄绰《鸡肋编》卷上）

（丁）元

“质孙”，汉言一色服也。（《元史》卷七八《舆服志一》）

只孙宴服者，贵臣见飨于天子则服之，今所赐绛衣是也。贯大珠以饰其肩背间，膺首服亦如之。（陶宗仪《辍耕录》卷三〇）

《永乐大典》服字韵，载蒙古冠服，引《析津志》云，“罟罟”以大红罗幔之。胎以竹凉胎者轻。上等大，次中，次小。用大珠穿结龙凤楼台之属，饰于其前后。复以珠缀长条，缘饰方弦，掩络其缝。又以小小花朵插带，又以金累事件，装嵌极贵。宝石塔形在其上。顶有金十字，用安翎筒，以带鸡冠尾。出五台山，今真定人家养此鸡，以取其尾甚贵。罟罟后，上插朵朵翎儿，染以五色，如飞扇样。先带上紫罗“脱木华”。（胡敬《南薰殿图像考》卷下）

元朝后妃……皆带姑姑……高圆二尺许，用红色罗。（叶子奇《草木子》卷三下）

札脚自五代以来方为之。如熙宁、元丰以前，人犹为者少，近年则人人汉人也相效，以不为者为耻也。（陶宗仪《辍耕录》卷一〇）

(3) 嫁 娶

（甲）宋

公主下降。初被选尚者，即拜驸马都尉，赐玉带、袭衣、银鞍勒马、采罗百匹，谓之“系亲”。（《宋史》卷一一五《礼

志一八》)

诸王聘礼，赐女家白金万两敌门注，即古之纳采。(《宋史》卷一一五《礼志一八》)

诸王纳妃……定礼……果槃、花粉、花幂、眠羊、卧鹿、花饼、银胜、小色金银钱等物。(《宋史》卷一一五《礼志一八》)

世俗好于襁褓童幼之时，轻许为婚，亦有指腹为婚者。及其既长，或不肖无赖，或身有恶疾，或家贫冻馁，或丧服相仍，或从宦远方，遂至弃信负约，速狱致讼者多矣。(司马光《司马氏书仪》卷三注)

元祐大婚，吕正献公当国，执议不用乐。宣仁云："寻常人家娶个新妇，尚点几个乐人，如何官家却不得用？"(周煇《清波杂志》卷一)

北俗，男女年当嫁娶未婚而死者，两家命媒互求之，谓之鬼媒。人通家状细帖，各以父母命祷而卜之，得吉，即制冥衣。……媒就男墓备酒果，祭以合婚。设二座相并，各立小幡……奠毕……其相喜者，则二幡微动，以致相合若一。不喜者，幡不为动……两家亦薄以币帛酬鬼媒。鬼媒……资以养生焉。(康誉之《昨梦录》)

婚娶之法，先凭媒氏，以"草帖子"通于男家。男家以草帖问卜，或祷签，得吉无克，方回草帖。亦卜吉，媒氏通音，然后过"细帖"，又谓"定帖"。帖中序男家三代官品职位名讳，议亲第几位男，及官职年甲月日吉时生，父母或在堂，或不在堂，或书主婚何位尊长，或入赘，明开，将带金银、田土、财产、宅舍、房廊、山园，俱列帖子内。女家回定帖亦如前开写，及议亲第几位娘子，年甲月日吉时生，具列房奁、首饰、金银、珠翠、宝器、动用、帐幔等物，及随嫁田土、屋业、山园等。其伐柯人两家通报，择日过帖，各以色彩衬盘,安定帖送过,方为定论。然后男家择日备酒礼诣女家，或借园圃，或湖舫内，两亲相见，谓之“相亲”。男以酒四杯，女则添备双杯，此礼取男强女弱之意。如新人中意，即以金钗插于冠髻中，名曰“插钗”。若不如意，则送彩段二匹，谓之压惊，则姻事不谐矣。既已插钗，则伐柯人通好议定礼，往女家报定。若丰富之家，以珠翠、首饰、金器、销金裙褶及段匹茶饼，加以双羊牵送；以金瓶酒四樽或八樽，装以大花银方胜，红彩销金酒衣，簇盖酒上，或以罗帛贴套花为酒衣，酒担以红彩缴之。男家用销金色纸四幅，为三启，一礼物状，共两封，名为双缄，仍以红绿销金书袋盛之，或以罗帛贴套，五男二女绿盝盛礼书为头合，共辏十合，或八合，用彩袱盖上送往。女家接定礼合，于宅堂中备香烛、酒、果，告盟三界，然后请女亲家夫妇双全者开合。其女氏，即于当日备回定礼物，以紫罗及颜色段匹、珠翠须掠、皂罗巾段、金玉帕镮、七宝巾环、箧帕鞋袜女工答之。更以元送茶饼果物，以四方回送；羊酒辨以一半回之；更以空酒樽双投入清水，盛四金鱼，以箸一双，葱两株，安于樽内，谓之“回鱼箸”。若以富家官户，多用金银打造鱼箸各一双，并以彩帛造像生葱双株，挂于鱼水樽外答之。自送定之后，全凭媒氏往来，朔望传语，遇节序，亦以冠花、彩段、合物、酒果遗送，谓之“追节”。女家以巧作女工金宝帕环答之，次下则“送聘”，预令媒氏以鹅酒，重则羊酒，导日方行送聘之礼。且论聘礼，富贵之家，当备三金送之，则金钏、金鋜、金帔坠者是也。若以铺席宅舍，或无金器，以银镀代之。否则贫富不同，亦从其便，此无定法耳，更言士宦，亦送销金大袖黄罗销金裙段，红长裙或红素罗大袖段。亦得珠翠特髻、珠翠团冠、四时冠花、珠翠排环等首饰，及上细杂色彩段匹帛，加以花茶果物、团圆饼、羊酒等物。又送官会银铤，谓之“下财礼”，亦用双缄聘启礼状。或下等人家所送一二匹，官会一二封，加以鹅酒茶饼而已。若下财礼，则女氏得以助其虚费耳。又有一等贫穷父母兄嫂所倚者，虽色可取，而奁具茫然，在议亲者，以首饰衣帛加以诸物送往，谓之兜裹。今富家女氏，既受聘送，亦以礼物答回，以绿紫罗双匹、彩色段匹、金玉文房玩具、珠翠须掠女工等，如前礼物。更有媒氏媒箱、段匹、盘盏、官楮、花缸礼合惠之。自聘送之后，节序不送，择礼成吉日再行，导日礼报女氏，亲迎日分。先三日，男家送催妆花髻、销金盖头、五男二女花扇，花粉、盝、洗项、画彩钱果之类，女家答以金银双胜、御罗花幞头、绿袍、靴笏等物。前一日，女家先往男家铺房挂帐幔，铺设房奁器具、珠宝首饰动用等物，以至亲压铺房，备礼前来暖房。又以亲信妇人，与从嫁女使，看守房中，不令外人入房，须待新人，方敢纵步往来。至“迎亲”日，男家刻定时辰，预令行郎，各以执色，如花瓶、花烛、香球、沙罗洗漱、妆盒、照台、裙箱、衣匣、百结、青凉伞、交椅，授事街司等人，及雇借官私妓女乘马，及和倩乐官鼓吹，引迎花担子，或棕檐花藤轿，前往女家，迎娶新人。其女家以酒礼款待行郎，散花红、银楪、利市钱会讫，然后乐官作乐催妆，克择官报时辰，追催促登车，茶酒司，互念诗词，催请新人出阁登车。既已登车，擎担从人，未肯起步，仍念诗词，求利市钱酒毕，方行起担作乐，迎至男家门首。时辰将正，乐官妓女及茶酒等人，互念诗词，拦门求利市钱红。克择官执花斗，盛五谷豆钱彩果，望门而撒，小儿争拾之，谓之“撒谷豆”，以压青阳煞耳。方请新人下车，一妓女倒朝行车捧镜，又以数妓女执莲炬花烛导前迎引，遂以二亲信女使，左右扶侍而行，踏青锦褥，或青毡花席上行，先跨马鞍，蓦背平秤，过入中门，至一室中少歇，当中悬帐，谓之“坐虚帐”。或径迎入房室内，坐于床上，谓之“坐床”。富贵之家，委亲戚接待女家亲家，及亲送客，会汤次拂备酒四盏款待。若论浙东以亲送客急三杯或五盏而回，名曰“走送”。向者迎新郎礼，其婿服绿裳、花幞头，于中堂升一高座，先以媒氏或亲戚互斟酒，请下高座归房，至外姑致请，方下坐回房“坐富贵”。今此礼久不用矣，止用妓乐花烛迎引入房，房门前先以彩帛一段横挂于楣上，碎裂其下，婿入门，众手争扯而去，谓之利市缴门，争求利市也。婿登床右首坐，新妇坐左首，正坐富贵礼也。其礼官请两新人出房，诣中堂参堂，男执槐简，挂红绿彩，绾双同心结，倒行；女挂于手面，相看而行，谓之“牵巾”。并立堂前，遂请男家双全女亲，以秤或用机杼挑盖头，方露花容，参拜堂次诸家神及家庙。行参诸亲之礼毕，女复倒行，执同心结，牵新郎回房，讲“交拜”礼。再坐床，礼官以金银盘盛金银钱、彩钱、杂果“撒帐”，次命妓女执双杯，以红绿同心结绾盏底，行“交卺”礼毕，以盏一仰一覆，安于床下，取大吉利意。次男左女右结发，名曰“合髻”。又男以手摘女之花，女以手解郎绿抛纽，次掷花髻于床下，然后请掩帐。新人换妆毕，礼官迎请两新人诣中堂，行参谢之礼；次亲朋讲庆贺，及参谒外舅姑已毕，则两亲家行新亲之好，然后入礼筵；行前筵五盏礼毕，别室歇坐，数杯劝色，以叙亲义，仍行上贺赏花，节次仍复再入公筵，饮后筵四盏，以终其仪。三日，女家送冠花、彩段、鹅蛋，以金银缸儿盛油蜜，顿于盘中，四围撒帖套丁胶于上，并以茶饼鹅羊果物等合送去婿家，谓之“送三朝礼”也。其两新人于三日，或七朝九日，往女家行“拜门”礼。女家广设华筵,款待新婿,名曰“会郎”,亦以上贺礼物与其婿。礼毕，女家备鼓吹迎送婿回宅第。女家或于九朝内移厨往婿家致酒，谓之“暖女会”。自后迎女回家，以冠花、段匹、合食之类送归婿家，谓之“洗头”。至一月，女家送弥月礼合，婿家开筵延款亲家及亲眷，谓之“贺满月”会亲。自此礼仪可简，遇节序，两亲互送节仪。若士庶百姓之家，贫富不等，亦宜随家丰俭，却不拘此礼。若果无所措，则已之。(吴自牧《梦粱录》卷二〇)

(乙)辽

辽太宗会同三年十二月，诏契丹人授汉官者，从汉仪，听与汉人婚姻。(《续通典》卷五八《礼一四》)

统和十二年九月……行“拜奥礼”《国语》解，凡纳后，即族中选尊者一人，当奥而坐，以主其礼，送后者，拜而致敬，故云拜奥礼。(《辽史》卷一三《圣宗纪四》)

惕隐率皇族，奉迎再拜。皇后车至便殿东南七十步止，惕隐夫人请降车。负银罂，捧縢履黄道行。后一人张羔裘若袭之，前一妇人捧镜却行。置鞍于道，后过其上。乃诣神主室三拜。(《辽史》卷五二《礼志五》)

选皇族诸妇宜子孙者，再拜之，授以罂縢。(《辽史》卷五二《礼志五》)

（丙）金

金人旧俗，多指腹为婚姻。既长，虽贵贱殊隔，亦不可逾。婿纳币，皆先期拜门，亲属偕行，以酒馔往，少者十余车，多至十倍。饮客，佳酒则以金银粇贮之，其次以瓦粇。列于前，以百数，宾退则分饷焉。先以乌金银杯酌饮，贫者以木。酒三行，进大软指、小软指，如中国寒具即饼也。……妇家无大小皆坐炕上，婿党罗拜其下，谓之男下女。礼毕，婿牵马百匹，少者十匹，陈其前。妇翁选子姓之别马者视之，好则留，不好则退。留者不过什二三，或皆不中选，虽婿所乘，亦以充数。大抵以留马少为耻，女家亦视其数而厚薄之。一马则报衣一袭，婿皆亲迎。既成婚，留于妇家执仆隶役，虽行酒进食，皆躬亲之。三年然后以妇归。妇用奴婢数十户，牛马数十群，每群九牝一牡，以资遣之。夫谓妻为“萨那”，妻谓夫为“爱根”。（宇文懋昭《大金国志》卷三九）

一云，婚家富者以牛马为币。贫者以女年及笄，行歌于途。其歌也，乃自叙家世、妇工、容色，以伸求侣之意。听者有逑娶欲纳之，则携而归，后方具礼偕来女家，以告父母。死则群母，兄死则其嫂，叔伯死，则侄亦如之。无论贵贱，人有数妻。（宇文懋昭《大金国志》卷三九）

（4）丧 葬

（甲）宋

太宗太平兴国七年，命翰林学士李昉等，重定士庶丧葬制度。昉等奏：准后唐长兴二年诏：五品、六品常参官，丧轝舁者二十人，挽歌八人，明器三十事，共置八床；七品常参官，舁者十六人，挽歌六人，明器二十事，置六床；六品以下京官及检校试官等，舁者十二人，挽歌四人，明器十五事，置五床，并许设纱笼二；庶人舁者八人，明器十二事，置两床，悉用香舆魂车。从之。(《续通志》卷一一八《礼略八》)

今之士大夫居丧，食肉饮酒，无异平日。又相从宴集，靦然无愧，人亦恬不为怪。……乃至鄙野之人，或初丧未敛，亲宾则赍馔酒往劳之，主人亦自备酒馔，相与饮啜，醉饱连日，及葬亦如之。甚者初丧作乐以娱尸，及殡葬则以乐导輀车，而号哭随之。亦有乘丧即嫁娶者。(司马光《司马氏书仪》卷六注)

绍兴二十七年，监登闻鼓院范同言："今民俗有所谓火化者……燔爇而弃捐之……甚者焚而置之水中"……二十八年，户部侍郎荣嶷言："比因臣僚陈请禁火葬，令州郡置荒闲之地，使贫民得以收葬，诚为善政。臣闻吴越之俗，葬送费广，必积累而后办。至于贫下之家，送终之具，唯务从简，是以从来率以火化为便，相习成风，势难遽革。"……乞除豪富士族，申严禁止外，贫下之民，并客旅远方之人，若有死亡，姑从其便。(《宋史》卷一二五《礼志二八》)

董成二郎……殂既敛，家人用俚俗法，筛细灰于灶前，覆以甑，欲验死者所趋。旦而举之，二鹅足迹，俨立于灰上，皆疑董堕畜类。(洪迈《夷坚志》乙集上)

(乙)辽

父母死而悲哭者，以为不旺，但以其尸置于山树上，经三年后，乃收其骨而焚之。以酉酒而祝曰："冬月时向阳食，夏月时向阴食，我若射猎时，使我多得猪鹿。"（叶隆礼《契丹国志》卷二三）

（丙）金

其疾病无医药，尚巫祝，病者杀猪狗以禳之，或用车载病者入深山大谷以避之。其亲友死，则以刀𠜾额，血泪交下，谓之"送血泪"。死者埋之，而无棺椁。贵者生焚所宠奴婢、所乘鞍马以殉之。其祀祭饮食之物尽焚之，谓之"烧饭"。（宇文懋昭《大金国志》卷三九）

(5) 令　节

（甲）宋

三元观灯……自唐以后，常于正月望夜，开坊市门然灯。宋因之，上元前后各一日，城中张灯，大内正门，结彩为山楼影灯，起路台，教坊陈百戏。(《宋史》卷一一三《礼志一六》)

淳化三年三月，幸金明池，命为"竞渡"之戏，掷银瓯于波间，令人泅波取之。因御船奏教坊乐，岸上都人纵观者万计。(《宋史》卷一一三《礼志一六》)

中元节，先数日，市井卖冥器……又以竹竿斫成三脚，高三五尺，上织灯窝之状，谓之盂兰盆，挂搭服衣、冥钱在上焚之。（孟元老《东京梦华录》卷八）

正月，"元旦"，天子受朝贺，俗谓之排正仗。……三日，放士庶赌博……“人日”，正月初七日也。造面茧以肉或素馅……“立春”……自郎官、御史、寺监长贰以上，皆赐春幡胜，以罗为之，近臣皆加赐银胜。……“上元”，自月初开东华门为镫市……妇人又为镫球、镫笼，大如枣栗，加珠翠之饰，合城妇女竞戴之。……十八日，谓之收镫。……二月，一日，名中和节。……“社日”……学生皆给假，幼女辍工夫……父母取已嫁女归家，名曰归宁……“寒食节”……今云断火三日者,冬至后一百四日、一百五日、一百六日也。……三月……国朝故事,唯自“清明日”,开集禧殿太乙宫三日……“上巳”,上开金明池、金水河、琼林苑。……西京多重此日……每于此月，当牡丹盛开之际，各出其花于门首及廊庑间，名曰“斗花会”。(金盈之《醉翁谈录》卷三)

四月八日……“浴佛”之日。……鼓扇百索市,在潘楼下。丽景门外,阊阖门、朱雀门内外,相国寺东廊,睦亲、广亲宅前,皆卖此等物。……六月，京师“三伏”，唯史官赐冰麨，百司休务而已。士大夫家不以为节,特吏人、医家、富商、大贾,聚会宴饮，其所尚者，食羊头签而已。七月，“七夕”，潘楼前卖乞巧物……其夜妇女以七孔针，于月下穿之……八月，“中秋”,京师赏月之会,异于他郡。倾城人家子女,不以贫富,自能行至十二三，皆以成人之服服饰之。登楼或于中庭，焚香拜月……九月，“重阳”，以酒果糕等送诸女家，或遗亲识。其上插菊花，散石榴子、栗黄;或插小红旗，长二三尺。……十月，旧俗十月朔，开炉向火，乃沃酒以炙脔肉于炉中，围坐饮啖，谓之“暖炉”。至今民家送亲党薪炭、酒肉、缣绵，新嫁女并送火炉。十一月,“冬至”,前一日。云冬至既号亚寒，俗人遂以冬至前之夜为“夜除”，大率多仿岁除故事，而差异焉。鄙人自冬至之次日数九，凡九九八十一日……都城以寒食、冬至、元旦为三大节。……冬至人多馈遗……人家是日多食馄饨，故有冬馄饨、年餺飥之语。……天子受朝贺，俗谓之排冬仗。……十二月，“除夜”……人家图钟馗形，贴于门壁……京师民庶之家，痴儿呆女，多达旦不寐，俗谚云：“守冬爷长命，守岁娘长命。”（金盈之《醉翁谈录》卷四）

（乙）辽

岁时杂仪，正旦，国俗以糯饭和白羊髓为饼，丸之若拳，每帐赐四十九枚。戊夜各于帐内窗中掷丸于外。数偶，动乐，饮宴。数奇，令巫十有二人鸣铃执箭，绕帐歌呼，帐内爆盐垆中，烧地拍鼠，谓之“惊鬼”，居七日乃出。国语谓正旦为乃捏咿唲。乃，正也；捏咿唲，旦也。立春，妇人进春书，刻青缯为帜，像龙御之；或为蟾蜍，书帜曰宜春。人日，凡正月之日，一鸡、二狗、三豕、四羊、五马、六牛，七日为人。其占晴为祥，阴为灾。俗煎饼食于庭中，谓之“薰天”。二月一日，为“中和节”，国舅族萧氏设宴以延国族耶律氏，岁以为常。国语是日为悝里叵。悝里，请也；叵，时也。悝读若狎；叵读若颇。二月八日，为悉达太子生辰，京府及诸州，雕木为像，仪仗百戏导从，循城为乐。悉达太子者，西域净梵王子，姓瞿昙氏，名释迦牟尼。以其觉性，称之曰佛。三月三日，为“上巳”，国俗刻木为兔，分朋走马射之。先中者胜，负朋下马列跪进酒，胜朋马上饮之。国语谓是日为陶里桦。陶里，兔也，桦，射也。五月重五日，午时采艾叶和绵著衣七事，以奉天子，北南臣僚各赐三事，君臣宴乐，渤海膳夫进艾糕。以五彩丝为索缠臂，谓之“合欢结”。又以彩丝宛转为人形簪之,谓之“长命缕”。国语谓是日为讨赛咿唲。讨,五;赛咿唲,月也。夏至之日,俗谓之“朝节”。妇人进彩扇,以粉脂囊相赠遗。六月十有八日,国俗耶律氏设宴,以延国舅族萧氏,亦谓之惮里畤。七月十三日夜,天子于官西三十里,卓帐宿焉。前期备酒馔。翼日,诸军部落从者,皆动蕃乐饮宴,至暮乃归行宫,谓之迎节。十五日中元,动汉乐大宴。十六日昧爽,复往西方,随行诸军部落,大噪三,谓之送节。国语谓之赛咿唲奢。奢,好也。八月八日,国俗屠白犬于寝帐前七步瘗之,露其喙。后七日中秋,移寝帐于其上。国语谓之捏褐耐。捏褐,大也;耐,首也。九月重九日,天子率群臣部族射虎,少者为负,罚重九宴。射毕,择高地卓帐,赐蕃、汉臣僚饮菊花酒。兔肝为臡,鹿舌为酱,又研茱萸酒,洒门户以禬禳。国语谓是日为必里迟离,九月九日也。岁十月,五京进纸,造小衣甲、枪刀、器械万副。十五日,天子与群臣望祭木叶山,用国字书状并焚之。国语谓之戴辣。戴,烧也;辣,甲也。冬至日,国俗屠白羊、白马、白雁,各取血和酒,天子望拜黑山。黑山在境北,俗谓国人魂魄,其神司之,犹中国之岱宗云。每岁是日,五京进纸造人马万余事,祭山而焚之。俗甚严畏,非祭不敢近山。腊辰日,天子率北南臣僚,并戎服,戊夜坐朝,作乐饮酒,等第赐甲仗、羊马。国语谓是日为炒伍侕畤。炒伍侕,战也。(《辽史》卷五三《礼志六》)

(丙)金

其节序,元旦则拜日相庆,重五则射柳祭天。(宇文懋昭《大金国志》卷三九)

金因辽旧俗,以重五、中元、重九日,行拜天之礼。重

五于鞠场，中元于内殿，重九于都城外。（《金史》卷三五《礼志八》）

(6) 戏 玩

（甲）弈 棋

太宗当天下无事，留意艺文，而琴棋亦皆造极品。（叶梦得《石林燕语》卷八）

孝宗万机余暇，留神棋局，诏国手赵鄂供奉，由是遭际，官至武功大夫。（张端义《贵耳集》卷上）

（乙）叶 子

今之叶子戏，“消夜图”，相传始于宋太祖，令后宫人习之以消夜。（陈元龙《格致镜原》卷六〇引《农田余话》）

钱制圆而孔方，取象于天，反数于空，故尊空没文。空者所以贮也，当其无有贮之用，属波斯献焉，次称鬶客。鬶者兽食之余，井上有李是也，里人目为枝花。枝花者花未成果，故自一至九，咸呼为“果”，本枝花而得名。而文钱为最初之义，其数十一叶，而极于九索，以贯钱百文为“索”，极于一而尊于九。九者数之盈，十索则名贯矣，故去十为“万”始焉。叶凡九，万者索之累十而得名者也。极一而尊九，不居其十，以十者有所总也。叶数亦如索，十举成数。一不必纪，而二首焉，以偶对百，百而千，千而万，示极而不孤，处尊而不汰，数之成也。叶得十一，野史赞曰：“履其成无忘其空，空以基之，成以息之，是四十张之所由作也。”（陈元龙《格致镜原》

卷六〇引潘之恒《叶子谱》)

宋宣和二年，有臣上疏：设牙牌三十二扇，共计二百二十七点。以按星辰布列之位，譬天牌二扇二十四点，象天之二十四气；地牌二扇四点，象地之东西南北；人牌二扇十六点，象人之仁义礼智，发而为恻隐、羞恶、辞让、是非；和牌二扇八点，象太和元气流行于八节之间；其他牌名，类皆合伦理庶务器用。表上，贮于御库，疑繁未行。至宋高宗时，始诏如式颁行天下。(陈元龙《格致镜原》卷六〇引《诸事音考》)

(丙)彩选格

彩选格即升官图起于唐李郃。本朝踵之者，有赵明远、尹师鲁。元丰官制行，有宋保国。皆取一时官制为之。至刘贡父独因其法取西汉官秩升黜次第为之。(徐度《却扫编》卷下)

(丁)象 棋

显仁……后未知上高宗即位，尝用象戏局子，裹以黄罗，书康王字贴于将上，焚香祷曰："今三十二子俱掷于局，若康王字入九宫者，必得天位。"一掷，其将子果入九宫。(王明清《挥麈后录)卷二》

局纵横路十一，棋三十二为两军。(陈元龙《格致镜原》卷五九引《晁无咎序》)

(戊)打 马

长行、叶子、博塞、弹棋，世无传者；藏酒、摴蒱、双蹙融，今渐废绝；大小象戏奕棋，亦止可容二人；独采选、打马，特为闺房杂戏。尝恨采选丛繁，劳于检阅，能通者少，难遇勍敌。打马简要，又若无文。（陈元龙《格致镜原》卷五九引李易安《打马序》）

打马，用铜或牙、角为钱样，共五十四枚，上刻良马名，布图四面，以投子掷打之。（陈元龙《格致镜原》卷五九引《事物绀珠》）

（己）毽 子

今时小儿以铅锡为钱，装以鸡羽，呼为毽子。三四成群走踢，有里外廉、拖枪、耸膝、突肚、佛顶珠、剪刀拐之名色，亦蹴鞠之遗事也。（陈元龙《格致镜原》卷六〇引《事物原始》）

（庚）双 陆

双陆之制，初不用棋，俱以黑白小棒槌，每边各十二枚，主客各一色，以骰子两只掷之，依点数行，因有客主相系之法。故赵抟《双陆诗》云："紫牙镂合方如斗，二十四星衔月口。贵人迷此华筵中，运木手交如阵斗。"（葛立方《韵语阳秋》卷一七）

燕京茶肆，设双陆局，或五或六，多至十。博者蹴局，如南人茶肆中置棋具也。（洪皓《松漠纪闻续》）

（辛）百 戏

百戏踢弄家，每于明堂郊祀年分，丽正门宣赦时，用此等人，立金鸡竿，承应上竿抢金鸡。兼之百戏，能打筋斗、踢人、踏跷、上索、打交辊、脱索、索上担水、索上走、装神鬼、舞判官、斫刀蛮牌、过刀门、过圈子等。理庙时，有路岐人，名十将，宋喜、常旺两家。有踢弄人，如谢恩、张旺、宋宝哥、沈家强、自来强、宋达、杨家会、宋赛歌、宋国昌、沈喜、张宝哥、常家喜小娘儿、李显、沈喜、汤家会、汤铁柱、庄德、刘家会、小来强、鲍老儿、宋定哥、李成、庄宝、潘贵、宋庆哥、汤家俊等。遇朝家大朝会、圣节，宣押殿庭承应。则官府公筵，府第筵会，点唤供筵，俱有大犒。又有村落百戏之人，拖儿带女，就街坊桥巷，呈百戏使艺，求觅铺席宅舍钱酒之资。且杂手艺，即使艺也，如踢瓶、弄碗、踢磬、踢缸、踢钟、弄花钱、花鼓槌、踢笔墨、壁上睡、虚空挂香炉、弄花球儿、拶筑球、弄斗打硬、教虫蚁、弄熊、藏人、烧火、藏剑、吃针、射弩、端亲、背攒壶瓶等，线包儿、撮米酒、撮放生等艺。淳祐以后，艺术高者，有包喜、陆寿、施半仙、金宝、金时好、宋德、徐彦、沈兴、赵安、陆胜、包寿、范春、吴顺、金胜等。此艺施呈，委是奇特，藏去之术，则手法疾而已。凡傀儡敷演烟粉、灵怪、铁骑、公案、史书，历代君臣将相故事话本，或讲史，或作杂戏，或如崖词。如悬线傀儡者，起于陈平六奇解围故事也。今有金线卢大夫、陈中喜等，弄得如真无二，兼之走线者尤佳。更有杖头傀儡，最是刘小仆射家数果奇，大底弄此多虚少实，如巨灵神姫大仙等也。其水傀儡者，有姚遇仙、赛宝哥、王吉、金时好等，弄得百伶百悼，兼之水百戏往来出入之势，规模舞走鱼龙，变化夺真，功艺如神。更有弄影戏者，元汴京初以素纸雕簇，自后人巧工精，以羊皮雕形，用以彩色妆饰，不致损坏。杭城有贾四郎、王昇、王闰卿等，熟于摆布，立讲无差。其话本与讲史书者颇同，大抵真假相半，公忠者雕以正貌，奸邪者刻以丑形，盖亦寓褒贬于其间耳。（吴自牧《梦粱录》卷二〇）

图书在版编目（CIP）数据

宋辽金夏元史 / 邓之诚著. -- 北京：北京理工大学出版社，2023.9（2025.5重印）
（中国大历史）
ISBN 978-7-5763-2935-3

Ⅰ.①宋… Ⅱ.①邓… Ⅲ.①中国历史—宋辽金元时代 ②中国历史—西夏 Ⅳ.①K24

中国国家版本馆CIP数据核字（2023）第189508号

责任编辑：李慧智　　文案编辑：李慧智
责任校对：周瑞红　　责任印制：李志强

出版发行 / 北京理工大学出版社有限责任公司
社　　址 / 北京市丰台区四合庄路6号
邮　　编 / 100070
电　　话 /（010）68944451（大众售后服务热线）
（010）68912824（大众售后服务热线）
网　　址 / http：//www. bitpress. com. cn

版 印 次 / 2025年5月第1版第6次印刷
印　　刷 / 德富泰（唐山）印务有限公司
开　　本 / 880mm × 1230mm　1/32
印　　张 / 17.75
字　　数 / 454千字
定　　价 / 598.00元（全十卷）